Wörterbücher

Herbert Haag
Biblisches Wörterbuch
Band 394 ::: 414 Seiten

M. Müller / A. Halder
Philosophisches Wörterbuch
Band 398 :: 344 Seiten 2. Aufl.

K. Rahner / H. Vorgrimler
Theologisches Wörterbuch
Band 108 :: 400 Seiten 8. Aufl.

Georges Bastin
Wörterbuch der Sexualpsychologie
Band 426 ::. 376 Seiten

in der Herderbücherei

Herderbücherei

Band 422

Über das Buch

Auf dem Gebiet der Arbeits- und Sozialpolitik sieht sich der Laie ständig komplizierter werdenden Verhältnissen gegenüber. Dieses kleine Wörterbuch – ein Originalband der Herderbücherei – gibt ihm eine erste Information in allgemein verständlicher Sprache. Behandelt werden Fragen der sozialen Sicherung, u. a. Arbeitslosen-, Kranken-, Renten- und Unfallversicherung, Familienlastenausgleich und Ausbildungsförderung, Kriegsopferversorgung, Lastenausgleich und Sozialhilfe; ferner Fragen des Arbeitsrechts und Arbeitsschutzes, der betrieblichen Altersversorgung und der betrieblichen Sozialleistungen, der Einkommenssicherung und der Lohnpolitik sowie Fragen des Gesundheits- und Krankenhauswesens und der Eigentums- und Vermögenspolitik.
Sozialpolitik erfordert Aufmerksamkeit. Dieses Buch gibt einen Überblick über die bestehende Systematik der gegenwärtigen Sozialpolitik und ist daher eine praktische und wertvolle Hilfe für alle, die sich mit den Grundproblemen einer dynamischen Gesellschaftspolitik auseinandersetzen wollen.

Über die Autorin

Marina Elisabeth Pfeffer, Dr. rer. pol., geb. 1938 in Köln. 1958 Reifeprüfung in Köln; 1958–1962 Studium der Wirtschafts- und Sozialwissenschaften an den Universitäten München und Köln; 1962 Examen Diplom-Kaufmann in Köln; 1962-1965 Mitarbeiterin am Forschungsinstitut für Einkommenspolitik und Soziale Sicherung an der Universität zu Köln. Ab 1965 Assistentin am Seminar für Sozialpolitik der Universität zu Köln; 1967 Promotion zum Dr. rer. pol. der wirtschafts- und sozialwissenschaftlichen Fakultät der Universität zu Köln.

Marina Elisabeth Pfeffer

Kleines Wörterbuch zur Arbeits- und Sozialpolitik

Herderbücherei

Originalausgabe
erstmals veröffentlicht als Herder-Taschenbuch

Herder Freiburg · Basel · Wien
Herder Druck Freiburg im Breisgau 1972
ISBN 3-451-01922-1

Vorwort

Dieses „Kleine Wörterbuch zur Arbeits- und Sozialpolitik" will in rund 195 Hauptartikeln und 634 Verweisen die sozialpolitisch interessierten Laien, die Praktiker der sozialpolitischen Institutionen und Verbände, die Schüler von Berufs-, Fach- und Handelsschulen und auch die jüngeren Semester der Studierenden der Sozialpolitik und verwandter Fachrichtungen ansprechen. Das kleine Wörterbuch will in die wichtigsten aktuellen Begriffe und Vorgänge der sozialpolitischen Theorie und Praxis einführen; es gibt entsprechende Hinweise auf weiterführende Darstellungen.

Köln, im März 1972 *Marina Elisabeth Pfeffer*

Inhalt

A

Abhängig Beschäftigte →Arbeiter, →Angestellte(r), →Arbeitnehmer, →Erwerbsstruktur.

Abschnittdeckungsverfahren →Rentenversicherung der Arbeiter und Angestellten, gesetzliche.

Absolutismus →Boden, -rente, -politik, →Wohlfahrtsstaat.

Achtstundentag →Arbeitsschutz, gesetzlicher.

Äquivalenzprinzip (vgl. auch Versicherungsprinzip).

1. Begriff

Das Äquivalenzprinzip (ÄPr.), das Prinzip der *Gleichheit von Leistung und Gegenleistung* besagt, daß die Prämien der *Privat*- bzw. *Individual*versicherung den im Vertrag festgelegten Versicherungsleistungen unter Berücksichtigung des eingebrachten →Risikos entsprechen sollen. Entsprechend diesem Prinzip richten sich also die →Prämien etwa in der privaten →Krankenversicherung neben der Höhe der vereinbarten Versicherungsleistungen (→Versicherung) nach den speziellen Risikomerkmalen (→Risiko) des Versicherten (Alter, Gesundheit usw.).

2. Abweichungen

In der →Sozialversicherung wird dieses Prinzip durch das Prinzip des →sozialen Ausgleichs durchbrochen.

a) In der gesetzlichen →Krankenversicherung werden die Beiträge bis zur Beitragsbemessungsgrenze nach einem je nach der Krankenkasse unterschiedlichen Prozentsatz des Bruttolohnes und daher nicht entsprechend dem individuellen →Risiko berechnet.

b) In der gesetzlichen →Rentenversicherung richten sich die Leistungen (Renten) schlechthin nach der Höhe des verdienten →Einkommens, d.h. nach den gezahlten Beiträgen, während individuelle risikoerhöhende

(→Risiko) Faktoren für die Bemessung der Beiträge weitgehend außer Betracht bleiben.

Vgl. u.a. Karl Kreßmann, Das versicherungstechnische Äquivalenzprinzip in der gesetzlichen Altersversicherung der BRD, Diss. Frankfurt a.M. 1971, passim sowie die Literatur unter dem Stichwort „Sozialer Ausgleich".

Ärztekammern (vgl. auch Verbände).

1. Entwicklung

Die Ärztekammern (ÄK.) sind im Unterschied zu den →Ärzteverbänden und →Ärztevereinen, die politische Funktionen erfüllen, die gesetzlich anerkannten Standesvertretungen der deutschen Ärzte. Sie gehen in ihrem Ursprung auf die Gründung des Deutschen Reiches im Jahre 1871 zurück. 1935 wurden sie unter dem Einfluß des nationalsozialistischen Regimes in der Reichsärztekammer gleichgeschaltet und 1945 aufgelöst. 1946 wurden der *Nordwestdeutsche Ärztekammerausschuß* und 1947 die *Arbeitsgemeinschaft Westdeutscher Ärztekammern* in Bad Nauheim gegründet, die 1951 nach Köln verlegt und ab 1955 in *Bundesärztekammer* umbenannt wurde. Die Hauptversammlung wird seit altersher in einer großen öffentlichen Veranstaltung, dem *Deutschen Ärztetag*, abgehalten.

2. Funktionen

Die ÄK. wollen eine einheitliche Regelung der ärztlichen Berufspflichten und der Grundsätze für die ärztliche Tätigkeit auf allen Gebieten erreichen *(Bundesärzteordnung von 1961)*. Deshalb hat die Bundesärztekammer Ausschüsse gebildet und hält Konferenzen über Spezialfragen ab. Es ist ihre Pflicht, alle Ärzte über die wichtigen Vorgänge auf dem Gebiet des *öffentlichen Gesundheitsdienstes* und des *sozialen Lebens* zu unterrichten und die *ärztliche Fortbildung* zu fördern.

Vgl. u.a. Philipp Herder-Dorneich, Sozialökonomischer Grundriß der gesetzlichen Krankenversicherung, Stuttgart – Berlin – Köln – Mainz 1966, S. 61ff. und die Satzung der Bundesärztekammer.

Ärzte-Regreß-Schutz-Verband →Ärzteverbände.

Ärzteverbände, -vereine (vgl. auch Verbände).

1. Allgemeine Entwicklung

Während die Ärzteschaft heute außerordentlich stark und vielfältig in *Interessenvertretungen* organisiert ist, war dies im frühen 19. Jh. nicht der Fall. Zu dieser Zeit wurden zunächst private Ärztevereine gegründet, die der Pflege der wissenschaftlichen Fortbildung und dem gesellschaftlichen Kontakt der Ärzteschaft dienten. Mit der Zeit entstanden dann in den einzelnen deutschen Bundesstaaten aus diesen privaten Vereinen *ärztliche Standesvertretungen,* die in den meisten Staaten durch die Institutionen der →Ärztekammern getragen wurden.

2. *Einzelne Beispiele*

Aus der Vielzahl der ärztlichen Verbände können hier nur einige beispielhaft dargestellt werden:

a) 1873, nach der Gründung des Deutschen Reiches, schlossen sich die vielen Einzelverbände im „Deutschen Ärztevereinsbund" zusammen, der ausdrücklich den Zweck einer ärztlichen Standesvertretung auf Reichsebene mit Sitz in Berlin hatte. Im Jahre 1900 wurde auf Betreiben des Leipziger Arztes HERMANN HARTMANN der *Verband der Ärzte Deutschlands zur Wahrung ihrer wirtschaftlichen Interessen (Leipziger Verband)* gegründet. Er stellte durch straffe Organisation der Ärzteschaft auf der Grundlage der Selbsthilfe eine gewerkschaftsähnliche Kampforganisation gegenüber den Krankenkassen dar.

b) 1904 vereinigte sich der *Leipziger Verband* mit dem *Deutschen Ärztevereinsbund* und wird seitdem *Hartmannbund* genannt. Er vertrat bis 1932 (Gründung der Kassenärztlichen Vereinigungen) gewerkschaftliche und *standespolitische* Ziele gleichzeitig. 1913 wurde mit Hilfe des *Verbandes der Ärzte Deutschlands (Hartmannbund) e. V.* das sog. *Berliner Abkommen* abgeschlossen, eine Vereinbarung zwischen Krankenkassen und Ärzten, das letzteren Mitsprachefunktionen einräumte.

Seit dem Zweiten Weltkrieg übt der Hartmannbund nur noch standespolitische Funktionen aus. Er vertritt die Interessen von rd. 24000 Mitgliedern, die den verschiedensten Ärztegruppen angehören, in wirtschaftlicher und beruflicher Hinsicht. So wirkt er vor allem bei der Neuordnung des Systems der gesetzlichen →Krankenversicherung und bei der Lösung von Fragen des *öffentlichen Gesundheitsdienstes* mit.

c) Der *Verband der angestellten und beamteten Ärzte Deutschlands e. V. (Marburger Bund)* wurde 1948 mit dem Ziel gegründet, die wirtschaftlichen, sozialen und beruflichen Interessen der angestellten und beamteten Ärzte zu vertreten. Er ist *Standesvertretung* und →Gewerkschaft zugleich und in letzterer Eigenschaft in Zusammenarbeit mit der *Deutschen Angestellten-Gewerkschaft* Tarifpartner der Krankenhäuser, der pharmazeutischen Industrie und der Gesundheitsbehörden.

d) Der *Verband der niedergelassenen Ärzte e. V. (NAV)* wurde 1948 zunächst als Vertretung der niedergelassenen Nichtkassenärzte gegründet mit dem Ziel, die Zulassungsbeschränkungen zur Kassenarztpraxis aufzuheben, was 1960 in Zusammenarbeit mit dem Marburger Bund erreicht wurde. Seitdem vertritt er die *Interessen seiner Mitglieder* speziell *gegenüber den Krankenkassen*, weshalb er sich intensiv mit der Reform der gesetzlichen →Krankenversicherung befaßt; er beteiligt sich außerdem an der Selbstverwaltung der →Ärztekammern und Kassenärztlichen Vereinigungen.

e) Der *Verband der leitenden Krankenhausärzte e. V.* (Chefärzteverband) wurde 1948 gegründet und vertritt die Interessen von rd. 3000 Mitgliedern. Er wirkt vor allem als Quasi-*Tarifpartner* an den Chefärzteverträgen der *Deutschen Krankenhausgesellschaft* mit.

f) Der *Ärzte-Regreß-Schutz-Verband* wurde 1961 gegründet und vertritt als *unabhängiger Ärzteverband Deutschlands* die Kassen- und *Vertrags*ärzte gegenüber den Krankenkassen und den Kassenärztlichen Vereinigungen mit dem Ziel, bei *Regreß*- und *Honorarkürzungsverfahren* seinen Mitgliedern einen ausreichenden *Rechtsschutz* zu gewähren, ebenso diesen *bei medizinisch-fachlichen Rechtsstreitigkeiten* beizustehen.

Vgl. u.a. Philipp Herder-Dorneich, Sozialökonomischer Grundriß a.a.O., S. 61ff.

Ahlener Programm →Parteiprogramme.

Akkordlohn →Lohnformen.

Alimentationsprinzip →Beamte(-nversorgung).

Allgemeinverbindlichkeitserklärung →Tarifvertrag.

Alte Last →Rentenversicherung der Arbeiter und Angestellten, gesetzliche.

Altenhilfe (vgl. auch Sozialhilfe, gesetzliche).

1. Geschichtliche Entwicklung

Der Strukturwandel der →Gesellschaft vom *Feudalsystem* zur *industriellen Leistungsgesellschaft* hatte einen Funktionsverlust der →Familie zur Folge, indem die Mehrgenerationen-→Familie von der Klein-→Familie abgelöst wurde; außerdem verlängerte sich die Lebensdauer der Menschen. Aus diesen Gründen nimmt die Bedeutung der Altenhilfe (Ah.) heute immer mehr zu.

2. *Rechtliche Grundlagen*

Grundsätzlich trägt die →Familie Sorge für die Alten (vgl. § 2 *Bundessozialhilfegesetz,* in dem der Nachrang auch für die Ah. betont wird); wenn diese *Schutzfunktion* der →Familie jedoch nicht mehr ausreicht, obliegt dem Staat die Ah. (vgl. § 75 *Bundessozialhilfegesetz).*

3. *Maßnahmen*

Zu den Maßnahmen der Ah. gehören die *geschlossene* und die *offene* Ah. Im Rahmen der geschlossenen Ah. werden die Alten in Heimen untergebracht; Die offene Ah. umfaßt folgende Einzelmaßnahmen: Hilfe zu einer Tätigkeit; Hilfe bei der Beschaffung von Wohnung; Hilfe zum Besuch der verschiedensten Veranstaltungen oder Einrichtungen, die dem gesellschaftlichen oder kulturellen Bedürfnis dienen; Hilfe zur Kontaktpflege mit nahestehenden Personen (Angehörigen und Freunden). Alle diese Maßnahmen wollen die selbständige Lebensführung fördern, um eine Heimunterbringung solange wie möglich zu vermeiden. Dieses Ziel setzt jedoch *ausreichende Hilfs- und Betreuungsdienste* voraus, zumal der Bedarf nach Ah. in der heutigen →Gesellschaft bewußter und damit dringender geworden ist.

4. *Finanzierung*

Da die durchschnittliche Rente aus der gesetzlichen →Rentenversicherung heute oft unter dem Regelsatz der →Sozialhilfe liegt und damit zur Deckung des →Existenzminimums nicht ausreicht, ist ein Großteil der Alten auf →Sozialhilfe und damit meist auch auf Ah. angewiesen. So sind z.B. 30% der Bewohner von Altenheimen und 60% der Bewohner von Pflegeheimen Sozialhilfeempfänger (→Sozialhilfe), (vgl. auch Wohlfahrtspflege).
1970 wurden insgesamt 14,1 Mrd. DM für die Ah. aufgewandt; davon trug der Staat über 50%.

Vgl. Otto Blume, Möglichkeiten und Grenzen der Altenhilfe, Tübingen 1968, passim, und ders., Vorbereitung auf das Alter aus gesellschaftspolitischer Sicht, in: Actuelle Gerontologie, Bd. I, 1971, Heft 5, S. 267ff. sowie Wirtschaft und Statistik, 1971, Heft 12, S. 775.

Altenteil, Altersgeld →Soziale Sicherung in der Landwirtschaft.

Alter, -ssicherung (vgl. auch Einrichtungen der sozialen Sicherung).

1. Begriff

Das Alter wird im Gegensatz zur Erwerbszeit, in der das →Einkommen des Erwerbstätigen meist stetig fließt, als weniger produktive oder gar vom wirtschaftlichen Standpunkt aus als unproduktive, weil inaktive Phase des Lebens angesehen. Deshalb sind Einrichtungen notwendig, die es ermöglichen, das →Lebenseinkommen bedarfsadäquat auf alle Lebensphasen umzuschichten.

2. Anwendung

Solche Einrichtungen der Alterssicherung sind: die verschiedenen Formen der gesetzlichen →Rentenversicherungen; die Altershilfe für Landwirte; die gesetzliche →Beamtenversorgung einschließlich der →Zusatzversorgung der Arbeiter und Angestellten im öffentlichen Dienst; die Berufsständischen Versicherungs- und Versorgungswerke (→Berufsständische Versorgungswerke) der Freien Berufe und die verschiedenen Formen der →betrieblichen und überbetrieblichen Altersversorgung. Die private →Vermögensbildung steht allen Berufsgruppen als sog. flankierende Maßnahme der Alterssicherung offen, wird aber als besondere Institution vorwiegend von den →Selbständigen wahrgenommen.

Vgl. u.a. Elisabeth Liefmann-Keil, Gegenwart und Zukunft der sozialen Altersvorsorge, Göttingen 1967, passim.

Altersgrenze →Rentenversicherung der Arbeiter und Angestellten, gesetzliche, und Soziale Sicherung der freien Berufe.

Altershilfe für Landwirte →Soziale Sicherung in der Landwirtschaft.

Altersrente, -ruhegeld, -versicherung →Rentenversicherung der Arbeiter und Angestellten, gesetzliche.

Altsparergesetz →Lastenausgleich, gesetzlicher.

Angestellte(r) (vgl. auch Arbeiter und Beamte(r).

1. Tätigkeitsmerkmale

Der Angestellte (Ang.) besitzt wie der →Arbeiter keine Produktionsmittel und ist deshalb in abhängiger Stellung beschäftigt. Diese abhängige Arbeitnehmerstellung (→Arbeitnehmer) verbindet ihn mit dem →Arbeiter.

Von diesem unterscheidet er sich jedoch durch die Tätigkeit in anderen Funktionsbereichen der Unternehmung, wie z. B. in der Verwaltungs-, Organisations-, Einkaufs-, Verkaufsabteilung und in der Finanzverwaltung.
Die Tätigkeit des Ang. in leitender Position ist von *Entscheidungen* gekennzeichnet, die für das Unternehmen *von weittragender Bedeutung* sind.
Vom →Beamten unterscheidet sich der Ang. dadurch, daß ersterer in einem *dauernden Dienst- und Treueverhältnis* zu einer öffentlichen Körperschaft steht und im Regelfall staatliche Hoheits- und Verwaltungsfunktionen wahrnimmt. Durch das Vordringen des Ang. *in der öffentlichen Verwaltung* verschwindet dieser Unterschied jedoch mehr und mehr, so daß der *Ang. im öffentlichen Dienst* heute eine beamtenähnliche (→Beamte) Stellung hat, die sich nur in der Besoldung und der →sozialen Sicherung noch vom Beamtenstatus (→Beamte) unterscheidet.
Seine *Besoldung* richtet sich nach den *Beschäftigungsmerkmalen* und nach dem *Lebensalter.*
Im April 1970 betrug die Anzahl der Ang. in der BRD 7,8 Mio.

2. *Angestelltenvereinigungen*

a) Die Anfänge der Ang.bewegung in Deutschland gehen auf die *Vereinigungen der Handlungsgehilfen* im Jahre 1729 zurück. Diese waren entweder karitative Vereinigungen auf seiten der Handlungsgehilfen oder mehr noch Zusammenschlüsse sowohl von Arbeitgeber- als auch von Arbeitnehmerseite (→Arbeitgeber, →Arbeitnehmer), die jedoch nur lokale Bedeutung hatten. Ab 1873 entstanden dann ausschließlich von den Gehilfen getragene Arbeitnehmerverbände mit überlokalem Wirkungsbereich und stark ausgeweiteten Aufgaben.
b) Unter den verschiedenen Ang.verbänden (→Verbände) kommt heute dem *Deutschen Handels- und Industrie-Angestellten-Verband* in Hamburg und der *Union der leitenden Angestellten (ULA)* in Essen besondere Bedeutung zu sowie dem *Verband der Angestellten im öffentlichen Dienst (VAÖD)* in Köln. Ihre wichtigsten Funktionen sind die Einkommensgestaltung (→Einkommen) der Ang.; die Sorge um das Anstellungsverhältnis; der Schutz vor →Arbeitslosigkeit; die Stellenvermittlung, die *soziale Sicherung* der Ang.
c) *Tarifverhandlungen* mit den →Arbeitgebern werden sowohl von der *Deutschen Angestellten-Gewerkschaft (DAG)* geführt, in der Ang. der freien Wirtschaft und des öffentlichen Dienstes organisiert sind, als auch von der *Gewerkschaft Öffentliche Dienste, Transport und Verkehr*

(ÖTV), in der nur die im öffentlichen Dienst tätigen Ang. (und Arbeiter) organisiert sind. Im Jahre 1961 hat die DAG z. B. den *Bundesangestelltentarif* für die Ang. im öffentlichen Dienst mit dem Bund bzw. den Ländern ausgehandelt.

d) Während →Arbeiter und Ang. ohne leitende Funktionen nach dem *Betriebsverfassungsgesetz von 1952* durch Entsendung von Vertretern in den Betriebsrat oder Aufsichtsrat eine gesetzlich anerkannte Repräsentanz gegenüber dem →Arbeitgeber haben, ist diese den leitenden Ang. bisher noch nicht gewährt worden. In der Neufassung des Betriebsverfassungsgesetzes, die 1972 verabschiedet worden ist, ist zwar erstmals festgelegt worden, wer zu den leitenden Ang. zu rechnen ist, ohne daß sich hieraus jedoch ein Mitspracherecht im Betriebsrat oder im Aufsichtsrat ergibt.

3. Soziale Sicherung

a) Die Sicherung gegen Krankheitskosten ist durch die 1883 gegründete gesetzliche →Krankenversicherung für alle Ang. unterhalb der Versicherungspflichtgrenze gegeben. Darüber hinaus können sich Ang. jedoch *freiwillig* in der gesetzlichen →Krankenversicherung *weiterversichern* (z. B. Deutsche Angestelltenkrankenkasse) oder einen Vertrag mit einer privaten →Krankenversicherung abschließen. Sicherung gegen Einkommensausfall bei *Invalidität* und im →Alter gewährt die 1911 gegründete gesetzliche →Angestelltenversicherung, in der heute alle Ang. pflichtversichert sind. Versicherungspflicht besteht auch in der Arbeitslosen- und →Unfallversicherung, um gegen Unfall und →Arbeitslosigkeit gesichert zu sein.

b) *Angestellte im öffentlichen Dienst* sind wie die Ang. der freien Wirtschaft gegen die Wechselfälle des Lebens gesichert. Sie erhalten jedoch noch zusätzlich bei Krankheit *Beihilfe* für Sachleistungen und bei *Invalidität* oder →Alter eine *Zusatzrente* aus der →Zusatzversorgung der Angestellten *im öffentlichen Dienst.*

Vgl. u.a. Th. Thomandl, „Angestellte", in: Katholisches Soziallexikon, hrsg. von der Katholischen Sozialakademie Österreichs, Innsbruck-Wien 1964, S. 11ff.; Günter Schaub, Arbeitsrecht, Beck-Rechtslexika, München 1968, S. 18f.; Statistisches Bundesamt (Hrsg.), Statistisches Jahrbuch 1971, Stuttgart-Mainz 1971, S. 125, und Rolf Müller, Die Verbände der leitenden Angestellten in der BRD, Entwicklung-Aufbau-Aufgaben, Diss. Köln 1966, passim. Vgl. auch Literatur unter dem Stichwort „Arbeitnehmer".

Angestelltenversicherung →Rentenversicherung der Arbeiter und Angestellten, gesetzliche.

Anpassungshilfe, -rente →Arbeitslosigkeit.

Anwartschaftsdeckungsverfahren →Rentenversicherung der Arbeiter und Angestellten, gesetzliche.

Arbeit, -smarkt.

1. Unter Arbeit (A.) wird diejenige persönliche Tätigkeit verstanden, die auf ein wirtschaftliches Ziel gerichtet ist. Jeder einzelne ist theoretisch in der Lage, mit Hilfe von →Boden und Kapital in *produktionswirtschaftlicher Arbeitsweise* Güter herzustellen, um daraus seine wirtschaftliche Existenzgrundlage zu gewinnen. Über den volkswirtschaftlichen Kreislauf werden diese Güter aber auch für die Allgemeinheit bereitgestellt.

2. Da der Produktionsfaktor A. wie die übrigen Faktoren →Boden und Kapital ein knappes Gut ist, unterliegt er den Gesetzen von Angebot und Nachfrage auf dem →Arbeitsmarkt (AM.). Unter AM. versteht man in der Regel das Zusammentreffen von Angebot und Nachfrage nach Arbeitskräften. Jede individuelle Verhandlung zwischen einem beliebigen →Arbeitnehmer und einem beliebigen →Arbeitgeber gehört demnach begrifflich zum AM. Dieser hat seit der Mitte des 19. Jh. mit Entstehen der Arbeitnehmer- und der →Arbeitgeberverbände die Marktform des zweiseitigen Monopols angenommen. Da der einzelne, insbesondere der einzelne →Arbeitnehmer, nicht in der Lage war, seine Interessen allein durchzusetzen, gründete er Interessenvertretungen in Form der →Gewerkschaften, die die individuellen Verhandlungspositionen ihrer Mitglieder gebündelt vertreten.

a) Der AM. ist noch immer ein *unvollkommener Markt* wegen der *unterschiedlichen Qualität der Arbeitsleistung, der natürlichen Mobilitätshemmnisse* (→Mobilität) und der immer noch *begrenzten Markttransparenz.*

b) Der AM. ist in bezug auf die Preisbildung *nicht* mit den Verhältnissen auf dem *Gütermarkt* vergleichbar. Die Gesetze von Angebot und Nachfrage entwickeln sich unter den verschiedenen Bedingungen, denen der Faktor A. ausgesetzt ist, jeweils anders als auf dem Gütermarkt, so daß die *Arbeitsangebotskurve* in den verschiedenen Phasen einen *atypischen* Verlauf nimmt.

3. a) In der *ersten Phase* der Geschichte der Lohnbildung (→Lohn), d. h. in der *ersten Hälfte des 19. Jh.*, wuchs das Gut A. durch die explosionsartige Bevölkerungsvermehrung und das situationsbedingte zusätzliche Arbeitsangebot der Familienangehörigen stärker als die durch den technischen Fortschritt wachsende Zahl der →Arbeitsplätze. Das hatte zur Folge, daß sich „der →Arbeiter um jeden Preis (→Lohn) verkaufen mußte". Diese historische Situation führte dazu, daß der Stundenlohnsatz zu dieser Zeit extrem niedrig war und sich die →Arbeiter der dama-

ligen Zeit in einer *extrem proletarischen* →Lebenslage befanden (vgl. Arbeiterbewegung, -frage, -politik).
Die Gesetze von Angebot und Nachfrage verhielten sich *entgegengesetzt* wie auf dem *Gütermarkt*, so daß sich aufgrund des *atypischen Verlaufs der Arbeitsangebotskurve* bei *sinkenden* →Löhnen ein *steigendes Arbeitsangebot* entwickelte.
b) In der *zweiten Phase*, etwa in der *zweiten Hälfte des 19. Jh.*, nahm die Bevölkerung zwar noch zu, jedoch wurden durch den technischen Fortschritt eine größere Zahl von →Arbeitsplätzen geschaffen, so daß das Arbeitsangebot auf dem AM. aufgenommen werden konnte. Hinzu kamen noch die verschiedenen Arbeitsschutzgesetze (→Arbeitsschutz), die auch die Frauen- und Kinderarbeit einschränkten oder verboten, ferner die gegengewichtige Marktmacht der →Gewerkschaften. Dies führte dazu, daß sich der Lohnsatz (→Lohn) auf einem höheren Niveau einpendeln konnte als vorher. Die Arbeitsangebotskurve verlief wie auf dem Gütermarkt, *niedrige* →Löhne hatten ein *Absinken des Arbeitsangebots* zur Folge, *steigende* →Löhne führten zu einem *steigenden Arbeitsangebot.*
c) In der *dritten Phase*, etwa in der *ersten Hälfte des 20. Jh.*, wurden die Bedingungen des Faktors A., insbesondere die →Mobilität durch die Einführung der Arbeitsvermittlung, der Berufsberatung und durch den Ausbau des Verkehrssystems und das Anwachsen der gesamten Wirtschaft weiter verbessert, so daß sich die Arbeitsangebotskurve auf dem AM. auch in dieser Phase wie auf dem Gütermarkt verhielt.
d) In der *vierten Phase*, etwa ab 1948, d. h. nach dem Zweiten Weltkrieg, entwickelte sich der technische Fortschritt sprunghaft ansteigend, während die Bevölkerungsentwicklung demgegenüber infolge der *Nachkriegsentwicklung* und der *Änderung des generativen Verhaltens* zurückblieb. Das Arbeitsangebot wurde und wird nicht nur voll abgesetzt, sondern es blieb und bleibt sogar noch heute ein Nachfrageüberhang bestehen. Durch die hohe →Mobilität wird die Lenkungsfunktion des →Lohnes verstärkt, so daß sich auf dem durch →Vollbeschäftigung und ständig steigende →Löhne gekennzeichneten AM. ein *atypischer Verlauf der Arbeitsangebotskurve* wie in der ersten Phase abzeichnet. *Steigende* →Löhne bewirken *keinen Anstieg des Arbeitsangebotes* mehr; der einzelne →Arbeitnehmer wägt jetzt vielmehr ab, ob er weiterhin am Produktivitätsfortschritt der Wirtschaft durch höheren →Lohn teilhaben will oder ob er seine Freizeit (Muße) genießen möchte.
e) Erst in einer *fünften Phase*, d.h. in der *Zukunft* wird sich *wieder ein Ansteigen des Arbeitsangebotes* bemerkbar machen. Wenn – wie heute schon zu beobachten ist – der Lohnsatz (→Lohn) stellenweise besonders

hoch ist, ist er dann so attraktiv, daß einzelne sich wieder zur A. entschließen und so zur Vergrößerung des Arbeitsangebotes beitragen. Dann läßt sich wie auf dem *Güter*markt wieder ein *typischer Verlauf* der Arbeitsangebotskurve beobachten: Ein *hoher Preis* zieht ein *steigendes Arbeitsangebot* nach sich.

Vgl. u.a. Erich Carell, „Arbeit", in: Handwörterbuch der Sozialwissenschaften (HdSW), Bd. I, Stuttgart – Tübingen – Göttingen 1956, S. 229ff., und Eduard Willeke, „Arbeitsmarkt", in: ebd., S. 321ff., außerdem Heinrich Rittershausen, Wirtschaft, Das Fischer-Lexikon, Bd. 8, Frankfurt a.M. 1958, S. 9.

Arbeiter (vgl. auch Angestellte(r) und Beamte(r)).

1. Begriff

Als Arbeiter (Ar.) wurde früher zu Beginn der Industrialisierung der *abhängig Beschäftigte* bezeichnet, der vorwiegend körperliche →Arbeit verrichtete und im →Lohn-Arbeitsverhältnis beschäftigt wurde, da er keine Produktionsmittel besaß. Es wird seitdem zwischen gelerntem, angelerntem und ungelerntem Ar. unterschieden, was vor allem für die *Entlohnung* noch heute von Bedeutung ist.
Durch die zunehmende *Automatisierung* des Produktionsprozesses und den damit verbundenen Anstieg des qualitativen Anspruchsniveaus wird die Tätigkeit des Ar. zunehmend dem Status des →Angestellten angenähert. Da sich infolgedessen Ar. und →Angestellter oft kaum in ihrer Stellung voneinander unterscheiden, werden beide mit dem Oberbegriff →Arbeitnehmer bezeichnet.
Im April 1970 gab es 12,5 Mio. Ar. in der BRD.

2. Arbeiterbewegung

Die ersten *Arbeitervereinigungen* gehen auf das Jahr 1840 zurück und haben in der Folgezeit zur Gründung der →Gewerkschaften geführt. Es ist ihr Ziel, dem →Arbeitgeber als Tarifpartner gegenüberzutreten und mit ihm den →Lohn auszuhandeln (vgl. Gewerkschaften und Tarifvertrag).

3. Mitbestimmung

Aufgrund des *Betriebsverfassungsgesetzes von 1952* haben die Ar. das Recht der *Mitwirkung* am Arbeitsplatz; das Recht der →Mitbestimmung auf *betrieblicher Ebene* durch Entsendung von Vertretern in den Betriebs- oder Aufsichtsrat; ein Mitbestimmungsrecht (→Mitbestimmung) auf *Unternehmensebene* durch die *paritätische* Besetzung des Aufsichtsrates in der *Montanindustrie.*

4. *Soziale Sicherung*

Aufgrund seiner abhängigen Arbeitnehmerstellung (→Arbeitnehmer) war der Ar. schon bald nach der →industriellen Revolution den Risiken (→Risiko) und Ungewißheiten des Lebens ausgesetzt. Sicherung gegen *Krankheit* erfuhr er ab 1883 durch Gründung der gesetzlichen →Krankenversicherung unter BISMARCK. Der Einkommensausfall infolge *Invalidität* und →Alter wurde ab 1889 durch die gesetzliche Arbeiter-→Rentenversicherung kompensiert. Ab 1884 gewährte die gesetzliche →Unfallversicherung Schutz bei *Unfällen.* Die Sicherung vor →Arbeitslosigkeit, eines der gefährlichsten Risiken, denen der →Arbeitnehmer aufgrund seiner abhängigen Stellung ausgesetzt ist, wurde erst ab 1927 mit Gründung der gesetzlichen Arbeitslosenversicherung geregelt.

Vgl. u.a. Günter Schaub, Arbeitsrecht, a.a.O., S. 20, auch A. Tautscher, „Arbeiter", in: Katholisches Soziallexikon, a.a.O., S. 19ff. und Statistisches Jahrbuch 1971, a.a.O., S. 125; ferner die Literatur in den Anmerkungen zu „Arbeiterbewegung, -frage, -politik" und zu „Arbeitnehmer".

Arbeiterbewegung, -frage, -politik (vgl. auch Arbeit, -smarkt und Sozialpolitik, Geschichte).

Mit der →industriellen Revolution, die etwa ab 1830 in Deutschland einsetzte, entstand infolge der *produktionswirtschaftlichen Arbeitsweise* ein neuer Stand in der →Gesellschaft, der sog. 4. Stand oder Arbeiterstand.

1. a) In der *ersten Phase,* d.h. von 1830–1850, in der die →Lebenslage des →Arbeiters durch extrem niedrige Löhne (→Lohn) gekennzeichnet war, fanden die aus Handwerker- und Bauerntum stammenden →Arbeiter in der noch ständisch orientierten Gesellschaftsordnung von Adel, Bürgertum und Bauern keinen rechten Standort. Nach GOETZ BRIEFS war der abhängige Lohn-Arbeiter (→Lohn, →Arbeiter) zur fortlaufenden Veräußerung seiner Arbeitskraft als ausschließlicher oder für die Lebenshaltung entscheidenden Einkommensquelle (→Einkommen), d.h. mithin zur *dauernden Reproduktion des* Lohn-Arbeitsverhältnisses (→Lohn, →Arbeitsrecht) gezwungen.

b) Dieses für das 19. Jh. typische *Phänomen* der *Proletarität* war nach WILFRID SCHREIBER durch folgende Merkmale gekennzeichnet: *extrem niedriges* →Einkommen; *extrem lange Arbeitszeit; Unsicherheit des* →Arbeitsplatzes; *Unstetigkeit des Einkommensflusses (→Einkommen); Erblichkeit des Proletarierstatus; fehlende Sinnerfüllung des Arbeitslebens* (→Arbeit); *Vermögenslosigkeit* (→Vermögen) und *niedriges Bildungsniveau* (→Bildung).

2. a) In der *zweiten Phase,* etwa von 1850–1911, sah der nunmehr *in großer Zahl auftretende abhängige* Lohn-Arbeiter (→Lohn, →Arbeiter) sich und seinesgleichen als →*soziale Klasse* an und verneinte aus diesem

Klassenbewußtsein heraus die herrschende Ordnung in Wirtschaft und →Gesellschaft.

b) Dieses Verhalten wurde durch die Vereinigung in *Gruppen* und →Verbänden ab 1864 (vgl. Gewerkschaften) nach außen sichtbar. Während diese zur Sicherung des Nominallohnes verhalfen, dienten die zur gleichen Zeit entstehenden Konsumgenossenschaften zur Sicherung des Reallohnes (vgl. Lohn, -begriffe).

c) Schließlich gelang es der Arbeiterschaft (→Arbeiter), auch die Öffentlichkeit auf ihre schwierige Lage aufmerksam zu machen und →Fremdhilfe in Anspruch zu nehmen. So wurden unter BISMARCK die gesetzlichen Sozialversicherungseinrichtungen (→Sozialversicherung) gegründet, (1883/1884/1889), an denen der Staat, die →Arbeitgeber und auch die →Arbeiter unterschiedlich beteiligt waren. Außerdem besserten einzelne arbeitsrechtliche (→Arbeitsrecht) Gesetze die Arbeitsmarktlage (→Arbeitsmarkt) insgesamt erheblich.

d) Ihre *gesetzliche Anerkennung* versuchten die →Arbeiter durch die Gründung von *Arbeiterbildungsvereinen* seit 1840 zu erreichen, die *staatliche Anerkennung* erfolgte 1875 durch die Gründung einer selbständigen politischen Partei, der *Sozialistischen Arbeiterpartei Deutschlands.*

3. In der *dritten Phase,* von 1911–1948, wurde die →Lebenslage des →Arbeiters u. a. durch die staatliche Anerkennung des →Tarifvertrages, durch den *rechtlichen Schutz des Arbeitsverhältnisses* und die *Sicherung eines Mindestlohnanspruchs* so verbessert, daß es gelang, die Kräfte der Arbeiterschaft verstärkt für den *Selbsthilfe*gedanken einzusetzen. So entwickelte sich die →Sozialversicherung von einer Fürsorge- zu einer Selbsthilfeinstitution, indem die →Arbeiter nun die Hälfte des Beitrages übernahmen und der Arbeitgeberanteil nach und nach den Charakter eines Lohnbestandteils (→Lohn) annahm.

4. In der *vierten Phase,* d.h. nach dem Zweiten Weltkrieg ab 1948, konnte der Gedanke der Selbsthilfe infolge des Neubeginns der wirtschaftlichen Entwicklung, die schließlich zur →Vollbeschäftigung führte, erst richtig verwirklicht werden. Das zeigt sich daran, daß die Selbstverwaltung in den Sozialversicherungseinrichtungen (→Sozialversicherung) und die →Mitbestimmung des →Arbeiters im →Betrieb ausgebaut wurden.

5. Während die meisten *Merkmale der Proletarität* durch die historische Entwicklung, d. h. durch den technischen Fortschritt und die Selbsthilfemaßnahmen der →Arbeiter, abgebaut werden konnten, liegt der Schwerpunkt heute vor allem in Maßnahmen zur Vermögensbildung (→Vermögen), zur →Bildungspolitik und zur *Sinnerfüllung des Arbeitslebens.*

6. Erst mit der *Konsolidierung der wirtschaftlichen Existenzbedingungen* der Arbeiterschaft konnte es gelingen, diese als selbständigen Stand in die Wohlstandsgesellschaft zu integrieren, indem sie sich nicht mehr durch Herkunft oder Arbeitsart, sondern durch *Leistungsgrade* und Einkommensgruppen (→Einkommen) von anderen Schichten der →Bevölkerung abheben.

Vgl. u. a. Goetz Briefs, „Arbeiter", in: Staatslexikon Bd. I, 6. Aufl., Freiburg i. Br. 1957, Sp. 429ff.; Carl Jantke, „Arbeiterbewegung", ebd., Sp. 438ff.

Arbeiterkammer →Arbeiternehmerkammer, →Mitbestimmung.

Arbeiterklasse →Arbeiterbewegung.

Arbeiterpolitik →Sozialpolitik, Geschichte, →Arbeiterbewegung.

Arbeiterrentenversicherung →Rentenversicherung der Arbeiter (und Angestellten), gesetzliche.

Arbeiterschutz →Arbeitsschutz, gesetzlicher.

Arbeiterstand →Arbeiterbewegung.

Arbeitervereine →Gewerkschaften, Geschichte.

Arbeiterwohlfahrt →Sozialhilfe, gesetzliche.

Arbeitgeber (vgl. auch Arbeitnehmer).

1. Begriff

„Arbeitgeber (AG.) sind alle natürlichen oder juristischen Personen, die Abhängige mittels eines Arbeitsverhältnisses beschäftigen." Mit diesem Begriff ist nur die arbeitsrechtliche (→Arbeitsrecht) und die sozialversicherungsrechtliche (→Sozialversicherung) Seite des →Unternehmerbegriffs umschrieben. Da diese Charakteristik für die sozialpolitische Betrachtungsweise genügt, soll hier auf die →Unternehmerkriterien, die den AG. sonst noch auszeichnen, nicht näher eingegangen werden.

2. Rechte und Pflichten

Zu den *wichtigsten* Pflichten des AG. gehören die *Entlohnungs-*, die →*Fürsorge-* und die *Urlaubspflicht* sowie die Einhaltung aller das Arbeitsverhältnis und die Unternehmensverfassung betreffenden gesetzlichen und tarifvertraglichen (→Tarifvertrag) Bestimmungen (*Betriebsverfassungsgesetz; Mitbestimmungsgesetz;* Rationalisierungsschutzabkommen usw.), während zu den *Rechten das Direktions-* oder *Weisungsrecht*, das *Kündigungsrecht*, die Teilnahme an den Organen der *Selbstverwaltung* der →Sozialversicherung usw. gehören.

Arbeitgeberanteil →Sozialabgaben, →Sozialversicherung, →Einrichtungen der sozialen Sicherung.

Arbeitgeberverbände (vgl. auch Verbände).

1. Begriff und Funktionen

Arbeitgeberverbände sind Zusammenschlüsse von →Unternehmern und Unternehmungen mit dem Ziel, den →Gewerkschaften (Arbeitnehmervertretungen, →Arbeitnehmer) für bestimmte Aufgaben als gleichgewichtige Marktpartner auf dem →Arbeitsmarkt gegenüberzutreten. Dabei ist der Hauptzweck der Verhandlungen zwischen AG.-verbänden und →Gewerkschaften die Regelung der →Lohn- und Arbeitsbedingungen (→Arbeit, →Tarifverträge), da die BRD weitgehend darauf verzichtet hat, diese Bedingungen selbst zu regeln. (*Autonomie* der Tarifpartner.)
Die AG.-verbände sind zu trennen von den Wirtschaftsverbänden (Fachverbände, →Verbände), die allgemeine wirtschaftliche Interessen, teils auch bestimmte wirtschaftliche Sonderinteressen von →Unternehmern wahrnehmen, wobei eine klare Trennung in der Praxis nicht immer gegeben ist.
Die sozialpolitischen (→Sozialpolitik) *Organisationen* der AG. in der BRD sind in der *Bundesvereinigung der Deutschen Arbeitgeberverbände (BDA)* zusammengefaßt. Nach § 2 ihrer Satzung versteht sie sich als „Arbeitsgemeinschaft zur Wahrung ihrer gemeinschaftlichen sozialpolitischen Interessen, die über den Bereich eines Landes oder den Bereich eines Wirtschaftszweiges hinausgehen und die von grundsätzlicher Bedeutung sind". Im Mittelpunkt ihrer Aufgaben steht die Beratung ihrer Mitgliederverbände in sozialpolitischen (→Sozialpolitik), arbeitsrechtlichen (→Arbeitsrecht) und tarifpolitischen (Tariflohnpolitik) Fragen. Sie arbeitet außerdem eigene Gesetzentwürfe und Initiativen zur Fortentwicklung der sozialpolitischen Gesetzgebung aus. Sie nimmt an den Sozialwahlen in der →Sozialversicherung teil.
Zu den *Organen* der BDA gehören die *Mitgliederversammlung*, der *Vorstand*, das *Präsidium* und die in *neun Fachabteilungen* untergliederte *Geschäftsführung*.

2. Geschichtliche Entwicklung

Die AG. schlossen sich erst sehr viel später zusammen als die →Arbeitnehmer. Zwar entstand der erste →AG.-verband bereits im Jahre 1869 (AG.-verband der Deutschen Buchdrucker), doch handelt es sich hierbei nur um eine Einzelerscheinung. „Die eigentliche Geschichte der AG.-verbände aber beginnt erst mit dem Ende der *neunziger* Jahre des vorigen Jahrhunderts" (GERHARD ERDMANN).

Anfang des 20. Jh. existierten zwei Spitzenverbände auf AG.-seite, die aber gegenseitig um die Mitglieder konkurrierten und sich erst 1913 zur „Vereinigung der Deutschen Arbeitgeberverbände" zusammenschlossen. Anläßlich der Erweiterung der Zuständigkeiten der Tarifpartner in der *Weimarer Republik* schlossen sich die Spitzenverbände beider Tarifpartner 1918 zur „Zentralarbeitsgemeinschaft" zusammen. Doch ließen gegensätzliche Interessen und verstärkte Klassenkampfideologie eine Kooperation nicht zu.

In der Zeit des *Nationalsozialismus* wurden die Parteien des →Arbeitsmarktes aufgelöst und ihre Funktionen vom Staat übernommen.

Nach 1945 waren AG.-→verbände und →Gewerkschaften zunächst durch Beschränkungen der Besatzungsmächte in ihrer Entfaltung behindert. Erst nach 1949 konnten sich die AG.-→verbände der britischen und amerikanischen Besatzungszone zur *Vereinigung der Arbeitgeberverbände* zusammenschließen. Nach Gründung der BRD wurden auch die →Verbände der französischen Besatzungszone einbezogen; die neue Spitzenorganisation gab sich 1950 den Namen *Bundesvereinigung der Deutschen Arbeitgeberverbände (BDA).*

Vgl. Gerhard Erdmann, Die Deutschen Arbeitgeberverbände im sozialgeschichtlichen Wandel der Zeit, Neuwied und Berlin 1966, S. 53, und Franz Spiegelhalter, „Arbeitgeberverbände", in: Staatslexikon, Bd. I, a.a.O., Sp. 447.

Arbeitnehmer (vgl. auch Arbeitgeber).

1. Begriff

Arbeitnehmer (AN.) sind alle diejenigen Personen, →Arbeiter, →Angestellte und Lehrlinge, die im Rahmen eines *persönlichen Abhängigkeitsverhältnisses* im Dienste eines anderen, d.h. des →Arbeitgebers, zu einer Arbeitsleistung verpflichtet sind. Diese →Arbeit unterliegt nach Art, Zeit, Dauer und Ort dem Weisungs- und Kontrollrecht des →Arbeitgebers.

2. Funktionen

Zu den wichtigsten Pflichten des AN. zählen nach dem geltenden →Arbeitsrecht die *Dienst-*, die *Gehorsams-* und die *Treuepflicht*. Zu den

Rechten des AN. gehören die *Lohn-* und die *Urlaubsforderung* (→Lohn, →Urlaub) sowie die Forderung nach *Gleichbehandlung* und *Fürsorge* durch den →Arbeitgeber.

3. Umfang

Die Anzahl der AN. ist von 1950–1969 von 14 Mio. auf 21,3 Mio., also um mehr als 50% angestiegen. 1970 betrug die Anzahl der AN. 22,4 Mio.

4. Organisation

Die AN. sind seit 1840 in *Interessenvertretungen* (→Gewerkschaften) vereinigt mit dem Ziel, den →Arbeitgebern als gegengewichtige Marktmacht gegenübertreten zu können.

Vgl. u. a. Karl Scheuermann, Arbeitsrecht, Sozialkunde heute, Bd. II, Recklinghausen 1964, S. 40f. und Statistisches Jahrbuch 1971, S. 124.

Arbeitnehmeranteil →Sozialabgaben, →Sozialversicherung, →Einrichtungen der sozialen Sicherung.

Arbeitnehmerkammer →Mitbestimmung.

Arbeitnehmersparzulage →Vermögen, -spolitik.

Arbeitnehmerverbände →Gewerkschaften.

Arbeitsämt(er) →Arbeitslosigkeit.

Arbeitsdirektor →Mitbestimmung.

Arbeitseinkommen →Einkommen.

Arbeitsentgelt →Besoldung, →Gehalt, →Honorar, →*Lohn*, →Unternehmerlohn.

Arbeitsförderung →Unfallversicherung, gesetzliche.

Arbeitsförderungsgesetz →Arbeitslosigkeit.

Arbeitsgemeinschaft der Deutschen Familienorganisationen →Familienpolitik.

Arbeitsgemeinschaft für Betriebliche Altersversorgung e. V. →Betriebliche Altersversorgung.

Arbeitsgemeinschaft für Gemeinschaftsaufgaben der gesetzlichen Krankenversicherung →Krankenversicherung, gesetzliche.

Arbeitsgemeinschaft für wirtschaftliche Betriebsführung und soziale Betriebsgestaltung →Betriebliche Sozialpolitik.

Arbeitsgemeinschaft Selbständiger Unternehmer (ASU) →Unternehmerverbände.

Arbeitsgemeinschaft zur Förderung der Partnerschaft in der Wirtschaft e. V. (AGP) →Partnerschaft.

Arbeitsgerichtsbarkeit (vgl. auch Arbeitsrecht).
Durch das *Arbeitsgerichtsgesetz von 1926*, das 1953 neu gefaßt wurde, wurde die Arbeitsgerichtsbarkeit als Sondergebiet der Zivilgerichtsbarkeit eingeführt. Damit sollten Streitigkeiten aus dem Bereich der abhängigen →Arbeit, d. h. zwischen →Arbeitnehmern und →Arbeitgebern, geregelt werden.
Es handelt sich meist um Rechtsstreitigkeiten aus dem Arbeitsverhältnis (z.B. Streitigkeiten über das Bestehen oder Nichtbestehen eines Arbeitsverhältnisses, Verhandlungen über die Eingehung eines Arbeitsverhältnisses sowie dessen Nachwirkungen usw.); ferner um Rechtsstreitigkeiten zwischen →Arbeitnehmern aus gemeinsamer Arbeit und aus unerlaubten Handlungen im Zusammenhang mit dem Arbeitsverhältnis. Die Arbeitsgerichte entscheiden auch über Rechtsstreitigkeiten zwischen Tarifvertragsparteien (→Tarifvertrag) und zwischen diesen und Dritten aus →Tarifverträgen; aus *Arbeitskampf*maßnahmen und über Fragen der Vereinigungsfreiheit sowie bei Einzelfällen aus dem *Betriebsverfassungsgesetz* und bei Streit über die *Tariffähigkeit* einer Vereinigung.

Vgl. u. a. G. Müller, „Arbeitsgerichtsbarkeit", in: Katholisches Soziallexikon, a. a. O., S. 29ff.

Arbeitsgesetzbuch →Arbeitsrecht.

Arbeitskammer →Arbeitnehmerkammer, →Mitbestimmung.

Arbeitskampf →Betriebsverfassung, →-sgesetz, →Streik.

Arbeitskreis Evangelischer Unternehmer (AEU) →Unternehmerverbände.

Arbeitslosengeld, -hilfe, -unterstützung →Arbeitslosigkeit.

Arbeitslosenversicherung, gesetzliche →Arbeitslosigkeit.

Arbeitslosigkeit.

1. Geschichte

a) Mit Beginn der →industriellen Revolution ab ca. 1830 in Deutschland machte sich neben den Risiken *Krankheit, Unfall* und *Invalidität* vor allem die Arbeitslosigkeit (Alk.) als erheblicher Störfaktor im Lebenslauf des abhängig beschäftigten, außerhäuslich erwerbstätigen →Arbeiters bemerkbar. Das auf dem →Arbeitsmarkt plötzlich auftretende Angebot an →Arbeit infolge der Bevölkerungsexplosion und der Bauernbefreiung konnte nicht schnell genug befriedigt werden, weil die industrielle Entwicklung und der technische Fortschritt mit der Bereitstellung von →Arbeitsplätzen nicht nachkamen.
Da aber mit Entstehen der kapitalistischen Produktionsweise der →Arbeitsplatz zur einzigen Einkommensquelle (→Einkommen) des →Arbeiters wurde, ergriff die Alk. die lohnabhängigen (→Lohn) →Arbeiter wie ein *Gruppenschicksal* (vgl. Arbeiterbewegung, -frage, -politik).
b) Die ersten Maßnahmen zur Sicherung des →Risikos Alk. wurden im Jahre 1910 durch das *Stellenvermittlergesetz* und 1927 durch Gründung der gesetzlichen *Arbeitslosenversicherung* (ALV) ergriffen.

2. Begriffe

Man unterscheidet folgende Begriffe der Alk.: Nach der Verursachung: *echte* (unfreiwillige) und *unechte* (freiwillige) Alk. Zur echten Alk. gehören ständige und fluktuationsbedingte Alk.; periodische (saisonale oder konjunkturelle) Alk. und nicht periodische (strukturelle oder technologische) Alk. Unechte Alk. kann aufgezwungene, vorgetäuschte, freiwillige und sog. „Bodensatz"-Alk. sein. WILHELM WEBER (WIEN) erwähnt noch die stabilisierte Alk. (die vorliegt, wenn die Lohnkosten [→Lohn] die Arbeitserträge übersteigen) und die importierte bzw. exportierte Alk. sowie die versteckte Alk. (überbesetzte Landwirtschaft in Entwicklungsländern).

3. Funktionen

a) *Primäre Aufgabe* der *Reichsanstalt für Arbeitsvermittlung und Arbeitslosenversicherung* von 1927 war die Arbeitsvermittlung, die die Entstehung von Alk. überhaupt vermeiden wollte. Ihre *sekundäre Aufgabe* war die →Versicherung gegen Alk.

b) Durch das *Arbeitsförderungsgesetz (AFG)* von 1969 haben sich die Funktionen der *Bundesanstalt für Arbeit* (BAfA) erweitert und in ihrer Rangfolge verschoben.
Mit Hilfe dieses Gesetzes soll die Anpassung an die rasche technische Entwicklung, die Automation und den Strukturwandel für den →Arbeitnehmer erleichtert werden.
(1) Deshalb ist die *primäre Aufgabe* der BAfA, für eine flexible Arbeitsmarkt- und Beschäftigungspolitik (→Arbeitsmarkt) Sorge zu tragen, wobei sie sich der Arbeitsmarkt- und Berufsforschung (→Arbeitsmarktforschung) bedient. Die Sicherung optimaler Berufschancen soll durch die finanzielle Förderung der beruflichen Bildung und Anpassung erreicht werden. Dadurch soll sie helfen, das Ziel der →Vollbeschäftigung zu verwirklichen und beizubehalten.
(2) Die *sekundäre Aufgabe* ist die Arbeitsförderung, d.h. Maßnahmen zur Erhaltung und Schaffung von Arbeitsplätzen.
(3) Erst als *dritte Funktion* ist der Schutz vor sozialem Abstieg infolge Alk. oder Kurzarbeit zu nennen; hierzu werden Arbeitslosengeld und Arbeitslosenhilfe gewährt.
(4) Die *vierte Funktion* sind Arbeitsvermittlung und Berufsberatung.
(5) Die BAfA zahlt außerdem in Auftragsverwaltung für den Bund Kindergeld (vgl. Familienpolitik) aus und bekommt dafür aus öffentlichen Mitteln einen Ersatz der Verwaltungskosten.
(6) Weiterhin führt die BAfA z.Z. Aufgaben des *Schwerbeschädigtengesetzes* durch.

4. Umfang

Die Zahl der Arbeitslosen belief sich 1971 auf 185000. Im Nov. 1971 standen 208000 Arbeitslosen 493000 offene Stellen gegenüber. Die *Arbeitslosenquote* (Anzahl der Arbeitslosen im Verhältnis zu den Erwerbstätigen) betrug 1950 noch 11,4%, während sie 1972 bis auf 1,7% abgesunken ist – ein Beweis dafür, wie bedeutungslos die echte Alk. in der BRD geworden ist, weshalb der Schutz vor Alk. erst an dritter Stelle steht.

5. Träger

a) Träger und ausführendes Organ der verschiedenen Maßnahmen ist die BAfA in Nürnberg (früher BA für Arbeitsvermittlung und Arbeitslosenversicherung), die eine Körperschaft des öffentlichen Rechts mit 9 nachgeordneten *Landesarbeitsämtern* und 146 örtlichen *Arbeitsämtern* ist.
b) In den *Selbstverwaltungs*organen der BAfA sind →Arbeitnehmer, →Arbeitgeber und der Staat drittelparitätisch vertreten. Kontrollorgane sind das *Bundesversicherungsamt* und die *Landesversicherungsämter*.

c) In Zusammenhang mit der BAfA stehen die *Zentralstelle für Arbeitsvermittlung* in Frankfurt und das *Institut für Arbeits- und Berufsforschung* in Erlangen.

6. *Versicherungspflicht*

Versicherungspflichtig bei der BAfA sind, von wenigen Ausnahmen abgesehen, alle Personen, die in einem *Beschäftigungsverhältnis* stehen. Der versicherte Personenkreis entspricht im wesentlichen dem der gesetzlichen →Krankenversicherung (GKV). Dazu gehören in erster Linie →Arbeitnehmer einschließlich der Heimarbeiter, die zu ihrer →Berufsausbildung Beschäftigten sowie deren →Arbeitgeber.
Seit 1. 1. 68 gibt es *keine* Versicherungspflichtgrenze mehr ebenso wie in der gesetzlichen →Rentenversicherung, so daß diejenigen →Angestellten, die in der GKV nicht mehr pflichtversichert sind, trotzdem der Versicherungspflicht bei der BAfA unterliegen. Versicherungspflichtig sind auch zum Wehrdienst oder zivilen Ersatzdienst herangezogene Personen; seit dem 1. 7. 69 auch die *knappschaftlich Versicherten* und nunmehr auch die in der *Landwirtschaft Beschäftigten* mit langfristigen Arbeitsverträgen, ferner Auszubildende, Anlernlinge und Umschüler.

7. *Finanzierung*

a) Die Finanzierung der Maßnahmen zur Sicherung vor und bei Alk. wird durch Beiträge der →Arbeitgeber und →Arbeitnehmer getragen. Für →Arbeitnehmer, deren regelmäßiges Entgelt 180 DM monatlich nicht übersteigt oder die ein *freiwilliges* soziales Jahr ableisten, zahlt der →Arbeitgeber den gesamten Beitrag. Diese Beiträge der →Arbeitgeber und →Arbeitnehmer sind jedoch ihrem Charakter nach keine reinen Versicherungsbeiträge (→Versicherung) mehr wie früher, sondern Beiträge an die BAfA, mit deren Hilfe Maßnahmen, die auch von Nichtversicherten, wie z. B. von Schülern und Studenten durch die Arbeitsvermittlung und Berufsberatung, in Anspruch genommen werden, finanziert werden.
b) Die Beiträge betragen höchstens 2 % (Arbeitgeber- und Arbeitnehmeranteil) vom Brutto-→Lohn bis zur Beitragsbemessungsgrenze, die mit der der gesetzlichen →Rentenversicherung identisch ist und seit dem 1.7.69 dynamisiert ist. Zur Zeit beträgt der Beitragssatz zur BAfA 1,3 % bis zur Grenze von 1900,– DM/Monat. Ab 1. 1. 72 : 2100,– DM/Monat. Von 1949 bis 1964 schwankte der Beitragssatz von 6,5 % bis 1,3 % und ist seitdem konstant geblieben. Vom 1. 8. 61 – 31. 3. 62 wurde der Beitragssatz sogar ganz ausgesetzt. Damit verfolgte die Regierung das Ziel, nicht noch mehr Reserven anzusammeln.

Da jedoch die neue Aufgabe der BAfA, die Berufsförderung, einen wesentlichen Umfang ihrer Leistungen ausmacht, muß der Beitragssatz von 1,3 % angehoben werden. Für 1972 ist deshalb ein Satz von 1,7 % bis zur Beitragsbemessungsgrenze von 2100 DM bestimmt worden. Es ist auch eine „Arbeitgebersteuer" im Gespräch für den Fall, daß die BAfA ihre Ausgaben aus den Beiträgen nicht mehr decken kann.
c) Staatliche Zuschüsse erhält die BAfA im allgemeinen nicht. Nur die Arbeitslosenhilfe ist eine *unentgeltliche öffentliche Dienstleistung,* die aus öffentlichen Mitteln finanziert wird. So kann es also vorkommen, daß ein Teil der →Bevölkerung *auf Kosten der Gesamtbevölkerung* über die Steuer Leistungen von der BAfA erhält.
d) Die Summe der *Gesamtaufwendungen* der BAfA für Arbeitsförderung, Arbeitslosenversicherung und berufliche Bildung betrugen 1970 rd. 4 Mrd. DM; die Einnahmen rd. 3,6 Mrd. DM, von denen rd. 3,1 Mrd. DM aus Beiträgen stammten. In Zukunft werden sich die Aufwendungen wegen der gestiegenen Leistungsanforderungen erheblich ausdehnen. 1975 sollen diese 5,3 Mrd. DM betragen, wobei 4,3 Mrd. DM aus Beitragseinnahmen stammen werden.

8. Leistungen

a) Zu den *Maßnahmen zur Förderung der beruflichen Bildung* gehören *Ausbildung, Fortbildung, Umschulung* und →*Rehabilitation* sowie *Förderung der Arbeitsaufnahme.*
(1) Zur Durchführung dieser Maßnahmen wird dem Antragsteller ein *Unterhaltsgeld* gezahlt, das sich nach dem während eines bestimmten Zeitraums vor der Fortbildungsmaßnahme je Arbeitsstunde erzielten *Arbeitsentgelt* und nach der regelmäßigen wöchentlichen *Arbeitszeit* richtet. Es beläuft sich während des ersten Halbjahres auf 130 % und von da an auf 140 % des *Arbeitslosengeldes,* das 81,25 % bis 87,5 % des Nettoeinkommens eines Ledigen ausmacht.
Der *Familienzuschlag* beträgt 14,40 DM wöchentlich für jeden Angehörigen. Der Gesamtbetrag des Unterhaltsgeldes kann bis zu 95 % des Nettoeinkommens eines verheirateten →Arbeitnehmers mit zwei Kindern erreichen. Von der Vollendung des ersten Lehrjahres an wird das der Bemessung zugrunde liegende Entgelt halbjährlich um 4 % erhöht. Bei längeren Ausbildungskursen kann das vorher bezogene Nettoarbeitsentgelt erreicht werden.
(2) Die Kosten, die durch die Ausbildungs-, Fortbildungs-, Umschulungs- oder Rehabilitationsmaßnahmen (→Rehabilitation) unmittelbar entstehen, werden ebenfalls ganz oder teilweise von der BAfA getragen. Der →Arbeitgeber kann außerdem von der BAfA einen Einarbeitungs-

zuschuß erhalten. Einrichtungen der *beruflichen Bildung,* insbesondere Lehrwerkstätten, die der beruflichen Ausbildung, Fortbildung und Umschulung dienen, können durch Darlehen und Zuschüsse für den Aufbau, die Erweiterung und die Ausstattung gefördert werden.

(3) Zu den Maßnahmen zur *Förderung der Arbeitsaufnahme* gehören: Zuschüsse zu den Bewerbungs-, Reise- und Umzugskosten; Trennungsbeihilfen; Arbeitsausrüstung; Überbrückungsbeihilfen und ähnliche Hilfen, die jedoch nur gewährt werden, wenn der Arbeitssuchende sie nicht alleine aufbringen kann.

(4) Der →Arbeitgeber kann sogenannte *Eingliederungsdarlehen* von höchstens 60% des tariflichen oder ortsüblichen Arbeitsentgelts bis zu zwei Jahren erhalten für Arbeitssuchende, deren Unterbringung unter den üblichen Bedingungen des →Arbeitsmarktes erschwert ist.

(5) 1970 betrugen die Aufwendungen für die individuelle Förderung der beruflichen Fortbildung 531 Mio. DM, davon entfielen allein 371 Mio. DM auf Unterhaltsgeld. Bis September 1971 sollen es 776 Mio. DM sein, davon 504 Mio. DM für Unterhaltsgeld.

(6) Ausbildung, Fortbildung und Umschulung sind seit 1969 außerdem steuerlich absetzbar.

b) *Maßnahmen* zur *Erhaltung und Schaffung von*→Arbeitsplätzen sind:

(1) die *Förderung der Beschäftigungsstruktur* in bestimmten Gebieten und Wirtschaftszweigen. Hier sind vor allem Beteiligungen an Maßnahmen zur Förderung der Ansiedlung, Erweiterung, Modernisierung und Rationalisierung von gewerblichen Produktionsunternehmen in anerkannten Bundesförderungsgebieten zu nennen.

Zur Verbesserung der Beschäftigungsstruktur sind deshalb von 1952 bis 1969 rd. 6,2 Mrd. DM von der BAfA aufgewandt worden.

(2) Hinzu kommen noch soziale *Hilfen zur Überwindung struktureller Veränderungen* in einzelnen Industriezweigen, z.B. Anpassungshilfen für Bergleute.

(3) Zu den *Maßnahmen zur Erhaltung und Schaffung von* →Arbeitsplätzen gehören außerdem die Zahlung von *Kurzarbeitergeld, Schlechtwettergeld, produktiver Winterbauförderung* und Maßnahmen zur Arbeitsbeschaffung, insbesondere zugunsten *älterer* →Arbeitnehmer.

(a) Das *Kurzarbeitergeld* darf 65% des ausgefallenen Entgelts nicht übersteigen. 1969 wurden von der BAfA rd. 4 Mio. DM für Kurzarbeitergeld aufgewandt.

(b) Das *Schlechtwettergeld* beträgt zwischen 62,5–80% des Nettoarbeitsentgelts. In der Schlechtwetterphase 1969/70 wurden rd. 1,3 Mrd. DM an Schlechtwettergeld für rd. 51 Mio. DM Ausfalltage von der BAfA gezahlt.

(c) *Maßnahmen der produktiven Winterbauförderung* sind vor allem –

von sogenannten Leistungen an Unternehmen und →Arbeitnehmer des Baugewerbes abgesehen – seit dem 1. 1. 70 Zuschüsse zu den Mehrkosten des Bauens, die Unternehmen des Baugewerbes für Bauarbeiten im Januar/Februar entstehen. Die Höhe des Zuschusses richtet sich nach der Zahl der in der Förderungszeit von den beitragspflichtigen Arbeitnehmern geleisteten Arbeitsstunden und nach den jeweiligen Förderungssätzen. 1969 beliefen sich die Ausgaben zur Förderung des Winterbaus auf fast 65 Mio. DM.

Ein Gesetzentwurf zur Neuordnung der Winterbauförderung ist in Vorbereitung. Einzelheiten können nicht mehr berücksichtigt werden.

(d) Zu den *Maßnahmen zur Arbeitsbeschaffung für langfristig Arbeitslose,* besonders für ältere →Arbeitnehmer, gehören die Zahlung von Zuschüssen und Darlehen für Arbeiten, die im öffentlichen Interesse liegen; sie sollen eine Belebung des →Arbeitsmarktes in wirtschafts- und sozialpolitischer (→Sozialpolitik) Weise erwarten lassen. Dabei ist es unerheblich, ob die Arbeiten von juristischen Personen des öffentlichen Rechts, privaten Unternehmen oder sonstigen Einrichtungen durchgeführt werden.

Zur Unterstützung dieser Aufgabe der BAfA wurde in Essen von der Bundesregierung in Zusammenarbeit mit den Ländern, Kirchen und einigen privaten Unternehmen die *Gesellschaft zur Verbesserung der Beschäftigungsstruktur* (→Gesellschaft) gegründet, deren besondere Aufgabe es ist, →Arbeitsplätze mit geeigneten Arbeitsbedingungen für *ältere* →Arbeitnehmer zu schaffen. 1969 wurden für diese Maßnahmen der *Arbeitsbeschaffung* 13 Mio. DM von der BAfA ausgegeben. 1970 ging die Zahl der älteren Arbeitslosen zurück.

c) Zu den *Leistungen an Arbeitslose* gehören die Zahlung des Arbeitslosengeldes (Arblg.) und der Arbeitslosenhilfe (Arblh.).

(1) Anspruch auf Arblg. hat, wer arbeitslos ist, von der Arbeitsvermittlung erfaßt wird, die Anwartschaftszeit erfüllt hat, sich beim Arbeitsamt arbeitslos gemeldet und Arblg. beantragt hat.

Die Anwartschaftszeit hat erfüllt, wer in den letzten beiden Jahren vor Meldung der Alk. 26 Wochen oder 6 Monate in versicherungspflichtiger Beschäftigung gestanden hat.

Die Dauer des Anspruchs auf Arblg. richtet sich nach der Dauer der die Beitragspflicht begründenden *Beschäftigung* innerhalb der letzten drei Jahre vor der Arbeitslosmeldung. Das Arblg. besteht aus dem *Hauptbetrag* und den *Familienzuschlägen,* die individuell ausgestaltet sind. Die Höhe des Hauptbetrages richtet sich nach dem während eines bestimmten Zeitraums von mindestens 20 Tagen vor der Arbeitslosmeldung durchschnittlich in der Arbeitsstunde erzielten Arbeitsentgelt und nach der regelmäßigen tariflichen wöchentlichen Arbeitszeit. Im Durchschnitt erhält ein lediger *Arbeitsloser* rd. 62,5 % seines Nettoarbeitsentgelts, was 42–60 % des Bruttolohnes entspricht. Der Hauptbetrag wird nach einem in einer Tabelle festgelegten Einheitslohn bemessen, der 60,– DM täglich, 415,30 DM wöchentlich oder 1 800 DM monatlich nicht überschreiten darf. Der Familienzuschlag beträgt 12,– DM wöchentlich für jeden Angehörigen. Der *Gesamtbetrag* des Arblg. darf einen Höchstbetrag von 80 % des Nettoarbeitsentgelts eines Verheirateten mit zwei Kindern nicht überschreiten.

Während 1967 in der Rezession insgesamt 356 021 *Hauptbetragsempfänger* verzeichnet wurden, waren dies im Jahresdurchschnitt von 1971 134 000 Personen.

Die *Gesamtaufwendungen* für Arbeitsförderung einschließlich AlV und berufliche Bildung betrugen 1970 3,6 Mrd. DM (ohne Verrechnungen).

(2) Arblh. wird entweder im Anschluß an das Arblg. oder allein gewährt, wenn kein Anspruch auf Arblg. besteht. Es wird also die sog. *Anschluß-Arblh.* oder *originäre Arblh.* gezahlt.

Die Arblh. tritt an die Stelle des Arblg., wenn hierauf kein Anspruch besteht, sei es, daß die Anwartschaftszeit nicht erfüllt oder die Bezugsdauer beendet ist. Sie wird jedoch nur bei Bedürftigkeit gewährt. (Anschluß-Arblh.).

Die Arblh. ist immer niedriger als das Arblg. Die Arblh., die im Anschluß an das Arblg. gezahlt wird, wird an dem dem Arblg. zugrunde liegenden Arbeitsentgelt bemessen, während in allen übrigen Fällen von dem in der Zukunft zu verdienenden Arbeitsentgelt ausgegangen wird.

Während in der Rezession 1967 36 214 Personen insgesamt im Jahresdurchschnitt Arblh. empfingen, waren dies 1969 27 988 Personen.

Die Ausgaben der BAfA für die *Anschluß-Arblh.* betrugen 1969 82 Mio. DM, die Aufwendungen des Bundes für die *originäre Arblh.* 38 Mio. DM.

d) Auf die Arbeitsvermittlung und die Berufsberatung soll hier nicht näher eingegangen werden. Sie werden von den Arbeitsämtern durchgeführt.

e) Zu den *sonstigen Leistungen* der BAfA zählen:

(1) Kranken- Unfall- und Rentenversicherungs-*Schutz* (→Krankenversicherung, →Unfallversicherung, →Rentenversicherung) während der Zahlung von Unterhaltsgeld, Arblg., Arblh., Kurzarbeiter- und Schlechtwettergeld.

(2) In dieser Zeit werden auch die *Beiträge zur gesetzlichen →Krankenversicherung* von der BAfA getragen (bei Kurzarbeitergeld und Schlechtwettergeld zahlt auch der →Arbeitgeber seinen Anteil). Das

Krankengeld, das sich nach der Höhe des Unterhaltsgeldes, des Arblg. und der Arblh. richtet, bei Kurzarbeiter- und Schlechtwettergeld jedoch nach der Höhe des zur Bemessung festgesetzten Arbeitsentgelts, wird hingegen von der gesetzlichen Krankenversicherung gewährt.
(3) Der *Unfallschutz* bezieht sich auch auf die Teilnahme an Maßnahmen der beruflichen Fortbildung und Umschulung.

9. Kritik

Die ersten Erfahrungen mit dem AFG haben gezeigt, daß die Aufwendungen der BAfA für die *Berufsbildungskosten* ein Ausmaß angenommen haben, das die Leistungsfähigkeit der ALV übersteigt.
Außerdem erscheint es systemwidrig, die berufliche Bildung, Ausbildung, Fortbildung und Umschulung aus den Beiträgen der ALV zu finanzieren; denn gerechtfertigt erscheinen nur Berufsbildungs-, -fortbildungs- und Umschulungsmaßnahmen, die sich aufgrund arbeitsmarktpolitischer Bedingungen ergeben. Eine allgemeine Förderung der Berufsbildung auf Kosten der ALV ist jedoch mit dem Sozialversicherungsgedanken (→Sozialversicherung) nicht vereinbar.
Demnächst soll der Aufgabenkatalog der BAfA wiederum erweitert werden durch Zahlung einer „Anpassungsrente" an diejenigen, die früher aus dem Arbeitsprozeß ausscheiden müssen, als es ihnen aufgrund der Bedingungen der gesetzlichen →Rentenversicherung möglich wäre, z.B. im Bergbau, infolge von Zechenstillegungen.

Vgl. u.a. Wilhelm Weber (Wien), „Beschäftigung", in: Katholisches Soziallexikon a.a.O., S. 83ff., und Eduard Willeke, „Arbeitslosigkeit", in: HdSW, Bd.I, a.a.O., S. 305ff.; Übersicht über die soziale Sicherung, hrsg. vom Bundesminister für Arbeit und Sozialordnung, Bonn, 8. Aufl. 1970, S. 169ff.; Bretschneider - Husmann - Schnabel, Handbuch einkommens-, vermögens- und sozialpolitischer Daten, Tabellen und Kommentare, Köln 1970, Tabelle F 31; Sozialbericht 1971, hrsg. vom Bundesminister für Arbeit und Sozialordnung, Bonn 1971, S. 132ff., Schaubilder 25ff. sowie Tabelle II – 16 auf S. 264; Arbeits- und Sozialstatistische Mitteilungen, 23. Jg., 1972, Hefte 1–3, auch Sozialpolitische Informationen, Jg. V, 1971, Nr. 37, 20.12.71.

Arbeitsmarkt, → Arbeit, -smarkt.

Arbeitsmarktforschung, -statistik.

Es ist das Ziel der theoretisch-explikativen Arbeitsmarktforschung (AMF.), Zustände und Prozesse auf dem Gesamt-AM. und auf Teil-AM. zu analysieren, d.h. AM.-Ungleichgewichte (Divergenzen von Angebot und Nachfrage) zu beobachten, zu erklären und zu prognostizieren. Dazu gehört die Analyse der →Sozialstruktur der erwerbstätigen Bevölkerung und ihrer Veränderlichkeit, die Analyse der tatsächlichen Veränderungen dieser Struktur sowie die Untersuchung des Einflusses

technologischer Faktoren. Ziel der angewandten AMF. ist es, die mittel- und langfristige Prognose des globalen, sektoralen und qualifikationsspezifischen Arbeitskräftebedarfs durch schrittweise Projektion der Komponenten des →Sozialprodukts, durch Beurteilung der Auswirkungen des technischen Fortschritts und der Marktverhältnisse auf die Produktionsstruktur und durch die Aufdeckung von Substitutionsmöglichkeiten und -prozessen zu erreichen.
Ferner gehören zur AMF. Aufgaben, die auch von der *Berufsforschung* wahrgenommen werden; daher spricht man in diesem Zusammenhang auch von AM.-orientierter Berufsforschung. Solche Aufgaben sind z. B. Analyse und Beurteilung der Beschäftigungsstruktur und der Ursachen, Formen und Konsequenzen ihrer Veränderungen, Bestimmung der zukünftigen Bedarfstendenzen für bestimmt qualifizierte Arbeitskräfte und (durch Gegenüberstellung zum erwarteten Angebot) Ermittlung von Ungleichgewichten.
Seit 1967 wird die AMF. vom Staat unabhängig von den Aufgaben der Bundesanstalt für Arbeit in einem besonderen *Institut für Arbeitsmarkt- und Berufsforschung* in Erlangen planmäßig gefördert. Die Arbeit dieses Instituts soll dem AM.-politiker, dem Bildungsplaner und dem Berufsberater zuverlässige Orientierungs- und Entscheidungshilfen für die Verhinderung oder Beseitigung von kurz-, mittel- oder langfristigen Störungen des Gleichgewichts auf dem AM. liefern, um vor allem das friktionelle und strukturelle Marktungleichgewicht möglichst im Keim zu ersticken.
Bei AM.-prognosen bestehen jedoch auch heute noch methodische Schwierigkeiten; Fortschreibungen bestehender Entwicklungen in die Zukunft sind z. B. nicht zuverlässig genug. Weiterhin ist statistisches Datenmaterial noch nicht in ausreichendem Maße vorhanden, da vorliegende Erhebungen meist nicht im Hinblick auf AM.-analysen gemacht worden sind.

Vgl. vor allem H. Fenger, Arbeitsmarktforschung – Berufsforschung – Bildungsforschung, in: Mitteilungen, hrsg. vom Institut für Arbeitsmarkt- und Berufsforschung, Jg. 1, 1968, Heft 5, S. 325 ff.

Arbeitsmarktpolitik →Arbeitslosigkeit.

Arbeitsmedizin →Unfallverhütung, →Unfallversicherung.

Arbeitspflicht →Dienstpflicht, →Pflichtjahr.

Arbeitsplatzbeschaffung →Arbeitsförderungsgesetz, →Arbeitslosigkeit.

Arbeitsplatzbewertung →Lohnformen, →Arbeitswissenschaft.

Arbeitsplatz, -risiko (vgl. auch Arbeitslosigkeit).

1. Einleitung

Infolge der →industriellen Revolution, die den *Sozialtypus des abhängigen* →Arbeitnehmers hervorgebracht hat, ist der Arbeitsplatz (APL.) und seine Sicherung zu einem wichtigen Anliegen der →Sozialpolitik geworden.

2. Begriff

Unter APL.-risiko wird die *Unsicherheit des APL.* bei →Vollbeschäftigung infolge der Automation oder in der Rezession infolge der pessimistischen Unternehmererwartungen (→Unternehmer) verstanden.

3. Maßnahmen

Abgesehen von den *Maßnahmen* der Bundesanstalt für Arbeit zur *Sicherung vor und bei* →Arbeitslosigkeit, werden auch von Gewerkschaftsseite (→Gewerkschaften) weitere Maßnahmen zur Sicherung des *APL.* angestrebt. Im einzelnen sind dies *Verlängerung der Kündigungsfristen* und *Abfindungszahlungen* bei unvermeidlichen Entlassungen besonders zugunsten älterer →Arbeitnehmer, die durch umfangreiche *Rationalisierungsmaßnahmen* besonders gefährdet sind.
Die →Gewerkschaften versuchen anstelle von hohen Lohnforderungen (→Lohn), die nicht immer durchsetzbar sind, mit den →Arbeitgebern sog. *Rationalisierungsschutzabkommen* abzuschließen.
Vgl. Literatur in den Anmerkungen zu „Arbeitslosigkeit“ und zu „Gewerkschaften“.

Arbeitsplatzwechsel →Fluktuation.

Arbeitspolitik →Sozialpolitik.

Arbeitsproduktivität.
Unter Arbeitsproduktivität (APR.) versteht man den pro Arbeitsstunde erzielten Beitrag zum Bruttosozialprodukt, der sich im →Lohn niederschlägt. Zu diesem Zweck wird das Produktionsergebnis (P.) durch die Zahl der geleisteten Arbeitsstunden (A.) der Beschäftigten dividiert. Diese Verhältniszahl gewinnt jedoch erst für Lohnverhandlungen (→Lohn) der Zukunft an Bedeutung, wenn es um die Messung des Produktionsergebnisses geht.
Die APR. wächst oder die Produktivitätsvermehrung geht Hand in Hand mit einer Produktivitätssteigerung, wenn das Produktionsergeb-

nis schneller als die Arbeiterzahl (→Arbeiter) wächst. Ein solches intensives Wachstum ergibt sich nach KLAUS ROSE z. B. aus vermehrten Arbeitsanstrengungen (→Arbeit), erhöhtem Kapitaleinsatz, besseren organisatorischen Leistungen usw. Dann entsteht ein zusätzlicher Spielraum für Lohnerhöhungen (→Lohn), so daß in Tarifverhandlungen behauptet wird, Produktivitätssteigerungen der letzten Periode seien allein der erhöhten Leistung der →Arbeitnehmer zuzuschreiben. Dies geschieht mit dem Ziel, den Zuwachs allein dem Faktor →Arbeit zuzurechnen.

Das Produktionsergebnis kann aber ebensogut aufgrund eines stärkeren Kapitaleinsatzes oder auch durch bessere unternehmerische Leistung erhöht werden. Daraus ergibt sich also, daß die statistische Zurechnung der Produktivität zum Faktor →Arbeit keineswegs auch eine ökonomische Zurechnung bedeutet.

Die APR. ist also nicht gleich der „Grenzproduktivität der Arbeit", deren Ermittlung die Konstanz aller anderen Faktoreinsatzmengen voraussetzt. Wenn also keiner der Produktionsfaktoren allein einen Produktivitätsanstieg verursacht, sondern nur alle zusammen, dann kommt es bei der Verteilung des Produktionsergebnisses nur darauf an, das Mehrprodukt auf die einzelnen Faktoren so zu verteilen, wie sie zu seiner Erstellung beigetragen haben.

Dies ist jedoch in der Praxis kaum zu realisieren, denn es ist nahezu unmöglich, die Leistungsanteile der einzelnen Faktoren festzustellen. Deshalb läßt man als Notlösung bei einer Anpassung der →Löhne an die Produktivität auch die übrigen Faktoreinkommen um den gleichen Prozentsatz steigen wie die APR.; es bleibt dabei die Tatsache unberücksichtigt, daß der Anteil der einzelnen Faktoren an der Leistungserstellung unterschiedlich ist, weil die bisherige →Einkommensverteilung vor der Erhöhung als „gerecht" empfunden wurde.

Vgl. u.a. Klaus Rose, Theorie der Einkommensverteilung, Wiesbaden (o.J.), S.47ff.

Arbeitsrecht.

1. Begriff

Das Arbeitsrecht (AR.) ist ein Sonderrecht der unselbständigen →Arbeitnehmer und dient der Gestaltung der Rechtsbeziehungen zwischen →Arbeitgeber und →Arbeitnehmer. Besondere Bedeutung kommt deshalb dem Arbeitsverhältnis zu.

2. Arbeitsverhältnis

Mit Aufhebung der Leibeigenschaft zu Ende der *Feudalzeit* und *Auflösung der Zünfte* (18. Jh.) infolge der →industriellen Revolution wurde

das Arbeitsverhältnis Gegenstand freier Übereinkunft (vgl. Titel VIII, § 105 *Gewerbeordnung* [GewO]).
Das Vertragsverhältnis zwischen →Arbeitgeber und →Arbeitnehmer zeichnet sich in seinem rechtlichen Gehalt nicht nur durch den bloßen Austausch geldwerter Leistungen aus, sondern vor allem durch die *Treue- und Dienstpflicht* des →Arbeitnehmers und die *Schutz- und Fürsorgepflicht* des →Arbeitgebers. Die Merkmale des Arbeitsverhältnisses sind also: *Vertragsfreiheit, Fremdbestimmtheit der* →Arbeit, *persönliche Abhängigkeit des* →Arbeitnehmers und *Weisungsrecht des* →Arbeitgebers.

3. Arbeitsvertrag

Das Arbeitsverhältnis wurde mit Beginn des Liberalismus durch den *freien Dienstvertrag* geregelt, der in England schon seit 1813 existierte. Zu Ende des 19. Jh. erwies sich die abhängige Marktstellung des →Arbeiters jedoch als so schwach, daß die in der Praxis weitgehend praktizierte Vertragsfreiheit nicht mehr aufrechterhalten werden konnte; die privatrechtliche Ordnung des Arbeitsvertrages wurde daher durch zwingende Bestimmungen ergänzt (z.B. GewO). Rechtliche Grundlage des Arbeitsverhältnisses war gem. § 611 BGB der aus dem römischen Recht stammende Dienstvertrag mit dem Charakter des Austausches von →Lohn gegen *Arbeitsleistung.*
Form und Inhalt des Arbeitsvertrages werden heute weitgehend vom Staat und den Tarifpartnern bestimmt, indem der Staat den Rahmen durch die gesetzliche Ordnung des Arbeitsverhältnisses und der →Arbeitsgerichtsbarkeit geschaffen hat; die Regelung der materiellen Arbeitsbedingungen, vor allem des →Lohnes, sind hingegen Gegenstand kollektivrechtlicher Vereinbarungen, die allerdings fast normativen Charakter haben.

4. Sondergesetze

Neben dem Arbeitsvertrag, der im allgemeinen das Arbeitsverhältnis regelt, gibt es noch zahlreiche *Sondergesetze* zugunsten bestimmter *Berufsgruppen* oder zur Regelung von *Einzelproblemen.*
Solche Einzelgesetze sind: Die *Gewerbeordnung von 1869;* das *Bürgerliche Gesetzbuch von 1896;* das *Handelsgesetzbuch von 1897;* die *Reichsversicherungsordnung von 1911;* die *Arbeitszeitordnung von 1938;* das *Tarifvertragsgesetz von 1949;* das *Heimarbeitsgesetz von 1951;* das *Betriebsverfassungsgesetz von 1952;* die *Hausgehilfen-Richtlinien von 1952;* das *Mutterschutzgesetz von 1952;* das *Seemannsgesetz von 1957* und das *Jugendarbeitsschutzgesetz von 1960.* In diesen Gesetzen werden sowohl Lohnfragen (→Lohn) als auch Kündigungsschutz-

und Arbeitszeitbestimmungen (→Kündigungsschutz) sowie Maßnahmen der sozialen Sicherung näher bestimmt.

5. *Reformbestrebungen.*

Es fehlt noch immer in der BRD an einem bundeseinheitlichen AR., das alle Berufsgruppen vom individual- und vom kollektivarbeitsrechtlichen Aspekt aus erfaßt, d.h. sowohl vom Standpunkt des einzelnen →Arbeitnehmers aus als auch vom Arbeitnehmerverband aus.
Der Bundesarbeitsminister hat 1970 eine *Sachverständigenkommission* eingesetzt, die ein umfassendes *Arbeitsgesetzbuch* ausarbeiten soll.

Vgl. Alfred Hueck, Hans Carl Nipperdey, Grundriß des Arbeitsrechts, Berlin-Frankfurt a. M. 1970, bes. S. 43ff.; Arthur Nikisch, „Arbeitsrecht", in: HdSW, Bd. I, a.a.O., S. 349ff.; Günter Schaub, Arbeitsrecht, a.a.O., S. 28, und Karl Scheuermann, Arbeitsrecht, a.a.O., passim; ferner Wolfgang Siebert, „Arbeitsvertrag", in: HdSW, ebd., S. 376.

Arbeitsschutz, gesetzlicher.

1. *Begriff*

Der Arbeitsschutz (ASch.) betrifft den Schutz des →Arbeitnehmers gegen Betriebs- und Berufsgefahren (→Betrieb). Seine geschichtliche Entwicklung geht auf das Jahr 1802 in England und auf das Jahr 1839 in Preußen zurück. Er wurde auf internationaler Ebene 1900 durch Gründung der *Internationalen Vereinigung für gesetzlichen Arbeiterschutz* geregelt.
Er ist auf die Gefahrenabwehr ausgerichtet, d.h. auf den *Schutz vor Gefahren der Technik* (technischer ASch.); auf den *Schutz gegen Gesundheitsgefahren* (medizinischer ASch.); auf den *Schutz vor Gefahren aus psycho-physischer Belastung* (Arbeitsvertrag, insbesondere Arbeitszeit) und auf den *Schutz vor sittlichen Gefahren* sowie den *Sonderschutz der Kinder, Jugendlichen und Frauen.*

2. *Rechtliche Grundlagen*

Rechtliche Grundlage des ASch. in Deutschland ist die seit 1869 geltende *Gewerbeordnung,* in der die Notwendigkeit einer →Vorsorge gegen *Arbeitsunfälle* und *Berufskrankheiten* sowie gegen vorzeitigen Verschleiß der Arbeitskraft besonders hervorgehoben wird.

a) Die zahlreichen Vorschriften zum *technischen ASch.*, der im *Bundesinstitut für Arbeitsschutz* in Koblenz wissenschaftlich erforscht wird, werden von sog. Sicherheitsingenieuren im →Betrieb, den Sicherheitsbeauftragten der Seeberufsgenossenschaften und von der staatlichen *Gewerbeaufsicht* überwacht. Die Gewerbeaufsicht, die in England auf das Jahr 1833 und in Preußen auf das Jahr 1878 zurückgeht, erfüllt drei wichtige Funktionen, den *Arbeitsschutz*, den →Mutterschutz und den *Imissionsschutz* (Schutz gegen umweltstörende Betriebe). Hauptaufgabe der Gewerbeaufsicht unter arbeitsrechtlichem (→Arbeitsrecht) Aspekt ist in Zusammenarbeit mit den Trägern der gesetzlichen →Unfallversicherung besonders die *Unfallverhütung*, die speziell auf die Ursachenforschung ausgerichtet ist.
b) Die Gewerbeaufsicht befaßt sich jedoch auch mit dem *medizinischen ASch.* in Zusammenarbeit mit den staatlichen Gewerbeärzten und den Werksärzten der →Betriebe.
c) Unter dem *Schutz vor Gefahren aus psycho-physischer Belastung* wird die Begrenzung des Abhängigkeitsverhältnisses des →Arbeitnehmers vom →Arbeitgeber verstanden, die im *Gesetz über die Festsetzung von Mindestarbeitsbedingungen von 1952* besonders festgelegt worden ist (vgl. auch Arbeitsvertrag).
Besondere Bedeutung kommt dabei der *Arbeitszeit* zu. Seit 1918 gibt es den Achtstundentag, ferner die Sonntagsruhe (vgl. Art. 140 GG) mit Ausnahme der gleitenden Arbeitszeit in der Stahlindustrie aufgrund des § 28 *Arbeitszeitordnung* von 1938.
Aufgrund des *Mindesturlaubsgesetzes für Arbeitnehmer* von *1963* hat jeder Arbeitnehmer ein Anrecht auf bezahlten →Urlaub.
Der Lohnschutz ist durch den →Tarifvertrag als sog. *Mindestlohnanspruch* gesichert.
d) Dem *Schutz vor sittlichen Gefahren* und dem *Sonderschutz der Kinder, Jugendlichen und Frauen* wurde erstmals 1819 durch das 1. *Kinderschutzgesetz* in England und 1839 in Preußen durch das *Kinderarbeitsverbot*, das 1855 als *Kinderschutzgesetz* verabschiedet wurde, Rechnung getragen. In der *Novelle zur Gewerbeordnung von 1891* wurde der *Elfstundentag* für weibliche erwachsene Arbeiter und das *Nachtarbeitsverbot* eingeführt. Außerdem wird der Beginn eines geordneten *Wöchnerinnenschutzes* in Deutschland auf diesen Zeitpunkt datiert. Die *Berner Konvention* von 1903/06 hatte zur Folge, daß 1903 das *Kinderschutzgesetz* für das Deutsche Reich und 1907 der *Zehnstundentag* für Arbeiterinnen beschlossen wurde. Seit der Gründung der *Internationalen Arbeits-Organisation*, der Internationalen Arbeits-

konferenz und des Internationalen Arbeitsamtes in Genf im Jahre 1919 wurden die *Frauenarbeit* und der *Wöchnerinnenschutz* zum erstenmal auf internationaler Ebene diskutiert. Ein besonderes *Jugendarbeitsschutzgesetz* (JArbSchG) wurde erst in der nationalsozialistischen Zeit im Jahre 1938 erlassen mit dem Ziel, den allgemeinen ASch. auch auf die Jugendlichen zu übertragen. Darin wurde die Gesundheit der weiblichen →Arbeitnehmer betont, sie dürfen seitdem keine schwere körperliche oder gesundheitsgefährdende →Arbeit mehr leisten, weshalb ihre Beschäftigung in einzelnen Branchen ganz untersagt ist.
Erst im neuen *JArbSchG von 1960* wurde der Schutz der Jugendlichen umfassend und einheitlich geregelt. Gegenstand des Gesetzes sind die Regelung der *Arbeitszeit* sowie einige Bestimmungen über die *qualitativen Arbeitsbedingungen* des Jugendlichen, wie Anforderungen an den Beschäftiger, an den →Betrieb und an die Arbeitstätigkeit. Außerdem werden die gesundheitliche Betreuung und die Überwachung des ASch. des Jugendlichen in diesem Gesetz besonders geregelt.
Die Sonderbestimmungen zugunsten der Jugendlichen und Frauen wurden außerdem im *Mutterschutzgesetz von 1952* noch weiter ausgebaut.

Vgl. Alfred Hueck - Hans Carl Nipperdey, Grundriß des Arbeitsrechts, 5. Aufl., a.a.O., S. 146ff.; Hermann Pechan, „Arbeiterschutz I", in: HdSW, Bd. I, a.a.O., S. 245ff.; Ernst Herz, „Arbeiterschutz II", ebd., S. 249ff.; Wilhelm Herschel, „Arbeiterschutz III", ebd., S. 256ff. Vgl. auch Anton Burghardt, „Arbeiterinspektion", in: Katholisches Soziallexikon, a.a.O., S. 33f., und Karl Scheuermann, Arbeitsrecht, a.a.O., S. 164ff., sowie Joachim Uhl, Die gegenwärtige Lage des gesetzlichen Jugendarbeitsschutzes in Deutschland, Diss. Köln 1969, passim.

Arbeitsteilung →Industrielle Revolution, →Sozialpolitik.

Arbeitsunfähigkeit →Erwerbsunfähigkeit, →Arbeitslosigkeit.

Arbeitsverhältnis, -vertrag →Arbeitsrecht, →Tarifvertrag.

Arbeitsvermittlung →Arbeitslosigkeit.

Arbeitsvertrag →Arbeitsverhältnis, →Arbeitsrecht.

Arbeitswissenschaft (vgl. auch Lohnformen).

Gegenstand der Arbeitswissenschaft (AW.) ist die menschliche Arbeitskraft, die hier jedoch nur unter sozialpolitischem (→Sozialpolitik) Aspekt betrachtet werden soll. Die AW. untersucht die gerechte Behandlung des Faktors →Arbeit, d.h. Möglichkeiten der gerechten individuellen Lohnermittlung (→Lohn), des Einsatzes der menschlichen

Arbeitskraft entsprechend ihrer Eignung und ihrer planmäßigen Ausbildung. Deshalb gilt das Hauptinteresse dem *Arbeitsstudium* mit den Aufgaben *Arbeitsgestaltung, Vorgabeermittlung* und *Arbeitsplatzbewertung.*
Von den verschiedenen Methoden der Arbeitsplatzbewertung soll hier nur die „analytische Arbeitsplatzbewertung" nach dem Refa-System erwähnt werden, die im *Verband für Arbeitsstudien* besonders erforscht wird.

Vgl. Walter Moede, „Arbeitswissenschaft", in: HdSW, Bd.I, a.a.O., S.400 ff., und Ludwig Heyde, Abriß der Sozialpolitik, 12. Aufl., hrsg. von Stephanie Münke und Peter Heyde, Heidelberg 1966, S.90.

Arbeitszeit(ordnung) →Arbeitsschutz, gesetzlicher.

Arbeitszeitverkürzung →Automation, →Arbeitslosigkeit.

Armengesetze, -pflege →Sozialpolitik, Geschichte, →Sozialhilfe, gesetzliche.

Armut.

1. Begriff

Als Armut (At.) wird der *dauernde Mangel der zur Existenzsicherung notwendigen Mittel* bezeichnet, die entweder dem einzelnen oder ganzen →Gruppen nur ein kärgliches Leben erlauben. Während in nicht industriellen →Gesellschaften der völlige Mangel von Produktionsmitteln für die At.typisch ist, ist es in der Industriegesellschaft die teilweise oder völlige Einkommenslosigkeit (→Einkommen), die den Mangel ausmacht. Nach Georg Simmel ist derjenige arm, dessen Mittel für subjektive wie intersubjektive Zwecke nicht ausreichen, so daß er unter den für seine soziale Schicht üblichen sozialen Stand herabsinkt.
At. ist auch ein relativer Begriff, der erst durch die Wertung und den Vergleich von →Lebenslagen (vgl. auch Gerhard Weisser) einzustufen ist. Demnach ist At. auch in einer *Wohlstandsgesellschaft* vorhanden, weil die →Lebenslagen dort unterschiedlich verteilt sind.

2. Sozialpolitische Maßnahmen

Da At. kein unabänderlicher Sachverhalt ist, sondern als gesellschaftsstörender Faktor angesehen wird, kann sie durch sozialpolitische Reformen beseitigt werden (→Sozialpolitik).

Vgl. E. Golomb, „Armut", in: Katholisches Soziallexikon, a.a.O., S.49f., und Clemens Bauer – Stephanie Münke, „Armut", in: Staatslexikon, Bd. I, a.a.O., Sp. 581ff.

Arzthonorierung (vgl. auch Krankenversicherung, gesetzliche).

1. Geschichtliche Entwicklung

a) Während in der Antike der Patient das Honorar festsetzte, indem er dem Arzt erst nach Abschluß der Behandlung ein Geschenk überreichte, entwickelte sich seit dem Mittelalter die vom Arzt festgesetzte Liquidation anhand einer Rechnung (Kostenerstattungsverfahren). Vom Hochmittelalter an bis zum 19. Jh. gab es Taxen oder Gebührenordnungen (GO), die jedoch nur Richtgrößen für die Arzthonorierung (AH.) gaben.

b) Mit der Gründung der gesetzlichen →Krankenversicherung im Jahre 1883 trat in das *persönliche* Arzt-Patient-Verhältnis eine *dritte* Person in Gestalt der gesetzlichen Krankenkassen. Diese zahlten den Kassenärzten nachträglich für die den Patienten schon vorab gewährten medizinischen Dienste und Leistungen (Sachleistungen) das Honorar.

(1) Es bildeten sich in der Folgezeit verschiedene Formen von Vergütungssystemen zwischen Kassenärzten und Krankenkassen aus: Die *Pauschalvergütung* (Fixum; Kopf- und Fallpauschale) und die *Einzelleistungsvergütung.*

(a) Bei den *Pauschalhonorierungssystemen* wird die ärztliche Tätigkeit unabhängig von der Zahl der einzelnen Verrichtungen des Arztes vergütet. Er erhielt früher entweder ein Fixum (heute nicht mehr üblich) oder einen gleichbleibenden Festbetrag pro Jahr und Mitglied (Kopfpauschale) ohne Berücksichtigung des Morbiditätsrisikos, jedoch in Anlehnung an die Grundlohnsumme der gesetzlichen Krankenkassen (→Löhne und Gehälter der Versicherten bis zur Beitragsbemessungsgrenze) und unter Berücksichtigung der wirtschaftlichen Lage der Krankenkasse.

(b) Beim *Fallpauschalhonorierungsverfahren* erhielt er einen zuvor festgelegten Betrag pro abgeschlossenen Behandlungsfall. Es kam also auf den Bedarf der einzelnen Patienten an, so daß sich die individuelle Komponente bei der Honorierung immer mehr durchsetzte.

(c) So entstanden auch *Mischsysteme,* wie z.B. eine Einzelleistungsvergütung, die ab einem bestimmten Betrag pauschaliert wurde.

(2) Die *Bewertung* der ärztlichen Leistungen wurde von 1896–1965 nach der *Preußischen Gebührenordnung* (Preugo) vorgenommen, in der sog. *Mindestsätze* festgelegt waren. Ab 1920 entwickelten die Ersatzkassen und ab 1928 der Verband der Ärzte Deutschlands (Hartmannbund) eine von der Preugo abweichende GO, die *Allgemeine Deutsche Gebührenordnung* (E-Adgo oder Adgo).

2. Gegenwärtige Regelung

a) *Berechnung der Gesamtvergütung:* Die meisten Krankenkassen sind heute vom Fallpauschalhonorierungsverfahren zum *Einzelleistungshonorierungsverfahren* übergegangen. Bei diesem Vergütungsverfahren entgelten die Krankenkassen das gesamte vom Kassenarzt zur Versorgung der Versicherten erbrachte Leistungsvolumen, d.h. die auf Wirtschaftlichkeit und Notwendigkeit hin überprüften *Einzelleistungen* der Kassenärzte nach einer GO, der seit 1965 gültigen *Gebührenordnung für Ärzte (GOÄ)*, auch *Übergangsgebührenordnung* genannt. Im Entwurf der Bundesärztekammer von 1967 für eine *Bundesgebührenordnung (BUGO)* für Ärzte ist der Leistungskatalog noch stärker aufgefächert worden. Die ärztlichen Leistungen sollen nach Punkten bewertet werden; zwischen dem Ein- und dem Zehnfachen einer Leistung besteht eine große Gebührenspanne.

b) *Verteilung auf die einzelnen Kassenärzte:* Von der Berechnung der Gesamtvergütung zwischen Kassen und Kassenärztlichen Vereinigungen ist die Verteilung auf den einzelnen Arzt zu unterscheiden.

(1) Während früher die Krankenkassen neben der Berechnung meist auch die Verteilung vornahmen, wird diese seit Entstehen der Kassenärztlichen Vereinigungen (1932), die speziell mit der ärztlichen Abrechnung betraut wurden, separat vorgenommen. Arzt und Patient sind seitdem in einem *Vierer-Regelkreis*-System miteinander verbunden (PHILIPP HERDER-DORNEICH): Patient–Arzt; Patient–Kasse; Arzt–Kassenärztliche Vereinigung; Kassenärztliche Vereinigung–Krankenkasse, darin stellt der *Krankenschein* das Steuerungsinstrument dar.

(2) Bei der Verteilung des Honorars im Wege der →Gruppenverhandlungen zwischen Krankenkassen und Kassenärztlichen Vereinigungen spielen auch Einkommensumverteilungsgesichtspunkte (→Einkommensumverteilung) eine Rolle, z.B. abweichendes →Einkommen zwischen Land- und Stadtpraxis, Falldichte usw., so daß die Ärzte mit Abschlägen rechnen müssen.

(3) Mit dem *Gesetz über Kassenarztrecht von 1955* in Verbindung mit der *Zulassungsordnung von 1957* wurde die *Arztdichte* als Kontrollfaktor für die Ausgaben abgeschafft und ab 1960 *Niederlassungsfreiheit* für die Ärzte eingerichtet.

c) Die *Honorierung der Krankenhausärzte:* Das Honorar für die Krankenhausärzte zahlen die Krankenkassen dem Krankenhausträger über den sog. *großen* Pflegesatz, d.h. aufgrund einer Pauschale. Der Krankenhausträger zahlt dem *angestellten Arzt* jedoch nur ein *festes* Gehalt. Die *Honorierung der* Kassenärzte, d. h. der *niedergelassenen* Ärzte, ist mit der Honorierung der Krankenhausärzte nicht vergleichbar.

3. Kritik

a) Nach DIETRICH V. LESZCZYNSKI haben die Kassenärzte je nach dem vereinbarten Honorierungsverfahren die Möglichkeit, ihre *Honorareinnahmen* auf verschiedenen Wegen zu *erhöhen:* durch die Koppelung der Honorare an die Grundlohnsumme der Krankenkassen (Fallpauschale); durch die Anhebung der Sätze der GO; durch die Anhebungen der Vergütungen an das Gebührenniveau einer neuen GO und schließlich durch die Steigerung der Zahl der Leistungen pro Zeiteinheit (vgl. Einzelleistungsvergütung).

b) Was die Honorierung der Krankenhausärzte angeht, so würde diese am besten in der Weise neu organisiert, daß nach HERDER-DORNEICHS Vorschlag die Krankenhausärzte sich in einer *Krankenhaus-Kassenärztlichen Vereinigung* verbinden, die mit den Krankenkassen anhand einer GO das Honorar aushandeln und dann diese Summe an die einzelnen Ärzte nach besonderen Gesichtspunkten (ähnlich wie bei den niedergelassenen Kassenärzten) verteilen würde. Dadurch würde die AH. im Krankenhaus von der Autorität des Krankenhausträgers gelöst.

Vgl. Karl-Dieter Kortmann, Der Übergang von der Pauschal- zur Einzelleistungsvergütung bei der Honorierung von kassenärztlichen Leistungen, Diss. Köln 1968; Dietrich v. Leszczynski, Systeme der Arzthonorierung, Berichte des Deutschen Industrieinstituts zur Sozialpolitik, Jg. 4, 1970, Heft 6; Heinz Allekotte und Heinz-Peter Bank, Reform der Arzthonorierung aus ökonomischer Perspektive, in: Sozialer Fortschritt, 1970, Heft 12, S. 269ff., und Theo Thiemeyer, Das ärztliche Honorar als Preis im System der gesetzlichen Krankenversicherung, in: Soziale Sicherheit, 20. Jg., 1971, Heft 5, S. 131ff.

Arzt-Patient-Verhältnis →Arzthonorierung.

Atlantik-Charta →Sozialpolitik, internationale.

Aufbaudarlehen →Lastenausgleich, gesetzlicher.

Ausbeutungstheorie →Lohntheorien.

Ausbildende →Berufsausbildung.

Ausbildung, -sförderung (vgl. auch Berufsausbildung; Graduiertenförderung und Arbeitsförderungsgesetz bzw. Arbeitslosigkeit sowie Schulpflicht).

1. Allgemeine Übersicht

a) In der BRD beginnt die Ausbildung (ABi.), vom Kindergartenbesuch abgesehen, mit dem *sechsten Lebensjahr.* Von diesem Zeitpunkt an ist ein *mindestens vierjähriger Grundschulbesuch Pflicht.* Die *Weiterbildung* ist *für mindestens 5 Jahre ebenfalls Pflicht* und erfolgt entweder in der Hauptschule oder in der Realschule, im Gymnasium oder in der Handelsschule. Sie kann durch den Besuch einer Fachschule, Hochschule oder Universität noch fortgeführt werden.

b) Der Besuch der Grund- und weiterführenden Schulen war bis 1969 entsprechend der Kulturhoheit der Länder unterschiedlich geregelt. So vollzieht sich die Finanzierung des Schulbetriebes noch heute uneinheitlich, sie wird von den Ländern, von Gemeinden, Gemeindeverbänden, Schulzweckverbänden und Privaten getragen. Der Schulbesuch war bis 1969 nicht in allen Ländern kostenfrei, und es gab nicht überall Lehr- und Lernmittelfreiheit, Stipendien, Schulzahnpflege, Schulspeisung, Fahrpreisermäßigung u.a. Vergünstigungen mehr.

Erst mit Inkrafttreten des 1. *Ausbildungsförderungsgesetzes* (AföG) von 1969 wurde ein Teil der *Schüler-Ausbildungsförderung* (ABifö.) vom Bund übernommen; allein 1970 wurden dafür 420 Mio. DM aufgewandt.

Die Fachschüler und -studenten wurden bisher nach dem *Rhöndorfer Modell* und die Studenten der Hochschulen nach dem *Honnefer Modell* aus Staatsmitteln gefördert.

2. *Bundesausbildungsförderungsgesetz*

a) *Personenkreis:* Durch das *Bundesausbildungsförderungsgesetz (BAföG),* das am 1. 10. 71 in Kraft getreten ist, wurde die uneinheitliche Schüler-ABifö. nach dem 1. AföG und die länderweise ebenfalls verschieden ausgerichtete Förderung der Fachschul- und Hochschulstudierenden durch ein *bundeseinheitliches Förderungssystem* abgelöst. Aufgrund dieses Gesetzes wird jedem, der sich in Ausbildung befindet, ein *Rechtsanspruch auf Förderung* eingeräumt. Ab Oktober 1971 wird mit rd. 360000 Personen, die gefördert werden sollen, gerechnet.

b) *Ausbildungsformen:* Gefördert werden Personen, die weiterführende allgemeine Schulen besuchen (Hauptschulen, Realschulen und Gymnasien); ferner Fachoberschulen, Abendschulen (in den verschiedensten Formen); Berufsfachschulen und Fachschulen, höhere Fachschulen, Akademien und Hochschulen sowie Ergänzungsschulen und Ausbildungsstätten, die staatlich anerkannt sein müssen. Ferner wird die Teilnahme an Praktika, die im Zusammenhang mit einer ABi. stehen (auch Vorkurse), Teilnahme an qualifizierten Fernunterrichtslehrgängen (bis zu 6 Monaten) und Zweitstudien als sinnvolle Ergänzung des Erststudiums, z.B. ein Studium im Ausland gefördert. Nebenbei können auch noch *Darlehen* in Einzelfällen gewährt werden.

c) *Förderungssätze:* Die Förderungssätze für die Schüler-ABifö betragen zwischen 160 und 380 DM zuzüglich Zuschläge für auswärtige Unterbringung. Für die Förderung der Fachhochschul- und Hochschulstudierenden werden zwischen 320 und 420 DM gezahlt.
Bei Eigenverdienst, →Einkommen eines Ehegatten oder der Eltern gelten gewisse *Freibeträge,* bei Auslandsaufenthalt werden *Zuschläge* gezahlt.
d) *Förderungsdauer:* Die (Schüler-)ABifö. beginnt mit der 10. Klasse oder mit Beginn der ABi. und erstreckt sich auf die Dauer der ganzen ABi. einschließlich unterrichts- und vorlesungsfreier Zeit.
Die Schüler-ABi. beginnt schon ab der 5. Klasse, wenn Schüler bei Besuch einer Realschule oder eines Gymnasiums nicht zu Hause wohnen können.
Bei Besuch von höheren Fachschulen, Akademien und Hochschulen ist eine Höchstförderungsdauer festgesetzt worden, die jedoch im einzelnen wegen der unterschiedlichen Dauer der verschiedenen Studiengänge durch Rechtsverordnung geregelt wird.
e) *Leistungskontrolle:* Als Voraussetzung für die Förderung genügt ein Eingangsnachweis, ein Nachweis überdurchschnittlicher Qualifikation ist nicht notwendig.
f) *Organisation:* Die ABifö. für Studierende bleibt noch bis Ende 1973 während der Anlaufphase des Gesetzes bei den Studentenwerken; sie soll danach entweder in öffentlich-rechtliche Anstalten überführt oder neu einzurichtenden *Ämtern für Ausbildungsförderung* übertragen werden, die bei den Stadt- und Landkreisen eingerichtet werden.
g) *Finanzierung:* Die Finanzierung der ABifö. übernehmen Bund und Länder gemeinsam im Verhältnis 65:35. Bis Ende 1974 sollen 4 Mrd. DM aufgewandt werden, wovon der Bund alleine 2,7 Mrd. DM zu zahlen hat.
h) *Kritik:* Die Studentenvertreter bemängeln an diesem Gesetz, daß die Förderungssätze noch nicht einmal das konventionelle →Existenzminimum decken und daß die Förderung nicht vom Elterneinkommen unabhängig, also familienunabhängig ausgestattet wurde.
i) *Zukunftsaspekte:* Die gegenwärtige *Bundesausbildungsförderung* ist eine reine →Versorgungsleistung des Staates, die aus Steuermitteln finanziert wird und dazu beiträgt, daß der Katalog der gesetzlichen →Sozialleistungen noch erweitert wird.
Die Möglichkeit, die *Ausbildungsförderung* mit dem →Familienlastenausgleich zu kombinieren, jedoch familien*unabhängig* (→Familienpolitik) auf *Darlehensbasis* als Spiegelbild zur gesetzlichen →Rentenversicherung, ist vom Gesetzgeber nicht aufgenommen worden.

3. Stipendien der Studienstiftungen

Neben der Förderung der Hochschulstudenten nach dem BAföG gibt es zahlreiche *Stiftungen* des *Staates,* von *Unternehmen* und gesellschaftlichen Gruppen (→Gesellschaft, →Gruppen), die Stipendien gewähren. Es sind dies z. B. die *Studienstiftung des Deutschen Volkes* und die *Friedrich-Ebert-Stiftung,* die zu 90% aus Mitteln des Staates finanziert werden; ferner die *Fritz-Thyssen-Stiftung* und die *Stiftung Volkswagen-Werk* sowie die *Stiftung Mitbestimmung,* die von den →Gewerkschaften getragen wird.

4. Ausbildungsbeihilfen aus den Einrichtungen der sozialen Sicherung

Der Bund zahlt außerdem Ausbildungs(bei)hilfen nach dem *Bundeskindergeldgesetz* (Familienlastenausgleich), nach dem *Bundessozialhilfegesetz* sowie Erziehungsbeihilfen nach dem *Bundesversorgungsgesetz* und Beihilfen nach dem *Lastenausgleichsgesetz.*

Vgl. Das Bundesausbildungsförderungsgesetz und Sozialbericht 1971, S. 192ff., Tabelle II - 36 auf S. 284.

Ausbildungs(bei)hilfen →Lastenausgleich und Sozialhilfe, gesetzliche(r).

Ausbildungsordnung →Berufsausbildung.

Ausbildungsverhältnis →Berufsausbildung.

Ausfallzeiten →Rentenversicherung der Arbeiter und Angestellten, gesetzliche.

Ausgleichsabgabe, -amt, -leistungen →Lastenausgleich, gesetzlicher.

Ausgleichsrente →Kriegsopferversorgung, gesetzliche.

Ausgleichsverwaltung →Soziale Sicherung der Flüchtlinge.

Aussperrung →Streik.

Aussteuerung →Krankenversicherung, private.

Auszubildende →Berufsausbildung.

Automation →Industrielle Revolution, →Sozialpolitik.

B

Barleistungen →Einrichtungen der sozialen Sicherung.

Bausparkasse →Prämiensparen, →Vermögen, -spolitik.

Beamte(r) (vgl. auch Angestellte(r) und Arbeiter).

1. Tätigkeitsmerkmale

a) *Als Beamte (B.) im engeren Sinne,* d. h. im Sinne des *Bundesbeamtengesetzes* von 1953 werden nur solche öffentliche Bedienstete bezeichnet, die in einem dauernden *Dienst-* und *Treueverhältnis* zu einer öffentlichen Körperschaft stehen und durch einen mitwirkungsbedürftigen Verwaltungsakt unter Überreichung einer Urkunde in das Beamtenverhältnis berufen werden. Das B.verhältnis ist durch *Gehorsams-* und *Treuepflicht* gekennzeichnet. Aus diesen Pflichten wird das *Recht auf standesgemäßen Unterhalt* einschließlich Versorgung und Fürsorge seitens des Dienstherrn hergeleitet.
b) Im weiteren Sinne werden als B. jedoch auch diejenigen Personen bezeichnet, die beamtenähnliche, d.h. auf Dauer eingerichtete, bürokratisierte Verwaltungstätigkeiten wahrnehmen, auch ohne B. im Sinne des Beamtenrechts zu sein. Zu letzterer Gruppe gehören vor allem die →Angestellten im *öffentlichen Dienst,* die sich meist nur durch rechtliche Merkmale von den B. unterscheiden.
c) B. sowie Angestellte und Arbeiter im öffentlichen Dienst haben aufgrund des *Personalvertretungsgesetzes von 1955* eine gesetzlich anerkannte Repräsentanz gegenüber ihrem Dienstherrn durch Wahl von Vertretern in den Personalrat.
Der *Deutsche Beamtenbund* ist die Gewerkschaft der B.

2. Besoldung

a) Gesetzliche Grundlage für die Besoldung der B. ist das *Bundesbesoldungsgesetz* von 1957 in Verbindung mit dem *1. Besoldungsvereinheitlichungs- und Neuregelungsgesetz in Bund und Ländern* von 1971. Die

Besoldung umfaßt das *Grundgehalt* zuzüglich *Orts- und Kinderzuschlägen.*
*Gesetz*liche Grundlage für die Besoldung der →Angestellten *im öffentlichen* Dienst ist der *Bundesangestelltentarif* von 1961.
b) Während B. entsprechend ihrer *Ausbildung* und ihrer *verwertbaren Diensterfahrung* nach dem *Dienstalter* besoldet werden, richtet sich das Gehalt der →Angestellten *im öffentlichen Dienst* nach *Beschäftigungsmerkmalen* und nach dem *Lebensalter.*
c) Die Finanzierung der *Besoldung* und *Versorgung* wird aus laufenden Haushaltsmitteln des Bundes, der Länder, Gemeinden bzw. Gemeindeverbände sowie der öffentlich-rechtlichen Körperschaften aufgebracht.
d) 1968 bezogen rd. 1,4 Mio. B. rd. 19,3 Mrd. DM an *Personalbezügen.* Für →Angestellte und →Arbeiter wurden 16,3 Mrd. DM ausgegeben. Die *Kinderzuschläge* im öffentlichen Dienst betrugen 1970 insgesamt 3,1 Mrd. DM. Für 1975 sind 3,8 Mrd. DM angesetzt worden.

3. Versorgung

a) Die Versorgung der B. im *Ruhestand* und bei Arbeitsunfähigkeit erfolgt im Gegensatz zur sozialen Sicherung der gewerblichen →Arbeitnehmer nach dem *Alimentationsprinzip.*
Die →Angestellten und →Arbeiter im *öffentlichen Dienst* unterliegen wie die übrigen →Arbeitnehmer dem allgemeinen →Sozialversicherungszwang. Sie erhalten jedoch seit 1. 1. 67 zusätzlich eine *beamtenähnliche Versorgung,* die sog. *Zusatzversorgung des Bundes und der Länder,* die von der *Versorgungsanstalt des Bundes und der Länder* (VBL) in Karlsruhe durchgeführt wird.
b) Zu den Versorgungs*leistungen* der B. gehören: Ruhegehalt; Waisen- und Witwengeld (Hinterbliebenenversorgung); *Unfallfürsorge;* Unterhaltsbeiträge; Abfindungs- und Übergangsgeld und Beihilfen bei Krankheit. Davon unabhängig können sich B. und Angestellte *im öffentlichen Dienst* z. B. in der Deutschen Beamten-Kasse noch zusätzlich privat versichern.
c) Bei *Arbeitsunfähigkeit* werden die Dienstbezüge bis zur Zurruhesetzung wegen Dienstunfähigkeit gezahlt. Wenn kein Anspruch darauf besteht, wird ein *Unterhaltsbeitrag* gewährt.
Die →Angestellten und →Arbeiter *im öffentlichen Dienst* erhalten die sechswöchige Lohn- und Gehaltsfortzahlung wie die →Arbeitnehmer der freien Wirtschaft. Von der 7. bis 78. Woche erhalten sie für die gleiche Krankheit das Krankengeld von der gesetzlichen →Krankenversicherung und danach Invaliden- oder Altersrente aus der gesetzlichen →Rentenversicherung sowie die *Zusatzrente* aus der *Zusatzversorgung der Arbeiter und Angestellten im öffentlichen Dienst.*

d) Die *Höhe* der Versorgungsleistungen der B. übertrifft bei weitem die Höhe der Renten aus der Arbeiter- und der Angestellten(renten)versicherung. Schon nach 35 Dienstjahren erreicht die Versorgungsleistung für die B. 75% der Bezüge aus der aktiven Zeit. Vergleichsweise dazu erhält der männliche →Angestellte der freien Wirtschaft nach 40 Jahren nur rd. 45–50% seines Bruttogehaltes aus der aktiven Zeit aus der Angestelltenversicherung.
e) 1968 wurden rd. 489000 *Versorgungsempfänger* im engeren Sinne, d.h. Ruhestands-B. des Bundes, der Länder und Gemeinden gezählt (ohne Bundesbahn, Bundespost usw.). Alle Versorgungsempfänger zusammen, d.h. 912000, erhielten 1969 13,7 Mrd. DM an Pensionen; für 1975 sind 23,1 Mrd. angesetzt worden. Aus dem Verhältnis Aktive (1,4 Mio.) zu Versorgungsempfängern (912000) ergibt sich, daß etwa 6–7 Versorgungsempfänger auf 10 aktive Bedienstete kommen.

4. Kritik

Die Besonderheit der *sozialen Sicherung* der B. und der in einem beamtenähnlichen Arbeitsverhältnis Beschäftigten ist dadurch gerechtfertigt, daß ihre *Besoldung* verglichen mit den →Löhnen und Gehältern der freien Wirtschaft *keiner dynamischen Entwicklung* unterliegt, d.h. nicht jährlich an den Produktivitätsfortschritt der Wirtschaft angepaßt wird. Die Anpassung erfolgt nur intervallartig. 1971 wurden die B.-Bezüge um 8% angehoben.
Hinsichtlich der →Angestellten *im öffentlichen Dienst* werden die Zuweisungen des Bundes und der Länder an die VBL für die Versorgungsleistungen (→Versorgung) deshalb nur als Ausgleichszahlungen für die entgangenen Lohn- und Gehaltssteigerungen angesehen.
Es handelt sich also bei den Versorgungsleistungen nur um einen *Einkommenstransfer* aus der *aktiven Dienstzeit* des B. in die Zeit des →Alters.
Vgl. Ernst-August Kern, „Beamter“, in: HdSW, Bd. I, a.a.O., S. 701f.; Hubert Görg, „Beamter“, in: Staatslexikon, Bd. I, a.a.O., Sp. 957; Übersicht über die soziale Sicherung, a.a.O., S. 111f. und S. 117ff.; Sozialbericht 1971, S. 153ff., Tabelle II – 22f. auf S. 270ff.; Statistisches Jahrbuch 1971, a.a.O., S. 125 und S. 401, ferner Wirtschaft und Statistik, 1969, Heft 11, November, S. 622.

Bedarfsprinzip →Versorgungsstaat.

Bedarfslohn →Soziale Gerechtigkeit.

Bedürftigkeit →Sozialhilfe, gesetzliche.

Befähigungsnachweis →Gewerbefreiheit, -ordnung, -politik.

Behinderte →Rehabilitation, →Behinderte Kinder.

Behinderte Kinder.
Aufgrund eines noch Ende 1971 verabschiedeten *Gesetzes* über die Errichtung einer *nationalen Stiftung* „Hilfswerk für das behinderte Kind" soll behinderten Kindern, vor allem den *Contergan-Kindern,* ein Rentenanspruch gegen diese Stiftung auf Kapitalentschädigung und Rentenzahlung gewährt werden.
Im übrigen sind behinderte Kinder nur durch die *Mitversicherung* in der gesetzlichen →Krankenversicherung gegen die krankheitsbedingten Kosten versichert. Außerdem fallen Behinderte auch unter die Anspruchsberechtigten des *Bundessozialhilfegesetzes von 1961.*
Beide Möglichkeiten, die Mitversicherung in der gesetzlichen →Krankenversicherung und die Hilfe durch das *Bundessozialhilfegesetz,* dürften jedoch als Hilfsmaßnahmen keineswegs ausreichen. Deshalb ist die Verabschiedung des Gesetzes über die Errichtung der nationalen Stiftung von besonderer Bedeutung.

Vgl. Informationen aus der aktuellen sozialpolitischen Literatur.

Beihilfe →Beamte(-nversorgung), →Soziale Sicherung der Flüchtlinge, →Lastenausgleich, gesetzlicher.

Beitragsbemessungsgrenze →Einrichtungen der sozialen Sicherung.

Belegbindung →Sozialer Wohnungsbau.

Bemessungsgrundlage, allgemeine und persönliche →Rentenversicherung der Arbeiter und Angestellten, gesetzliche.

Bergmannsrente →Rentenversicherung, knappschaftliche →Rentenversicherung der Arbeiter und Angestellten, gesetzliche.

Berufliche Bildung, Ausbildung, Fortbildung, Weiterbildung, Umschulung →Arbeitslosigkeit, →Berufsausbildung.

Berufliche Eingliederung →Rehabilitation.

Berufsausbildung (vgl. auch Bildung, -spolitik).

1. Begriff

Seit der Einführung der arbeitsteiligen Produktionsweise mit ihren hohen technischen Anforderungen in den einzelnen Industrie- und Hand-

werksberufen ist es dem Facharbeiter und Handwerker nicht mehr möglich, seine Berufsausbildung allein durch die praktische betriebliche Bildung im *Ausbildungsverhältnis* zu erwerben.
Deshalb wurde die betriebliche Ausbildung schon seit 1790 mit der Gründung von gewerblichen Sonntagsschulen durch eine sog. berufsbegleitende schulische Erziehung ergänzt. 1850 wurden diese Schulen in gewerbliche Fortbildungsschulen umbenannt und um die Jahrhundertwende als beruflich gegliederte Fortbildungsschulen fortgeführt, die seit 1921 unter der Bezeichnung *Berufsschulen* bekannt sind. Die 1,3 Mio. *Auszubildenden* (Lehrlinge) haben diese *Ausbildungstätten* nach Abschluß des mindestens neunjährigen Grund- und Hauptschulbesuchs bis zum 18. Lebensjahr, in manchen Ländern auch bis zur Vollendung des 21. Lebensjahres zu besuchen (vgl. Schulpflicht).

2. *Berufsbildungsgesetz*

a) Seit 1969 ist die Berufsausbildung, die *berufliche Fortbildung* und *Umschulung* im *Berufsbildungsgesetz (BBiG)* geregelt. Damit sind fast alle bisherigen gesetzlichen Einzelbestimmungen abgelöst worden.
b) Im BBiG werden u. a. die BBi.-*Verhältnisse* geregelt und sowohl an die *Ausbildungsstätten* als auch an das *Ausbildungspersonal* besondere Anforderungen gestellt. Wichtig sind besonders drei Prinzipien: 1. Die Ausbildung ist als *Selbstverwaltungsaufgabe* der Wirtschaft aufzufassen; 2. Der *Ausbildungsvertrag* ist ein *privatrechtlicher Vertrag;* und 3. *Ausbildende* (Betriebe) und *Schule* sollen *zusammenarbeiten.* Als 4. Prinzip ist in jüngster Zeit die *paritätische Teilnahme* von Arbeitnehmervertretern (→Arbeitnehmer) in der Selbstverwaltung hinzugekommen. Bestimmte Berufe können als *Ausbildungsberufe staatlich anerkannt* werden, die *Anerkennung* kann umgekehrt *aufgehoben* oder eine *Ausbildungsordnung* erlassen werden. Außerdem fordert das Gesetz die Einrichtung von BBi.-*Ausschüssen* auf Bundes- und Landesebene und bei den zuständigen Stellen (Industrie- und Handelskammern, Handwerkskammern, Landwirtschaftskammern usw.).
c) Für die BBi.-Forschung wird in Berlin ein Institut als bundesunmittelbare Körperschaft des öffentlichen Rechts errichtet. Seine Mitglieder sind die Spitzenorganisationen der Wirtschaft und der →Arbeitnehmer und der Bund, vertreten durch den Bundesminister für Arbeit und Sozialordnung.
Es ist die besondere Aufgabe des *Instituts für Berufsbildungsforschung, erstens* die Grundlagen der BBi. zu klären; *zweitens* Inhalte und Ziele der BBi. zu ermitteln und *drittens* die Anpassung der BBi. an die technische und wirtschaftliche Entwicklung vorzubereiten.

d) Die Entscheidung über die BBi. liegt beim *Bundesausschuß für Berufsbildung*, der sich aus 6 Beauftragten der Länder, darunter 3 Beauftragten, die in Fragen des berufsbildenden Schulwesens sachverständig sind, sowie aus einem Beauftragten der Bundesanstalt für Arbeit zusammensetzt; er hat die Bundesregierung in gesetzlichen Fragen der BBi. zu beraten. Er hat insbesondere *erstens* auf eine Weiterentwicklung der Aus- und Fortbildung der Ausbilder hinzuwirken; *zweitens* Grundsätze für die Eignung der Ausbildungsstätten und für die Durchführung von Ausbildungsmaßnahmen außerhalb der Ausbildungsstätten aufzustellen; *drittens* Vorschläge für die Ordnung, den Ausbau und die Förderung der BBi., der beruflichen Fortbildung und der beruflichen Umschulung zu erarbeiten; *viertens* Grundsätze für die Beratung und Überwachung der Ausbildungsstätten zu entwickeln und *fünftens* die Zusammenarbeit zwischen der betrieblichen, schulischen und überbetrieblichen BBi. zu fördern.
e) 1971 wurden für die *berufliche Bildung* von der *Bundesanstalt für Arbeit* in Nürnberg 85 Mio. DM aufgewandt, 1972 wird mit rd. 200 Mio. DM gerechnet.
In einem Anfang 1972 beschlossenen „Sofortprogramm zur Verbesserung der beruflichen Bildung" ist vor allem vorgesehen, 75 000 überbetriebliche *Ausbildungsplätze* bis 1975 zu errichten.
Davon abgesehen, hat auch die private Wirtschaft umfangreiche Maßnahmen ergriffen. So hat die Industrie bis jetzt 6,4 Mrd. DM zur Ausgestaltung von Plätzen in Lehrwerkstätten aufgebracht und setzt für die jährliche Lehrlingsausbildung 600–700 Mio. DM an.
Vgl. Berufsbildungsgesetz von 1969.

Berufsberatung →Arbeitslosigkeit.

Berufsbildung →Berufsausbildung.

Berufsfähigkeit →Rehabilitation.

Berufsförderung →Arbeitslosigkeit, →Unfallversicherung, gesetzliche.

Berufsgenossenschaften →Unfallversicherung, gesetzliche.

Berufshilfe →Unfallversicherung, gesetzliche.

Berufskammern →Verbände.

Berufskrankheit, -risiko →Unfallversicherung, gesetzliche.

Berufsschadenausgleich →Kriegsopferversorgung, gesetzliche.

Berufsschule →Berufsausbildung.

Berufsständische Krankenkassen, -versicherung →Krankenversicherung, gesetzliche, →Einrichtungen der sozialen Sicherung.

Berufsständische Versicherungs- und Versorgungswerke (vgl. auch Soziale Sicherung der Freien Berufe).

1. Begriff

Als Berufsständische Versicherungs- und Versorgungswerke werden die in Verbindung mit den kammerfähigen Berufen gegründeten und gesetzlich geregelten Versicherungs- und Versorgungswerke bezeichnet. Es sind dies Einrichtungen der Ärzte, Zahnärzte, Tierärzte, Apotheker, Rechtsanwälte, Wirtschaftsprüfer, Steuerberater, Steuerbevollmächtigten und Architekten (teilweise), die landesgesetzlicher Hoheit unterstehen.

2. Mitglieder

a) In diesen Versicherungs- und Versorgungswerken sind (nach Schätzungen) rd. 100000 freiberuflich Tätige pflichtversichert (ohne freiwillig Versicherte und →Angestellte dieser Berufsgruppen).
b) Die Altersgrenzen liegen meist höher als in der gesetzlichen →Rentenversicherung der →Arbeitnehmer, nämlich bei 68–70 Jahren. Bereits etwa die Hälfte dieser Einrichtungen hat jedoch schon das 65. Lebensjahr als Altersgrenze eingeführt. Dieser Trend setzt sich fort.

3. Finanzierung

a) Die Bemessung der Beiträge richtet sich nach der Höhe der Leistungen und dem Deckungsverfahren.
b) Die Beiträge werden teils nach dem Reineinkommen oder dem Bruttoeinkommen und teils in Relation zum Lebensalter kalkuliert.
c) Die Beitragseinnahmen aller Versicherungswerke zusammen dürften sich 1969 etwa auf 150 Mio. DM belaufen haben.
d) Es werden insgesamt etwa 10000–12000 Renten an ehemalige Berufsangehörige und deren Witwen gezahlt mit einem jährlichen Aufwand von etwa 30–40 Mio. DM.

4. Träger

Die meisten Versicherungs- und Versorgungswerke werden in der Rechtsform des Sondervermögens bei einer öffentlich-rechtlichen Körperschaft, der Berufskammer, geführt. Die Aufsicht wird meistens von den Innenministern der Länder oder auch vom Wirtschaftsminister durchgeführt.

5. *Leistungen*

a) Die berufsständischen Versicherungs- und Versorgungswerke gewähren in der Regel Berufsunfähigkeitsrenten und/oder Altersruhegeld sowie Hinterbliebenenrenten und Sterbegeld.
b) Während die älteren Einrichtungen unveränderliche Renten zahlen, gewähren die neueren Versorgungswerke wachsende „dynamische" Renten. Diese werden teilweise nach der Dauer der →Versicherung und der Höhe des →Einkommens berechnet; dieser Modus kann durch Limitierung der Renten nach oben und unten (Höchst- und Mindestrenten) weiter variiert werden. Zum Teil zahlen die Versorgungswerke aber auch einheitliche Renten nach dem Prinzip des →sozialen Ausgleichs.
c) Die Höhe der Renten schwankt zwischen 100 und 1500 DM/Monat.

6. *Zukunftsaspekte*

Während diese Einrichtungen in der Vergangenheit oft finanzschwach waren, weil sie noch kein ausreichendes Deckungskapital angesammelt hatten, dürfte sich dieser Zustand im Laufe der Jahre ändern, so daß sich die berufsständischen Versicherungs- und Versorgungswerke der Ärzte und ähnlicher Berufe zu gut ausgebauten, leistungsfähigen Versicherungseinrichtungen entwickeln können.

Vgl. Übersicht über die soziale Sicherung a. a. O., S. 104 ff. und Klaus Krekeler, Theorie und Praxis der kollektiven Alterssicherung der Ärzte (Diss. Köln 1971).

Berufsstand →Einrichtungen der sozialen Sicherung, →Krankenversicherung, gesetzliche Sozialenzyklika.

Berufsunfähigkeit →Rentenversicherung der Arbeiter und Angestellten, gesetzliche.

Berufsverband →Verbände, →Gewerkschaften.

Besatzungsschädengesetz →Kriegsschadenausgleich, →Lastenausgleich, gesetzlicher.

Beschädigten- und Hinterbliebenenversorgung, →Soziale Sicherung der Flüchtlinge und der politischen Häftlinge.

Beschäftigung, -spolitik →Arbeitslosigkeit.

Beschäftigungsstruktur →Erwerbsstruktur.

Beschäftigungsverbot →Mutterschutz, gesetzlicher.

Besitzeinkommen →Einkommen.

Besitzstand, sozialer.

1. Begriff

Mit sozialem Besitzstand (SBst.) wird das Ausmaß an sozialen Leistungen bezeichnet, das der einzelne aus den →Einrichtungen der sozialen Sicherung in einer *Wohlstandsgesellschaft* empfängt. Stillschweigend wird mit dem Ausmaß der sozialen Leistungen auch die Vorstellung einer Steigerung und ständigen Verbesserung dieser Leistungen verbunden.

2. Sozialpolitische Bedeutung

Eine Verminderung des Anspruchsniveaus ist aus politischen Gründen nicht durchsetzbar. So stößt z. B. in der gesetzlichen →Krankenversicherung die von Zeit zu Zeit diskutierte Einführung einer höheren Selbstbeteiligungsquote (Rezeptgebühr) auf Schwierigkeiten, weil sie auf eine Verschlechterung des SBst. hinauslaufen würde.
Ebenso würde die Einführung einer Grundsicherung in der gesetzlichen →Rentenversicherung ohne Beteiligung des Staates die Rente derjenigen vermindern, die höhere Beiträge geleistet haben (vgl. z. B. die →Volksversicherung in England.)

Vgl. Literatur in den Anmerkungen zu „Wohlfahrtsstaat", und „Versorgungsstaat".

Besoldung, -sgesetz →Beamte.

Bestandsrente →Rentenversicherung der Arbeiter und Angestellten, gesetzliche.

Besteuerung (vgl. auch Einkommen-, Erbschaft- und Vermögensteuer).
Steuern sind von Hoheitsträgern erhobene Zwangsabgaben ohne Anspruch auf Gegenleistung zur Deckung des Finanzbedarfs; sie werden aus verschiedenen Motiven erhoben. Die *fiskalisch motivierte* Besteuerung (B.) will möglichst hohe Steuereinnahmen zur Finanzierung öffentlicher Aufgaben erzielen; bei der *nicht fiskalisch motivierten* B. unterscheidet man im wesentlichen den *konjunkturpolitischen Aspekt*

(Beeinflussung der Gesamtnachfrage) und den *sozialpolitischen* (→Sozialpolitik) *Aspekt* (vgl. Einkommensumverteilung).
Die wichtigsten sozialpolitisch (→Sozialpolitik) bedeutsamen Steuern sind die →Einkommen-, die →Erbschaft- und die →Vermögensteuer.

Vgl. Günter Schmölders, Allgemeine Steuerlehre, 4. Aufl., Berlin 1965, S. 49ff. und Institut Finanzen und Steuern (Hrsg.), Der Fiskus als Sozialpolitiker, Heft 77, Bonn 1965, passim.

Beteiligungslohn (vgl. auch Vermögen, -spolitik und Investivlohn).
Der Beteiligungslohnplan von 1968 soll nach FRITZ BURGBACHER in einer gesetzlich vorgeschriebenen steuerfreien Zulage außerhalb der Tarif- und Besoldungsordnungen für alle unselbständig Beschäftigten (0,5% im 1. Jahr bis auf 1,5% im 3. Jahr ansteigend) bestehen und einer Sperrfrist von 7 Jahren unterliegen.
Die Anlageform kann vom →Arbeitnehmer unter den bekannten Formen des Beteiligungssparens (Aktien, Investmentzertifikate, Anteile an Kapitalbeteiligungsgesellschaften und Wandelanleihen) ausgewählt werden. Der BURGBACHER-Plan (vgl. auch SCHREIBER-DRÄGER-Plan, →Investivlohn) ist als Alternative der CDU zu den →Gewinnbeteiligungs-Vorschlägen der Regierung (SPD) gedacht.

Vgl. Fritz Burgbacher, Bekenntnis zum gesetzlichen Beteiligungslohn, in: Deutschland-Union-Dienst, Nr. 219, 22. Jg., (A), Bonn 18. 11. 1968, S. 3ff.

Beteiligungssparen →Sparen.

Betrieb.
Nach ANTON BURGHARDT ist der Betrieb (B.) im Sinn ökonomischer Vorstellungen eine Organisationseinheit, mittels der eine planmäßige, dauernde Kooperation von einzelnen (Ein-Mann-Betrieb) oder mehreren Menschen (Gemeinschafts-Betrieb) mit sachlichen Produktionsmitteln zum Zwecke der Produktion von Gütern und Dienstleistungen und ihres Absatzes stattfindet. Neben der formalen Organisation des B. existiert eine informale Organisation, die sich aus den Beziehungen der einzelnen und →Gruppen untereinander ergeben. Diese durch die *Hawthorne-Experimente* aufgedeckten Strukturen haben eine Welle von Theorien über das *Sozialgefüge* des B. hervorgerufen, die auch auf die praktische B.-Führung Auswirkungen haben. Die *Human Relations* und die Managementtheorien sind Beispiele hierfür.

Vgl. Anton Burghardt, Lehrbuch der Allgemeinen Sozialpolitik, Berlin 1966, S. 212; Goetz Briefs, Betriebsführung und Betriebsleben in der Industrie. Zur Soziologie und Sozialpsychologie des modernen Großbetriebs in der Industrie, Stuttgart 1934; Ralf Dahrendorf, Sozialstruktur des Betriebes – Betriebssoziologie, Wiesbaden 1959; ders., Industrie- und Betriebssoziologie, 3. Aufl. Berlin 1965, und Friedrich Fürstenberg, Grundfragen der Betriebssoziologie, Köln 1964.

Betriebliche Altersversorgung (vgl. auch Betriebliche Sozialleistungen).

1. Begriff

Etwa 50% der gesamten freiwilligen →Betrieblichen Sozialleistungen entfallen auf die Betriebliche Altersversorgung (BAV.). Sie umfaßt alle Maßnahmen zur Sicherung des →Alters, die der →Betrieb unabhängig von den gesetzlichen →Einrichtungen der sozialen Sicherung und der *Eigen*→Vorsorge der →Arbeitnehmer zugunsten der Belegschaft oder ihrer Familienangehörigen einrichtet.

2. Die verschiedenen Formen

Es werden folgende Formen der BAV. unterschieden:
a) *Betriebliche Ruhegeldverpflichtungen* (Pensionszusagen), für die im Jahre 1967 ca. 2,9 Mrd. DM in über 30000 Unternehmen aufgewandt wurden;
b) *Betriebliche Pensionskassen* (mit Rechtsanspruch), deren Aufwendungen sich 1967 auf rd. 455 Mio. DM beliefen;
c) *Unterstützungskassen* (ohne Rechtsanspruch), deren Aufwendungen 1967 rd. 355 Mio. DM in etwa 10000 Unternehmen betrugen;
d) Verschiedene Formen der *Direktversicherung*, für die im Jahre 1967 rd. 190 Mio. DM aufgewandt wurden;
e) Die *Höherversicherung* in der gesetzlichen →Rentenversicherung der Arbeiter und Angestellten, bei der die Aufwendungen im Jahre 1967 rd. 95 Mio. DM betrugen.

3. Finanzierung

Die BAV. wird in der Regel ausschließlich von den →Arbeitgebern finanziert. Die angesammelten Mittel betrugen im Jahre 1965 rd. 34,6 Mrd. DM, sie erhöhten sich bis zum Jahre 1967 auf 38,5 Mrd. DM. Von 1957–1965 sind die jährlichen Aufwendungen der Unternehmungen für die BAV. von etwa 2,4 Mrd. DM auf rd. 3,9 Mrd. DM/Jahr angewachsen. 1968 betrugen die Aufwendungen für die BAV. rd. 4 Mrd. DM.

4. Umfang

Nach Schätzungen von Ernst Heissmann werden nur rd. 60% der in der Wirtschaft tätigen →Arbeitnehmer (überhaupt) von der BAV. erfaßt. Davon sind rd. 90% in Großbetrieben beschäftigt, die sich eine BAV. überhaupt leisten können. Von Betrieben mit mehr als 50 Beschäftigten sind es nur rd. zwei Drittel und von Betrieben mit 20–49

Beschäftigten sind es nur rd. ein Viertel, die die Einrichtung der BAV. finanzieren können.

5. *Vor- und Nachteile*

Bei der BAV. kommen →Arbeitgeber und →Arbeitnehmer in den Genuß von *Vorteilen.* Sie gewährt den →Arbeitnehmern eine zusätzliche Altersversorgung, den →Arbeitgebern gibt sie (bei der Form der betrieblichen Ruhegeldverpflichtung, die innerhalb der BAV. die größte Bedeutung hat) die Möglichkeit, durch Rückstellungen langfristige Investitionsvorhaben zu finanzieren. Für den →Arbeitnehmer ergeben sich allerdings auch *Nachteile:* Die meisten Formen der BAV. mindern die volkswirtschaftlich erwünschte →Mobilität, da der →Arbeitnehmer in der Regel bei einer Beendigung des Arbeitsverhältnisses vor Eintritt des Versorgungsfalles die bereits erworbenen Anwartschaften auf die BAV. verliert. Es sind also Arbeitsplatz- und Vermögens-Risiko (→Arbeitsplatzrisiko, →Vermögen) miteinander verbunden.

6. *Funktionen*

Während früher die Einrichtungen der BAV., die schon in ihrem Ursprung auf das zweite Drittel des 19. Jh. zurückgehen (vgl. KRUPP, HENSCHEL, SIEMENS, BASF), häufig die wichtigste Versorgungsquelle im →Alter darstellten, bildet die BAV. heute nur eine →Zusatzversorgung zur gesetzlichen →Rentenversicherung mit dem Ziel, die Lücke zwischen der gesetzlichen Rente und der Eigen-Vorsorge (→Vorsorge) einerseits und dem ehemaligen Nettoeinkommen andererseits zu schließen.
Wenn die Rente aus der gesetzlichen →Rentenversicherung nach Schätzungen bei Männern durchschnittlich 45% des Bruttoeinkommens bei 40 Versicherungsjahren erreicht, so beträgt diese Lücke bei einem angestrebten Versorgungsniveau von rd. 75% der Bruttobezüge eines Versicherten (die z.B. ein →Beamter aus der Beamtenversorgung erhält) rd. 25% (unter Berücksichtigung einer Eigenvorsorge von rd. 5%).

7. *Reformvorschläge*

Die Reformbestrebungen zur BAV. sollen deren wesentliche sozialpolitische Mängel beseitigen. Folgende Neuregelungen und Verbesserungen werden angestrebt:
a) Jeder →Arbeitnehmer, der länger als zehn Jahre in einem →Betrieb arbeitet, soll einen unverfallbaren Rechtsanspruch auf die BAV. haben.
b) Ferner soll die BAV. auf *alle* →Arbeitnehmer ausgedehnt werden, um

zu vermeiden, daß Arbeitnehmer kleinerer Betriebe nicht in den Genuß einer BAV. kommen können.
c) Die Ansprüche der →Arbeitnehmer sollen gegen Insolvenz des Betriebes gesichert oder im Konkurs bevorrechtigt befriedigt werden.
d) Die Renten aus der BAV. sollen *dynamisiert* werden, um zu vermeiden, daß sie hinter den übrigen ständig steigenden →Einkommen der Wirtschaft und den ständig steigenden Preisen zurückbleiben, zumal bei ihnen das Äquivalent der Verzinsung fehlt.
e) Die *völlige* Anrechnung der BAV. auf die →Sozialrente (aus der gesetzlichen →Rentenversicherung) soll entfallen. Bisher sahen viele Pläne vor, daß die Summe aus gesetzlicher Rente und Leistungen aus der BAV. ein bestimmtes Gesamtversorgungsniveau nicht überschreiten darf. Es wird jedoch als ungerecht angesehen, wenn der →Arbeitnehmer einen Anspruch aus der BAV. erworben hat, daß dieser wegen einer hohen Sozialrente gekürzt wird.
Die *Arbeitsgemeinschaft für Betriebliche Altersversorgung* in Heidelberg wird Anfang Mai 1972 ein Gutachten im Hinblick auf mögliche Reformvorschläge vorlegen.

Vgl. die Literatur in den Anmerkungen zu „Betriebliche Sozialpolitik".

Betriebliche Ausbildung, Bildung, Weiterbildung →Berufsausbildung.

Betriebliche Sozialleistungen.

1. Begriff

Die sog. freiwilligen betrieblichen Sozialleistungen (BSL.) sind grundsätzlich zu unterscheiden vom obligatorischen betrieblichen *Sozialaufwand,* der den →Betrieben durch Gesetze oder →Tarifverträge von außen her auferlegt wird. Freiwillige BSL. sind *Bar-, Sach-, Dienst- und Nutzungsleistungen* (und somit auch betriebliche Sozialeinrichtungen), die der →Arbeitgeber aus freiem Entschluß Personen der Betriebsgemeinschaft (→Arbeitnehmern) und teilweise auch deren Angehörigen über den →Lohn bzw. das Gehalt hinaus gewährt.

2. Rechtliche Bindung

Zu den sog. freiwilligen BSL. gehören auch Leistungen, auf die durch wiederholte (d. h. mindestens dreimalige) vorbehaltlose Gewährung ein Rechtsanspruch entstanden ist (so wenigstens nach neuerer Rechtsprechung bei der *Weihnachtsgratifikation*). Ferner können SL. durch den freiwilligen Abschluß einer Betriebsvereinbarung mit dem Betriebsrat oder aber auch durch Einzelvertrag (etwa bei außertariflichen →Angestellten) eine arbeitsrechtliche (→Arbeitsrecht) Bindung erfahren. Da aus diesen Gründen die Freiwilligkeit bei den BSL. nicht mehr uneingeschränkt gültig ist, wird zunehmend – zumindest in der neueren Literatur – von zusätzlichen BSL. gesprochen.

3. Motive

Während die freiwilligen BSL. im 19. Jh. als Folge der *patriarchalischen* Auffassung von →betrieblicher Sozialpolitik dazu dienen sollten, die *materielle* →Lebenslage der →Arbeitnehmer zu fördern, werden sie heute, nachdem das Lohnniveau (→Lohn) vergleichsweise als hoch betrachtet wird, zur Förderung der immateriellen Komponenten der Lebenslage der →Arbeitnehmer eingesetzt, um also ihre *Persönlichkeitswerte* zu fördern.

4. Formen

Die Erscheinungsformen der BSL. die in ihrem Ursprung bis auf die Mitte des 19. Jh. zurückgehen und heute auch *Personalnebenkosten* genannt werden, sind sehr vielseitig und nicht immer klar abzugrenzen. Die Leistungskataloge sind von →*Betrieb* zu →*Betrieb* unterschiedlich gestaltet und berücksichtigen teilweise zeitliche und örtliche Gegebenheiten. Die Leistungsbedingungen der einzelnen SL. variieren je nachdem, welche Motive zugrunde liegen, und können sich u.a. nach der Dauer der Betriebszugehörigkeit, nach dem Lebensalter oder dem Beschäftigungsstatus der →Arbeitnehmer richten.
Man zählt zu den BSL. z.B. u.a. →betriebliche Altersversorgung; Erfolgs- und Treueprämien; Weihnachtsgratifikation; zusätzliche Kranken- und Unfallversicherung (→Krankenversicherung, →Unfallversicherung); verbilligtes Mittagessen; Bau von Erholungsheimen; Werkskindergärten; Werkswohnungen; Zahlung von zinslosen oder zinsvergünstigten Darlehen für den Wohnungsbau.
Der Phantasie der →Arbeitgeber waren und sind bei der „Erfindung" von SL.-arten keine Grenzen gesetzt. Daher kam in den fünfziger Jahren das Schlagwort „sozialer Klimbim" auf, mit dem Kritik an der Übertreibung des betrieblichen SL.-Systems geübt wurde; das bezog sich nicht nur auf seine finanzielle Größenordnung, sondern vor allem auf die Zahl und die Art der SL. Nicht zuletzt deshalb wurde der Katalog der freiwilligen BSL. z.T. vermindert, weil die →Betriebe verstärkt ihre Aktivität auf die Schwerpunkte unter den freiwilligen BSL., wie →betriebliche Altersversorgung, Gratifikationen, Gesundheitsdienst und betriebliche Aus- und Weiterbildung verlegt haben. Dabei beanspruchen die Barleistungen zunehmend den größten Teil der SL.-budgets.

5. *Umfang*

Da in der Statistik die tariflichen und zusätzlichen BSL. immer zusammen ausgewiesen werden, können keine genauen Angaben über die freiwilligen BSL. gemacht werden. Es läßt sich nur feststellen, daß der Aufwand für freiwillige BSL. naturgemäß bei den Großbetrieben wegen ihrer Kapitalstärke weit höher sein dürfte als bei Kleinbetrieben.

6. *Ausblick*

Insgesamt gesehen geht die Bedeutung der freiwilligen BSL. angesichts des stetig steigenden Lohn- und Gehaltsniveaus (→Lohn, Gehalt) in der finanziellen Größenordnung relativ immer mehr zurück. Das gilt auch im Hinblick auf ihre subsidiäre Wirkung im Verhältnis zu den gesetzlichen und tariflichen SL. So wurden und werden weiterhin die BSL. vom Gesetzgeber und den →Gewerkschaften in Gesetzen und →Tarifverträgen eingefangen und damit der Disposition der →Arbeitgeber entzogen (vgl. das *2. Lohnfortzahlungsgesetz von 1969*), Bestrebungen der Regierung, die Abzugsfähigkeit von Pensionsrückstellungen von der Unverfallbarkeit der Pensionsanwartschaften abhängig zu machen und – wieder einmal – der Wunsch nach Fixierung einer Ergebnisbeteiligung.

Vgl. Carlo Zimmermann-Fritzen, Die betrieblichen Sozialleistungen, Darstellung ihrer Kritik und Verteidigung und Gedanken zu ihrer Neuordnung, Diss. Köln 1961, S. 105ff.

Betriebliche Sozialpolitik.

1. *Begriff*

Es ist die Aufgabe der Betrieblichen Sozialpolitik (BSP.), über die sozialrechtlichen (→Sozialrecht) Normen hinausgehend, durch eine Summe von Maßnahmen Sorge zu tragen für die Erhaltung, Sicherung, Anpassung oder Verbesserung der Bedingungen des arbeitenden Menschen und seine (reibungslose) Eingliederung in den industriellen Produktionsprozeß.

2. *Geschichte*

a) In der *ersten Phase* der BSP. (1835–1900) trug der →Arbeitgeber als „treusorgender Vater“ *Sorge für das leibliche und seelische Wohl* seiner ihm untergebenen →Arbeiter (Patriarchalismus). Zu Ende des 19. Jh. trug der →Unternehmer nunmehr nur noch Sorge für die *Existenzbedingungen* seiner →Arbeiter, d.h. für einen ausreichend hohen →Lohn. Er versuchte ferner durch Erziehungs- und Bildungsmaßnahmen (→Bildung) die Arbeiter langsam zur *Eigenverantwortung*, d.h. zur *Sicherung der Risiken* (→Risiko) aus wenigstens teilweise *eigener Kraft* anzuhalten (Protektionalismus).

b) In der *zweiten Phase* (1900–1938) der BSP. wurde versucht, die bisherige gemeinschaftsbezogene Menschen- und *Sozialverwaltung* durch eine *Sozialgestaltung* im →Betrieb zu ersetzen.

c) In der *dritten Phase,* etwa ab 1939, wird dieser Gedanke fortgesetzt; der Schwerpunkt wird von betrieblichen Anreizsystemen zum Zwecke einer allen zugute kommenden Leistungssteigerung mehr auf die *institutionelle Sicherung der Personenwürde des Arbeitenden* gelegt, der als Mitarbeiter Funktionen materieller und immaterieller Natur erfüllt. Eine *Schlüsselstellung* nehmen hier die *Meister* bei der *Pflege der menschlichen Beziehungen (human relations)* ein.

3. Aufgaben

Aufgabe der BSP. ist es, die *Betriebspolitik sozial* zu gestalten. Insbesondere gehören dazu Fragen der Ausgestaltung der betrieblichen →Partnerschaft; der Ausgestaltung des Arbeitsverhältnisses (Arbeitszeit); der Arbeitsgestaltung; Fragen des Personalwesens, insbesondere Personalplanung; betriebliche Ausbildung; Lohnfragen (→Lohn); Ergebnisbeteiligung und →Vermögensbildung; Maßnahmen zur Steuerung des Krankenstandes (Fehlzeiten); der →Fluktuation →betriebliche Sozialleistungen, darunter besonders die →betriebliche Altersversorgung.

4. Außerbetriebliche Organe der BSP.

Die *Sozialgestaltung* im Betrieb, insbesondere die Fragen des *Personalwesens* werden von der *Arbeitsgemeinschaft für wirtschaftliche Betriebsführung und soziale Betriebsgestaltung* in Heidelberg, von der *Deutschen Gesellschaft für Personalführung e. V.* in Düsseldorf und von der *Deutschen Gesellschaft für Personalwesen e. V.* in Frankfurt theoretisch untersucht.

Vgl. u. a. Anton Burghardt, „Betriebliche Sozialpolitik", in: Katholisches Soziallexikon, a. a. O., S. 91 ff.; Ludwig Preller, Praxis und Probleme der Sozialpolitik, Bd. I, Tübingen – Zürich 1970, S. 241 ff., und auch Karl Hax, Personalplanung und Mitbestimmung, Köln – Opladen 1969.

Betriebsdemokratie →Betriebsverfassung.

Betriebskrankenkassen →Krankenversicherung, gesetzliche.

Betriebsrat →Betriebsverfassung, →Mitbestimmung.

Betriebsvereinbarungen →Tarifvertrag.

Betriebsverfassung, -sgesetz (vgl. auch Mitbestimmung).

1. Begriff

In der Betriebsverfassung (BV) spiegelt sich nach ANTON BURGHARDT sowohl eine formelle als auch eine faktische Ordnung und Normierung der sozialen Prozesse im →Betrieb wider; ferner der Beziehungen der →Arbeitnehmer eines →Betriebes untereinander; der Unternehmensführung zur Belegschaft und dieser zur Unternehmensführung. Dadurch soll ein Ausgleich zwischen der Freiheit unternehmerischer (→Unternehmer) Entscheidung einerseits und den eigenverantwortlich handelnden Mitarbeitern andererseits gefunden werden. In der BV sind Inhalt und Grenzen des möglichen Mitwirkens der Betriebsangehörigen am Betriebsgeschehen, d.h. Rechte und Pflichten der Betriebsangehörigen aller Autoritätsstufen festgelegt.
Die Belegschaftsmitglieder sollen an der Führung des →Betriebes, d.h. an der Betriebsleitung, teilnehmen, indem sie in der Betriebsversammlung den Betriebsrat wählen als Repräsentation aller →Arbeitnehmer des →Betriebes. Aufgrund der BV sind beide Seiten, →Arbeitgeber und →Arbeitnehmer, auf Betriebsebene zu innerbetrieblicher Friedenspflicht und Zusammenarbeit verpflichtet, die die Teilnahme des Betriebsrates an Arbeitskämpfen ausschließt.

2. Das Betriebsverfassungsgesetz

Das Betriebsverfassungsgesetz (BetrVG) von 1952 (in der neuen Fassung von 1972) gewährt den →Arbeitnehmern in allen →Betrieben mit privater Rechtsform bei einer Anzahl von mehr als 5 ständigen →Arbeitnehmern durch die Bildung eines Betriebsrates ein *Mitwirkungsrecht* in bestimmten sozialen und personalen Angelegenheiten sowie auch in wirtschaftlichen Fragen.

3. Die Beteiligung der Arbeitnehmer am Betriebsgeschehen

a) *Das Mitwirkungsrecht* der →Arbeitnehmer, das im BetrVG verankert ist, erstreckt sich auf das Recht auf *Information* und *Anhörung*, auf die *Mitgestaltung* des →Arbeitsplatzes, auf Erläuterung der Zusammensetzung des Arbeitsentgelts und Einsicht in die Personalakte sowie auf ein Beschwerderecht, ferner auf die Möglichkeit, zusätzliche Rechte im →Tarifvertrag zu vereinbaren und auf einen ausgebauten →Kündigungsschutz.

b) Die →Mitbestimmung der Betriebsräte, besonders in Großunternehmen, erstreckt sich nicht nur auf wirtschaftliche und soziale Angelegenheiten des →Betriebes, sondern auch auf wirtschafts- und sozialpolitische (→Sozialpolitik) Fragen, die den →Betrieb betreffen. Parteipolitische Betätigung im →Betrieb ist verboten. Die →Gewerkschaften erhalten jedoch uneingeschränkten Zutritt zu den →Betrieben. Bei Betriebsänderungen können die Betriebsräte *Sozialpläne* entwickeln.
Die →Mitbestimmung der Betriebsräte wirkt sich im einzelnen bei Einstellungen und Entlassungen, bei der betrieblichen Personalplanung, bei der betrieblichen Lohngestaltung (→Lohn), bei der Arbeitsplatz- und der Arbeitsablaufgestaltung und anderen Fragen aus. In →Betrieben mit mehr als 50 Jugendlichen wird diesen ein besonderes Vertretungsrecht zugebilligt.
Der Betriebsrat darf durch seine Tätigkeit keine Einkommenseinbuße (→Einkommen) erleiden und genießt ein besonderes Recht auf Freistellung und Weiterbildung.
Bei Meinungsverschiedenheiten zwischen Betriebsrat und →Arbeitgeber entscheidet eine Einigungsstelle, wenngleich der Rechtsweg offen bleibt.

4. Reformvorschläge

Nach der Verabschiedung der Neufassung des BetrVG bleiben noch eine Anzahl von Reformpunkten für zukünftige Novellierungsvorschläge übrig; so u. a. die Fixierung der *Einzelrechte* des →Arbeitnehmers; die *Sicherstellung des Gruppenschutzes* (→Arbeiter und Angestellte) im Betriebsrat; die *Wahl von Arbeitsgruppensprechern* in Großbetrieben; die Beibehaltung des paritätisch besetzten Wirtschaftsausschusses; die Einbeziehung der *leitenden* →Angestellten in den Kreis der →Arbeitnehmer und ihre Vertretung durch einen *Sprecherausschuß* sowie die Reduzierung des Kompetenzbereichs der verbindlichen Einigungsstelle.
des Betriebsverfassungsgesetzes von 1972.

Vgl. Anton Burghardt, „Betrieb“, in: Katholisches Soziallexikon, a.a.O., S. 90; Karl Scheuermann, Arbeitsrecht, a.a.O., S. 123ff.; Otto Blume, Normen und Wirklichkeit einer Betriebsverfassung, hrsg. von der Hans-Böckler-Gesellschaft, Tübingen 1964, und vgl. auch den Text des Betriebsverfassungsgesetzes von 1972.

Beveridgeplan →Soziale Sicherheit.

Bevölkerung, -spolitik.

1. Begriff

Unter Bevölkerungspolitik (BP.) kann die Gesamtheit aller bewußten Einwirkungen auf die *quantitative und qualitative Entwicklung der Bevölkerung* verstanden werden. Quantitative BP. ist vorwiegend auf die Bevölkerungszahl, allenfalls auf ihre Zusammensetzung nach Altersjahrgängen ausgerichtet. Die qualitative BP. zielt auf eine bestimmte Vorstellung einer erwünschten Zusammensetzung der Bevölkerung ab, um die Entwicklungsbedingungen für unterschiedliche Menschengruppen mit verschiedenen Werten herauszukristallisieren.

2. Maßnahmen

Mittel zur Durchführung quantitativer BP. ist z. B. die Geburtenregelung (restriktive BP.). Expansive BP. kann dagegen nur durch die materielle Förderung der Kinderfreudigkeit, d. h. durch eine sekundäre →Einkommensverteilung (vgl. Kindergeld durch den Familienlastenausgleich) verwirklicht werden. Zur Durchführung qualitativer BP. ist eine klare, nicht leicht zu gewinnende *Ordnungsvorstellung* über die jeweils erwünschte Bevölkerungsentwicklung notwendig, die die Auseinandersetzung mit einem bestimmten →Leitbild voraussetzt.

3. Ziele

Mit der BP. wird das Ziel verfolgt, den Bestand der Bevölkerung zu erhalten. Besonders deutlich wird das in den →Einrichtungen der sozialen Sicherung, insbesondere in der auf dem Umlageverfahren basierenden gesetzlichen →Rentenversicherung, in der durchschnittlich 2 Aktive für 1 Rentner zahlen.

Vgl. Wilfrid Schreiber und Hermann J. Wallraff, „Bevölkerungspolitik", in: Staatslexikon, Bd. I, a. a. O., Sp. 1229ff.

Bildung, -spolitik.

1. Aktuelle Maßnahmen

In der BRD werden Ausbildungs- und Erziehungsmaßnahmen vom Elternhaus, von der Schule, von Fach- und Hochschulen sowie von den →Betrieben durchgeführt (vgl. Berufsausbildung und Ausbildungsförderung). Die *Erwachsenenbildung* (EWBi.) ist demgegenüber als ergänzende Bildungsmaßnahme anzusehen.

Zur Förderung all dieser Bildungsmaßnahmen tätigt der Staat zahlreiche Bildungsinvestitionen, die schwer quantifizierbar sind (Bildungsökonomie). Gegenwärtig werden etwa 30 Mrd. DM von Bund und Ländern aufgewandt, die 1975 auf 55 Mrd. DM ansteigen werden.

a) Die EWBi., ein in jüngster Zeit besonders gewachsenes Interessengebiet der →Sozialpolitik, wird von den Kirchen und konfessionellen →Verbänden; von den Parteien; →Gewerkschaften; Arbeitgeber- und Berufsverbänden (→Arbeitgeberverbände); von →Betrieben und Vereinen getragen (vgl. dazu den Gesamtplan für ein kooperatives System der EWBi.). Bund und Länder tragen durch Zuschüsse zur Finanzierung dieser Einrichtungen bei.

b) Einzelne ausführende Institutionen der EWBi. sind Abend- und Heimvolkshochschulen; evangelische und katholische Akademien der verschiedenen *gesellschaftlichen* (→Gesellschaft) →Gruppen; politische Akademien; konfessionelle und örtliche Bildungswerke, Volksbüchereien; Mütterschulen; Bildungsstätten und Bildungsheime; Sozialakademien und Sozialinstitute; innerbetriebliche Bildungseinrichtungen (meist auf berufliche Bildung ausgerichtet) und mit Einschränkung auch Einrichtungen des zweiten Bildungsweges. Zur Zeit gibt es 70 öffentliche oder öffentlich geförderte sowie 200 private Institute, die sich mit der EWBi. befassen. Fernlehrinstitute und Bildungsprogramme im Rundfunk und Fernsehen gehören nur indirekt zum Begriff der EWBi.

c) Die EWBi. soll als *Lebenshilfe* im privaten und gesellschaftlichen Bereich und in der Berufs- und Arbeitswelt dienen.

d) Die EWBi. kann als *Mittel zur Überwindung der restlichen Proletaritätsmerkmale* (geringer Bildungsstand; Erblichkeit des Arbeitnehmerstatus; mangelnde Sinnerfüllung des Arbeitslebens und Vermögenslosigkeit) angesehen werden; ferner als *Antwort auf die Fragen einer sich ständig wandelnden* Industriegesellschaft (Sicherung des Arbeitseinkommens und der freiheitlich-demokratischen Gesellschaftsordnung).

2. *Zukunftsaspekte*

a) Ein Ausbau der Bildungspolitik (vgl. auch die *Bildungspläne,* den die *Bund/Länder-Kommission für Bildungsplanung* und der *Deutsche Bildungsrat* 1971 vorgelegt haben) könnte dazu beitragen, die Bildungslosigkeit bestimmter Schichten und damit ein weiteres Proletaritätsmerkmal abzubauen mit dem Ziel, *gleiche Startchancen für alle Bürger* zu verwirklichen.

b) Damit wäre dann auch die Voraussetzung für eine eigenverantwortliche →Vorsorge des mündigen →Arbeitnehmers gegeben.

c) Durch eine gründliche →Berufsausbildung könnte schließlich ein *Strukturgleichgewicht der Arbeitsbevölkerung* erreicht werden, indem das Wissen dieser Bevölkerung mit dem Stand der technologischen Entwicklung einer *Volkswirtschaft* in Übereinstimmung gebracht würde.

d) Eine stufenweise Angleichung der Bildungsunterschiede würde schließlich auch zur *Stabilisierung der demokratischen Ordnung* eines Staates führen.

Vgl. Bundesministerium für Bildung und Wissenschaft (Hrsg.), Bildungsbericht 70. Bericht der Bundesregierung zur Bildungspolitik, Bonn 1970, und Informationen aus der aktuellen sozialpolitischen Literatur.

Bildungsurlaub (vgl. auch Bildung, -spolitik).
a) Der Bildungsurlaub (BU.) soll dem →Arbeitnehmer unabhängig vom Erholungs-→Urlaub die Möglichkeit und den Anreiz zur *Aus-* und *Fortbildung* verschaffen mit dem Ziel, seine Aufgaben am Arbeitsplatz unter den sich wandelnden Arbeitsbedingungen (berufliche Bildung) erfüllen zu können.
b) Die Forderung nach bezahltem BU. wurde erstmals aufgrund einer Gewerkschaftsinitiative (→Gewerkschaften) auf der 49. Konferenz der *Internationalen Arbeitsorganisation* im Jahre 1965 erhoben und alsbald vom *Sachverständigenrat zur Begutachtung der gesamtwirtschaftlichen Entwicklung in der BRD* in sein Jahresgutachten von 1965 aufgenommen. Während die →Arbeitnehmer, die →Gewerkschaften und die SPD sowie neuerdings die CDU den BU. befürworten, sind die →Arbeitgeber dagegen. Die Bundesregierung lehnte 1967 eine gesetzliche Regelung wegen der Rezession ab mit dem Hinweis auf die Möglichkeit tarifvertraglicher (→Tarifvertrag) Regelung; diese wird jedoch von der jetzigen Bundesregierung auch abgelehnt, weil einzelne Branchen in den Tarifverhandlungen führend werden könnten (1971).
c) Bevor eine gesetzliche Regelung vorgenommen werden kann, muß die Frage einer *neutralen Entscheidungsinstanz* geklärt werden, wenn z.B. die Nachfrage nach BU. die im Gespräch befindliche *Quote von 10% der Belegschaft* übersteigen sollte. Ferner wird eine *Frist von 14 Tagen* für den BU. diskutiert sowie die Notwendigkeit, einen *Leistungspaß* nach beendetem BU. auszustellen (ähnlich dem Impfpaß.) Damit hängt die Frage einer *anerkannten Institution* zusammen, die den BU. durchführt, ferner das Problem einer *angemessenen Bildungsberatung.*
d) Es kommt vor allem darauf an, daß sowohl für die *Volkswirtschaft* als auch für den einzelnen eine größtmögliche Effizienz des BU. erreicht wird. Die qualitative Verbesserung des Faktors →Arbeit muß den Verlust aufwiegen, der durch die Fehlzeiten entsteht.

Blindengeld, -hilfe →Soziale Sicherung der Blinden.

Boden, Boden, -rente, -politik.

1. Boden, Boden, -rente

Neben →Arbeit und *Kapital* ist der Boden (B.) einer der drei Produktionsfaktoren der Volkswirtschaft. Der Preis für die Nutzung des B. ist die *Grundrente,* d. h. das →Einkommen, das dem Faktor B. zugerechnet werden kann. Man unterscheidet die *landwirtschaftliche* und die *städtische* Grundrente; die landwirtschaftliche Grundrente kann sich aus land- und forstwirtschaftlicher B.-nutzung, die städtische B.rente aus der Nutzung des B. als Standort für Gebäude und sonstige Anlagen ergeben.

2. Bodenpolitik

a) Bis zum ausgehenden Absolutismus (17. Jh.) hatten die Landesherren das *Obereigentum* an Grund und B. Daraus ergab sich ihr *Einfluß* auf seine Verteilung und Nutzung. Es war ihnen daher möglich, *soziale Ungerechtigkeiten* und *volkswirtschaftliche Fehlentwicklungen* in Schranken zu halten. Mit dem *Liberalismus* wurde im 18./19. Jh. der B. zum *freien Marktgut.*

Die *Industrialisierung* und die damit einhergehende explosive Bevölkerungs*vermehrung* (→Bevölkerungspolitik) und Bevölkerungs*wanderung* (→Bevölkerungspolitik) vom Land in die Städte löste eine starke Nachfrage nach Industrie- und Wohnbau-B. aus. Spekulative Zurückhaltung des B., gewaltige Preissteigerungen und eine weithin ungeordnete B.-nutzung waren die Folgen.

Als Reaktion darauf entwickelte sich im 20. Jh. bis zum Zweiten Weltkrieg eine *staatlich gelenkte B.-politik* (BP.), die erst durch das *Bundesbaugesetz (BBauG) von 1960* wieder liberalisiert wurde und damit einen *freiheitlichen Ordnungsrahmen* fand, dessen Ergebnisse allerdings bis heute starker Kritik ausgesetzt sind.

Kritisiert werden vor allem die erheblichen B.-Preissteigerungen, die ihre Ursache in der starken B.-Nachfrage, der zu geringen Baulanderschließung, der B.-Spekulation und der durch Immobilität und Heterogenität des Bau-B. bedingten *monopolistischen Struktur* des Bau-B.-Marktes haben.

Die BP. ist in erster Linie eine Aufgabe des Bundes, der Länder und der Gemeinden.

b) Die besondere b.*-reformerische* Zielsetzung des BBauG ist die breite Streuung des privaten →Eigentums an Grund und B. und die Landbeschaffung für den Wohnungsbau und Infrastrukturmaßnahmen zu tragbaren Preisen, ferner die geordnete Erschließung und Nutzung des B. Durch die Bindung der Bauleitpläne an Ziele der *Raumordnung* und *Landesplanung* soll ferner eine baulich geordnete *Landesentwicklung* gefördert werden.

3. Zukunftsaspekte

Es genügt nach Oswald v. Nell-Breuning nicht, das Recht des Grund und B. zu verbessern, vielmehr sind zahlreiche Maßnahmen, z. B. fiskal- und eigentumspolitischer Art notwendig, um eine geordnete Nutzung der einzelnen Grundstücke und des gesamten Raumes sowie des B. als Produktionsfaktor zu gewährleisten. Als fiskal-politische

Maßnahmen sind verschiedene Steuern in der Diskussion. Die wichtigsten Vorschläge sind: *Baulandsteuern, B.wertzuwachsabgaben* und *Grundrentenabgaben*. Als eigentumspolitische Maßnahme wird vor allen Dingen eine Verbesserung des Enteignungsrechts gefordert.

Vgl. u. a. Oswald v. Nell-Breuning, „Bodenrecht, -politik, -reform“, in: Katholisches Soziallexikon, a. a. O., S. 111 f.; Hans Möller, Der Boden in der politischen Ökonomie, Wiesbaden 1967, und Werner Ernst-Willi Bonczek, Zur Reform des städtischen Bodenrechts, Hannover 1971.

Bruttolohn →Lohnbegriffe.

Bruttosozialprodukt →Sozialprodukt.

Bundesärztekammer →Ärztekammern.

Bundesärzteordnung →Ärztekammern.

Bundesangestelltentarif →Angestellte(r).

Bundesanstalt für Arbeit →Arbeitslosigkeit.

Bundesanstalt für Arbeitsschutz und Unfallforschung →Unfallversicherung, gesetzliche.

Bundesarbeitsgemeinschaft der freien Wohlfahrtspflege e. V. →Wohlfahrtspflege, →Sozialhilfe, gesetzliche, →Sozialarbeit.

Bundesarbeitsgemeinschaft der gemeindlichen Unfallversicherungsträger e. V. →Unfallversicherung, gesetzliche.

Bundesarbeitsgemeinschaft für Rehabilitation →Rehabilitation.

Bundesarbeitsgemeinschaft Jugendaufbauwerk e. V. →Jugendfürsorge, -hilfe, -schutz, -wohlfahrt →Sozialpädagogik.

Bundesaufsichtsamt für das private Versicherungs- und Bausparwesen →Krankenversicherung, private – gesetzliche, ein Vergleich.

Bundesausgleichsa(ä)mt(er) (→Lastenausgleich, gesetzlicher.

Bundesausschuß für Berufsbildung →Berufsausbildung.

Bundesbahnversicherungsanstalt →Zusatzversorgung.

Bundesevakuiertengesetz →Kriegsschadenausgleich, gesetzlicher.

Bundesgesundheitsamt, -rat →Gesundheitspolitik, -wesen.

Bundesknappschaft →Kranken- und Rentenversicherung, knappschaftliche.

Bundesministerium der Justiz →Soziale Sicherung der Frau.

Bundesministerium für Arbeit und Sozialordnung →Sozialbericht, Sozialbudget.

Bundesministerium für Bildung und Wissenschaft →Bildung, -spolitik.

Bundesministerium für Jugend, Familie und Gesundheit →Gesundheitspolitik, -wesen.

Bundespflegesatzverordnung →Krankenhauswesen.

Bundessozialgericht →Sozialgerichtsbarkeit.

Bundesverband der Betriebskrankenkassen, der Innungskrankenkassen, der Landkrankenkassen →Krankenversicherung, gesetzliche.

Bundesverband der Deutschen Industrie e. V. →Vermögen, -spolitik.

Bundesverband der landwirtschaftlichen Berufsgenossenschaften →Unfallversicherung, gesetzliche.

Bundesverband der Ortskrankenkassen →Krankenversicherung, gesetzliche.

Bundesvereinigung der Deutschen Arbeitgeberverbände (BDA) →Arbeitgeberverbände.

Bundesversicherungsamt →Einrichtungen der sozialen Sicherung.

Bundesversicherungsanstalt für Angestellte (BfA) →Rentenversicherung der (Arbeiter und) Angestellten, gesetzliche.

Bundesversorgungsgesetz, vgl. Kriegsopferversorgung, gesetzliche.

Bundeszentrale für gesundheitliche Aufklärung →Gesundheitspolitik, -wesen.

Bundeszusammenschluß für Straffälligenhilfe →Resozialisierung.

Bundeszuschuß →Rentenversicherung der Arbeiter (und Angestellten), gesetzliche.

Bund Katholischer Unternehmer (BKU) →Unternehmerverbände.

C

Christlich-Demokratische Arbeitnehmerschaft (CDA) →Arbeitnehmerverbände, →Gewerkschaften.

Christlich-Demokratische Union (CDU) →Parteiprogramme, →Sozialreform.

Christliche Soziallehre →Soziallehre, katholische.

Christlicher Gewerkschaftsbund (CGB) →Gewerkschaften.

Code Social, vgl. auch Sozialreform.
Unter diesem Begriff ist nach Hans Achinger; Joseph Höffner; Volkmar Muthesius und Ludwig Neundörfer ein Codex zu verstehen, der das gesamte →Sozialrecht in einem einheitlichen Gesetzeswerk umschließt (vgl. die Vorschläge im *Sozialplan für Deutschland*). In der Präambel dieses Codex müßten die allgemeinen Ziele umrissen und in einem einführenden allgemeinen Teil die für alle Teile des sozialen Sicherheitssystems (→soziale Sicherheit) geltenden Bestimmungen enthalten sein, wie z. B. die Gemeinsamkeiten in bezug auf Voraussetzungen, Art und Maß der Leistungen, die gemeinsamen Grundlagen für die Bestimmung der Leistungsträger u. a. m.

Vgl. u. a. Viola von Bethusy-Huc, Das Sozialleistungssystem der BRD, Tübingen 1965, S. 67.

Collective Bargaining Theorien →Lohntheorien.

D

Das Diakonische Werk der Evangelischen Kirche in Deutschland (Innere Mission) →Wohlfahrtspflege, →Sozialhilfe, gesetzliche, →Sozialarbeit.

Deutsche Angestellten-Gewerkschaft (DAG) →Gewerkschaften, →Angestellte(r).

Deutsche Angestelltenkrankenkasse (DAK) →Angestellte(r), →Krankenversicherung, gesetzliche.

Deutsche Beamtenkasse →Beamte(r).

Deutsche Gesellschaft für Personalführung e.V. →Betriebliche Sozialpolitik.

Deutsche Gesellschaft für Personalwesen e.V. vgl. Betriebliche Sozialpolitik.

Deutsche Krankenhausgesellschaft →Krankenhauswesen.

Deutsche Studenten-Krankenversicherung →Krankenversicherung der Studenten.

Deutscher Beamtenbund →Gewerkschaften, →Beamte(r).

Deutscher Bildungsrat →Bildung, -spolitik.

Deutscher Caritasverband e.V. →Wohlfahrtspflege, →Sozialhilfe, gesetzliche, →Sozialarbeit.

Deutscher Gewerkschaftsbund (DGB) →Gewerkschaften, →Tarifvertrag.

Deutscher Handels- und Industrie-Angestellten-Verband →Angestellte(r).

Deutscher Paritätischer Wohlfahrtsverband e. V. →Wohlfahrtspflege, →Sozialhilfe, gesetzliche, →Sozialarbeit.

Deutscher Verein für öffentliche und private Fürsorge vgl. Wohlfahrtspflege.

Deutsches Krankenhausinstitut e. V. →Krankenhauswesen.

Deutsches Rotes Kreuz e. V. →Wohlfahrtspflege, →Sozialhilfe, gesetzliche, →Sozialarbeit.

Dienstpflicht →Pflichtjahr.

Differentialgewinntheorie →Lohntheorien.

Direktversicherung →Betriebliche Altersversorgung.

Diskriminierte, Diskriminierung →Resozialisierung, →Sozialhilfe, gesetzliche.

Durchgangsarzt →Unfallversicherung, gesetzliche.

Dynamische Rente, -nprinzip →Rentenversicherung der Arbeiter und Angestellten, gesetzliche.

E

Effektivlohn →Lohn, -begriffe.

Ehegatten- und Kinderzuschläge →Kriegsopferversorgung, gesetzliche.

Ehernes Lohngesetz →Lohntheorien.

Ehrensold →Künstlerhilfe.

Eigentum, -spolitik (vgl. auch Vermögen, -spolitik).

1. Begriff

Das Eigentum (E.) im bürgerlich-rechtlichen Sinne stellt das umfassende Herrschaftsrecht dar, das einer Person über eine Sache eingeräumt wird. Dabei wird zwischen E. an Grund und →Boden und E. an beweglichen Sachen unterschieden.
Zum E. im verfassungsrechtlichen Sinne (Art. 14 GG) gehören darüber hinaus alle privaten Vermögensrechte (→Vermögen), insbesondere also auch Forderungen, Mitgliedschaftsrechte und Immaterialgüterrechte (z.B. Autorenrechte). Es ist umstritten, ob die aufgrund eigener Beitragsleistung erworbenen vermögenswerten Rechte auf eine Altersrente aus der →Sozialversicherung als E. zu bezeichnen sind.
Die Sozialpflichtigkeit des E. zieht der Nutzung durch den Eigentümer gewisse Grenzen.

2. Funktionen

Emil Küng mißt dem E. eine *Macht- und Prestigefunktion* sowie eine *Sicherungs-* und *Ertragsfunktion* zu: E. verschafft vielfach dem Eigentümer ein sog. arbeitsloses →Einkommen. Darüber hinaus hat das E. eine *Individualfunktion:* Vermöge seines E. soll der Eigentümer sich freier entfalten können; demgegenüber betont die *Sozialfunktion* des E. die aus diesem sich ergebenden Verpflichtungen gegenüber der Allgemeinheit.

3. Verteilung

a) Die gegenwärtige *E.-politik* in der BRD bezweckt die bestehende *E.-verteilung* durch Eingriffe in den Vermögens*zuwachs* (→Vermögen) zu verändern; denn eine Änderung des Vermögens*bestandes* (→Vermögen) durch direkte Eingriffe in Form entschädigungsloser Enteignung ist aufgrund der Gesellschaftsordnung der BRD ausgeschlossen.
b) Deshalb sind *eigentumspolitische Maßnahmen* in der BRD auf eine *Neuverteilung* des Vermögens*zuwachses* (→Vermögen) ausgerichtet, indem eigentumslose oder eigentumsarme Schichten einen größeren Anteil bei der Aufteilung des Vermögenszuwachses erhalten als bisher. Außerdem können aber auch die vorhandenen *Anteile bestimmter Einkommensarten* oder die *E.-funktionen* zugunsten bestimmter eigentumsschwacher Schichten gestärkt werden. So können z. B. die Nettoeinkommen durch einkommensnivellierende (→Einkommensnivellierung) Maßnahmen verändert werden, indem niedrige →Einkommen, Einkommen kinderreicher →Familien oder bestimmter Schichten (Flüchtlinge) angehoben werden; darin kann ein Beitrag zur *E.-verteilung* liegen.

Vgl. die Anmerkungen zu „Vermögen, -spolitik", außerdem Conrad - Höffner - Pfister - Dürig - Seidl - Hohenveldern - Wallraff, „Eigentum", in Staatslexikon, Bd. II, Freiburg 1958, Sp. 1061 ff.; Bruno Molitor, „Eigentum", in: HdSW, Bd. III, Stuttgart–Tübingen–Göttingen 1961, S. 33 ff., und J. Heinz Müller, „Eigentum", in: Katholisches Soziallexikon, a.a.O., S. 184 ff., vgl. auch zu den Funktionen Emil Küng, Eigentum und Eigentumspolitik, Tübingen–Zürich 1964, S. 5 ff.

Eigenverantwortung →Einrichtungen der sozialen Sicherung.

Eingliederung →Rehabilitation.

Eingliederungsdarlehen →Lastenausgleich, gesetzlicher, →Arbeitslosigkeit.

Eingliederungshilfen →Soziale Sicherung der Politischen Häftlinge, →Sozialhilfe, gesetzliche.

Einheitskasse, -versicherung →Sozialversicherung.

Einkommen, -sverteilung.

1. Der Einkommensbegriff

Einkommen (E.) ist die Summe der Geldleistungen, die einer Wirtschaftseinheit in einer Zeitperiode aufgrund der Beteiligung am Wirtschaftsprozeß (Arbeitsleistung, Vermögensbesitz) (→Arbeit, →Vermögen) oder aufgrund von Umverteilung zufallen.

Es ist dies der →Lohn als E. aus →Arbeit; die *Grundrente* als E. aus dem Besitz oder der Nutzung des →Bodens; der *Zins* als E. aus dem Besitz oder der Nutzung von *Kapital.* Der →Unternehmergewinn ist dasjenige E., das nach Abzug des *Unternehmerlohns* und der *Eigenkapitalverzinsung* aus der dispositiven Unternehmerleistung herrührt, die in der Kombination der Produktionsfaktoren liegt.

2. Einkommensverteilung

Das →Volkseinkommen zerfällt in die beiden Einkommensarten *Arbeitseinkommen* und *Besitzeinkommen.* Das Arbeitseinkommen setzt sich aus dem E. der *abhängig Beschäftigten* und aus dem *Unternehmerlohn,* einer kalkulatorischen Größe, dem E. für die Arbeitsleistung des →Unternehmers zusammen (vgl. auch Unternehmergewinn). Das Arbeitseinkommen beträgt nach Schätzungen von Wilhelm Krelle für 1968 87% vom →Volkseinkommen. Davon entfallen auf E. der →abhängig Beschäftigten 67% (→Lohnquote) und auf Unternehmerlohn 20%. Das reine Besitzeinkommen beträgt 13%.
In absoluten Zahlen betrug das E. aus unselbständiger →Arbeit 1971 rd. 400,0 Mrd. DM, das E. aus Unternehmertätigkeit und Vermögen (Besitzeinkommen + Unternehmerlohn) belief sich 1971 auf 179,9 Mrd. DM (vgl. auch Gewerkschaften und Lohntheorien).

Vgl. Ernst Schuster, „Einkommen", in: HdSW, Bd. III, a. a. O., S. 53ff., und „Einkommen", in: Dr. Gablers Wirtschaftslexikon, Bd. I, Wiesbaden 6. Aufl., 1965, S. 1038f.; Wirtschaft und Statistik, 1972, Heft 2, S. 79; Hans-Jürgen Krupp, Theorie der personellen Einkommensverteilung. Allgemeine Grundzüge und verteilungspolitische Simulationen, Volkswirtschaftliche Schriften, Heft 127, Berlin 1968, und Walter Eberle, Grenzen der Umverteilung – Zur Programmatik autonomer Verteilungskonzeptionen in der Gesellschaftspolitik, Beiträge des Deutschen Industrieinstituts zur Sozialpolitik, Jg. 7, 1969, Heft 4, III., S. 10ff.

Einkommensausfall →Einkommenssicherung.

Einkommensgrenzen →Einrichtungen der sozialen Sicherung.

Einkommenshilfen →Rehabilitation.

Einkommensnivellierung (vgl. auch Einkommenspolitik).

1. Begriff

Unter diesem Begriff wird die *Angleichung der* →Einkommen durch *interpersonelle Einkommensausgleichsmaßnahmen* verstanden (EN.). Eine solche Politik fußt auf der Annahme, daß alle Menschen vom natürlichen Recht her gleich sein sollen, übersieht aber nach Elisabeth Liefmann-Keil, daß diese Gleichheit nur in bezug auf das Menschsein besteht und sich nicht notwendig auf die Leistungsqualitäten dieser Menschen beziehen kann.

2. Geschichte

Mit Beginn der →industriellen Revolution, die die Klasse der besitzlosen, allein auf das Arbeitseinkommen angewiesenen, abhängigen →Lohn-→Arbeiter hervorgebracht hat, sind immer wieder seit der zweiten Hälfte des 19. Jh. in sozialpolitischen (→Sozialpolitik) Reformplänen Forderungen laut geworden, die E.-Quoten der verschiedenen E.-Bezieher zu nivellieren oder wenigstens anzunähern.

3. Gegenwärtige Lage

Die Politik der EN. wird heute besonders in den versorgungsstaatlichen (→Versorgungsstaat) →Einrichtungen der sozialen Sicherung deutlich. Während die Finanzierung dieser *sozialen Einrichtungen* durch *leistungsadäquate* →Besteuerung vollzogen wird, werden die Leistungen nach der *Bedürftigkeit* verteilt mit der Folge, daß der unterdurchschnittlich Besteuerte mehr zurückerhält, als er gegeben hat. Der überdurchschnittlich Besteuerte leistet mehr, als er zurückerhält. Das effektive E. wird über das Leistungs-E. hinaus erhöht bzw. herabgedrückt.

4. Kritik

Die Politik der EN. wird in den Augen des einzelnen →Arbeitnehmers solange positiv beurteilt werden, wie die Arbeitsentgelte noch nicht eine ausreichende Höhe erreicht haben und der →Arbeitsplatz infolge von Strukturkrisen noch nicht sicher genug ist.

Vgl. u. a. Elisabeth Liefmann-Keil, Ökonomische Theorie der Sozialpolitik, Berlin – Göttingen – Heidelberg 1961, S. 45ff.

Einkommenspolitik.

1. Begriff

Einkommenspolitik (EP.) umfaßt alle jene Maßnahmen der Wirtschafts-, Finanz- und →Sozialpolitik, die die →Einkommen nach einer gegebenen Wertvorstellung verteilen oder diese ändern wollen, wobei die Wertvorstellung abhängig ist von der jeweils vertretenen Gerechtigkeitsidee.

Während in ständischen Wirtschaftsgesellschaften die Idee eines standesgemäßen E. vorherrschte, dürfte heute die Vorstellung einer stärkeren E.-angleichung eher vertreten werden. Als Richtmaß dient dabei etwa die Auffassung, daß allen Menschen ein gewisses Mindest-→Einkommen zur Verfügung stehen soll, oder die Forderung, daß bei *gleicher Leistung gleicher* →Lohn gezahlt werden soll.
Die EP. wird von verschiedenen staatlichen Stellen, den Sozialpartnern, der Bundesbank und der Konzertierten Aktion beeinflußt.

2. Maßnahmen

Als Mittel der EP. dienen direkte Zuschüsse und zahlreiche indirekte Maßnahmen, die den *ökonomisch Schwachen* besserstellen (Transfereinkommen). Es kann z. B. das Ziel der EP. sein, das →Eigentum an den Produktionsfaktoren gleichmäßig auf die verschiedenen Bevölkerungsschichten zu verteilen, so daß der →Arbeiter neben seinem E. aus →Arbeit auch noch E. aus Kapital-→Vermögen erzielen kann. Auch eine Intensivierung von →Bildung und Ausbildung der Bevölkerung kann sich für die gleichmäßige Einkommensverteilung nützlich auswirken.
Vgl. u. a. J. Heinz Müller und Hermann J. Wallraff, „Einkommen", in: Staatslexikon, Bd. II, a. a. O., Sp. 1100ff.

Einkommensproportionalität →Einrichtungen der sozialen Sicherung.

Einkommenssicherung (vgl. auch Einrichtungen der sozialen Sicherung, insbesondere Krankenversicherung, gesetzliche).

1. Begriff

Unter diesem Begriff soll die Fortzahlung des →Lohns oder Gehalts bzw. die Zahlung eines *Einkommensersatzes* während der Zeit der Arbeitsunfähigkeit verstanden werden.

2. Regelung in der freien Wirtschaft

a) Während der ersten 6 Wochen zahlt der →Arbeitgeber den *hundertprozentigen Einkommensausgleich.*
b) Ab der 7. Woche zahlt die →Krankenkasse bis zu 78 Wochen für die gleiche Krankheit innerhalb von drei Jahren *Krankengeld,* das je nach *Familienstand* zwischen 75 und 85% des *Regellohnes,* d. h. des letztbezogenen *Bruttoarbeitsentgeltes* bis zur *Beitragsbemessungsgrenze* beträgt.

c) Wenn ein Anspruch besteht, wird nach Ablauf der 78 Wochen Invaliden- oder Altersrente von der gesetzlichen →Rentenversicherung gezahlt.
d) Falls der Patient keine Ansprüche gegen die gesetzliche →Rentenversicherung hat, tritt die gesetzliche →Sozialhilfe in Kraft.
Mit zunehmender Krankheitsdauer verschlechtert sich also die finanzielle Lage des Patienten erheblich.

3. Regelung in der öffentlichen Verwaltung

a) →Beamte erhalten ihre vollen Bezüge bis zur Zurruhesetzung wegen *Dienstunfähigkeit;* wenn sie in den Ruhestand versetzt werden, beträgt das *Ruhegehalt* mindestens 35% und höchstens 75% der ruhegehaltsfähigen Dienstbezüge.
b) →Angestellte und →Arbeiter *im öffentlichen Dienst* erhalten wie die gewerblichen →Arbeitnehmer eine sechswöchige Lohn- und Gehaltsfortzahlung. Von der 7.–78. Woche zahlt die gesetzliche →Krankenkasse das Krankengeld. Ab der 78. Woche wird Invaliden- oder Altersrente von der gesetzlichen →Rentenversicherung gewährt. Außerdem besteht noch ein zusätzlicher Anspruch auf die Rente aus der →Zusatzversorgung der Arbeiter und Angestellten *im öffentlichen Dienst.*
Vgl. Übersicht über die Soziale Sicherung, a. a. O., S. 134ff., auch S. 61; S. 111f. und S. 117ff., auch Sozialbericht 1971, S. 161ff. und Tabelle II – 26, auf S. 274.

Einkommensteuer (vgl. auch Besteuerung).

1. Begriff

Die Einkommensteuer (EiSt.) ist eine Abgabe, zu der das →Einkommen herangezogen wird, d. h. eine auf die Person bezogene Größe; dies geschieht mit dem Ziel, die in der Einkommenerzielung (→Einkommen) zum Ausdruck kommende wirtschaftliche Leistungsfähigkeit unter Berücksichtigung der persönlichen Umstände zu belasten. Die EiSt. unterscheidet sich von der ebenfalls persönliche Umstände berücksichtigenden →Vermögenssteuer durch die Dimension des Steuergegenstandes, der Steuerbemessungsgrundlage: Das *E.* ist eine *Stromgröße,* die auf einen *Zeitraum* bezogen ist; das →Vermögen ist eine *Bestandsgröße,* die zeitpunktbezogen ist.

2. Allgemeine Merkmale

Der *persönliche Charakter* der EiSt. zeigt sich in der Berücksichtigung des →Alters und des →Familien-Standes des Pflichtigen (Freibeträge), in der *quantitativen* (Progression) und in der *qualitativen* (Differentiation) Abstufung der individuellen *Steuerverpflichtungen* (individuelle Tarifgestaltung) und in der Berücksichtigung von *außergewöhnlichen Belastungen.* Maßstäbe sind *Art und Höhe des persönlichen E.* sowie die Zahl der mitzuversorgenden Angehörigen u.a. individuelle Merkmale.

3. Besondere (sozialpolitische) Zielsetzung

Neben dem *fiskalischen Ziel* der EiSt. (Erzielung staatlicher Einnahmen) versucht man diese Steuern in neuerer Zeit zunehmend auch zu *nichtfiskalischen* Zwecken einzusetzen. So sollen über die EiSt. konjunkturelle Vorgänge beeinflußt werden. Sozialpolitisch (→Sozialpolitik) besonders bedeutsam ist aber darüber hinaus, die durch den Marktprozeß bedingten Unterschiede in der Einkommens- und Vermögensverteilung (→Einkommen, →Vermögen) abzuschwächen. Gesicherte wissenschaftliche Erkenntnisse hinsichtlich Effizienz und Nebenwirkungen einer derartigen Steuerpolitik liegen noch nicht vor.

Vgl. u.a. Fritz Neumark, „Einkommensteuer", in: HdSW, Bd. III, a.a.O., S. 67ff., sowie Jürgen Zech, Das deutsche Einkommensteuergesetz in sozialpolitischer Sicht, Diss. Köln 1967. Eine Einkommensteuerreform ist in Vorbereitung.

Einkommensübertragung →Beamte(nversorgung).

Einkommensumschichtung, -umverteilung (vgl. auch Einrichtungen der sozialen Sicherung).

1. Begriff

Unter Einkommensumschichtung (EUS.) und Einkommensumverteilung (EUV.) werden Maßnahmen verstanden, die unabhängig von der *Primär-* bzw. *Originärverteilung* am Markt durch Behörden und Institutionen, meistens kraft Gesetzes vorgenommen werden, um die →E.-Verteilung nachträglich zu verändern. Diese *Sekundärverteilung* kann entweder direkt, d.h. durch Übertragung von E.-Teilen von einer Person oder einer →Gruppe auf eine andere, oder indirekt, d.h. durch unterschiedliche Verteilung von Lasten auf einzelne →Gruppen oder Personen vollzogen werden.

2. Motivationen

Die Politiker motivierten EUS. und EUV. in den →Einrichtungen der sozialen Sicherung mit dem Argument, diese hätten schon von jeher für diese Einrichtungen die innere Rechtfertigung gegeben. Daran wird deutlich, daß die Politiker den *Funktionswandel,* den die Sozialversicherungseinrichtungen (→Sozialversicherung) von einer Fürsorge- zu einer *Wohlstandseinrichtung* durchgemacht haben, noch nicht realisiert haben.

3. Einkommensumschichtung

EUS. ist eine *zeitweise Übertragung* während einer *kurzen Periode,* in der sich zwischen empfangenen und gewährten Leistungen während eines Erwerbslebens kein positiver oder negativer Saldo bildet, sondern nur *vorübergehend eine Einkommensübertragung* stattfindet, die sich in der Summe während des Lebens eines Versicherten ausgleicht. Eine vorübergehende Einkommensübertragung liegt z. B. vor, wenn ein Versicherter in der gesetzlichen →Krankenversicherung einen vom Durchschnitt abweichenden Beitrag leisten muß (d. h. der Beitrag wird in prozentual gleichen Sätzen von unterschiedlich hohen E. berechnet) oder vom Durchschnitt abweichende Leistungen empfängt (d. h., jeder Versicherte erhält gleiche Sachleistungen unabhängig vom Morbiditätsrisiko).

4. Einkommensumverteilung

EUV. ist eine *Einkommensübertragung von einer Personengruppe zu einer anderen,* bei der sich am Lebensende beim Empfänger ein *positiver Saldo* zwischen empfangenen und gewährten Leistungen zeigt, der im Gegensatz zu EUS. *niemals zum Ausgleich* kommt.

a) Besonders deutlich wird das Bestreben nach einer EUV. in der gesetzlichen →Rentenversicherung, die, vom Arbeitnehmeranteil abgesehen, aus dem Beitragsanteil des →Arbeitgebers und durch den Bundeszuschuß (vgl. Arbeiterrentenversicherung) finanziert wird. Der Arbeitgeberanteil stellt allerdings heute de facto einen Lohnbestandteil (→Lohn) dar; auch der Bundeszuschuß wird schätzungsweise zu zwei Dritteln von denjenigen bezahlt, die durch diesen Zuschuß begünstigt werden sollen, nämlich von den Versicherten selbst; denn rd. 85% der rentenversicherten Personen sind zu rd. 60% an den direkten und indirekten Steuern des Bundes beteiligt.

b) Abgesehen von EUV. zwischen der Versichertengemeinschaft und Außenstehenden, finden auch EUV.-Prozesse zwischen den Versicherten selbst *innerhalb der Versichertengemeinschaft* statt. So zahlen z. B. die Aktiven infolge steigender →Löhne z. Z. hohe Beiträge und finanzieren die infolge der Rentenanpassung ebenfalls hohen Renten der Rentner, wofür diese früher keine entsprechenden Beiträge entrichtet haben. Die Rentner erhalten aber zumindest in der Arbeiterrentenversicherung, die sich noch immer in gewissen finanziellen Schwierigkeiten befindet, wiederum nicht so hohe Renten, wie sie sie durch entsprechend hohe

Beiträge in der Vergangenheit eigentlich verdient hätten. Weitere EUV.-Prozesse zwischen Aktiven und Rentnern sind in der Berücksichtigung der Ausfall- und Ersatzzeiten, ferner in der Anrechnung der Zurechnungszeiten gegeben.
EUV.-Prozesse zwischen den Rentnern liegen bei der Anhebung der Kleinstrenten (1957 bei der Rentenreform) und der Kappung der Höchstrenten vor.
Auch der familienpolitische Charakter, der sich bei den Hinterbliebenenrenten und den Kinderzuschlägen zeigt, bewirkt EUV.-Prozesse.
Die Finanzierung der alten und uralten Last in der gesetzlichen →Rentenversicherung durch die Beiträge der Aktiven verursacht keine EUV., sondern entspricht dem Sinn des →Versicherungsprinzips.
c) Bei der gesetzlichen *Arbeitslosenversicherung* stellt die Arbeitsvermittlung und die Berufsberatung eine echte Umverteilungsmaßnahme dar, indem Nichtversicherte (z.B. Schüler, Studenten und Hausfrauen) auf Kosten der Versicherten (Erwerbstätige) diese Einrichtung in Anspruch nehmen. Ob sich der Saldo zwischen empfangenen und gewährten Leistungen jemals ausgleicht, ist fraglich.
d) In der gesetzlichen →Unfallversicherung entstehen neuerdings EUV.-Prozesse dadurch, daß ab 1. 4. 71 der Unfallschutz für Personen, die nichts mit der Versicherung des →Arbeitgebers zu tun haben, z.B. Kindergartenbesucher, Schüler und Studenten, aus Mitteln der Träger der Einrichtungen finanziert wird. Wenn man bedenkt, daß ein Teil dieser vor allem weiblichen Personen vielleicht niemals erwerbstätig wird, so gleicht sich der Saldo zwischen empfangenen und gewährten Leistungen, den der Steuerzahler finanziert hat, nicht aus.
e) Auch beim gesetzlichen *Familienlastenausgleich* liegen EUV.-Prozesse vor, weil die Besteuerung einkommensproportional vorgenommen wird, die Kindergeldbeträge aber als absolute Beträge gezahlt werden. Auch hier wird ein Ausgleich zwischen empfangenen und gewährten Leistungen nicht in allen Fällen stattfinden.
f) EUV.-Prozesse finden sich in der gesetzlichen →Sozialhilfe, da die Empfänger durchweg von anderen Gliedern der →Gesellschaft über die Steuern unterhalten werden. Ein Ausgleich findet auch langfristig nicht statt, da die Empfänger ihre →Lebenslage meistens nicht so verbessern können, daß sie durch Besteuerung die empfangenen Leistungen wieder abgelten könnten.
g) Betrachtet man den gesetzlichen →Lastenausgleich und die gesetzliche →Kriegsopferversorgung als eine nachträgliche Entschädigung für materielle und immaterielle Opfer und werden diese als eine im voraus erbrachte Leistung angesehen, so ist es zumindest strittig, ob man hier von EUV. sprechen kann.

h) Bei der gesetzlichen →Beamtenversorgung ist der vorangegangene Gehaltsverzicht zu berücksichtigen, so daß es sich bei dieser Versorgung um eine E.-*Übertragung* aus der Aktivenzeit in das →Alter handelt.
i) Echte und interpersonale EUV. liegt also nur bei der →Sozialhilfe vor, während sie beim *Familienlastenausgleich* zwar stattfindet, aber nur durch die Schwäche des Systems gegeben ist, während sie sich bei der Renten-, Arbeitslosen- und Unfallversicherung (→Rentenversicherung, →Arbeitslosenversicherung, →Unfallversicherung) in Grenzen hält.

Vgl. Wilfrid Schreiber, Die Einrichtungen der sozialen Sicherheit und ihre gesellschaftliche Funktion, in: Soziale Sicherheit, hrsg. von Bernhard Külp und Wilfrid Schreiber, Köln–Berlin 1971, S. 227ff.; ders., Die zwei Dimensionen der Einkommensumverteilung, in: Wilfrid Schreiber, Zum System sozialer Sicherung, hrsg. von Heinz Allekotte, Köln 1971, S. 37ff. Vgl. auch Hans Achinger, Vertikale oder horizontale Umverteilung, in: Normen der Gesellschaft, Festschrift für O. v. Nell-Breuning zum 75. Geburtstag, Mannheim 1965, S. 232ff.; Kommission für dringliche sozialpolitische Fragen der Deutschen Forschungsgemeinschaft (Hrsg.), Soziale Umverteilung, Wiesbaden 1965, passim.

Einrichtungen der sozialen Sicherung.

1. Begriff

Unter Einrichtungen der sozialen Sicherung (EdSS.) wird die Gesamtheit derjenigen Maßnahmen verstanden, die zum Ausgleich der individuellen Lebensrisiken beitragen. Es sind dies die gesetzlichen →Versicherungs-, →Versorgungs- und →Fürsorgeeinrichtungen, unter denen die →Sozialversicherungseinrichtungen den größten Umfang einnehmen.

2. Geschichtliche Entwicklung

Das ansteigende Bedürfnis nach sozialer Sicherung (Sekuritätsbedürfnis) ist auf die *Änderung der Gesellschaftsstruktur* infolge der →industriellen Revolution zurückzuführen. Durch Auflösung der ständischen Bevölkerungsschichten und durch die zunehmende *Arbeitsteilung* infolge der industriellen Produktionsweise entstand eine wachsende Anzahl *abhängig Beschäftigter.*
Die Lebensrisiken verlagerten sich von der ländlichen Großfamilie (→Familie) (Drei-Generationen-Familie) auf die städtische *Klein*familie (→Familie) (Zwei-Generationen-Familie). Da diese Solidargemeinschaft den Risikoausgleich alleine nicht mehr bewältigen konnte, wurde die Gründung von *fremden* selbständigen *Solidargemeinschaften* notwendig (vgl. die Gründung der ersten Sozialversicherungseinrichtungen [→Sozialversicherung] unter Bismarck 1883/1884/1889, die im Laufe der Jahre zu wohlausgebauten eigenständigen sozialen Sicherungs-Organisationen wurden).

3. Prinzipien

Die verschiedenen EdSS. sind nach unterschiedlichen Prinzipien aufgebaut:
a) *Konstitutive Prinzipien* der *sozialen* Versicherungseinrichtungen sind das →Versicherungsprinzip, das Ausdruck des →Solidaritätsprinzips ist, d.h. das gegenseitige Einstehen bei Schadenseintritt (gemeinschaftliche Selbsthilfe). Der Versicherungszwang ist Ausdruck des →Subsidiaritätsprinzips, um sicherzustellen, daß jeder aus eigenen Kräften seine Zukunftsvorsorge in die Hand nimmt. Da jedoch nicht jedem Individuum genügend Einsicht in die Notwendigkeit der *Existenzsicherung* zuzutrauen ist *(Eigenverantwortung)*, scheint der Versicherungszwang durch die Sozialversicherungspflicht (→Sozialversicherung) ein heilsamer Zwang zu sein (ADOLPH WAGNER). Das Prinzip des →sozialen Ausgleichs besagt, daß in der →Sozialversicherung Einkommensumverteilungsmaßnahmen (→Einkommensumverteilung) zugunsten der sozial Schwachen vorgenommen werden.
b) *Konstitutive Prinzipien* der *sozialen* →Versorgungseinrichtungen sind das →Entschädigungsprinzip in Verbindung mit dem Prinzip der →Fremdhilfe (Staatshilfe).
c) Neben dem →Versorgungsprinzip ist das →Fürsorgeprinzip zu erwähnen, das der gesetzlichen →Sozialhilfe zugrunde liegt.
d) Eine andere Gruppe von Prinzipien sind das Final- und das Kausalitätsprinzip. Während in den EdSS. das *Kausalitätsprinzip* dominiert, das Leistungen nur gewährt, wenn eine Anspruchsvoraussetzung gegeben ist, ist das *Finalprinzip* für die →Soziale Sicherung der Frau sowie für die →Rehabilitation und die Schwerbeschädigtenleistungen konstitutiv.

4. Funktionen

a) Der *dritten Konzeption* der →Sozialenquête zufolge ist die *bedarfsadäquate einkommensproportionale Umschichtung* des →Einkommens *auf alle Lebensphasen* als *Hauptfunktion* der EdSS. anzusehen (WILFRID SCHREIBER).
b) Da die EdSS. nur eine *Grundsicherung* darstellen, bleibt für den einzelnen Versicherten genügend Spielraum, um *private Sicherungsmaßnahmen* aus eigener Initiative vorzunehmen (vgl. Zusatzversicherung).
c) Der gesetzlichen →Sozialhilfe fällt die Aufgabe zu, *Ausfallbürge* für die EdSS. zu sein. Sie tritt vorwiegend ein, wenn der einzelne aufgrund eines anormalen Lebenslaufes keine oder nur ungenügende Ansprüche an die →Sozialversicherung hat und *Eigen-Vorsorge* nicht treffen konnte oder nicht mehr treffen kann.

5 Organisation

a) Die historisch gewachsenen EdSS. sind nach den Prinzipien →Versicherung, →Versorgung, →Fürsorge und im Versicherungsbereich nach den spezifischen →Risiken *Krankheit, Unfall, Invalidität,* →Arbeitslosigkeit und nach der Ungewißheit →Alter aufgeteilt.

b) (1) Die *Gliederung* nach dem *Berufsstand* kommt in den Trägern der gesetzlichen →Rentenversicherungen (Arbeiter- und Angestelltenversicherung, knappschaftliche Rentenversicherung; Rentenversicherung der Landwirte und der Handwerker) zum Ausdruck.

(2) Auch in der gesetzlichen →Krankenversicherung weisen die verschiedenen Kassenarten durch ihren Namen auf die *Gliederung* nach dem *Berufsstand* hin (Land-, Innungs- und Seekrankenkasse(n), Ersatzkassen für Arbeiter und Angestellte).

(3) Träger der gesetzlichen →Unfallversicherung sind die *Berufsgenossenschaften,* die sich ebenfalls auf verschiedene *Berufsgruppen* aufteilen.

c) Der *regionale Gliederungsaspekt* kommt in den Orts- und (in der) Seekrankenkasse(n) der gesetzlichen →Krankenversicherung zum Ausdruck.

d) Die gesetzliche *Arbeitslosenversicherung* ist dagegen als einzige soziale Versicherungseinrichtung *zentralistisch* aufgebaut; denn sie hat nur einen Träger, die *Bundesanstalt für Arbeit* mit Sitz in Nürnberg.

6. Verwaltung

a) Die EdSS. sind durchweg Körperschaften des öffentlichen Rechts. Sie werden durch sog. *Selbstverwaltungs*organe (80000 Stellen) verwaltet, die eine autonome Willensbildung unter staatlicher Aufsicht bezwecken. Selbstverwaltungsorgane sind die *Vertreterversammlung,* der *Vorstand* und die *Geschäftsführung* (außer Arbeitslosenversicherung, vgl. unten). Kontrollorgane sind das *Bundesversicherungsamt* und die *Landesversicherungsämter.*

Die *Vertreterversammlung* besteht aus bis zu 60 Mitgliedern (30 Arbeitnehmer- und 30 →Arbeitgebervertreter) und ist somit paritätisch besetzt, und zwar auch in der gesetzlichen →Unfallversicherung, obwohl hier die Mittel einseitig von den →Arbeitgebern aufgebracht werden. Die Vertreterversammlung beschließt die Satzungen, wählt den Vorstand und legt den Haushalt fest. Der *Vorstand* ist mit je 3 Arbeitgeber- und Arbeitnehmervertretern besetzt, ebenso die *Geschäftsführung.* Letztere wird auf Vorschlag des Vorstandes von der Vertreterversammlung gewählt. Vertreterversammlung und Vorstand wirken ehrenamtlich, während die Geschäftsführung hauptamtlich arbeitet. Vertreterversammlung und Vorstand werden in den *Sozialwahlen* gewählt *(Gesetz über*

die Selbstverwaltung auf dem Gebiet der Sozialversicherung, Selbstverwaltungsgesetz von 1951 und Wahlordnung von 1958.)
b) Während sich die Selbstverwaltung in der gesetzlichen →Rentenversicherung nur bei der Vermögensverwaltung und der →Rehabilitation auswirkt, setzen die Selbstverwaltungsorgane in der gesetzlichen →Krankenversicherung innerhalb der gesetzlichen Grenzen den Beitragssatz und die freiwilligen Leistungen fest.
In der gesetzlichen Arbeitslosenversicherung ist die Selbstverwaltung drittelparitätisch (→Arbeitnehmer, →Arbeitgeber, *Staat*) geregelt. Sie besteht aus *Verwaltungsrat* und *Vorstand.*

7. Rechtsstreitigkeiten

Das Verfahren bei Rechtsstreitigkeiten in den EdSS. wird durch das *Sozialgerichtsgesetz* von 1953, in der Fassung von 1958 geregelt. Nach Art. 19, Abs. 4 GG hat jeder Bürger die Möglichkeit, den Rechtsweg zu beschreiten, wenn er sich durch die öffentliche Gewalt in seinen Rechten verletzt fühlt. Das gilt wesentlich auch hinsichtlich der öffentlichen →Sozialleistungen, insbesondere aus der →Sozialversicherung. Die Verfahren vor den *Sozialgerichten,* die besondere Verwaltungsgerichte mit dem Charakter einer →Sozialgerichtsbarkeit sind, sind für den Versicherten grundsätzlich kostenfrei, jedoch nicht für die öffentlich-rechtlichen Körperschaften. Die Personal- und Verwaltungskosten bei den *Sozialgerichten* werden aus Mitteln der Länder, das *Bundessozialgericht* aus Mitteln des Bundes finanziert.

8. Finanzierung

a) (1) Die Einrichtungen der sozialen →Versicherung werden durch den *gespaltenen Beitragssatz* finanziert, d.h., er wird vom →Arbeitgeber (Arbeitgeberanteil) und vom →Arbeitnehmer (Arbeitnehmeranteil) durch die sog. *Sozialabgaben* aufgebracht; er liegt bei rd. 27,8% (1971) vom Bruttolohn. Der Arbeitgeberanteil beträgt z.Z. 14,65% und der Arbeitnehmeranteil 13,15%. Der Arbeitgeberanteil belief sich 1971 auf 49,7 Mrd. DM und der Arbeitnehmeranteil auf 36,5 Mrd. DM.
Während der Arbeitgeberanteil zur Zeit der Gründung der →Sozialversicherung (1883/1884/1889) wegen des niedrigen Lohnniveaus gerechtfertigt war, hat er heute infolge der ständigen Anpassung der →Löhne an den Produktivitätsfortschritt nur noch den Charakter eines nicht ausbezahlten Lohnbestandteils (→Lohn).
(2) Eine *weitere Finanzierungsquelle* der EdSS. ist der *Bundeszuschuß,* der jedoch nur bei der gesetzlichen →Arbeiterrentenversicherung vor-

übergehend benötigt wird. Bei der gesetzlichen →Krankenversicherung bekommen die *Ortskrankenkasse Berlin* und die knappschaftlichen Krankenkassen einen staatlichen Zuschuß.

b) Die sozialen Versorgungseinrichtungen, wie z.B. die gesetzliche →Kriegsopferversorgung, der gesetzliche *Familienlastenausgleich*, die gesetzliche →Ausbildungsförderung und das gesetzliche →Wohngeld, werden im Gegensatz zu den Versicherungseinrichtungen nur aus öffentlichen Mitteln finanziert, ebenso die gesetzliche →Sozialhilfe.

c) Bei der Finanzierung der sozialen Versicherungseinrichtungen kommt auch den *Einkommensgrenzen* eine besondere Bedeutung zu.

(1) Die *Versicherungspflichtgrenze* grenzt den Kreis derer, die kraft Gesetzes versichert sind, von denjenigen ab, bei denen eine freiwillige *Selbst*vorsorge (→Vorsorge) unterstellt werden kann. Während diese Grenze in der gesetzlichen →Rentenversicherung 1968 aufgehoben worden ist, besteht sie noch in der gesetzlichen →Krankenversicherung, wird jedoch durch Dynamisierung jährlich erhöht.

(2) Die *Beitragsbemessungsgrenze* gibt den höchsten Bruttoverdienst an, von dem die Pflichtversicherten ihren Beitrag zahlen müssen. Mit Ausnahme der gesetzlichen →Unfallversicherung werden die Beiträge in den Sozialversicherungseinrichtungen (→Sozialversicherung) prozentual vom Bruttoeinkommen der Versicherten bemessen. Jedoch werden die oberhalb der Beitragsbemessungsgrenze liegenden →Einkommen nur mit einem Beitrag in Prozent von dieser Grenze belastet.

(3) Die *Leistungsbemessungsgrenze* ist die Grenze, bis zu der in der gesetzlichen →Krankenversicherung Geldleistungen (Krankengeld) in Abhängigkeit von der Beitragsbemessungsgrenze gewährt werden. In der gesetzlichen →Rentenversicherung entsprechen die Leistungen (Renten) ebenfalls den erbrachten Beitragszahlungen in Relation zur Beitragsbemessungsgrenze.

9. Leistungen

Zu den Leistungen der EdSS. zählen die *Sach-* und *Barleistungen.* Die Sachleistungen in der gesetzlichen →Krankenversicherung (Arztbehandlung, Krankenhausaufenthalt und Medikamente) werden *risikoproportional* bemessen, d.h. nach den tatsächlich entstehenden Kosten, während die Geldleistungen (Krankengeld) in der gesetzlichen →Krankenversicherung *einkommensproportional* bis zur Leistungsbemessungsgrenze gezahlt werden.

Die Geldleistungen der gesetzlichen →Rentenversicherung dagegen entsprechen den im Laufe eines Versichertenlebens erbrachten Beiträgen und sind insofern ebenso *einkommensproportional.*

10. Umfang

1970 betrugen die Einnahmen der EdSS. 123 Mrd. DM und die Ausgaben 117,2 Mrd. DM. 1975 sollen die Einnahmen 185,8 Mrd. DM ausmachen gegenüber 179,4 Mrd. DM an Ausgaben. Die Ausgaben für die EdSS. stiegen von 16,7 Mrd. DM im Jahre 1950 auf 140,7 Mrd. DM im Jahre 1970 an (vgl. Tabelle, S. 97 unten).

11. Tabellarische Übersicht über die EdSS. in der BRD

(Siehe Tabellen Seite 94–98.)

12. Zukunftsaspekte

Das Lohnniveau ist bis heute so weit angestiegen, daß jeder →Arbeitnehmer selbständig →Vorsorge für die in der Zukunft mit Sicherheit auftretenden *Lebensrisiken* (*Krankheit, Invalidität, Unfall,* →Arbeitslosigkeit) einschließlich der *einkommenslosen* Phasen (*Kindheit* und →Alter) treffen könnte.
Es wäre also theoretisch denkbar, nach und nach von der Forderung Adolph Wagners abzugehen, daß man die Menschen zu ihrem Glück zwingen müsse. Es wäre jedoch gefährlich, den →Zwang zur →Sozialversicherung von heute auf morgen ganz abzubauen.
Es ist deshalb zu überlegen, ob man die weit ausgebauten EdSS. nicht zunächst zugunsten einer *Grundsicherung* reduzieren sollte (Sockelrente), damit jeder freiwillig, über diese Basis hinausgehend, weitere Sicherungsmöglichkeiten aufbauen kann.

1. Als *grundlegende* und *einführende* Literatur vgl. Hans Achinger, Soziale Sicherheit, Stuttgart 1953; ders., „Soziale Sicherheit“, in: Staatslexikon, Bd. VII, Freiburg 1962, Sp. 262ff.; Viola Gräfin von Bethusy-Huc, Das Sozialleistungssystem der BRD, Tübingen 1965; Walter Bogs, Grundfragen des Rechts der sozialen Sicherheit und seiner Reform, Berlin 1955; Bogs-Achinger-Meinhold-Neundörfer-Schreiber, Soziale Sicherung, Sozialenquête in der BRD, Stuttgart–Berlin–Köln–Mainz 1966; Bundesministerium für Arbeit und Sozialordnung (Hrsg.), Übersicht über die soziale Sicherung, a. a. O.; W. Claussen, Kein Verlaß auf Vater Staat. Soziale Sicherheit heute und morgen, Oldenburg–Hamburg 1967; Gerhard Erdmann, Die Entwicklung der deutschen Sozialgesetzgebung, Göttingen 1956; Gesellschaft für Versicherungswissenschaft und -gestaltung e. V. (Hrsg.), Sozialer Ordnungsauftrag im letzten Drittel unseres Jahrhunderts – Optimale Sicherung der Gesellschaft, Tagungsbericht 1966, Berlin–Bielefeld–München 1967; Institut Finanzen und Steuern (Hrsg.), Die Soziale Sicherheit in der BRD, bisherige und künftige Entwicklung, Heft 86, Bonn 1967; Philipp Herder-Dorneich, „Systeme Sozialer Sicherung“, in: Staatslexikon, Bd. XI, Freiburg 1970, Sp. 435ff.; Bernhard Külp und Wilfrid Schreiber, Soziale Sicherheit, a. a. O.; Heinz Lampert, Die Wirtschafts- und Sozialordnung der BRD, 3. Aufl. München–Wien 1970; Walter-Raymond-Stiftung (Hrsg.), Leistungsbereitschaft, Soziale Sicherheit, Politische Verantwortung, Veröffentlichungen der Walter-Raymond-Stiftung, Bd. VIII, Köln–

11. Tabellarische Übersicht über die Einrichtungen der sozialen Sicherung in der BRD Stand: 15. 12. 1971

Einrichtungen (Risiken)	*Funktionen*	*Prinzipien*	*Träger*	*Mitglieder*	*Finanzierung*	*Leistungsarten*
Rentenversicherung (Alter + Invalidität)	Sicherung bei Erwerbs- und Berufsunfähigkeit Sicherung des Alters Rehabilitation	Versicherungsprinzip Selbsthilfe Solidarität Äquivalenzprinzip + Sozialer Ausgleich	18 Landesversicherungsanstalten; 1 Bundesversicherungsanstalt für Angestellte; 1 Bundesknappschaft; 1 Bundesbahnversicherungsanstalt; 1 Seekasse	alle Arbeiter und seit 1. 1. 68 *alle* Angestellten	Arbeitgeber + Arbeitnehmer je zur Hälfte	Renten wegen Berufs- und Erwerbsunfähigkeit Altersruhegeld Witwen- und Waisenrenten Sachleistungen (Rehabilitation)
Krankenversicherung (Krankheit + Mutterschaft)	Übernahme des Heilungskostenaufwandes Ersatz des Einkommensausfalls Pflege der Volksgesundheit (Vorsorge)	Dito + stärkere Wirkung des sozialen Ausgleichs	1 789 Einzelkassen, gegliedert nach 7 Kassenarten (November 1971)	alle Arbeiter Angestellte bis zur Versicherungspflichtgrenze von 1 425 DM* + Familienangehörige + Freiwillig Weiterversicherte	Dito	Sachleistungen: (Arzt- und Krankenhaus- und Medikamentenkosten) Barleistungen: Krankengeld Mutterschaftsgeld + Mutterschaftshilfe Sterbegeld
Unfallversicherung (Arbeitsunfall + Wegeunfall)	Unfallentschädigung Unfallverhütung	Versicherungsprinzip Entschädigung	56 Berufsgenossenschaften 12 Gemeindeunfallversicherungsverbände 6 Feuerwehrunfallversicherungskassen Bundesanstalt für Arbeit Staat	Unternehmer für alle abhängig Beschäftigten + mithelfenden Familienangehörigen + eine bestimmte Gruppe von Selbständigen + für das Gemeinwohl tätige Personen	Arbeitgeber (Defizit im Bergbau durch Finanzausgleich der übrigen Berufsgenossenschaften kompensiert)	Heilbehandlung Pflege, Verletzten- bzw. Pflegegeld (kein Schmerzensgeld) Verletztenrente + Zuschläge Sterbegeld, Witwen- und Waisenrenten Berufliche Ausbildungs- und Um-

* Ab 1. 1. 72 = 1 575 DM

						schulungsmaßnahmen, Unfallverhütungsmaßnahmen
		Versorgungsprinzip Ersatzpflicht der Träger für Kinder, Schüler und Studenten	Gemeindeunfallversicherungsverbände	Kinder, Schüler und Studenten	Träger der Ausbildungsstätte für Kinder, Schüler und Studenten	Dito
Arbeitslosenversicherung (Arbeitslosigkeit)	Vorausschauende Arbeitsmarkt- und Beschäftigungspolitik Einkommensausfallersatz Arbeitsvermittlung Berufsberatung	Versicherungsprinzip Selbsthilfe	Bundesanstalt für Arbeit mit Arbeitsämtern	alle abhängig Beschäftigten + in der Berufsausbildung befindliche + im zivilen Ersatzdienst tätige Personen	Arbeitgeber + Arbeitnehmer je zur Hälfte	Berufsbildungs-, Arbeitsförderungsmaßnahmen Arbeitslosengeld, -hilfe Arbeitsvermittlung Berufsberatung
Sozialhilfe (Existenzminimum)	Existenz- bzw. Kulturminimum Aufbauende Lebenshilfe Ausfallbürgschaft	Fürsorgeprinzip Fremdhilfe (Subsidiarität)	Staat (über Sozialämter) + 22 Träger in Form der Freien Wohlfahrtsverbände	Individualfälle	Staat (Länder + Bundesbeteiligung)	Hilfe zum Lebensunterhalt und in besonderen Lebenslagen (Mindestsätze)
Familienlastenausgleich (Einkommensausgleich)	Sicherung der Kindheit	Fremdhilfe Versorgungsprinzip	Staat (über Bundesanstalt für Arbeit)	ab mehr als 2 Kindern, dann auch Zweitkindergeld und und wenn Einkommensgrenze bei 13 200 DM/Jahr liegt*	Staat	Kindergeld je nach der Kinderzahl (zwischen 25 – 70 DM)

*Ab 1. 1. 72: 15 000 DM

Einrichtungen (Risiken)	*Funktionen*	*Prinzipien*	*Träger*	*Mitglieder*	*Finanzierung*	*Leistungsarten*
Ausbildungsförderung (Einkommensausgleich)	Sicherung der Ausbildungszeit	Dito	Staat (über Ämter für Ausbildungsförderung)	ab 10. Klasse bzw. Beginn der Ausbildung bis zum Ausbildungsabschluß	Dito (Bund + Länder)	Förderungssätze zwischen 160 - 420 DM
Wohngeld (Einkommenszuschuß)	Befriedigung des Grundbedürfnisses menschenwürdiges Wohnen	Dito	Staat (über bestimmte von den Ländern zu bestimmende Stellen)	abhängig von Familieneinkommen, Wohnfläche und tragbarer Belastung	Dito (Länder + hälftige Kostenerstattung vom Bund)	Miet- bzw. Lastenzuschuß zwischen 5 - 452 DM
Kriegsopferversorgung (Invalidität + Entschädigung)	Schadensausgleich aufgrund eines von der Allgemeinheit zu verantwortenden Sachverhaltes	Fremdhilfe Entschädigung (Versorgungsprinzip) Solidarität	Landesversorgungsämter	alle Geschädigten + Hinterbliebene	Dito (Verwaltungskosten zu Lasten der Länder)	Heil- und Krankenbehandlungen (Sachleistungen) Kriegsopferfürsorge Beschädigtenrenten Hinterbliebenenrenten Sterbegeld
(Vermögens)-Lastenausgleich (Entschädigung)	Dito	Fremdhilfe Entschädigung Solidarität	Bundesausgleichsamt + örtliche Ausgleichsämter	alle Geschädigten	Nichtgeschädigte + Staat	Kriegsschadenrente Unterhaltshilfe Krankenversorgung Sterbevorsorge Entschädigungsrente Beihilfen
Wiedergutmachung (Entschädigung)	Dito	Fremdhilfe Entschädigung	örtliche Wiedergutmachungsämter	alle Geschädigten	Staat	einmalige bzw. laufende (rentenähnliche) Zahlungen zur Entschädigung

Übersicht über die Leistungen (Kosten) der sozialen Sicherung von 1950–70 (nach institutioneller Aufgliederung) in Mrd. DM*

Einrichtungen der sozialen Sicherung	1950	1960	1970
Sozialversicherungseinrichtungen			
Rentenversicherung der Arbeiter, Angestellten und Bergleute	4,2	20,5	54,9
Krankenversicherung + Mutterschutz	2,5	9,8	25,2
Unfallversicherung	0,6	1,8	4,2
Arbeitsförderung, Arbeitslosenversicherung und Berufliche Bildung	2,1	1,2	4
Entgeltfortzahlung bei Krankheit	0,5	3,1	13,2
Andere Versicherungseinrichtungen			
Altershilfe für Landwirte + Landabgaberente	–	0,2	0,9
Zusatzversicherungen für einzelne Berufe	–	0,02	0,04
Sicherung im öffentlichen Dienst			
Pensionen (Beamte)	2,5	6,9	16,2
Zusatzversicherungen	0,1	0,3	1,1
Versorgungseinrichtungen			
Kindergeld	0,05	1,2	3,5
Ausbildungsförderung	–	0,07	0,4
Wohngeld	–	0,002	0,7
Entschädigungseinrichtungen			
Kriegsopferversorgung	2,1	3,7	7,4
Lastenausgleich	1	1,9	1,8
Wiedergutmachung	–	1,6	1,9
Soziale Hilfen und Dienste			
Sozialhilfe	0,9	1,7	3,1
Jugendhilfe	0,03	0,06	1,3
Öffentlicher Gesundheitsdienst	0,1	0,4	0,9
Summe	16,7 (22,4%)	54,5 (23,1%)	140,7 (26,7%)
Volkseinkommen (als Vergleich)	74,5 (100%)	235,7 (100%)	526,5 (100%)

* *Quelle:* Vgl. Sozialbericht 1971, S. 242 ff. (die Zahlen sind aufgerundet). Vgl. ferner Statistisches Jahrbuch 1971, S. 504 und 1968, S. 494 sowie Wirtschaft und Statistik 1972, Heft 1, S. 25.

Übersicht über die Leistungen (Kosten) der sozialen Sicherung von 1960–1970 (nach funktionaler Aufgliederung) in Mrd. DM*

Risiken, Ungewißheiten und Einkommensbelastungen:	1960	1970
Krankheit	12,7	37,7
Invalidität	8,6	16,7
Alter	11,6	33,8
Tod	10,3	24,2
Beschäftigung	0,9	2,7
Bildung	0,2	1,3
Familie	2,9	8,0
Wohnung	–	0,7
Entschädigung (ohne Kriegsopferversorgung)	3,5	3,8
Summe	50,7 (21,5%)	128,9 (24,5%)
Volkseinkommen (als Vergleich)	235,7 (100%)	526,5 (100%)

**Quelle:* Vgl. Sozialbericht 1971, S. 334 ff. (die Zahlen sind aufgerundet) (ohne den funktional nicht aufgegliederten Teil der allgemeinen Dienste und Leistungen und ohne betriebliche und ohne direkte Leistungen). Vgl. außerdem Statistisches Jahrbuch 1971, S.405 und Wirtschaft und Statistik 1972 Heft 1, S. 25.

Opladen 1967; Schreiber, Wilfrid, Die Einrichtungen der sozialen Sicherheit und ihre gesellschaftliche Funktion, in: Soziale Sicherheit, a.a.O., S. 227ff.; Detlev Zöllner, Die soziale Gesetzgebung in der BRD, Bad Godesberg 1961.
2. *Geschichtliche* Literatur vgl. bei Friedrich Kleeis, Die Geschichte der sozialen Versicherung in Deutschland, Berlin 1928; Horst Peters, Die Geschichte der Sozialversicherung, Bad Godesberg 1959, und Ludwig Heyde, Abriß a.a.O., passim.
3. Literatur zu den *Prinzipien* vgl. bei Rainer Altendorf, Der soziale Ausgleich im System der Sozialversicherung, Diss. Köln 1971; ferner Walter Bogs, Rechtsprinzipien sozialer Sicherung unter besonderer Berücksichtigung des Gutachtens der Sozialenquête-Kommission, Kleine Schriften zur Sozialpolitik und zum Arbeitsrecht des Instituts für Sozialpolitik und Arbeitsrecht, München 1967.
4. Literatur zur *Finanzierung* und zum *Umfang* vgl. im Sozialbericht 1971, S. 242ff.; S. 258f.; S. 287; S. 334ff.; zum Arbeitgeberbeitrag vgl. Wirtschaft und Statistik, 1972, Heft 2, S. 79, und Arbeitgeberbeiträge zur Sozialversicherung – eine Fiktion?, Berichte des Deutschen Industrieinstituts zur Sozialpolitik, Jg. 1, 1967, Heft 3.
5. Literatur zu den EdSS. im europäischen Ausland vgl. in Dienst für Gesellschaftspolitik, 1969, Heft 22, S. 10f.

Einrichtungshilfen →Soziale Sicherung der Flüchtlinge.

Einzelleistungshonorierung, -vergütung →Arzthonorierung.

Elternrente →Kriegsopferversorgung, gesetzliche.

Entschädigung, -sgesetz, -sleistungen, -srente (vgl. auch Kriegsopferversorgung, →Lastenausgleich, gesetzliche(r), →Soziale Sicherung der politischen Häftlinge und Wiedergutmachung).
Als Entschädigungsleistungen werden lt. *Sozialbericht 1971* Leistungen an Kriegsbe- und Kriegsgeschädigte, Leistungen zur Wiedergutmachung, Leistungen an Kriegsgefangene und politische Häftlinge sowie die Unterhaltssicherung für Wehrdienst- und Ersatzdienstleistende sowie für deren Familienangehörige verstanden.
Sie betrugen 1970 insgesamt 11,4 Mrd. DM und sollen 1975 14,3 Mrd. DM ausmachen.
Vgl. Sozialbericht 1971, S. 165ff., Schaubilder 39ff. und Tabelle II – 28ff. auf S. 276ff.

Entschädigungsprinzip (vgl. auch Versorgungsprinzip, →Unfallversicherung, gesetzliche, →Einrichtungen der sozialen Sicherung).
Nach dem Entschädigungsprinzip wird eine in der Vergangenheit erbrachte Leistung auch immaterieller Art durch eine in der Gegenwart gewährte Gegenleistung des Staates auf Versorgungsbasis entgolten, (vgl. z.B. die Kriegsopferversorgung und den Lastenausgleich). Bei der gesetzlichen →Unfallversicherung wird die *Haftpflicht des* →Unternehmers als *Entschädigungspflicht* aufgefaßt.
Vgl. Sozialbericht 1971, S. 165ff. und Tabelle II – 28 auf S. 276.

Entwicklungshilfe, -politik (vgl. auch Sozialpolitik, internationale).

1. Begriff

Unter Entwicklungshilfe (EWH.) werden Maßnahmen der Industrienationen sowie spezieller nationaler und internationaler Institutionen verstanden, die auf eine Verbesserung der wirtschaftlichen und sozialen Situation unterentwickelter Volkswirtschaften (Entwicklungsländer) (Pro-Kopf-→Einkommen, →Volkseinkommen) abzielen. Die Maßnahmen in Form von Subventionen und Geschenken oder Krediten erfolgen unter dem Aspekt der *Kapitalhilfe* (Investitionen), der *technischen Hilfe* (Expertendienste), der *Bildungshilfe* und der *Förderung des Exports* von Produkten der Entwicklungsländer.

2. Organisation

Die EWH. wird in *bilaterale* und *multilaterale* EWH. unterschieden. In einem Fall leisten einzelne Industrieländer direkt von Regierung zu Regierung oder durch spezielle nationale Institutionen EWH. an einzelne Entwicklungsländer, wobei humanitäre, ökonomische und politische Motive Art, Umfang und Dauer der Leistungen bestimmen. Im anderen Fall erfolgen Leistungen durch internationale Institutionen (z. B. UNO-Unterorganisationen), die von fast allen Industrienationen gemeinsam finanziert werden und die sich ausschließlich von ökonomischen und sozialen Motiven her bestimmen lassen.

3. Umfang

a) Von 1949–1969 sind rd. 130,9 Mrd. US-Dollar an EWH. gezahlt worden (Öffentliche + private Netto-Gesamtleistungen). Davon haben die USA den größten Anteil, rd. 63 Mrd. US-Dollar, getragen.
Die BRD hat 1969 rd. 8 Mrd. DM (ohne EWH. der Kirchen) gezahlt, die 1,3% des Bruttosozialprodukts = 132 DM/Einwohner ausmachen oder 15,1% an den Gesamtleistungen der EWH. aller westlichen Industrieländer. 1970 leistete die BRD 5,1 Mrd. DM (ohne private EWH. und ohne EWH. der Kirchen), das sind 0,8% des Bruttosozialprodukts (ohne private EWH.).
b) Von den *bilateralen Nettoleistungen* entfielen 1969 rd. 1,8 Mrd. DM auf *öffentliche Leistungen,* 1970 waren es 2 Mrd. DM; auf *private Leistungen* entfielen 1969 rd. 4,5 Mrd. DM und 1970 rd. 3,2 Mrd. DM (ohne private EWH. von 0,3 Mrd. DM). An *multilateralen Nettoleistungen* hat die BRD 1969 1,7 Mrd. DM und 1970 rd. 0,9 Mrd. DM über *internationale Institutionen* erbracht.

c) Die gesamten öffentlichen und privaten Leistungen der einzelnen Nationen machen im Durchschnitt rd. 1% vom Bruttosozialprodukt aus. In den Empfehlungen der UNO für das 2. Entwicklungsjahrzehnt wird als Ziel die 1%-Quote für die staatliche EWH. genannt, die von allen Industrienationen angestrebt werden soll.

4. *Maßnahmen*

In Anlehnung an die Aussagen der PEARSON-Kommission (Pearson-Bericht) lassen sich als wichtigste Maßnahmen der EWH. die Verbreiterung der Produktionsstruktur, Diversifikation des Angebots auf dem Weltmarkt und bedarfsgerechte Ausrichtung des Bildungswesens (→Bildung) ansehen, die zusammen zu einer länderspezifischen Industrialisierung führen, in der *technischer Fortschritt* und steigende →Arbeitsproduktivität in Verbindung mit einer aktiven →Bevölkerungspolitik zu höherem →Einkommen und Lebensstandard führen.

5. *Zukunftsaspekte*

Der Anlaß für die Durchführung sozialpolitischer (→Sozialpolitik) Maßnahmen in Entwicklungsländern ist *zunächst* wie in Europa im 19. Jh. die Entwicklung eines Instrumentariums zur Bekämpfung von Massenelend und →Armut.

In einer *zweiten Phase* muß sich jedoch daran eine methodische Ursachenforschung der Massenarmut anschließen, wenn die →Sozialpolitik den Charakter einer Politik, die nur an „Symptomen herumkuriert", gar nicht erst annehmen will.

Erst nach diesen beiden Phasen wird die →Sozialpolitik auch in den Entwicklungsländern einen Wandlungsprozeß durchmachen, indem sie sich als *Teilaspekt* in das größere Ganze *einer* allgemeinen *Ordnungspolitik* wie in den westlichen Industrienationen einfügt.

Vgl. Wilfrid Schreiber, „Sozialpolitik", in: Entwicklungspolitik, Handbuch und Lexikon, hrsg. von Hans Besters und Ernst E. Boesch, Berlin–Mainz 1966, S. 614ff., und Lester B. Pearson, in: Der Pearson-Bericht, Bestandsaufnahme und Vorschläge zur Entwicklungspolitik, Bericht der Kommission für Internationale Entwicklung, Wien–München–Zürich 1969, S. 76ff., und Statistisches Material vom Bundesministerium für wirtschaftliche Zusammenarbeit, Bonn. Besonderer Dank gilt auch Herrn Dipl.-Volksw. Manfred J. K. Hedrich, Deutsches Institut für Entwicklungspolitik, Berlin.

Erbschaftsteuer (vgl. auch Besteuerung).
Erbschaftsteuern (ErbschSt.) sind Abgaben, deren Steuerobjekt der Vermögensübergang im Erbwege oder aufgrund von Vermächtnissen des Erblassers ist. Die gesellschafts- und sozialpolitische (→Sozialpoli-

tik) Funktion der Erbsch.St. kann darin gesehen werden, daß sie als Mittel der *Vermögensumverteilung* eingesetzt werden kann. (Die Schenkungssteuer entspricht im Steuertarif der ErbschSt.; Steuerobjekt sind hierbei Zweckzuwendungen und Schenkungen unter Lebenden, womit eine ErbschSt.-Umgehung verhindert werden soll.)

Vgl. u.a. Egon Brünglinghaus, Erbrecht und Erbschaftssteuer als Instrument der Gesellschaftspolitik, Diss. Köln 1967.

Ergebnisbeteiligung →Gewinnbeteiligung.

Erklärung der Menschenrechte →Sozialpolitik, internationale.

Ersatzeinkommen →Lastenausgleich, gesetzlicher.

Ersatzkassen →Krankenversicherung, gesetzliche.

Ersatzzeiten →Rentenversicherung der Arbeiter und Angestellten, gesetzliche.

Ertragsbeteiligung →Gewinnbeteiligung.

Ertragsgesetz →Lohntheorien.

Erwachsenenbildung →Bildung, -spolitik.

Erwerbsfähigkeit →Rehabilitation.

Erwerbslosenfürsorge →Arbeitslosigkeit.

Erwerbsminderung →Rentenversicherung der Arbeiter und Unfallversicherung, gesetzliche.

Erwerbsstruktur (vgl. auch Vermögen, -spolitik).
Die Erwerbsstruktur in der BRD wird von der großen Gruppe der *abhängig Beschäftigten* und von der wesentlich kleineren Gruppe der →Selbständigen bestimmt.
Im April 1970 waren rd. 45,6% der Wohnbevölkerung von 61,4 Mio. Personen erwerbstätig, also 27 Mio. Personen. Davon entfielen 17,3 Mio. auf Männer und 9,7 Mio. auf Frauen. Die Erwerbsquote insgesamt (Verhältnis aller Erwerbstätigen zur gesamten Wohnbevölkerung), insbesondere bei den jüngeren Altersgruppen, ist seit 1965 u.a. auch wegen der verlängerten Ausbildung der Jugendlichen rückläufig.

Von der Erwerbsbevölkerung entfielen ebenfalls im April 1970 47,4% oder 12,5 Mio. Personen auf →Arbeiter; 29,6% oder 7,8 Mio. Personen auf →Angestellte; 5,5% oder 1,4 Mio. Personen auf →Beamte; 10,7% oder 2,8 Mio. Personen auf →Selbständige und 6,9% oder 1,8 Mio. Personen auf *mithelfende Familienangehörige.* Die Zahl der *Arbeitslosen* betrug 167000, während demgegenüber 1,7 Mio. *Gastarbeiter* in der BRD arbeiteten.
39,9% der Bevölkerung lebte von der Erwerbstätigkeit, 44,2% vom Unterhalt durch Angehörige und 16,8% von der Rente u.a. Arbeitslosengeld- bzw. -hilfe wurden an 1% der Bevölkerung gezahlt.

Vgl. Wirtschaft und Statistik, 1971, Heft 3, S. 169ff., und Statistisches Jahrbuch 1971 a.a.O., S. 125.

Erwerbstätige Frau.

1. *Geschichtliche Entwicklung*

Wenn auch schon in der Naturalwirtschaft, in der Fronhofwirtschaft, im Handwerk und im Verlagshandel (Heimarbeit) Frauen am Wirtschaftsprozeß teilhatten, so kommt doch erst in der Neuzeit der *Erwerbstätigkeit* von Frauen in der Wirtschaft größere Bedeutung zu. Die in der zweiten Hälfte des vorigen Jh. aufkommenden Arbeitsmaschinen in Verbindung mit mechanischen Triebkräften bewirkten schließlich eine Verlagerung der Produktion aus der Hauswirtschaft in den →Betrieb, und damit erhielt die Frauenarbeit den Charakter einer auswärtigen Erwerbsarbeit. Während sich die *Erwerbstätigkeit früher* also durchweg *zu Hause* abspielte, handelt es sich heute vorwiegend um eine *außerhäusliche Erwerbstätigkeit.* Die Stätte der wirtschaftlichen Betätigung und der Haushalt sind räumlich voneinander getrennt. Da diese Trennung für die Hausfrau und Mutter oft Schwierigkeiten mit sich bringt, ist die *Teilzeit*arbeit (→Arbeit) bei Frauen immer häufiger verbreitet.

2. *Umfang*

Die Beteiligung der weiblichen Bevölkerung am Erwerbsleben läßt sich an der *Frauenerwerbsquote* (Prozentsatz der weiblichen Erwerbspersonen an der weiblichen Wohnbevölkerung) ablesen. Sie betrug gegen Ende des vorigen Jh. 25%, im Jahre 1907 30%, im Jahre 1939 36% und entwickelte sich dann wieder rückläufig. Im Jahre 1963 lag sie noch bei 33%, innerhalb der letzten 5 Jahre konstant bei 30%. (Zum Vergleich die Männererwerbsquote im Jahre 1969: 60%.) Es ist jedoch zu berücksichtigen, daß die *Frauenerwerbsquote* in starkem Maße von der Altersklasse (→Alter) abhängig ist. Sie ist in den Altersgruppen (→Alter) unmittelbar nach abgeschlossener Schulbildung naturgemäß am größten. In der Altersgruppe (→Alter) von 25–30 Jahren, der Zeit der Familiengründung (→Familie) und Konsolidierung, geht sie erheblich zurück, bleibt dann bis zum 50. Jahr relativ gleich, um anschließend bis zum 75. Jahr nahezu vollends abzusinken.

Vgl. Informationen aus der aktuellen sozialpolitischen Literatur.

Erwerbstätige Mütter →Mutterschutz, gesetzlicher.

Erwerbsunfähigkeit →Rentenversicherung der Arbeiter, gesetzliche.

Erziehungsbeihilfen →Ausbildungsförderung.

Europäische Sozialcharta →Sozialpolitik, internationale.

Europäische Wirtschaftsgemeinschaft (EWG) vgl. Sozialpolitik, internationale.

Europäischer Sozialfonds vgl. Sozialpolitik, internationale.

Europarat (ER) vgl. Sozialpolitik, internationale.

Evakuiertengesetz →Kriegsschadenausgleich, -srente.

Existenzminimum (vgl. auch Sozialhilfe, gesetzliche).
In der →Sozialenquête wird als „konventionelles Existenzminimum" (EM.) das Minimum an Mitteln zur Bedürfnisbefriedigung definiert, das für eine nach Anschauung der →Gesellschaft menschenwürdige Existenz erforderlich ist. Nach § 1 Abs. 1 *Bundessozialhilfegesetz* von 1961 soll das EM. eine menschenwürdige Existenz ermöglichen, wobei jedoch nach den gegenwärtigen Fürsorgerichtsätzen nur das physische EM. gemeint sein kann, das unterhalb des kulturellen EM. liegt.

Vgl. u. a. Otto Blume, Antrittsvorlesung vor der Wirtschafts- und Sozialwissenschaftlichen Fakultät der Universität zu Köln am 21. Februar 1967.

Existenzminimumtheorie →Lohntheorien.

Existenzunsicherheit (vgl. auch Arbeitslosigkeit und Kündigungsschutz, gesetzlicher).
Die Existenzunsicherheit (EU.) ist eines der Grund-Risiken des Arbeitnehmerlebens (→Risiko, →Arbeitnehmer), das sich seit der →industriel-

len Revolution besonders an der *Unstetigkeit des Einkommensflusses* bemerkbar machte.

Dieses Merkmal der *Proletarität* wurde jedoch durch die *Gewerbeordnung* von 1869, durch das *Betriebsrätegesetz* von 1920, durch Einrichtung der gesetzlichen *Arbeitslosenversicherung* im Jahre 1927, durch die *Arbeitszeitordnung* von 1923/38; durch die Tarifordnung von 1918, durch das Tarifvertragsgesetz von 1949, durch Einführung des *Kündigungsschutzgesetzes für Angestellte* von 1926 und des *Kündigungsschutzgesetzes* von 1952 sowie das *Gesetz über die Festsetzung von Mindestarbeitsbedingungen* von 1952 und das *Mutterschutzgesetz* von 1952 weitgehend beseitigt.

Ganz beseitigen läßt sich die EU. zwar nicht, wenn man an Strukturkrisen (z.B. Bergbau) denkt. Ihre Folgen können jedoch von der *Bundesanstalt für Arbeit* im Rahmen des *Arbeitsförderungsgesetzes* von 1969 gemildert werden.

Vgl. Literatur in den Anmerkungen zu „Einrichtungen der sozialen Sicherung".

F

Fallpauschal(e), -honorierung →Arzthonorierung.

Familie.

1. Begriff

a) Die Familie (F.) wird in der BRD (Art. 6 GG), aber auch in den meisten →Gesellschaftssystemen in Ost und West als Grundelement der →Gesellschaft angesehen.
b) Die F.-form hängt weitgehend von der Kultur, vom Klima, von der Landschaft, wesentlich aber auch von der Wirtschaftsverfassung einer Nation ab. Wichtig ist vor allem die Verhaltensform der F. Demgegenüber sind Größe, Besitz, Wohnform, Wirtschaftssystem u. ä. als *Stabilisierungsfaktoren* der F. anzusehen.

2. Funktionen und Funktionswandel

a) *Kernfunktion* der F. ist seit jeher die Sorge um den Nachwuchs, auch *Reproduktionsfunktion* genannt.
b) In der geschlossenen Hauswirtschaft erfüllte die F. bis zur →industriellen Revolution weitgehend auch die *Produktionsfunktion,* die jedoch mit zunehmender *Arbeitsteilung* in Teilfunktionen aufgespalten und in fremde, außerhäusliche Produktionsstätten verlagert wurde.
c) Infolgedessen gewann die interfamiliäre *Tausch- und Handelsfunktion* zur Beschaffung der produzierten Güter an Bedeutung. Mit zunehmendem Ausbau des Verkehrssystems wurde sie jedoch Gegenstand anonymer Marktbeziehungen und damit aus der F. herausgelöst.
d) Als Ausgleich dafür übernahm die F. in zunehmendem Maße notwendiggewordene Dienstleistungen *(Dienstleistungsfunktion).*
e) Die *Schutz- und Versorgungsfunktion* übte die F. bis zum Ende der *Feudalzeit* persönlich aus. Mit der *Ausgliederung* der *Produktionsfunktion* aus dem Kreis der F. und dem Aufkommen der *außerhäuslichen Erwerbstätigkeit* infolge der *Industrialisierung* wurde diese wichtige Funktion *fremden,* zunächst aus privater Initiative entstehenden *Solidargemeinschaften* übertragen, bis dann z. B. in Deutschland ab 1883

gesetzliche →Einrichtungen der sozialen Sicherung mit Zwangscharakter gegründet wurden (→Sozialversicherung).
f) Während die *Erziehungs- und Sozialisierungsfunktion* der F. früher weitgehend von der F. allein wahrgenommen wurde, wurde sie infolge der Aufteilung dieser Funktionen durch Übertragung auf außerhäusliche Institutionen ergänzt (Schule, Ausbildungsstätte usw.). Die familiäre Gestaltung von Muße und Freizeit übernehmen seitdem in zunehmendem Maße öffentliche Unterhaltungsmedien.
g) Durch die *Aufteilung der Erziehungs- und Sozialisierungsfunktion* auf die F. einerseits und außerhäusliche Institutionen andererseits ergeben sich Ansatzpunkte für Konflikte, die früher in der F.-einheit gar nicht entstanden.
Infolgedessen richtet sich die Erziehungs- und Sozialisierungsfunktion der F. heute auf den *psychischen Spannungsausgleich,* auf die Lösung von Konflikten, denen Kinder und Jugendliche angesichts der Komplizierung und Instrumentierung des öffentlichen Lebens ausgesetzt sind.
h) Der *Funktionswandel* hatte auch eine *Änderung der familiären Verhaltensweise* zur Folge. In dem Maße, wie die Funktionen nach außen verlagert wurden, machte sich als Gegenbewegung eine *Abkapselung* der F. mit dem Ziel des *Selbstschutzes* und des Schutzes vor dem Zerfall bemerkbar. Es bildeten sich zu diesem Zwecke bestimmte familientypische *Lebensformen* (Rituale) heraus, die sich von denjenigen anderer F. oder →Gruppen unterscheiden.
i) Die einzelnen F.-mitglieder, z.T. auch die F. insgesamt entwickeln z.B. heute eine viel größere →Mobilität als früher.
j) Während die F. früher bis zum *Ende der Feudalzeit Trägerin der Herrschafts- und Gesellschaftsordnung* war, wurde sie mit Entstehen der *pluralistischen* →Gesellschaft aus dieser zentralen Stellung verdrängt.

3. Gegenwärtige Aufgaben

a) Da die einheitliche familiäre Lebenssphäre in die verschiedenen Bereiche F., Beruf, Kirche und Politik aufgeteilt wurde und jedes F.-Mitglied selbständig den Kontakt mit diesen Teilbereichen pflegen muß, fällt der F. heute die besondere Aufgabe zu, dafür Sorge zu tragen, daß das einzelne F.-Mitglied seinen Standort außerhalb der familiären Schutzgemeinschaft in der Gesamt-→Gesellschaft findet.
b) Dabei ist es besonders notwendig, die Gewissensbildung und die Anpassung an die →Gesellschaft durch die Vermittlung von Normen und Werten zu fördern.
c) Der Standeszugehörigkeit kommt nunmehr infolge der *Ablösung der Klassen und Stände* durch die →industrielle Revolution keine Bedeutung

mehr zu. Kriterium für die Einordnung in die →Gesellschaft ist heute vielmehr die sog. *soziale Differenzierung;* sie bewertet die Leistung, die ihrerseits dem einzelnen seinen Standort in der →Gesellschaft zuweist.

Vgl. Literatur in den Anmerkungen zu „Familienpolitik".

Familienbund der Deutschen Katholiken →Familienpolitik.

Familienhilfe →Soziale Sicherung der Frau.

Familienlastenausgleich, gesetzlicher, →Familienpolitik.

Familienlohn →Lohn, -begriffe.

Familienpolitik.

1. Ziele

a) Es ist das Ziel der Familienpolitik (FP.), die materielle und ideelle →Lebenslage der F. zu sichern, ihre Funktionen zu fördern und die infolge des Funktionswandels entstandenen neuen Bedürfnisse durch entsprechende Maßnahmen zu befriedigen.
b) Aufgrund der Produktion in Fabriken seit der →industriellen Revolution wird am Markt nur noch die Leistung (Leistungslohn), jedoch mit Ausnahme des geringfügig verbreiteten Familienlohnes (→Familie) nicht die persönliche F.-struktur im Lohn berücksichtigt (→Lohn, -formen).

2. Geschichte

a) Die ersten sozialpolitischen (→Sozialpolitik) Maßnahmen zugunsten der F. gehen auf das 19. Jh. zurück. Mit der *Gewerbeordnung von 1869* wurde der →Arbeitsschutz in Preußen eingeleitet, der später in der *Arbeitszeitordnung von 1938* und heute in der *Arbeitszeitverkürzung* fortgesetzt wird mit dem Ziel, den „synchronen Lebensrhythmus" wiederherzustellen. Der *Kinder-* und *Jugendarbeitsschutz* nahm seinen Anfang 1839 in Preußen und wurde durch das *Jugendarbeitsschutzgesetz von 1960* und das *Mutterschutzgesetz von 1965* weiter ausgebaut. Alle diese Gesetze hatten zumindest auch familienpolitische Ziele.
b) Die →Einrichtungen der sozialen Sicherung begannen mit den Jahren 1883, 1884, 1889 und 1927; sie eröffneten erste Möglichkeiten, die →Lebenslage der F. insgesamt anzuheben (vgl. auch *Familienzuschläge* in den →Einrichtungen der sozialen Sicherung).
c) *Spezielle familienpolitische* Maßnahmen lassen sich in Deutschland erst seit 1911 beobachten; von 1933 bis 1938 erfuhren sie eine besondere Ausgestaltung unter politischem Aspekt; erst nach dem Zweiten Weltkrieg wurde ihre besondere Bedeutung politisch ausreichend gewürdigt.

3. Entwicklung nach dem Zweiten Weltkrieg

a) Nach dem Zweiten Weltkrieg wurden familienpolitische Maßnahmen u. a. durch die Förderung des Wohnungsbaus, insbesondere des Eigenheimbaus seit 1954 planmäßig begonnen, um die *Stabilisierungsfunktion* der F. auszubauen.

b) Ein besonderer Familienlastenausgleich (FLA.) wurde jedoch erst durch die Gründung von FLA.-Kassen im Jahre 1954 eingeführt, wenn man die Familienausgleichskassen der zwanziger und dreißiger Jahre unberücksichtigt läßt. Der FLA. wurde jedenfalls erst durch das *Bundeskindergeldgesetz von 1964* einheitlich und umfassend geregelt. Aufgabe dieses Gesetzes ist es, mit marktkonformen Mitteln die *soziale Differenzierung,* d. h. die unterschiedliche F.-struktur durch *Einkommensausgleichsmechanismen* zu kompensieren. Damit wird auch ein bevölkerungspolitisches (→Bevölkerungspolitik) Ziel verfolgt, das in der Erhaltung des Bevölkerungsbestandes (→Bevölkerung) liegt. Das ist auch aus sozialpolitischen (→Sozialpolitik) Gründen erforderlich; denn z. B. die gesetzliche →Rentenversicherung ist auf der Voraussetzung aufgebaut, daß durchschnittlich 2 Aktive (Erwerbstätige) 1 Rentner unterhalten (Umlageverfahren).

4. Die verschiedenen Maßnahmen des FLA.

Da es eine Vielzahl von Maßnahmen gibt, die das Familieneinkommen (→Familie) korrigieren sollen, unterscheidet man zwischen *FLA. im engeren Sinne* und *im weiteren Sinne.* Unter FLA. im engeren Sinne können alle Maßnahmen verstanden werden, die das *Nominaleinkommen* des F.-ernährers *verändern.* Die *Beeinflussung* des *Realeinkommens* ist als FLA. im weiteren Sinne zu verstehen. Zu den Maßnahmen der Einkommens*bildung* (→Einkommen) oder den indirekten FLA.-Leistungen gehören meist *zweckgebundene Sachleistungen,* die Vergünstigungen gewähren. Auf der Seite der Einkommens*verwendung* oder direkten FLA.-Leistungen sind die *zweckfreien Geldleistungen* wie das *Kindergeld* zu erwähnen. Während die indirekten FLA.-Leistungen in der Höhe je nach Art der gewährenden Institution erheblich differieren und *statischen* Charakter haben, sollen die direkten FLA.-Leistungen *dynamisiert,* d. h. periodisch an das wirtschaftliche Wachstum angepaßt werden.

5. Das Kindergeld

a) Anspruchsberechtigte: Kindergeld (KG.) erhalten alle Personen, die mehr als 2 Kinder haben, sofern sie nicht Kinderzuschläge aus dem öffentlichen Dienst oder von der →Sozialhilfe erhalten. Zweitkindergeld wird gezahlt, wenn 3 oder mehr Kinder vorhanden sind oder wenn die jährliche *Einkommensgrenze* (→Einkommen) des Elternpaares von 13200 DM (1971) – ab 1. 1. 72: 15000 DM – nicht überschritten wird. Es handelt sich hier also um einen *nicht schichtenspezifischen* FLA.

b) Umfang: Ende 1971 wurde für 5,5 Mio. Kinder KG. gezahlt, 1970 wurden 3,5 Mrd. DM für KG.-Zahlungen aufgewandt. Für 1975 sind 4,6 Mrd. DM angesetzt worden.

Die Sätze betragen z.Z. noch für das 2. Kind 25 DM, für das 3. und 4. Kind je 60 DM und für das 5. und weitere Kinder je 70 DM.

In einer Gesetzesnovelle ist vorgesehen, das KG. künftig schon ab 1. Kind zu gewähren ohne Berücksichtigung einer Einkommensgrenze (→Einkommen), jedoch unter Wegfall steuerlicher Erleichterungen. Die Sätze sollen für das 1. Kind 50 DM, für das 2. Kind 70 DM und für das 3. und weitere Kinder je 90 DM betragen.

c) Organisation: Träger dieser staatlichen Versorgungsleistungen (→Versorgung) ist die *Bundesanstalt für Arbeit;* sie handelt auf Weisung des *Bundesarbeitsministers;* der Bund erstattet ihr die Ausgaben, die für die KG.-Zahlungen entstehen. Die Anträge müssen über die *Arbeitsämter* geleitet werden, während die Auszahlung zentral von der Bundesanstalt vorgenommen wird.

6. Steuerliche Maßnahmen

Familienväter erhalten ab 1. Kind *Steuerfreibeträge* mit der Folge, daß aufgrund der Steuerprogression die Leistungen aus dem FLA. steigen. Es handelt sich hier im Gegensatz zum KG. um einen *schichtenspezifischen FLA.*

7. Reformvorschläge

a) Die familienpolitisch ausgerichtete *Einkommenskorrektur* ist bis auf den heutigen Tag noch nach interpersonalen Umverteilungsgesichtspunkten ausgerichtet, indem begüterte und kinderarme oder kinderlose F. Einkommensteile (→Einkommen) zugunsten kinderreicher, bedürftiger F. über die Steuer abführen müssen.

b) Zahlreiche Vorschläge von →Verbänden (z.B. Arbeitsgemeinschaft der deutschen Familienorganisationen; Familienbund der deutschen Katholiken und Katholisches Zentralinstitut für Ehe- und Familienfragen) und einzelnen Wissenschaftlern wollen z.B. den FLA. von einer Versorgungs- (→Versorgung) in eine Versicherungsleistung (→Versicherung) überführen.

* Dadurch können 500000 Familien mehr Zweitkindergeld beziehen.

c) Abgesehen von einer grundsätzlichen Änderung der Konzeption des FLA., zielen einzelne Reformvorschläge auf eine Koordinierung der verschiedenen bestehenden Maßnahmen des FLA. ab *(direkter* und *indirekter FLA.).*

d) Durch das *Bundesausbildungsförderungsgesetz von 1971,* das *Berufsbildungsgesetz von 1969* und die Förderung des Baues von familiengerechten Wohnungen sind die familienpolitischen Reformvorschläge bereits weiterentwickelt worden.

Vgl. Bundesministerium für Familie und Jugend (Hrsg.), Bericht der Bundesregierung über die Lage der Familien in der BRD, Bad Godesberg 1968; Politische Akademie Eichholz (hrsg. von Wingen-Neundörfer-Schreiber), Familienpolitik in der Industriegesellschaft, Bonn 1964; Wilfrid Schreiber, Kindergeld, a. a. O.; Max Wingen, Familienpolitik, Konzession oder Konzeption?, Köln 1966 und Übersicht über die Soziale Sicherung, a. a. O., S. 161ff., sowie Sozialbericht 1971, S. 139ff., Schaubilder 29ff. und Tabelle II – 17 auf S. 265 und Arbeits- und Sozialstatistische Mitteilungen, 23. Jg., 1972, Nr. 2, Februar, S. 59.

Familienzulagen, -zuschläge →Einrichtungen der sozialen Sicherung.

Feststellungsgesetz →Lastenausgleich, gesetzlicher.

Feudalismus →Industrielle Revolution.

Feuerwehrunfallversicherungskassen →Unfallversicherung, gesetzliche.

Finalprinzip →Einrichtungen der sozialen Sicherung.

Finanzausgleich →Rentenversicherung der Arbeiter und Angestellten, gesetzliche.

Finanzpolitik.

1. Begriff

Unter Finanzpolitik (FP.) versteht man die Gesamtheit aller staatlichen Maßnahmen, die sich auf die Gestaltung der öffentlichen Finanzwirtschaft beziehen, d. h. auf die Beschaffung, Verwaltung und Verausgabung der von der öffentlichen Hand für die Bewältigung ihrer Aufgaben benötigten Mittel. Entsprechend den Zielen der Staatstätigkeit unterscheidet man eine *fiskalisch* motivierte FP., deren einziges Ziel die Einnahmeerzielung zum Zwecke eines materiellen Haushaltsausgleichs ist, und die *nicht fiskalische* FP., deren wichtigste Ziele die *Preisniveau-* und *Beschäftigungsstabilisierung* sowie die →Einkommensumverteilung sind.

2. Funktionen

a) Die finanzpolitischen Instrumente der *Stabilisierungspolitik* zur Erzielung eines wirtschaftlichen *Kontraktionsprozesses* sind *Ausgabenkürzungen* und *Steuererhöhungen* (bei kreislaufmäßiger Neutralisierung der Mehreinnahmen – Konjunkturrücklage bei der Notenbank sowie Schuldentilgung bei der Bundesbank und im Geschäftsbankensektor). Zu den Maßnahmen zur *Wirtschaftsankurbelung* gehören *Steuersenkungen* und *kreditfinanzierte Ausgabenerhöhungen*. (Politik des *Deficit-spending* als Vorgriff auf zukünftige Einnahmen des Staates; sie wurde erstmals unter HITLER beim Autobahnbau 1933 mit Erfolg praktiziert. Auch 1967 trug sie zur Überwindung der Rezession bei.)
b) Ziele und Mittel einer *nicht fiskalischen* FP. sind in dem 1967 verabschiedeten *Gesetz zur Förderung der Stabilität und des Wachstums der Wirtschaft (Stabilitätsgesetz)* zusammengefaßt.

3. Sozialpolitische Bedeutung

Zur Verwirklichung des sozialpolitischen (→Sozialpolitik) Zieles der Umverteilung der Markt-→Einkommen stehen dem Staat ebenso wie bei der Konjunktursteuerung die öffentlichen Einnahmen und die Ausgaben zur Verfügung. Die sozialpolitischen (→Sozialpolitik) Instrumente auf der Einnahmenseite sind progressive →Einkommensteuer, die →Vermögensteuer, die →Erbschaftsteuer und *Schenkungssteuer* sowie die *umsatzsteuerliche Entlastung* von Grundnahrungsmitteln.
Diese steuerlichen Maßnahmen müssen aber, um eine echte →Einkommensumverteilung zu gewährleisten, durch die entsprechenden Staatsausgaben begleitet werden. Hier sind zu nennen: Die Sozialtransfers, d.h. direkte von der öffentlichen Hand gezahlte →Sozialleistungen (z.B. →Sozialhilfe; Kriegsopfer-, Witwen- und Waisenrenten) und insbesondere die Zuschüsse an die Träger der gesetzlichen →Sozialversicherungen; Spar-*Prämien* (→Sparen) und *Subventionierung* lebenswichtiger Grundnahrungsmittel. Daneben sind noch *Privatisierungen von öffentlichen* →Vermögen insbesondere zugunsten der Bezieher niedriger →Einkommen zu erwähnen.

4. Kritik

Ob alle diese Bemühungen einen echten Einkommensumverteilungseffekt (→Einkommensumverteilung) haben, ist nicht sicher, da, um dies zu beurteilen, die Kenntnis sowohl der Inzidenz der Staatseinnahmen als auch die der Ausgaben bekannt sein müssen, um als Differenz von beiden Einkommenswirkungen (→Einkommen) den Umverteilungssaldo bilden zu können.

Vgl. u.a. Günter Schmölders, Finanzpolitik, 3. Aufl., Berlin 1970.

Flüchtlingsämter, -hilfen, -gesetz →Lastenausgleich, gesetzlicher, und Soziale Sicherung der Flüchtlinge.

Fluktuation (vgl. auch Mobilität und Betriebliche Sozialpolitik).
Als Fluktuation (F.) kann die gesamte Personalbewegung der gewerblichen →Arbeitnehmer aufgefaßt werden, soweit sie sich auf betrieblicher Ebene vollzieht; sie berührt also nur einen →Betrieb unmittelbar durch Abgänge in den außerbetrieblichen Bereich und, falls Ersatzeinstellungen erforderlich sind, durch Zugänge aus dem außerbetrieblichen Bereich. Darin unterscheidet sie sich vom *Arbeitsplatzwechsel*, den man als *innerbetriebliche F.* bezeichnen kann.
Die *soziale F.* ist der Inbegriff des räumlichen, wirtschaftlichen, beruflichen, ideologischen und gesellschaftlichen Ortswechsels von Individuen oder kleineren sozialen →Gruppen innerhalb eines gesellschaftlichen Zusammenhangs. Sie führt zu einem Standortwechsel, der *sozialen Auf-* oder *Abstieg* bedeuten kann (vgl. Sozialstruktur).

Vgl. Ernst Eisendrath, „Sozialstruktur", in: HdSW, Bd. IX, Stuttgart – Tübingen – Göttingen 1956, S. 587.

Food and Agriculture Organization (FAO) →Sozialpolitik, internationale.

Fortbildung →Berufsbildung.

Frauenarbeitsschutz →Sozialpolitik, internationale.

Frauenerwerbsarbeit →Erwerbstätige Frau.

Freie Berufe →Soziale Sicherung der freien Berufe.

Freie Demokratische Partei (F. D. P.) →Parteiprogramme, →Sozialreform.

Freiwillig(e) (Weiter-)Versicherte →Krankenversicherung, gesetzliche.

Fremdhilfe, -prinzip (vgl. auch Einrichtungen der sozialen Sicherung).

1. Begriff

Das Prinzip der Fremdhilfe (FH.) besagt, daß der Staat als oberste Lebensgemeinschaft verpflichtet ist, überall dort helfend einzugreifen, wo es dem einzelnen und den kleineren Lebensgemeinschaften nicht gelingt, das ihnen vorgegebene Ziel der →sozialen Sicherheit aus eigenen Kräften zu erreichen (→Subsidiaritätsprinzip).

2. Anwendung

Dieses Prinzip der FH. kommt in der Gesamtträgerschaft und in der Finanzierung der →Einrichtungen der sozialen Sicherung, z. B. der *Versorgungseinrichtungen,* zum Ausdruck (Staatshilfe). Dazu gehört auch der Zuschuß zu einzelnen *sozialen Einrichtungen,* wie z. B. zur gesetzlichen →Rentenversicherung der Arbeiter.
Neben dieser *Staatshilfe* im engeren Sinne gehören zum Prinzip der FH. auch noch Maßnahmen, die eine *Hilfe zur Selbsthilfe* darstellen, wie die staatlich geförderte →Eigentumspolitik und sogar der *Arbeitgeberanteil* zur →Sozialversicherung, letzterer hat jedoch heute bereits den Charakter eines nicht ausbezahlten Lohnbestandteils (→Lohn) angenommen.
Vgl. Literatur in den Anmerkungen zu „Einrichtungen der sozialen Sicherung".

Fürsorge, -einrichtungen, -prinzip, -wesen (vgl. auch Sozialhilfe, gesetzliche).
Nach dem Fürsorgeprinzip wird materielle Hilfe als gewisse Mindestleistung nach Prüfung der Bedürftigkeit im Sinne des Individualprinzips gewährt. Auf diese Hilfe besteht ein Rechtsanspruch dem Grunde, jedoch nicht der Höhe nach (vgl. *Bundessozialhilfegesetz von 1961*).
Im Gegensatz zur →Versorgung ist die Fürsorge ganz auf die *individuelle Hilfe ohne Gegenleistung* ausgerichtet, d. h., sie tritt ein, wenn kein anderer Träger der *sozialen Sicherung* zuständig ist und wenn der einzelne oder dessen Nächster nicht mehr zu helfen in der Lage sind. Sie ist also Ausdruck des →Subsidiaritätsprinzips, wonach jedes Individuum und entsprechend jede übergeordnete →Gruppe sich erst einmal selbst helfen sollen, ehe sie →Fremdhilfe in Anspruch nehmen.
Vgl. Lit. ebd.

G

Gebührenordnung für Ärzte →Arzthonorierung.

Gefahrengemeinschaft →Solidargemeinschaft, →Versicherungsprinzip, -wesen.

Gegliederte Versicherung →Krankenversicherung, gesetzliche.

Gehalt →Angestellte(r).

Gehaltsfortzahlung, gesetzliche →Einkommenssicherung.

Gehorsamspflicht →Arbeitnehmer.

Gemeindeunfallversicherungsverbände →Unfallversicherung, gesetzliche.

Gemeinwohl (vgl. auch Soziale Marktwirtschaft, Sozialenzyklika, Sozialethik, Sozialismus und Wohlfahrtsstaat).
Als Gemeinwohl (GW.) wird einmal das Wohl der Gesamtgesellschaft wie auch das Wohl einer bestimmten gesellschaftlichen Einheit bezeichnet. Das GW. hat seine Wurzeln im Naturrecht und stellt den Menschen in den Mittelpunkt. Es ist gleichzeitig das Wohl verschiedener, unter einer Autorität geeinter Menschen. Das GW. dient der Integration der →Gesellschaft, weil der Mensch seiner Natur nach ein individuales und ein soziales Wesen ist. Es ist zugleich Ausdruck des Ausgleichs, d. h. Kompromiß verschiedener menschlicher Werte und Ziele. Hier finden auch die Staatsgewalt und die Autorität ihre Begründung. Das GW. erschöpft sich keineswegs in der gerechten und alle Menschen und →Gruppen zufriedenstellenden Verteilung des →Sozialprodukts, sondern es umfaßt „den Inbegriff jener gesellschaftlichen Voraussetzungen, die den Menschen die volle Entfaltung ihrer Werte ermöglichen oder erleichtern" (vgl. Sozialenzyklika Mater et Magistra). Insgesamt gilt es, „unter Einhaltung der rechten Wertordnung den Bürgern sowohl die materielle

Wohlfahrt wie auch die geistigen Güter" zu vermitteln (vgl. Sozialenzyklika Pacem in terris).
Das GW. kommt besonders im →Subsidiaritätsprinzip zum Ausdruck.
Vgl. u.a. A. Beckel, „Gemeinwohl", in: Katholisches Soziallexikon, a.a.O., S. 304ff.

Genossenschaften.

1. Begriff

Genossenschaften (Gen.) sind „Personenvereinigung(en) mit nicht geschlossener Mitgliederzahl, deren Zweck es ist, entsprechend dem ih(nen) erteilten Grundauftrag die Wirtschaften der Mitglieder mittels gemeinsam getragener Betriebswirtschaft zu fördern" (vgl. REINHOLD HENZLER).
Während die Gen. früher verstärkt auch außerökonomischen Zwecken dienten, haben sie heute vorwiegend wirtschaftlichen Charakter.

2. Die verschiedenen Formen

Nach den Unterscheidungen der Genossenschaftslehre kann man zwischen *Förderungsgenossenschaften* und *Produktivgenossenschaften* unterscheiden. Zu den Förderungsgenossenschaften gehören die beiden großen Gruppen der *Beschaffungs-* und *Verwertungs*genossenschaften.

3. Gemeinsame Merkmale

Zu den gemeinsamen Merkmalen der Gen. gehören: das *Prinzip der Förderung* der Mitglieder; das *Identitätsprinzip* (Mitglieder sind gleich Kunden bzw. Lieferanten); die *Doppelnatur* der Gen. (*Gemeinschaftsbetrieb* auf der einen Seite und *Personenvereinigung* auf der anderen Seite, vgl. GEORG SRAHEIM).
Als soziologische Besonderheiten sind u.a. das aus der Gründerzeit bekannte Moment der →Solidarität der Not und der Gedanke der gemeinsamen *Selbsthilfe* zu nennen, die in der Mitte des 19. Jh. in Deutschland zur Gründung der ersten Gen. führten (FRIEDRICH WILHELM RAIFFEISEN und HERMANN SCHULZE-DELITZSCH).
Mit Änderung der ökonomischen und soziologischen Umweltbedingungen ändern sich auch in der Regel einzelne Strukturelemente der Gen.; auch machen sich Angleichungsprozesse an andere Unternehmenstypen bemerkbar.

4. Genossenschaften in Entwicklungsländern

In den Entwicklungsländern (vgl. Entwicklungshilfe) richtet sich die Struktur der Gen. nach den unterschiedlichen dort herrschenden Wirtschaftsordnungen. Die Gen. erfüllen bei der Entwicklung der einheimischen Volkswirtschaften wichtige Funktionen in den Bereichen der Produktion, der Kreditgewährung, der Distribution und im Konsumbereich, auch als sog. Mehrzweckgenossenschaften. Andere Genossenschaftsarten sind die Fischerei-, Transport-, Versicherungs- und Arbeitsgenossenschaften sowie die Wohnungsbaugenossenschaften, die Gen. zur Verbesserung der Ernährung und Gesundheit und die sog. „better living societies", die ihre Mitglieder mit Formen des höheren Lebensstandards bekannt machen sollen.

Vgl. Reinhold Henzler, Betriebswirtschaftliche Probleme des Genossenschaftswesens, Wiesbaden 1962, S. 31, und A. Ghanie Ghaussy, Das Genossenschaftswesen in den Entwicklungsländern, Freiburg i. Br. 1964, passim.

Gesamtplan für ein kooperatives System der Erwachsenenbildung →Bildung, -spolitik.

Gesamtverband der landwirtschaftlichen Alterskassen →Soziale Sicherung in der Landwirtschaft.

Gesellschaft, -sordnung, -spolitik (vgl. auch Sozialpolitik).

1. Gesellschaft

Bezogen auf die Gesellschaftspolitik (GP.) umfaßt G. in irgendeiner Form *alle* Menschen; denn sie ist die Summe aller wirklichen und möglichen Sozialbeziehungen und Sozialgebilde im menschlichen Bereich.

2. Gesellschaftspolitik

Der Begriff GP. ist eng mit dem der →Sozialpolitik verbunden. Diese z.Z. ihrer Entstehung im 19. Jh. und auch in den ersten Jahrzehnten des 20. Jh. auf den Ausgleich von Spannungen und die Heilung von sozialen Schäden durch ökonomische Sicherung und Besserstellung bestimmter Schichten im Rahmen einer bestehenden sozialen Ordnung ohne klare Zielvorstellung ausgerichtet.

Demgegenüber läßt sich die GP. als der „Inbegriff planmäßiger und von bestimmten Konzeptionen ausgehender Maßnahmen zur Gestaltung der Struktur und zur Bestimmung der Ordnung der G. verstehen". Durch die GP. werden die einzelnen Ansätze sozialpolitischen (→Sozialpolitik) Handelns zu einem Gesamtkomplex verbunden, der auf einer bestimmten Konzeption beruht. Die dieser G.-verfassung zugrundeliegende Konzeption ist nicht nur auf den Ausgleich sozialer Lasten durch finanzielle *Umverteilung* ausgerichtet, sondern ebenso auf das Verhältnis gesellschaftlicher →Gruppen untereinander und zur G. als ganzer (vgl. auch Parteiprogramme).

Ferdinand Tönnies, Gemeinschaft und Gesellschaft, 3. Aufl., Berlin 1920; Clemens Bauer und Hans Braun, „Gesellschaftspolitik", in: Staatslexikon, Bd. X, Freiburg i. Br. 1970, Sp. 129ff., und Gerhard A. Friedl, Gesellschaftspolitik in Deutschland, Analyse und Ausblick, München – Wien 1967.

Gesellschaft für Sozialen Fortschritt e. V. →Sozialreform.

Gesellschaft für Versicherungswissenschaft und -gestaltung e. V. →Sozialversicherung.

Gesellschaft für Wirtschafts- und Sozialwissenschaften, Verein für Socialpolitik →Verein für Socialpolitik.

Gesellschaftssysteme.

1. Begriff

Unter diesem Begriff werden Ordnungsvorstellungen verstanden, nach denen eine →Gesellschaft aufgebaut ist oder zukünftig organisiert werden soll.
Von den zahlreichen Gesellschaftssystemen (GS.) der Geschichte sollen als ausgewählte Formen nur der *Kapitalismus,* der *Sozialismus* und die *Soziale Marktwirtschaft* näher beschrieben werden.

2. Der Kapitalismus

Mit Kapitalismus (K.) wird diejenige sozial- und wirtschaftsgeschichtliche Epoche bezeichnet, die sich auf der Grundlage des *Liberalismus* beim Übergang vom 18. zum 19. Jh. entwickelt hat.
a) *Begriff:* K. ist eine Ordnung, die durch *Privateigentum* an Produktionsmitteln gekennzeichnet ist, aufgrund dessen die →Gesellschaft in eine *Zwei-Klassen-Gesellschaft* von Besitzenden und Nicht-Besitzenden aufgeteilt wird; die ferner durch freie Lohnarbeit (→Lohn) und durch eine auf Profit ausgerichtete Produktion für den Markt charakterisiert ist.

b) *Merkmale:* Der K. ist nach Wilhelm Dreier durch folgende drei Phasen gekennzeichnet:
(1) *Trennung* von *Kapital* und →Arbeit durch die Entwicklung von der *Familienwirtschaft* zur industriellen, von der Technik dynamisierten *Volkswirtschaft* (vgl. Industrielle Revolution).
(2) Aufkommen eines neuen Standes, des sog. *4. Standes,* der *abhängigen*

Lohnarbeiterschaft (→Lohn), deren →Lebenslage durch *Verelendung* und *gesellschaftliche Desintegration* gekennzeichnet war *(Proletariat).* Darin liegt die *soziale Frage,* die die fundamentale Schwäche des K. hervorbrachte.
(3) Förderung des kapitalistischen Systems durch den Liberalismus, der das *einzelwirtschaftliche Erwerbsstreben* in den Mittelpunkt stellte.

c) *Kritik:* An den *Merkmalen der Proletarität,* z.B. extrem niedriger →Lohn; extrem lange *Arbeitszeit;* Frauen- und Kinderarbeit u.a.m. zeigten sich negative soziale Auswirkungen des K., die die *Verelendung* des *Arbeiterstandes* herbeiführten (vgl. Industrielle Reservearmee).

d) *Übergang:* Erst langsam setzte sich die Erkenntnis durch, daß die auf der Freiheit beruhende Macht des K. nicht selbstverständlich „vernünftig" ist; d.h., daß Ordnung und Freiheit nicht automatisch Nebenprodukte der Freiheit sind.
Deshalb wurden sozialpolitische (→Sozialpolitik) Maßnahmen aufgrund von *Selbst-* und *Fremdhilfe* notwendig, um die negativen sozialen Auswirkungen des Systems zu mildern. Ausdruck der Fremdhilfe waren z.B. die *Arbeiterschutzgesetze* (ab 1839 in Preußen) und die staatlichen →Sozialversicherungsgesetze (ab 1883), während sich der Wille zur Selbsthilfe der Beteiligten z.B. in den gewerkschaftlichen Lohnverhandlungen (→Gewerkschaften, →Lohn) niederschlug (ab 1840).

3. Der Sozialismus

a) *Begriff:* Als Protest gegenüber den sozialen Auswirkungen des K. entstand im 19. Jh. der Sozialismus (S.), der dem Einzelinteresse des K. das kollektive →Gemeinwohl gegenüberstellt.
Die bestehende oder gewünschte Gesellschaftsordnung soll gemäß den Vorstellungen der Sozialisten nach der ausgleichenden Gerechtigkeit (vgl. Sozialer Ausgleich), die auf der rechtlichen Gleichheit der Gesellschaftsmitglieder fußt, eingerichtet oder abgeändert werden. Im Gegensatz zum Individualismus des K. wird im S. die Sozialnatur des Menschen und seine soziale Verpflichtung besonders betont (vgl. *Solidaritätsprinzip*). Wenn man den Markt dem freien Spiel der Kräfte überläßt, werden „leistungshungrige" Menschen nur an „Quantitäten" denken und nicht das →Gemeinwohl berücksichtigen.

b) *Merkmale:* Deshalb sollte nach den Vorschlägen des S. die industrielle Produktionsweise hinsichtlich ihrer Eigentumsverhältnisse (→Eigentum) neu organisiert werden: Sog. *Arbeiterproduktivgenossenschaften* in der Vergangenheit sollten eine von →Arbeitern getragene Produktion ermöglichen, damit jeder →Arbeiter den rechten *Anteil* am *Produktivitätszuwachs* der Wirtschaft erhält. Geleistete →Arbeit sollte nach der *Arbeitswerttheorie* entlohnt werden. Die privatrechtliche Unternehmung und der →Unternehmergewinn sind nach Meinung des S. bis heute noch überflüssig. Da sich der →Boden nach den Vorstellungen des S. in *Gemeineigentum* befinden sollte, soll die *Grundrenten*zahlung an den Privateigentümer entfallen. Die *Zins*zahlung für die Entleihe des Kapitals erübrigt sich ebenfalls, da das *Kapital* vom Bankenapparat auf Kreditbasis zinsfrei zur Verfügung gestellt wird. Die *Koordination der Bedürfnisse* wird vom Staat als zentraler Organisation übernommen.

c) *Kritik:* Die negativen Auswirkungen eines solchen GS. sind Bürokratisierung der Wirtschaftsabläufe; Absinken des persönlichen Leistungsnachweises und Verschiebung der Macht auf andere Schichten, ohne sie überflüssig zu machen.

d) *Übergang:* Auf die Sonderformen des S., wie den *Frühsozialismus* oder utopischen S., den *Marxismus* (Kommunistisches Manifest) oder wissenschaftlichen S., auf den *Staatssozialismus* (Kathedersozialisten) und die *Sozialdemokratie,* auf den *Revisionismus,* den S. der Fabier und Gilde-S., den religiösen S. und den demokratisch-freiheitlichen S., soll hier nicht näher eingegangen werden.

4. Die Soziale Marktwirtschaft

a) *Begriff und Entwicklung:* Mit diesem nach dem Zweiten Weltkrieg konzipierten Wirtschaftskonzept (vgl. *Düsseldorfer Leitsätze* der CDU von 1949) soll eine Ordnungsvorstellung verwirklicht werden, die zwischen *Zentralverwaltungswirtschaft* und *Freier Verkehrswirtschaft* liegt. Es ist der Sinn dieses auf dem *Neoliberalismus* fußenden Wirtschaftskonzeptes, das Prinzip der *Freiheit* auf dem Markt mit dem des →sozialen Ausgleichs zu verbinden, indem der Wettbewerb durch eine Rahmenordnung gesichert wird (vgl. Walter Eucken, Franz Böhm, F. A. V. Hayek, Wilhelm Röpke, Alexander Rüstow u. a.).
Die Soziale Marktwirtschaft (SMW.) ist nach Alfred Müller-Armack eine bewußt gestaltete marktwirtschaftliche Gesamtordnung, die sowohl vom K. als auch vom S. (auch vom freiheitlichen S.) abzugrenzen ist (vgl. oben 2. und 3., S. 118f.). Demnach ist der Begriff der SMW. als eine ordnungspolitische Idee zu bezeichnen, die die *freie Initiative,* auf dem *Wettbewerbsprinzip* fußend, mit dem durch die

marktwirtschaftliche Leistung gesicherten *sozialen Fortschritt* verbinden will.

b) *Ziele:* Die SMW. will eine freiheitliche, wirtschaftlich leistungsfähige, dauerhafte, soziale und gerechte Ordnung von Wirtschaft und →Gesellschaft erreichen. Durch die Lenkung des Marktautomatismus und eine umfassende wirtschafts- und sozialpolitische (→Sozialpolitik) Gesetzgebung wird die Marktwirtschaft in ihre soziale Verantwortung und damit in eine Wertordnung der →Gesellschaft eingebaut. Auf diese Weise wird eine Synthese von rechtsstaatlich gesicherter Freiheit, wirtschaftlicher Freiheit und den sozialstaatlichen Idealen der →sozialen Sicherheit und der →sozialen Gerechtigkeit bewirkt.
Die Ziele der SMW. sind deshalb möglichst großer wirtschaftlicher Wohlstand, Sicherung einer wirtschaftlich leistungsfähigen und sozial gerechten Geldordnung, d.h. vor allem Sicherung der Stabilität des Preisniveaus und der →Vollbeschäftigung sowie der Förderung einer ausgewogenen Struktur- und Raumpolitik.

c) *Aufgaben der Sozialpolitik:* Die →Sozialpolitik wird in diesem System als korrespondierender Ordnungsfaktor der Wirtschaftspolitik verstanden, da sie dasselbe Gemeinwohlziel (→Gemeinwohl) wie die SMW. anstrebt. Sie wirkt durch Maßnahmen der →Einkommensumverteilung (zweite Einkommensverteilung) da korrigierend, wo es notwendig ist.
Geht die →Sozialpolitik über die Wirtschaftspolitik hinaus, so wird sie zur →Gesellschaftspolitik (vgl. JOSEPH HÖFFNER). Oberste Instanz ist der Staat, der nur im Notfall mit marktkonformen Mitteln eingreifen soll (vgl. HANS ACHINGER, JOSEPH HÖFFNER), wenn der Marktautomatismus negative Auswirkungen hervorbringt (vgl. Antimonopol-, Antikartellgesetzgebung).
So wird z.B. der →Arbeitsmarkt durch abreitsrechtliche (→Arbeitsrecht) und tarifrechtliche Vorschriften geschützt, und der Bodenmarkt wird durch Eingriffe gelenkt (vgl. Boden, Bodenrente, -politik).

d) *Die Einrichtungen der sozialen Sicherung:* So wie der Markt in der SMW. das auf Freiheit und Eigeninitiative beruhende Ordnungselement der →Gesellschaft ist, so fußen die →Einrichtungen der sozialen Sicherung auf den Prinzipien der Eigenvorsorge (→Vorsorge) und der *Selbsthilfe,* die in den Solidargemeinschaften der →Sozialversicherung ihre Ausprägung finden.
Im Bereich der →sozialen Sicherheit kommt insbesondere dem sozial gerechten und sozialpolitischen (→Sozialpolitik) Fortschritt besondere Bedeutung zu unter besonderer Berücksichtigung der Familiensiche-

rung (→Familie), der gerechten →Einkommensverteilung und →Vermögensverteilung, der Eigentumsbildung (→Eigentum) und der →Bildungspolitik.

1. Kapitalismus: Vgl. Wilhelm Dreier, „Kapitalismus", in: Katholisches Soziallexikon, a.a.O., S. 478ff.
2. Sozialismus: Vgl. Wörterbuch der Wirtschaft von Bülow-Langen, 5. Aufl., Stuttgart 1967, S. 493f.
3. Soziale Marktwirtschaft: Vgl. Alfred Müller-Armack, Wirtschaftsordnung und Wirtschaftspolitik, Studien und Konzepte zur Sozialen Marktwirtschaft und zur Europäischen Integration, Freiburg 1966, sowie ders., „Soziale Marktwirtschaft", in: HdSW, Bd. IX, a.a.O., S. 390ff., und Wilfrid Schreiber, Sozialpolitik in der Sozialen Marktwirtschaft, in: Wirtschaft, Gesellschaft und Kultur, Festgabe für Alfred Müller-Armack, hrsg. von Franz Greiß und Fritz W. Meyer, Berlin 1961, S. 587ff.; auch Heinz Lampert, Die Wirtschafts- und Sozialordnung, a.a.O., S. 58ff.; 25 Jahre Marktwirtschaft in der BRD, Konzeption und Wirklichkeit, hrsg. von D. Casselt, G. Gutmann und H. J. Thieme, Stuttgart 1972.
Vgl. auch zu allen Systemen Philipp Eggers, Gesellschaftspolitische Konzeptionen der Gegenwart, Sozialdemokratie, Marxismus, Katholische Soziallehre, Neoliberalismus, Stuttgart – Berlin – Köln – Mainz 1969.

Gesellschaft zur Verbesserung der Beschäftigungsstruktur →Arbeitslosigkeit.

Gesetz der großen Zahl →Versicherungsprinzip, -wesen.

Gesetz der Unterschiedslosigkeit der Preise.

1. Begriff

Nach diesem Gesetz hat nach der Idealvorstellung das gleiche Gut am gleichen Ort zur gleichen Zeit unter gleichen Bedingungen den gleichen Preis.

2. Sozialpolitische Bedeutung

Dies trifft jedoch auf dem →Arbeitsmarkt nicht zu; denn dort werden aufgrund der unterschiedlichen →Lohnstruktur verschieden hohe →Löhne für den Faktor →Arbeit gezahlt. Volkswirtschaftlich ist diese Erscheinung nur dann nicht negativ zu beurteilen, wenn extrem hohen →Löhnen keine extrem niedrigen →Löhne einer anderen Branche gegenüberstehen. Insgesamt darf das Lohn*niveau* (→Lohn) so hoch wie möglich sein, wenn es dem *Produktivitätsfortschritt* der *Volkswirtschaft* insgesamt nicht vorauseilt.
Das Gesetz der Unterschiedslosigkeit der Preise wird auch in der gesetzlichen →Krankenversicherung durchbrochen, wo *einkommensproportionalen* Beiträgen *risikoproportionale* Leistungen gegenüberstehen.
Vgl. Literatur in den Anmerkungen zu „Arbeitsmarkt" und „Krankenversicherung, private und gesetzliche, ein Vergleich".

Gesundheitsämt(er), -behörden →Gesundheitspolitik, -wesen.

Gesundheitshilfen →Sozialhilfe, gesetzliche.

Gesundheitspolitik, -wesen.

1. Begriff

Unter Gesundheitspolitik (GP.) läßt sich die Gesamtheit der Maßnahmen verstehen, die zur Erhaltung der Gesundheit und zur Bekämpfung von Krankheiten bereitgestellt werden.

2. Träger

Träger der GP. sind der Staat, die private Wirtschaft (→Arbeitgeber), die gesetzlichen *Krankenkassen* und *gemeinnützige Vereinigungen* wie das Rote Kreuz, das Diakonische Werk, die Caritas u.a.m. Die Maßnahmen der GP. beruhen also teilweise auf gesetzlicher, teilweise auf vertraglicher oder sogar auf freiwilliger Basis.

3. Aufgaben

Zu den Aufgaben der GP. gehören: Maßnahmen der *Gesundheitsvorsorge;* Maßnahmen des *Gesundheitsschutzes,* Maßnahmen zur Wiederherstellung der Gesundheit einschließlich →Rehabilitation.

a) Zu den Maßnahmen der *Gesundheitsvorsorge* zählen: Aufgaben der Präventivmedizin; Gestaltung von Freizeit und Erholung; Sport; Ernährung; Gesundheitshilfe für Mutter und Kind; Schulgesundheitspflege; Jugendzahnpflege; Jugendarbeitsschutz (→Arbeitsschutz); Musterungsuntersuchungen; gesundheitliche Aufklärung; Sexualpädagogik; Arbeits- und Verkehrsmedizin.

Die Gesundheitsvorsorge wird von den Gesundheitsämtern (Öffentlicher Gesundheitsdienst), von den →Sozialversicherungsträgern, von den Sozialhilfeträgern (→Sozialhilfe), von den verschiedenen *Versorgungsinstitutionen* und von den gesetzlichen *Krankenkassen* durchgeführt. Auch die private →Krankenversicherung und die →Betriebe der freien Wirtschaft gewähren zahlreiche vorbeugende Maßnahmen der Gesundheitsvorsorge z.B. in Form des *werksärztlichen Dienstes.*

b) Zu den Maßnahmen des *Gesundheitsschutzes* gehören: Umweltschutz; Strahlenschutz; medizinische Probleme der Luft- und Raumfahrt; Schutz vor gefährlichen Arbeitsstoffen; Schutz vor Haushaltsunfällen; Lebensmittelwesen; Tabakerzeugnisse; kosmetische Erzeugnisse; Verbraucherschutz im internationalen Rahmen; Veterinärmedizin; Arzneimittel- und Apothekenwesen; Suchtgefahren; Giftwesen;

Verhütung und Bekämpfung übertragbarer Krankheiten (vgl. *Bundes-Seuchengesetz von 1961);* Geschlechtskrankheiten.

c) Die Maßnahmen zur Wiederherstellung der Gesundheit (einschließlich →Rehabilitation) betreffen allgemeine und spezielle Fragen der →Krankenhaus-Versorgung, ambulante Medizin, Entwicklung von Diagnostik und Therapie, Berufskrankheiten, Hilfe für psychisch Kranke, Gesundheitshilfe für alte Menschen, Notfallrettungsdienst und →Rehabilitation.

4. Am Gesundheitswesen beteiligte Gruppen

a) Die 1. Gruppe sind die *Anbieter von Sach- und Dienstleistungen:* Ärzte und Krankenhäuser; Arzneimittelhersteller und Apotheken. Ende 1970 gab es 99654 Ärzte und 31175 Zahnärzte in der BRD; ferner 3587 Krankenhäuser mit 175000 Krankenpflegepersonen und 683883 Betten. Auf 621 Einwohner kam 1 Arzt, auf 1984 1 Zahnarzt, und auf 89 Einwohner kam 1 Bett.

b) Als *2. Gruppe* sind die *Nachfrager nach Dienst- und Sachleistungen* innerhalb des GW., d.h. die Patienten (*Privat-* und *Sozial*versicherte) (→Sozialversicherung), zu erwähnen.

c) Als *3. Gruppe* sind die *privaten* oder *sozialen Krankenversicherungs*gesellschaften zu nennen, die einen *Ausgleich der Krankheits-Risiken* und der mit diesen verbundenen Kosten bzwecken.

d) Zur *4. Gruppe* sind die *Interessenverbände* und *Schutzgemeinschaften,* z.B. der Bundesausschuß für gesundheitliche Aufklärung und Deutsche Zentrale für Volksgesundheitspflege, zu nennen.

e) Die *5. Gruppe* umfaßt alle Einrichtungen, die unmittelbar oder mittelbar der *wissenschaftlichen Forschung* dienen (Universitäten).

f) Als *6. Gruppe* können die verschiedenen *Kontrollorgane* genannt werden, wie der Vertrauensärztliche Dienst; die ärztlichen Honorarkürzungs- und Regreßausschüsse; die Ehrengerichtsbarkeit bei den →Ärztekammern; die →Sozialgerichtsbarkeit und die *staatlichen* Gesundheitsbehörden (Gesundheitsämter).

In den 493 Gesundheitsämtern der BRD waren 1970 2134 hauptamtliche Ärzte, 2325 Schulzahnärzte, 4026 Sozialarbeiter (→Sozialarbeit) und rd. 700 medizinisch-technische Assistenten beschäftigt. Ihre Leistungen werden zu $^4/_5$ aus Mitteln der Länder und Gemeinden finanziert und betrugen 1970 900 Mio. DM. Sie sollen sich 1975 auf 1,2 Mrd. DM belaufen.

5. Finanzierung

a) Im *Gesundheitsbericht* des *Bundesministeriums für Jugend, Familie und Gesundheit* von 1971 werden die Gesamtausgaben für das GW. im Jahre 1968 auf 48,5 Mrd. DM geschätzt. Davon entfallen auf:

Gesundheitsvorsorge	4,5 Mrd. DM	(= 75 DM/Einwohner
Behandlung	25,8 Mrd. DM	und Jahr).
Krankheitsfolgen	15,7 Mrd. DM	
Ausbildung + Forschung	2,5 Mrd. DM	
	48,5 Mrd. DM.	

Berücksichtigt man noch die *Kosten des krankheitsbedingten Produktionsausfalls* mit 20 Mrd. DM, so liegen die Gesamtausgaben für das GW. bei rd. 70 Mrd. DM.
Die *Krankheitsfolgekosten* (Krankenhilfe; Krankentagegeld; Lohnfortzahlung; Frühinvalidität; krankheitsbedingter Produktionsausfall) liegen mit etwa 36 Mrd. DM *über* den unmittelbaren Ausgaben für die Gesundheit von 33 Mrd. DM.
b) Von den rd. 48,5 Mrd. DM trägt der Staat unmittelbar 8,7 Mrd. DM; die gesetzlichen Krankenkassen (Arbeitgeber- und Arbeitnehmerbeiträge) (→Arbeitnehmer, →Arbeitgeber) tragen 19,8 Mrd. DM (für Krankheitsfolgekosten und *Gesundheitsvorsorge*) und die übrigen Sozialversicherungsträger (→Sozialversicherung) 9,5 Mrd. DM; die →Arbeitgeber bringen 3,2 Mrd. DM auf, die Arbeitnehmerhaushalte (→Arbeitnehmer) 5,2 Mrd. DM und die Organisationen (DRK u.a.) 2,1 Mrd. DM.
Die Ausgaben des Staates für das GW. von 8,7 Mrd. DM im Jahre 1968 machen im Verhältnis zu den gesamten Ausgaben des Staates im gleichen Jahr von 75,2 Mrd. DM 11,6% aus.
Im Verhältnis zum *Bruttosozialprodukt*, das 1968 rund 538,5 Mrd. DM betrug, beliefen sich die gesamten Ausgaben für das GW. (Staat, private Wirtschaft, Produktionsausfall) von rd. 70 Mrd. DM auf rd. 13%.

6. Zuständigkeit

a) Träger und Vollzugsorgane der *gesundheitspolitischen Maßnahmen* sind die Gesundheitsbehörden, d.h. die Gesundheitsämter (vgl. Punkt 2. und 4.f. oben S. 123f.).
b) Zuständig für gesundheitspolitische Fragen ist das *Bundesministerium für Jugend, Familie und Gesundheit.* Es wird in seinen Aufgaben unterstützt vom *Bundesgesundheitsrat* mit Sitz in Bonn und vom *Bundesgesundheitsamt* in Berlin, das sich mit Forschungen der öffentlichen

Gesundheitspflege, mit Medizinstatistik und mit der Kontrolle der Herstellung und Verteilung von Betäubungsmitteln sowie mit der Rauschmittelbekämpfung befaßt.

c) Auf internationaler Ebene bearbeiten die Weltgesundheits-Organisation (WHO), der Europarat (ER) und die Europäische Wirtschaftsgemeinschaft (EWG) Fragen des GW. (vgl. Sozialpolitik, internationale).

Vgl. Gesundheitsbericht 1970, hrsg. vom Bundesminister für Jugend, Familie und Gesundheit, Stuttgart – Berlin – Köln – Mainz 1971; Sozialbericht 1971, S. 196ff. Tabelle II – 38 auf S. 286, ferner Wirtschaft und Statistik, 1971, Heft 11, November, S. 678f. Als weiterführende Literatur vgl. ferner: J. F. Volrad Deneke, Gunter A. Eberhard; Peter Quante, „Gesundheitspolitik", in: Staatslexikon, Bd. III, a. a. O., Sp. 880ff.; Josef Stralau, „Gesundheitspolitik", in: HdSW, Bd. IV, Stuttgart – Tübingen – Göttingen 1965, S. 454ff., sowie Harald Clade, Probleme der Gesundheitsvorsorge, Berichte des Deutschen Industrieinstituts zur Sozialpolitik, Jg. 4 (1970) Nr. 13/14.

Gesundheitsschutz vgl. →Gesundheitspolitik, -wesen.

Gesundheitsvorsorge →Gesundheitspolitik, -wesen.

Gewerbeaufsicht →Arbeitsschutz, gesetzlicher.

Gewerbefreiheit, -ordnung, -politik.

Seit dem Ausgang des 18. Jh. gehört die *Gewerbefreiheit,* die der Regelung der Gewerbezulassung und Gewerbeausübung dient, zu den wirtschaftlichen *Grundrechten* des *Industriezeitalters;* sie ist seitdem in der Verfassung des Staates (heute: *Grundgesetz, Art. 12*) garantiert.

Von da nimmt auch die *Gewerbepolitik* ihren Ausgang, die sich mit der Gewerbefreiheit und ihrer Auswirkung auf die Volkswirtschaft auseinandersetzt.

Die 1869 erlassene *Gewerbeordnung* (GewO.), in der Neufassung von 1900, zuletzt geändert 1970, ist als Regelung der gewerblichen →Arbeit neben vielen anderen gewerbe- und arbeitsrechtlichen (→Arbeitsrecht) Bestimmungen in der BRD noch in Kraft.

Nach § 1, Abs. 1 der GewO. ist „der Betrieb eines Gewerbes jedermann gestattet, soweit nicht durch das Gesetz Ausnahmen oder Beschränkungen vorgesehen oder zugelassen sind". Der freie Marktzutritt ist gerade in der auf dem neoliberalen Wirtschaftskonzept fußenden Wirtschaftspolitik ein tragendes Prinzip einer funktionsfähigen Wettbewerbsordnung. In einem solchen System darf es nach Walter Eucken weder eine Behinderung der freien Berufswahl noch Zulassungsbeschränkungen für Handwerk und Handel, Lizenzsysteme, Bedürfnisprüfungen oder ähnliche Beschränkungen des Marktzutritts geben. Als erlaubte Instrumente zur Beschränkung des Marktzutritts sind der Zuverlässigkeits-, der Sachkunde-, der Befähigungs- und der Kapitalnachweis (→Kapital) zu erwähnen.

Vgl. u.a. Egon Tuchtfeldt, „Gewerbefreiheit", in: HdSW, Bd. IV, Tübingen–Stuttgart–Göttingen 1965, S. 502ff.

Gewerkschaften, -vereine (vgl. auch Verbände).

1. Begriff

Die „klassische" Gewerkschaft (G.) entstand in England, Frankreich, Deutschland und in den Vereinigten Staaten auf dem Boden der liberal-kapitalistischen Wirtschafts- und Gesellschaftsordnung. Nicht nur wirtschaftliche, sondern auch politische, religiöse und weltanschauliche Faktoren beeinflußten ihre Entwicklung in Struktur und Organisation, in Zielen und Mitteln.

Infolge der ständigen Anpassung der G. an die sich weiterentwickelnde Wirtschafts- und Gesellschaftsordnung und auch infolge der unterschiedlichen Auffassungen einzelner Autoren über die G. kann keine allgemeine und für alle Zeit gültige Begriffsbestimmung für G. aufgestellt werden. Beispielhaft seien hier die Definitionen von GOETZ BRIEFS, HEINRICH STREITHOFEN UND JOSEF KURTH genannt.

BRIEFS definiert die G. als „die freie, der Absicht nach dauernde, im Innenverhältnis solidarische, nach außen kartellarische Interessenverbindung auf abhängiges →Einkommen gestellter Sozialgruppen". STREITHOFEN leitet aus dem Selbstverständnis der G. folgende Nominaldefinition ab: „... die G. ist primär ein Verband der →Arbeitnehmer zur autonomen Wahrnehmung der Arbeitnehmerinteressen gegenüber den anderen Wirtschaftspartnern und dem Staat innerhalb einer bestimmten Rechtsordnung und sekundär ein wirtschaftlich-sozialer Selbsthilfeverband auf dem genossenschaftlichen (→Genossenschaften) Prinzip der gegenseitigen Hilfeleistung." Nach KURTH sind G. Organisationen der Arbeiterklasse zur Wahrung ihrer Interessen gegenüber →Arbeitgebern, Staat und Gesetzgebung, wobei er es als umstritten ansieht, ob autonome →Verbände in Staaten ohne *Privat*-→Eigentum an Produktionsmitteln (Sowjetunion) als G. angesehen werden können. Im folgenden sollen nur die G. Westdeutschlands behandelt werden.

Den G. verwandte →Verbände sind die *Arbeitnehmerverbände,* z.B. die *Christlich-Demokratische Arbeitnehmerschaft* und die *Katholische Arbeiterbewegung.*

2. Geschichtliche Entwicklung

Nachdem sich die Handlungsgehilfen schon 1729 vereinigt hatten (vgl. Angestellter), beginnt die *1. Phase* der *Arbeitervereinigungen* um 1840

und dauert bis 1854. In dieser Zeit entstehen zahlreiche Arbeitervereinigungen wie die der *Buchdrucker* und *Zigarettenarbeiter*, besonders um 1848 gründet STEPHAN BORN solche Vereinigungen. Mit dem *Koalitionsverbot* von 1854 wird diese Entwicklung jedoch unterbrochen.
In der *2. Phase*, d.h. von 1861 bis 1869 wird das Koalitionsverbot in einigen Ländern wie Sachsen und Baden aufgehoben. 1863 wird daraufhin der *Allgemeine Deutsche Arbeiterverein* (ADAV) von FERDINAND LASSALLE in Leipzig gegründet. Von 1864 bis 1871 ist JOHANN BAPTIST VON SCHWEITZER Präsident des ADAV. 1868 gründet er einen Verein in Berlin mit dem gleichen Namen. Im gleichen Jahre gründet MAX HIRSCH die *Liberalen Gewerkvereine (Hirsch-Duncker'sche Gewerkvereine)*. 1869 entsteht der *Verband Deutscher Arbeiter-Vereine* unter AUGUST BEBEL und KARL LIEBKNECHT in Eisenach (Eisenacher). Gleichzeitig wird ein internationaler G.-Bund gegründet, der ebenfalls seinen Sitz in Eisenach hat.
In der *3. Phase*, von 1869 bis 1890 wird das *Koalitionsverbot* durch die *Gewerbeordnung* von 1869 gänzlich aufgehoben. 1875 vereinigen sich in Gotha die „Lassalleaner" und die „Eisenacher" zur *Sozialistischen Arbeiterpartei Deutschlands* (vgl. Sozialdemokratische Partei Deutschlands), die in ihrem Ursprung schon auf das Jahr 1869 zurückgeht. 1878 folgt das *Sozialistengesetz* unter BISMARCK, das in der Absicht erlassen wird, sämtliche Arbeitervereinigungen aufzulösen. Ab 1882 werden überregionale G. gegründet mit dem Verzicht auf jede parteipolitische Agitation; ab 1887 folgt die Bildung zahlreicher *christlicher Arbeitervereine*.
Die *4. Phase* erstreckt sich auf die Zeit zwischen 1890–1914 und ist gekennzeichnet durch die *Aufhebung* des Sozialistengesetzes und die Gründung der *Generalkommission der Gewerkschaften Deutschlands* in Berlin unter CARL LEGIEN als Dachverband der G. 1893 wird der *Deutschnationale Handlungsgehilfenverband* und 1894 die *Christliche G.* gegründet.
In der *5. Phase*, während des Ersten Weltkrieges von 1914 bis 1918 schließen die G. einen Burgfrieden mit den →Arbeitgebern und beteiligen sich am *Vaterländischen Hilfsdienst*. →Arbeitgeber und →Arbeitnehmer verbinden sich im *Reichswirtschaftsrat*.
Die *6. Phase* umfaßt die *Weimarer Zeit* von 1918 bis 1933. Die Koalitionsfreiheit gilt nun für jedermann und alle Berufe; jeder hat ein →Recht auf Arbeit und Unterhalt, die gleichberechtigte Mitwirkung der →Arbeitnehmer an der Regelung der Lohn- und Arbeits-*Bedingungen* (→Lohn, →Arbeit) durch die G. wird gesetzlich anerkannt. Das *Gesetz über die Betriebsräte* von 1920 verleiht den G. den Charakter von Ordnungskräften in der →Gesellschaft. Schon 1919 wird der Dachverband

der G. in Berlin, die *Generalkommission der G. Deutschlands,* von dem in Nürnberg gegründeten *Allgemeinen Deutschen Gewerkschaftsbund (ADGB)* abgelöst. Noch im gleichen Jahr wird der ADGB mit dem *Gesamtverband der Christlichen Gewerkschaften* zum Deutschen Gewerkschaftsbund (DGB) vereinigt. In der Folgezeit entstehen auch die Angestellten- und Beamten-G. Als Parallele zum Demokratiebegriff im politischen Raum gewinnt in den zwanziger Jahren der Gedanke der Wirtschaftsdemokratie von Fritz Naphtali an Bedeutung, wonach im Wirtschaftsprozeß alle Wirtschaftssubjekte gleichberechtigt seien, d.h. mitbestimmen sollen. Am 1. Mai 1933 werden alle G. aufgelöst und durch die *Deutsche Arbeitsfront* abgelöst.

3. Die Entwicklung nach 1945

Die Entwicklung nach 1945 kann als *7. Phase* der G.-Bewegung bezeichnet werden. Zwischen 1945 und 1948 entstehen zunächst zahlreiche *Richtungsgewerkschaften* und *Branchengewerkschaften,* das sind G., die im Gegensatz zum Berufsverband für eine ganze Branche repräsentativ sind. Diese G. werden 1949 im DGB für die BRD und West-Berlin vereinigt. Der DGB ist *religiös neutral* und *parteipolitisch unabhängig* und will den Gedanken der Wirtschaftsdemokratie in der →Gesellschaft verwirklichen. Zu diesem Zweck fordert er →Vollbeschäftigung, →Mitbestimmung und *Gemein*-→Eigentum. Auf sein Bestreben wurde 1951 das *Montanmitbestimmungsgesetz* und 1952 das *Betriebsverfassungsgesetz* (sowie 1955 das *Personalvertretungsgesetz)* verabschiedet.
Ebenfalls im Jahre 1949 wird entsprechend zur Gründung des DGB in Westdeutschland in der sowjetisch besetzten Zone der *Freie Deutsche Gewerkschaftsbund* mit dem Charakter einer *zentralistischen Einheitsgewerkschaft* gegründet.
In der BRD werden nach und nach zahlreiche G.-Gruppen gegründet, die nicht Mitglieder des DGB sind: 1948 die *Gewerkschaft der Polizei;* 1949 die *Deutsche Angestellten-Gewerkschaft*; 1950 der *Deutsche Beamtenbund;* (1951 die Union der leitenden Angestellten, vgl. Angestellter); 1955 der *Christliche Gewerkschaftsbund Deutschlands.*
Heute sind die G. als selbständige Tarifpartner und als Ordnungsfaktor auf dem →Arbeitsmarkt in der →Gesellschaft voll anerkannt.

4. Funktionswandel

An der *nachlassenden Organisationsfreudigkeit* der G.mitglieder zeigt sich ein *Funktionswandel* der G. Während 1951 38,6% der abhängig

Erwerbstätigen organisiert waren und 1961 30,8%, waren es 1970 noch 30%.

Ihre wichtigste Aufgabe sehen die G. noch immer darin, dafür zu sorgen, daß die →Arbeitnehmer am Produktivitätsfortschritt der Wirtschaft so beteiligt werden, daß die Nachfrage voll abgesetzt werden kann, d.h. daß die →Löhne an den jeweiligen Produktivitätszuwachs der Wirtschaft angepaßt werden. Wenn man die →Lohnpolitik der G. nicht nur von der Einkommensseite (→Einkommen), sondern auch wachstumsbezogen betrachtet, so ist es nach WALTER EBERLE geradezu ein Verdienst der G., daß sie durch ihre Politik der steigenden →Löhne auf die Gefahr einer eventuellen Fehlallokation der Produktionsfaktoren, d.h. auf das ungleichgewichtige Wachstum der *Volkswirtschaft* hinweisen, die in steigenden Preisen zum Ausdruck kommt.

Da dieses Ziel auf dem →Arbeitsmarkt jedoch fast „von selbst" erreicht wird, verlieren die G. in den Augen ihrer Mitglieder an Bedeutung. Deshalb wenden sich die G. weiteren Aufgaben, wie der Arbeitszeitverkürzung, der Vermögensbildung (→Vermögen) in breiten Schichten, der →Mitbestimmung und der →Bildungspolitik, zu.

5. *Organisation*

Wegen der vorrangigen Bedeutung des DGB sei nur auf seinen organisatorischen Aufbau und den der ihm angeschlossenen 16 Industriegewerkschaften eingegangen.

Die Organisation des DGB kommt im Gegensatz zur *Einheits*-G. sozialistischer Prägung zunächst in den 16 autonomen *Einzel*-G. zum Ausdruck. Der DGB gliedert sich darüber hinaus in 9 Landesbezirke und 276 Kreisverwaltungen. Unabhängig davon besteht die selbständige Organisation der 16 Einzelgewerkschaften auf Landes-, Bezirks- und Ortsebene. Die 16 Einzelgewerkschaften sind: IG Bau, Steine, Erden; IG Bergbau und Energie; IG Chemie, Papier, Keramik; IG Druck und Papier; G. der Eisenbahner Deutschlands; G. Erziehung und Wissenschaft; G. Gartenbau, Land- und Forstwirtschaft; G. Handel, Banken und Versicherung; G. Holz und Kunststoff; G. Kunst; G. Leder; IG Metall; G. Nahrung, Genuß, Gaststätten; G. Öffentliche Dienste, Transport und Verkehr; Deutsche Post-G.; G. Textil, Bekleidung. Von diesen 16 Einzelgewerkschaften ist die IG Metall mit rd. 2,2 Mio. Mitgliedern (1970) die größte Einzelgewerkschaft der Welt.

Die Führungsorgane des DGB (1971 6,9 Mio. Mitglieder) sind: Der *Bundeskongreß*, der sich aus den Delegierten der 16 Einzelgewerkschaften (je nach Mitgliederstärke) zusammensetzt; der *Bundesausschuß*, der mit 100 Vertretern (1971) das höchste Organ nach dem Bundeskongreß ist (jede Einzelgewerkschaft hat 3 Sitze, der Rest ist nach Mitgliederstärke verteilt), und der *Bundesvorstand*, der aus 9 vom Kongreß gewählten Mitgliedern, dem sog. geschäftsführenden Bundesvorstand und den 16 Vorsitzenden der Einzelgewerkschaften besteht. Die 9 Mitglieder des *geschäftsführenden Bundesvorstandes* sind für folgende 9 Ressorts zuständig: Vorsitz und Gesellschaftspolitik; Bildungswesen (→Bildung) und →Tariflohnpolitik; →Sozialpolitik; Wirtschaftspolitik; Finanzen; Berufliche →Bildung und Frauen; Organisation und Jugend; →Angestellte und Werbung; →Beamte.

6. *Finanzierung*

Haupt*einnahme*quelle der G. sind die Mitgliederbeiträge, die 1–2% des *Bruttomonats*-→Einkommens als Monatsbeitrag ausmachen. 1968–70 betrugen die Einnahmen der IG Metall 531 Mio. DM.
Aufgrund der *Allgemeinverbindlichkeit* der →Tarifverträge und wegen des *geringen Organisationsgrades* streben die G. *Sondervorteile* für ihre Mitglieder an. Der davon ausgehende Werbeeffekt für nicht Organisierte soll auch die finanzielle Basis der G. stützen (z.B. *Solidaritätsbeitrag* der IG Bau, Steine, Erden!).
Ausgaben fallen an für: Bildungswesen (→Bildung); Presse und Werbung; Wirtschaftspolitik und Jugendarbeit; außerdem für das Unterstützungswesen wie für →Streiks, Rechtsschutz, Sterbe- und Krankengeld; Unfallschutz; Freizeitunfallversicherung; Invalidenunterstützung; Hilfe in Notfällen und für Verwaltungs- und Organisationskosten.
Die Aufwendungen der IG Metall betrugen z.B. von 1968–1970 insgesamt 421,3 Mio. DM. Außerdem sind die G. an folgenden Unternehmen beteiligt: Bank für Gemeinwirtschaft, Baugesellschaft Neue Heimat, Volksfürsorge. Diese können einen erheblichen wirtschaftlichen Einfluß ausüben. Enger Kontakt besteht auch über die Bank für Gemeinwirtschaft und die Volksfürsorge zu den Konsum-→Genossenschaften.

Vgl. Franz Josef Furtwängler, Die Gewerkschaften – ihre Geschichte und internationale Auswirkung, Hamburg 1956; Goetz Briefs, „Gewerkschaften", in: HdSW, Bd. IV, a.a.O., S. 545ff.; Hans Limmer, Die deutsche Gewerkschaftsbewegung, München–Wien 1966; Mark van de Vall, Die Gewerkschaften im Wohlfahrtsstaat, Köln 1966; Heinrich Streithofen, Wertmaßstäbe der Gewerkschaftspolitik. Ein Beitrag zur Theorie der Gewerkschaft, Heidelberg–Löwen 1967, S. 154.

Gewinnbeteiligung (vgl. auch Vermögen, -spolitik).

1. Begriff

Bei der Vermögensbildung (→Vermögen) durch Gewinnbeteiligung (GB.) ist der Gewinn der Unternehmung die Bezugsgröße. Bei der betrieblichen, unmittelbaren oder direkten GB. ist eine Beteiligung am Gewinn auf Betriebsebene vorgesehen. Die überbetriebliche, mittelbare oder indirekte GB. stellt eine Beteiligung an einem überbetrieblichen Fonds dar.

2. Die verschiedenen Pläne zur Gewinnbeteiligung

a) Von den direkten, betrieblichen GB.-Plänen sind die Modelle der Firmen BEHRENS, BERTELSMANN, DUSCHELEIT, O. FISCHER, FUCHS, HETTLAGE, HOFMANN, PIEROTH, PFLEIDERER, ROSENTHAL, STOLL und VÖLKER zu erwähnen, auf die jedoch hier nicht näher eingegangen werden soll.

b) Von den indirekten, überbetrieblichen GB.-Plänen sollen der GLEITZE-Plan von 1957, der KRELLE-Plan von 1968, der weitgehend auf dem GLEITZE-Plan fußt, der FRIEDRICH-SCHILLER-Plan von 1962/68, der *Plan der vier Staatssekretäre* von 1970 und der SCHWARZ-SCHILLING-Plan von 1971 genannt und teilweise erläutert werden:

(1) Nach dem FRIEDRICH-SCHILLER-Plan sollen die →Unternehmer freiwillig bis zu 10% ihres Gewinns vor Steuern in Form von zins- und steuerfreien Schuldverschreibungen an einen überbetrieblichen Fonds abführen.

Die →Arbeitnehmer können dann aus diesem Fonds Zertifikate zu 50% des Nennwertes erwerben, falls sie das Geld für 15 Jahre festlegen wollen; sie erhalten also eine →Prämie in Höhe von 100% der Eigenleistung. Der Fonds legt die von den →Arbeitnehmern eingezahlten Gelder in börsenfähigen oder rentablen Wertpapieren an.

(2) Nach dem KRELLE-Plan sollen Unternehmen mit mehr als 100 Beschäftigten zwangsweise 10–20% ihres Bruttogewinns an einen überbetrieblichen Fonds in bar oder in Papieren abführen. Alle →Arbeitnehmer sollen aus diesem Fonds aufgrund gesetzlicher Vorschrift Anteilspapiere (Beteiligungspapiere oder Schuldverschreibungen) erhalten, die jedoch einer Veräußerungssperre von 5–10 Jahren unterliegen sollen. Wenn die Gewinnabführung an den Fonds in Form einer Schuldverpflichtung (Darlehen) erfolgt, steht dem Unternehmen die Summe weiterhin zur Verfügung. Durch eine Barzuweisung an den Fonds wird die Liquidität verringert. Bei der Ausgabe von Beteiligungspapieren wird die Gewinnabführung indirekt an den Fonds weitergegeben (Kapitalerhaltung).

(3) Der *Plan der vier Staatssekretäre* knüpft im Grundsatz an den KRELLE-Plan an und sieht vor, daß 2–10% der Steuern von →Unternehmensgewinnen über 100000 DM über *Clearing-Stellen* an *dezentrale Beteiligungsfonds* fließen sollen. Die →Arbeitnehmer sollen aus diesen Fonds Anteilscheine erhalten. Nach Schätzungen soll sich das Steueraufkommen auf 1 Mrd. DM belaufen und der Anteil pro Arbeitnehmer auf 200 DM.
(4) Der SCHWARZ-SCHILLING-Plan befürwortet freiwillige Gewinnabgaben an einen Fonds, aus dem die →Arbeitnehmer Anteilpapiere erhalten sollen.
c) Allen GB.-Plänen ist gemeinsam, daß *nicht alle* →Arbeitnehmer erfaßt werden, z.B. die Bediensteten der öffentlichen Betriebe werden nicht berücksichtigt.

3. Volkswirtschaftliche Auswirkungen

a) Vom *einzelwirtschaftlichen* Aspekt aus besteht die Gefahr, daß die für die Investitionstätigkeit der →Unternehmer notwendige →Unternehmergewinnsumme unterschritten und somit die →Vollbeschäftigung gefährdet wird.
b) *Gesamtwirtschaftlich* gesehen, sollen jedoch die →Unternehmergewinne zugunsten des Sparvolumens (→Sparen) der Arbeitnehmerhaushalte (→Arbeitnehmer) umverteilt werden. Die zur Verfügung stehende Gesamtsumme der Investitionen soll dadurch nicht berührt und folglich langfristig keine nennenswerte negative Wirkung auf →Vollbeschäftigung, *Wachstum* und *Geldwertstabilität* (magisches Dreieck) zu befürchten sein.
Diesen Standpunkt vertreten vor allem die →Gewerkschaften, weil ihre Politik darauf ausgerichtet ist, dem →Arbeitnehmer auf Kosten des →Arbeitgebers zusätzliche Vermögenserträge (→Vermögen), vor allem aus dem *Produktivitätszuwachs* zu verschaffen.

Vgl. Hans-Günter Guski, Ausgewählte Modelle betrieblicher Vermögensbildung, Berichte des Deutschen Industrieinstituts zur Sozialpolitik, 4. Jg. (1970) Nr. 15; ders., Vermögensbeteiligung. Viel Freiheit, viel Ertrag, in: Der Arbeitgeber, 1971, Heft 20, S. 852ff.; Wilhelm Krelle, Überbetriebliche Ertragsbeteiligung der Arbeitnehmer, Tübingen 1968.

Gießkannen-Prinzip (vgl. auch Äquivalenzprinzip).
Mit diesem populärwissenschaftlichen Begriff wird die Umkehrung des →Äquivalenzprinzips bezeichnet mit der Begründung der Gleichheit aller Menschen vor dem Gesetz. Dabei wird jedoch übersehen, daß z.B. in der gesetzlichen →Rentenversicherung jeder Leistung (Beitrag) eine entsprechende Gegenleistung (Rente) gegenübersteht; beide zeichnen

sich durch einen persönlichen, individuellen Charakter aus, da Höhe und Dauer der Beitragszahlungen und der Leistungsbedarf bei jedem Versicherungspflichtigen *persönlich ausgestaltet* sind. Das *Prinzip* der Bedürftigkeit, das für die →Sozialhilfe charakteristisch ist, widerspricht dem →Versicherungsprinzip und damit dem →Äquivalenzprinzip.
Vgl. Literatur unter dem Stichwort „Äquivalenzprinzip".

Gleitende Arbeitszeit →Arbeitsschutz, gesetzlicher.

Godesberger Programm →Parteiprogramme.

Graduiertenförderung →auch Bildung, -spolitik.
a) Mit dem *Graduiertenförderungsgesetz von 1971* wurde die sporadische Förderung von Doktoranden aus Landesmitteln in eine bundeseinheitliche Graduiertenförderung überführt, die sich auch auf Zweitstudien erstreckt, die nicht nach dem *Bundesausbildungsförderungsgesetz von 1971* finaziert werden.
b) Die *Grundförderung* beträgt für Ledige 600 DM und für Verheiratete bis zu 1000 DM/Monat zuzüglich Familienzuschlägen. Das →Einkommen und →Vermögen des Stipendiaten oder seines Ehegatten wird auf die Förderung angerechnet. Die Förderung erstreckt sich auf einen Zeitraum von 2 Jahren mit Verlängerungsmöglichkeit im Ausnahmefall.
c) Für 1971 wurden 31,2 Millionen für die Graduiertenförderung bereitgestellt.
d) Sie ist genauso wie die →Ausbildungsförderung eine reine Versorgungsleistung (→Versorgung) des Staates ohne nennenswerte Leistungskontrolle.
Vgl. Informationen aus dem Graduiertenförderungsgesetz und der aktuellen Zeitschriftenliteratur.

Grenzproduktivitätstheorie →Lohntheorien.

Grüner Plan →Soziale Sicherung in der Landwirtschaft.

Grundlohn →Lohn, -begriffe.

Grundlohndynamik, -summe →Krankenversicherung, gesetzliche.

Grundrente →Boden, Bodenrente, -politik.

Grundsicherung →Einrichtungen der sozialen Sicherung.

Gruppe, -nverhandlungen.

1. Begriff und Formen

Eine Gruppe (G.) ist eine Verbindung von Personen, die miteinander in wechselseitiger Beziehung stehen und sich nach außen durch sog. soziale Normen abgrenzen. Man unterscheidet zwischen *Primär-* und *Sekundärgruppen.*

Die *Primärgruppen* zeichnen sich durch ein besonderes Kollektivverhalten aus, und besondere materielle Zeichen oder Symbole vermitteln eine G.-zugehörigkeit oder können sogar an Stelle der G. treten. Die Primärgruppe ist im Gegensatz zur *Sekundärgruppe* quantitativ bestimmbar. Aufgrund der Arbeitsteilung kommt der G.-bildung im →Betrieb besondere Bedeutung zu; in diesen *Arbeitergruppen* ist einer auf den anderen mehr oder weniger angewiesen.

Informelle G. bilden sich oft neben G. und Nachbarschaftskontakten und spielen meist die Rolle von illegalen Verbindungen, da sie mit ihrem zellenhaften Charakter häufig Kontakte politischer Art pflegen. Zu den informellen G. gehören jedoch auch die vielfältigen Beziehungen, die z.B. durch den Sport, gemeinsame geistige Interessen und Lieblingsbeschäftigungen in der Muße (Hobbies) entstehen.

2. Gruppenverhandlungen

Nach dem Zweiten Weltkrieg läßt sich in der volkswirtschaftlichen Literatur die Bedeutung von G.-*verhandlungen* als Ergänzung zum Marktprozeß beobachten (Collective Bargaining), die besonders auf dem →Arbeitsmarkt in Erscheinung treten.

Vgl. u.a. René König, Soziologie, a.a.O., S. 112ff.

Gruppenversicherung →Krankenversicherung, private.

H

Häftlingshilfegesetz →Soziale Sicherung der Politischen Häftlinge.

Haftpflicht(versicherung) →Unfallversicherung, gesetzliche.

Handwerk →Gewerbefreiheit, -ordnung, -politik; industrielle Revolution; Mittelstand.

Handwerker-Rentenversicherung →Soziale Sicherung der Handwerker, gesetzliche.

Harmonisierung →Sozialpolitik der EWG und Sozialpolitik, internationale.

Hartmannbund →Ärzteverbände, -vereine.

Hauptverband der gewerblichen Berufsgenossenschaften →Unfallversicherung, gesetzliche.

Hausangestellte, -gehilfen →Soziale Sicherung der Hausangestellten.

Hausfrauenrente →Rentenversicherung der Arbeiter und Angestellten, gesetzliche.

Hausgewerbe, -treibende →Soziale Sicherung der Hausgewerbetreibenden und Heimarbeiter.

Hausratentschädigung, →Lastenausgleich, gesetzlicher.

Hauswirtschaft →Familie.

Heilbehandlung →Unfallversicherung, gesetzliche.

Heilungskostenaufwand →Krankenversicherung, private–gesetzliche, ein Vergleich.

Heimarbeit(er) →Soziale Sicherung der Hausgewerbetreibenden und Heimarbeiter.

Heimkehrergesetz →Kriegsschadenausgleich, gesetzlicher und Soziale Sicherung der politischen Häftlinge.

Heimkehrerstiftung →Kriegsschadenausgleich, gesetzlicher.

Hilfe für Flüchtlinge →Soziale Sicherung der Flüchtlinge.

Hilfe für politische Häftlinge →Soziale Sicherung der politischen Häftlinge.

Hilfe für werdende Mütter und Wöchnerinnen →Mutterschutz, gesetzlicher, →Sozialhilfe, gesetzliche.

Hilfe in besonderen Lebenslagen und zum Lebensunterhalt →Sozialhilfe, gesetzliche.

Hilfe zur Selbsthilfe →Selbsthilfe. →Einrichtungen der sozialen Sicherung.

Hinterbliebenenrente →Rentenversicherungen; Unfallversicherung und Kriegsopferversorgung, gesetzliche.

Hinterbliebenenversorgung →Beamtenversorgung, gesetzliche, auch Soziale Sicherung der Flüchtlinge, →Soziale Sicherung der politischen Häftlinge.

Höchstrente →Rentenversicherung der Arbeiter und Angestellten, gesetzliche.

Höherversicherung vgl. Rentenversicherung der Arbeiter und Angestellten, gesetzliche.

Honorar →Selbständige.

Hypothekengewinnabgabe →Lastenausgleich, gesetzlicher.

I

Indexrente →Rentenversicherung der Arbeiter und Angestellten, gesetzliche.

Industriegesellschaft →Einrichtungen der sozialen Sicherung, →Gesellschaft.

Industrielle Revolution (vgl. auch Gesellschaft und Arbeiterfrage).

1. Geschichtliche Entwicklung

Als industrielle Revolution (IR.) bezeichnet man die Epoche des *Übergangs* von der *agrarfeudalistischen* zur *industriellen* und extrem arbeitsteiligen Wirtschaftsweise (vgl. ADAM SMITH in seinem berühmt gewordenen Werk „Wealth of Nations“ von 1776). Diese Revolution hat sich, von England ausgehend, ab 1750 aufgrund entscheidender technischer Erfindungen, wie z. B. der Dampfmaschine und des mechanischen Webstuhls, schnell in Europa ausgebreitet (vgl. z. B. 1840 den Weberaufstand in Schlesien).
Geistige, kulturelle und politische Veränderungen haben diese Entwicklung noch gefördert (vgl. z. B. die *Französische Revolution* von 1789). Den Verlauf der IR. schildert KARL MARX in düsteren Prognosen, die sich jedoch als Zukunftsprognose nicht bewahrheitet haben (vgl. Gesellschaftssysteme).

2. Auswirkungen

Die Folgen dieses entscheidendsten Umbruchs in der *Sozialgeschichte* lassen sich in *wirtschaftliche* und gesellschaftliche (→Gesellschaft) unterteilen:
a) Die *wirtschaftlichen* Konsequenzen bestanden darin, daß die beiden Produktionsfaktoren, der Faktor →Arbeit und der Faktor →Boden, nun durch einen dritten Faktor, das *Kapital*, ergänzt wurden. Demzufolge wurde die wegen der begrenzten Bodenflächen (→Boden) ehemals begrenzte Produktionskapazität nunmehr unbegrenzt, da Kapital beliebig vermehrbar und reproduzierbar ist.

Dieses neuentstandene *Industriesystem* entwickelte sich aufgrund des *technischen Fortschritts,* der immer neue Produktionsverfahren hervorbrachte, sprunghaft (z. B. Automation), so daß die übrigen Sektoren, wie das Handwerk und die Landwirtschaft, an Bedeutung verloren.
b) Die *gesellschaftlichen Konsequenzen* zeigten sich daran, daß die ehemalige festgefügte *Klassen*-→Gesellschaft durch die neue Industrie-→Gesellschaft abgelöst wurde, in der der *Dritte Stand,* das *Bürgertum,* sich zum besitzenden Großbürgertum entwickelte; es bildete sich der *Vierte Stand,* die auf abhängige Arbeit angewiesene *Industrie*-Arbeiterschaft (→Arbeiter). Nunmehr durfte jeder, der einen →Arbeitsplatz nachweisen konnte, eine →Familie gründen. Das hatte eine ungeahnte Bevölkerungsentwicklung (→Bevölkerung) zur Folge, die in der *ersten Phase* den technischen Fortschritt und damit die Produktivitätsentwicklung überflügelte und das Phänomen der Proletarität hervorbrachte (vgl. Arbeiterbewegung). Diese Entwicklung und die daraus sich ergebenden sozialen Probleme führten zu einer zunehmend zentralen Stellung der Arbeiterschaft (→Arbeiter) in der Industrie- →Gesellschaft, die sie noch heute einnimmt und die dazu führte, daß die Proletarität im Laufe der Zeit durch zahlreiche sozialpolitische (→Sozialpolitik) Maßnahmen abgebaut werden konnte.

Vgl. u.a. P. Jostock, „Industrialisierung“, in: Katholisches Soziallexikon, a.a.O., S. 440ff., und Hans Freyer, „Industrielle Gesellschaft“, in: HdSW, Bd. IV, a.a.O., S. 285ff.

Innungskrankenkassen →Krankenversicherung, gesetzliche.

Institut für Arbeitsmarkt- und Berufsforschung →Arbeitslosigkeit.

Institut für Berufsbildungsforschung →Berufsausbildung.

Institut zur Erforschung sozialer Chancen →Sozialer Status.

Integration, soziale. *1. Begriff*

Mit diesem Begriff wird die schon unter Bismarck und den Kathedersozialisten erhobene Forderung bezeichnet, den →Arbeiter als vollwertiges Mitglied in die →Gesellschaft einzugliedern. Diesem Ziel dienen die seit 1883 entstandenen →Einrichtungen der sozialen Sicherung (vgl. auch Sozialversicherung).

2. Historische Entwicklung

a) Schon mit Gründung der →Rentenversicherung unter Bismarck ab 1883 wurde der →Arbeiter durch die Beteiligung an der Finanzierung in der Höhe eines Drittels mit zur Verantwortung herangezogen. Als später, in den dreißiger Jahren die Beteiligung auf die Hälfte ausgedehnt wurde, erfuhr auch die Selbstverwaltung in der →Sozialversicherung einen Ausbau.

b) Heute kann der verstärkte Einsatz bildungspolitischer (→Bildungspolitik) Maßnahmen wohl auch dazu beitragen, die Eigenverantwortung in der Form in die Tat umzusetzen, daß der →Arbeiter selbständig zur *Eigenvorsorge* schreitet.

c) Da jedoch die auf dem →Zwangsprinzip aufgebauten →Einrichtungen der sozialen Sicherung in ihrem Leistungsumfang nicht herabgesetzt werden, kann die Eigenverantwortung nur im Bereich der zusätzlichen Sicherungsmaßnahmen, die freiwillig ergriffen werden, zur vollen Entfaltung kommen.

Vgl. Literatur in den Anmerkungen zu „Einrichtungen der sozialen Sicherung".

Interessenverbände, -vertretungen →Verbände.

Internationale(s) Arbeitsamt, -konferenz, -organisation →Sozialpolitik, internationale.

Internationale Sozialpolitik →Sozialpolitik, internationale.

Internationale Vereinigung für Soziale Sicherheit vgl. Sozialpolitik, internationale, auch Soziale Sicherheit.

Internationale Vereinigung für Sozialen Fortschritt →Sozialreform.

Invalidenrente, -unterstützung, -versicherung, gesetzliche →Rentenversicherung der Arbeiter; Unfallversicherung und Kriegsopferversorgung, gesetzliche.

Investivlohn (vgl. auch Vermögen, -spolitik).

1. Begriff

Der Investivlohn (IL.) ist ein erzwungener Sparakt ohne Konsumverzicht des →Arbeitnehmers, da (im Gegensatz zur →Gewinnbeteiligung) ein Teil des vom →Arbeitgeber zu zahlenden →Lohnes nicht bar ausgezahlt, sondern investiv verwandt wird. Dieser gesparte Lohn-Anteil (→Lohn) des →Arbeitnehmers kann entweder im →Unternehmen des →Arbeitgebers oder durch eine Fondsbeteiligung in fremden →Unternehmen oder auch auf einem privaten Bankkonto angelegt werden.

2. Die verschiedenen Pläne

a) Der IL. kann tarifvertraglich (→Tarifvertrag), (d. h. freiwillig) oder gesetzlich festgelegt werden. Zu den tarifvertraglichen (→Tarifvertrag) IL.-plänen gehört der HÄUSSLER-Plan von 1954, der jedoch nicht verwirklicht wurde, und der seit 1966 in der Bauindustrie unter dem Namen „LEBER-PFENNIG" durchgeführte IL.-plan. Danach muß der →Arbeitgeber pro Arbeitsstunde für den →Arbeitnehmer 2 Pf vermögenswirksam anlegen und selbst 9 Pf hinzufügen (seit 1971 3:25 Pf).
Seit 1970 wird dieser Gedanke auch in anderen Branchen verwirklicht, indem der →Arbeitgeber den →Arbeitnehmern vermögenswirksame Leistungen aufgrund tarifvertraglicher (→Tarifvertrag) Vereinbarungen zahlen muß (vgl. tarifvertragliche Vermögensbildung).
b) Als gesetzlicher IL.-plan ist der 1962 von WILFRID SCHREIBER und HEINRICH DRÄGER konzipierte DRÄGER-SCHREIBER-Plan zu erwähnen, der jedoch kein reiner IL.-plan mehr ist, weil jährlich 0,5% vom Bruttolohn*zuwachs* und nicht vom Barlohn des →Arbeitnehmers investiv angelegt werden sollen (vgl. auch Beteiligungslohn).

3. Volkswirtschaftliche Auswirkungen

a) Da die IL.-pläne den →Lohn als Bezugsgröße nehmen, ist tatsächlich wenigstens bei einem gesetzlichen IL. mit ständigen Lohnerhöhungen (→Lohn) zu rechnen, die die *Selbstfinanzierungs*rate der →Unternehmer beschneiden, folglich ihre *Investitionsneigung bremsen* können oder auf die *Preise abgewälzt* werden *(Lohn-Preis-Spirale)* (→Lohn).
b) Außerdem befürchten die →Gewerkschaften, daß die Ausdehnung des IL. die Chance verringern würde, durch Kündigung des →Tarifvertrages weitere Konsum-→Lohn-Erhöhungen zu erzielen.

Vgl. u. a. Wilfrid Schreiber, Der Dräger-Plan, in: Gesellschaftspolitische Kommentare, 15. Jg. (1968) Nr. 12, S. 133 ff., und Die tarifliche Vermögensbildung in der BRD – Eine Zwischenbilanz, Berichte des Deutschen Industrieinstituts zur Sozialpolitik, Jg. 4 (1970) Heft 7.

J

Jugendämter →Sozialpädagogik und Jugendfürsorge, -hilfe, -schutz, -wohlfahrt.

Jugendarbeitsschutz, -gesetz →Arbeitsschutz, gesetzlicher.

Jugendfürsorge, -hilfe, -schutz, -wohlfahrt (vgl. auch Sozialhilfe, gesetzliche; Sozialpädagogik und Resozialisierung).
Die ersten Maßnahmen der Jugendwohlfahrt gehen auf das *Reichsjugendwohlfahrtsgesetz* von 1922 zurück. 1961 wurde das neue *Jugendwohlfahrtsgesetz* erlassen. Danach ist die Bundesregierung verpflichtet, dem Bundestag und dem Bundesrat einen *Bericht über die Lage der Jugend und über die Bestrebungen auf dem Gebiet der Jugendhilfe* vorzulegen.
Zur Jugendhilfe (JH.) werden im *ersten Jugendbericht* von 1965 folgende Gebiete gezählt: Die *Jugendpflege,* d. h. die allgemeine Förderung der Jugend und ihrer Gemeinschaften; die *Jugendsozialarbeit,* d. h. berufsbegleitende Erziehungs- und Bildungshilfen; die *Jugendfürsorge,* d. h. vorbeugende und heilende Hilfen für die körperlich und sittlich-geistig gefährdete Jugend und der *Jugendschutz,* d. h. gesetzliche und erzieherische Maßnahmen zur Eindämmung allgemein gesundheitlicher, sittlicher und geistiger Gefahren für die Jugend (vgl. auch das *Jugendschutzgesetz von 1957* und auch das *Gesetz über die Verbreitung jugendgefährdender Schriften von 1953).*
Im *zweiten Jugendbericht* von 1968 wird die Aus- und Fortbildung der Mitarbeiter in der JH. und das Verhältnis der Jugendlichen zur Bundeswehr besonders hervorgehoben.
1970 wurden 1,4 Mrd. DM für die JH. aufgewandt, für 1975 sind 2 Mrd. DM angesetzt worden. Davon entfielen 1970 auf Sachleistungen 830 Mio. DM, 1975 sollen dafür 1,3 Mrd. DM ausgegeben werden.
Durchführungsorgane der JH. sind die Jugendämter mit den *Jugendwohlfahrtsausschüssen.*
Hervorzuheben ist noch die Bundesarbeitsgemeinschaft Jugendaufbau-

werk e.V. in Bonn (vgl. auch Sozialpädagogik), die sich vornehmlich mit *jugendpflegerischen* Aufgaben befaßt.

Vgl. Berichte über die Lage der Jugend und über die Bestrebungen auf dem Gebiete der Jugendhilfe (Jugendberichte), hrsg. vom Bundesministerium für Jugend, Familie und Gesundheit, Bonn 1965 und 1969. Vgl. auch Sozialbericht 1971, S. 189, Schaubild 53f., Tabelle II–35 auf S. 283. Als weiterführende Literatur vgl. auch Klaus Mollenhauer, Jugendhilfe – Soziologische Materialien, Heidelberg 1965, und Heinz Schneider, Die öffentliche Jugendhilfe, zwischen Eingriff und Leistung, Berlin 1964.

K

Kaiserliche Botschaft →Sozialversicherung.

Kapital →Industrielle Revolution.

Kapitalabfindung →Renten- und Unfallversicherung und Kriegsopferversorgung, gesetzliche.

Kapitaldeckungsverfahren →Rentenversicherung der Arbeiter und Angestellten, gesetzliche.

Kapitalismus →Gesellschaftssysteme.

Kassen →Krankenkassen.

Kassenärzte, -gesetz, -recht →Krankenversicherung, gesetzliche, und Arzthonorierung.

Kassenverbände vgl. Krankenversicherung, gesetzliche, und Arzthonorierung.

Kassen(zahn)ärztliche (Bundes-)Vereinigung(en) vgl. Arzthonorierung.

Kathedersozialisten →Sozialpolitik, Geschichte.

Katholische Arbeiterbewegung →Arbeitnehmerverbände, →Gewerkschaften.

Katholisches Zentralinstitut für Ehe- und Familienfragen →Familienpolitik.

Kausalitätsprinzip →Einrichtungen der sozialen Sicherung.

Kinderarbeitsschutz →Arbeitsschutz, gesetzlicher, →Sozialpolitik, internationale.

Kinderfreibeträge →Einkommensteuer.

Kindergeld, -gesetz →Familienlastenausgleich, gesetzlicher, →Familienpolitik.

Kinderzulagen, -zuschläge →Einrichtungen der sozialen Sicherung, →Beamte(nversorgung, gesetzliche), →Familienpolitik.

Klasse →Soziale Klasse.

Klein(st)renten →Rentenversicherung der Arbeiter und Angestellten, gesetzliche.

Knappschaftliche Rentenversicherung vgl. ebd. und Rentenversicherung der Bergleute, gesetzliche.

Knappschaftskrankenkasse →Krankenversicherung, gesetzliche.

Knappschaftsrente →Rentenversicherung (der Arbeiter und Angestellten und) Bergleute, gesetzliche.

Koalitionsfreiheit, -recht, -verbot →Gewerkschaften, →Sozialpolitik, internationale.

Kommission für sozialen Wandel →Sozialer Wandel.

Kommunistisches Manifest →Gesellschaftssysteme.

Konzertierte Aktion →Verbände, →Lohnpolitik.

Kopfpauschal(e), -prinzip →Arzthonorierung.

Kostenerstattungsprinzipverfahren →Krankenversicherung, private–gesetzliche, ein Vergleich, →Arzthonorierung.

Krankengeld →Krankenversicherung, gesetzliche, und Soziale Sicherung der Soldaten.

Krankenhausenquête →Krankenhauswesen.

Krankenhaustagegeldversicherung →Krankenversicherung, private–gesetzliche, ein Vergleich.

Krankenhausverbände →Krankenhauswesen.

Krankenhauswesen (vgl. auch Gesundheitspolitik, -wesen).

1. Einführender Überblick in Zahlen

a) Nach Angaben des Statistischen Bundesamtes gab es Ende 1970 in der BRD 3587 Krankenhäuser (Kh.), davon 2441 Akut-Kh. (d.h. ein Kh. der sog. allgemeinen Versorgung mit kurzer Verweildauer) und 1146 Sonder-Kh. (d.h. Kh. der sog. besonderen Versorgung mit längerer Verweildauer) mit rd. 683883 planmäßigen Betten und 26000 zusätzlichen Betten. Auf 100 Einwohner kam 1 planmäßiges Bett; auf 1000 Einwohner entfielen 7 Akutbetten und rd. 4 Sonderbetten. Insgesamt standen also rd. 11 Betten für 1000 Einwohner zur Verfügung *(Bettendichte)*. Die *Kh.-Häufigkeit* (Aufnahme ins Kh.) betrug bei 1000 Einwohnern 143 Patienten. 1970 wurden von rd. 9 Mio. Patienten 88% in Akut-Kh. und 12% in Sonder-Kh. stationär behandelt (z.Z. wird die Patientenzahl sogar mit 10 Mio. Personen angegeben).
b) Ende 1970 waren 547262 Personen als Personal in Kh. beschäftigt. Davon entfielen 46550 auf Ärzte und Medizinalassistenten; 175183 auf Krankenpflegepersonal, darunter 92714 auf Krankenschwestern. Auf 1 Arzt kamen 15 Betten und auf 1 Pflegeperson 4 Betten. (In privaten Kh. ist diese Entwicklung jedoch nicht so günstig.)
c) Insgesamt wurden 221 Mio. *Pflegetage* geleistet; auf 100 Einwohner kamen 15 Kh.-Behandlungen, so daß im Durchschnitt auf jeden Einwohner 3,6 Pflegetage entfielen.
Die Verweildauer (Anzahl der Tage, die 1 Patient stationär im Kh. verbringt) lag in Akut-Kh. durchschnittlich bei 18,6 Tagen und in Sonder-Kh. bei 81,8 Tagen. Die gesamte Verweildauer betrug durchschnittlich 24,9 Tage und nimmt gegenwärtig jährlich um etwa ½ Tag ab (1960: 28,7 Tage); die Verweildauer betrug 1966 demgegenüber in der Sowjetunion 37,4 und in den USA 17,5 Tage[1].
Die Betten waren zu 88,5% ausgelastet *(Bettenausnutzungsgrad)*.
d) 1971 repräsentierten die Kh. bei einem durchschnittlichen Bettenwert von 90000 DM einen Wiederherstellungswert von über 60 Mrd. DM. Der Umsatz betrug im Jahre 1971 13 Mrd. DM.

2. Träger

Träger des Kh.-W. in der BRD sind einmal die *öffentliche Hand* (das heißt die Gebietskörperschaften und die Sozialversicherungs*träger*)

[1] Ein exakter Vergleich dieser Zahlen ist jedoch nicht möglich, weil die verschiedenen Determinanten der Verweildauer in den einzelnen Ländern unterschiedlich sind.

(→Sozialversicherung); zum anderen sog. *freigemeinnützige Träger* (d. h. gemeinnützige →Verbände und Stiftungen sowie Kirchengemeinden und Ordensgenossenschaften).
Die dritte Gruppe sind *private Träger*, meist mehrere Privatpersonen, darunter vorwiegend Ärzte oder auch juristische Personen, die Kh. mit *Erwerbscharakter* gründen, im Gegensatz zu den nach dem *Bedarfsdekkungsprinzip* arbeitenden öffentlichen und freigemeinnützigen Kh.
Die verschiedenen Träger unterhalten entweder *allgemeine Kh.* oder *Fach-Kh.*, die nach Kh.-arten oder nach Behandlungsarten untergliedert sind.
Am 31.12.1970 gab es 1337 öffentliche Kh. mit 373137 Betten, 1270 freigemeinnützige Kh. mit 249357 Betten und 980 *private Kh.* mit 60760 Betten. Die öffentlichen Träger verfügten also zum 31.12.1970 über 55,9% aller planmäßigen Betten; die freigemeinnützigen über 36,9% und die privaten über 7,2% aller Betten.

3. Funktionen

Die Hauptfunktion des Kh.-W. besteht primär in der *stationären*, daneben auch in der *ambulanten* Versorgung von Kranken. Die *Leistungen* bestehen in der *Unterbringung, Verpflegung, ärztlichen Behandlung* und *pflegerischen Betreuung.*
Leistungseinheit im Kh. ist der Pflegetag; *Leistungsabnehmer* der Patient.
Die verschiedenen *Leistungsbereiche* sind der *Behandlungs-*, der *Pflege-*, der *Wirtschafts- und Verwaltungsbereich.*

4. Finanzierung

a) Von den Gesamtkosten im Kh.-W. entfallen schätzungsweise 55 bis 60% auf die *Personalkosten;* 25–30% auf *Sachkosten* und 15%–18% auf die *Vorhaltekosten* (Abschreibungen und Instandhaltung) sowie 1–2% auf allgemeine Finanzierungskosten.
b) Etwa 80% der Gesamtkosten der stationären Behandlung sind *Fixkosten;* der Rest *variable Kosten.*
c) Die Kosten sollen durch den Kh.-Pflegesatz, den die Krankenkassen den Kh. erstatten, gedeckt werden. Da es sich bei diesen Sätzen jedoch um *staatlich fixierte Preise* aufgrund der *Bundespflegesatzversorgung von 1954* handelt, in denen die echten *Selbstkosten* nicht berücksichtigt werden (z.B. dürfen Eigenkapitalzinsen nicht angerechnet werden, und Abschreibungen werden in der Regel nur pauschal angesetzt), wird eine Vollkostendeckung im Kh. *nicht* erreicht. Nur die *Ambulanzleistungen*

und einige Sonderleistungen (wie besonders teure Medikamente für stationär behandelte Patienten) werden nach Einzelleistungen vergütet.
d) Zahlungspflichtiger ist der Patient (Sozialversicherte oder Privatversicherte führen ihren Beitrag an die Krankenkasse ab. In der gesetzlichen →Krankenversicherung kommt noch der Arbeitgeberbeitrag dazu. Nichtversicherte, auf die jedoch nur 13–15 % aller Patienten entfallen, sind sog. *Selbstzahler*).
e) Zur *Kompensation des Substanzverzehrs* bedarf das Kh. eines staatlichen Zuschusses, der z.B. 1966 bei rd. 1,1 Mrd. DM lag. 1966 betrug die Kostenunterdeckung nach Angaben der →Krankenhausenquête jedoch z. B. allein in Akut-Kh. rd. 2 Mrd. DM. Das durchschnittliche Defizit beläuft sich gegenwärtig durchschnittlich auf 1,2 Mrd. DM.* Deshalb werden zahlreiche Reformvorschläge zur Finanzierung des Kh.-W. diskutiert.

5. Reformvorschläge

a) Die meisten Reformvorschläge zum Kh.-W. zielen auf die *Finanzierung* ab:
(1) Nach den Vorschlägen von Clemens August Andreae sollen die Kosten im Kh. als *Preise* verstanden werden, die sich auf dem *freien Markt* bilden als *Preise für ärztliche Betreuung* und für *Unterbringung wie in einem Hotel,* die von der Versicherung der Patienten (→Sozial- und *Privat*versicherung) den Kh. erstattet werden. Diese Form der Vollkostendeckung würde zwar eine *größere Kostentransparenz* im Kh.-W. bringen, würde jedoch die →Arbeitgeber und damit den *Staat* wieder belasten, da dieser schließlich den Kassen gegenüber als *Ausfallbürge* haften müßte.
(2) Für die Einführung des sog. *gespaltenen Pflegesatzes* treten Walter Auerbach und Philipp Herder-Dorneich ein. Nach Herder-Dorneichs Vorschlag, der sich eigentlich nur auf die →Arzthonorierung im Kh. bezieht, aber auch grundsätzliche Ausführungen zur Mittelaufbringung enthält, soll die *Kh.-Finanzierung dreiteilig* organisiert werden: Die *Vorhaltekosten* (die Kosten der Betriebsbereitschaft) sollen weiterhin (wie bisher) durch den *staatlichen Subventionsmechanismus* finanziert werden aus dem Gedanken heraus, daß der Staat für →Sozialinvestitionen (Infrastruktur) zuständig ist. Die *laufenden Betriebskosten* sollen weiterhin durch den *Pflegesatz,* den die Krankenkassen aufgrund der Beiträge der Versicherten und Arbeitgeber den Kh. zahlen, entgolten werden. Die *Kosten für die medizinischen und pflegerischen Dienstleistungen* sollen durch →Gruppenverhandlungen zwischen den Krankenkassen und neu zu gründenden *Kh.-Kassenärztli-*

* Nach Berechnungen der Länder soll sich der Investitionsbedarf sogar auf 3,4 Mrd. DM belaufen.

chen und *Kh.-Schwesterlichen Vereinigungen* ausgehandelt und gedeckt werden.

Theo Thiemeyer hat dagegen nachgewiesen, daß die *Subventionierung der Vorhaltekosten* im Kh. schließlich von den Patienten im Wege der Besteuerung selbst aufgebracht werden muß. Da durch diesen *parafiskalischen Ausgleichsmechanismus* Nachfrage und Angebot von Kh.-Leistungen nicht berührt werden, kommt der →soziale Ausgleich zugunsten der Kassenpatienten nicht zur Auswirkung.

(3) Für ein *staatlich finanziertes* Kh.-W. hat sich die *Deutsche Angestellten-Gewerkschaft* ausgesprochen. Der Staat soll nach dem Prinzip der *Bedarfsdeckungswirtschaft* neben den Vorhaltekosten auch die Kosten für die medizinischen Dienstleistungen und für die laufenden Betriebskosten übernehmen, d.h. *alle* Kosten für die Gesundheit tragen.

(4) Der Bundestag wird in Kürze ein *Gesetz zur wirtschaftlichen Sicherung der Krankenhäuser und Regelung der Pflegesätze (Krankenhausfinanzierungsgesetz)* verabschieden, das im Kern auf eine partielle Subventionierung wie bisher hinausläuft. Das Gesetz sieht u.a. folgendes vor: Die Gewährung von Investitionshilfen in bestimmten Fällen (Bund ein Drittel, Länder zwei Drittel der Gesamtinvestitionen); die Ausrichtung der *Bundespflegesatzverordnung* nach den echten *Selbstkosten* im Kh. und nach der wirtschaftlichen Leistungsfähigkeit der Sozialversicherungsträger (→Sozialversicherung)*.

An Stelle einer bisher freiwilligen Planung im Kh.-W sieht das Gesetz eine Pflicht zur *staatlichen Regionalplanung* vor, die die Voraussetzung der Investitionsförderung darstellt. Durchführungsgrundlage dieser Regionalplanung soll der jeweilige *Landeskrankenhausplan* sein, der seine Funktionen jedoch nur dann erfüllen kann, wenn die zuständigen Landesstellen bei der Erstellung des Planes mit den Kh.-Verbänden in einer Konzertierten Aktion zusammenarbeiten und die Einzeldurchführung des Plans in enger Zusammenarbeit mit den einzelnen Trägern vorgenommen wird. Problematisch ist jedoch dabei die Ermittlung des objektiven Bedarfs, die Summe aller Krankheitsfälle, die nach objektiv ärztlicher Beurteilung nur durch eine stationäre Behandlung geheilt oder gebessert werden können.

Die *Pflegesatzregelung* wird einer später zu erlassenden *Rechtsverordnung* überlassen, womit auch künftig eine freie Preisbildung auf dem Kh.-Markt verhindert wird. Da der Pflegesatz durchschnittlich etwa 85 % der Kosten im Kh.-W. deckt, dürfte nach Meinung der *Deut-*

* Da der Bund längerfristig die Ein-Drittel-Quote nicht aufrechterhalten kann, soll die gesetzliche Krankenversicherung eine höhere Beteiligungsquote an den Gesamtkosten übernehmen (Verhandlungen vor dem Vermittlungsausschuß, April 1972).

schen Krankenhaus-Gesellschaft (DKG) diese wichtige Materie der Pflegesatzgestaltung aus dem Gesetz nicht ausgeklammert werden.

Neben den zahlreichen Reformvorschlägen zur direkten Änderung des Finanzierungssystems des Kh.-W. sind auch zahlreiche Vorschläge zur Senkung der Kosten im Kh.-W. gemacht worden.

Die Höhe der Kosten wird von mehreren Faktoren beeinflußt: von der *ärztlich-pflegerischen Zielsetzung* des Kh.; von der *Auswahl der Methoden der Diagnostik und Therapie;* von der Verweildauer der Patienten; von der Größe des Kh. und von der *Belegung* sowie von *anderen Einflußgrößen* mehr, die im Folgenden diskutiert werden:

(1) Die *Dienstleistungsökonomik* bemüht sich darum, die Dienstleistungen im Kh. zu rationalisieren.

(2) Der *medizinisch-technische Fortschritt* soll durch den Ausbau der Gerätemedizin gefördert werden.

(3) Die bisherige Kh.-Struktur soll in *stationäre, semistationäre* und *ambulante Versorgung* aufgegliedert werden.

(4) Durch den *Ausbau der ambulanten Versorgung* im Kh. könnten die kostenaufwendigen Ambulatorien der niedergelassenen Ärzte abgebaut werden. Damit würden die Kosten für die Untersuchung eines Patienten insgesamt verringert, und das würde zu einer Entlastung des gesamten Krankenversicherungssystems (→Krankenversicherung) führen.

(5) Mit dem Slogan „Klassenloses Krankenhaus" wollte man das Kh.-W vom gesellschaftspolitischen Aspekt her neu organisieren, ohne zu bedenken, daß die Anhebung des Versorgungsniveaus (Nivellierung nach oben) eine enorme Verteuerung des Kh.-W. bewirken würde, da alle Mehrbettzimmer auf Zwei- bzw. Einbettzimmer umgerüstet werden müßten. Das würde nach Berechnungen der DKG 16 Mrd. DM betragen. Deshalb schlägt die DKG eine abweichende Lösung, das „klassenneutrale Kh.", vor mit dem Ziel, den Patienten nicht nach der Zahlungsfähigkeit, sondern nach der Schwere der Erkrankung zu behandeln.

(6) Untereinander vergleichbare *Statistiken* können erst erstellt werden, wenn eine einheitliche Rechnungslegung in allen Kh. eingeführt wird.

(7) Die Durchführung einer systematischen *Kh.-Verwaltung* nach betriebswirtschaftlichen Grundsätzen hängt schließlich von der Qualität des Personals ab. Deshalb wird die Ausbildung von *Krankenhausverwaltern* z. B. in *Fachschulen* gefördert, ebenso wird die Ausbildung von *Krankenschwestern* mit dem Schwerpunkt auf eine Spezialisierung hin intensiviert.

(8) Auf dem Gebiet der Kh.-Planung wird eine interkommunale, interregionale und interterritoriale, d.h. eine von den politischen Grenzen innerhalb der BRD unabhängige Lenkung des Kh.-baus sowie der Modernisierung der Kh. gefordert.

(9) Eine exakte Bedarfsanalyse in Verbindung mit einer entsprechenden Planung kann jedoch erst sinnvoll in die Wege geleitet werden, wenn eine konstruktive, dauerhafte *Neuordnung der Kh.-Finanzierung* auf gesetzlichem Wege oder auch durch eine freiwillige Einigung der verschiedenen am Kh.-W. beteiligten →Gruppen erfolgt ist.

6. *Kritik*

a) Es fehlt also noch immer an einem in sich geschlossenen Finanzierungssystem, „das gewährleistet, daß die Kh. die ihnen bei optimalen Leistungen und wirtschaftlicher Betriebsführung entstehenden Kosten voll erhalten".

b) Deshalb schlagen die *Kh.-Träger* folgendes vor: *Organisatorische Verselbständigung der einzelnen Kh.* und damit *Herauslösung aus der unmittelbaren Finanz- und Personalhoheit der Kh.-Träger* (Selbstverwaltung); *Direktverhandlungen* der Kh.-Träger mit den zuständigen →Verbänden der Kh.-Ärzte und des Pflegepersonals analog den Verhandlungen zwischen den Tarifpartnern.

Dieser Vorschlag erinnert an eine Kombination der Vorschläge von ANDREAE, der das Kh. in den freien Markt überführen will, und an HERDER-DORNEICH, der die →Gruppenverhandlungen im Kh.-W. einführen will. Jedenfalls wird mit diesen Vorschlägen die Einführung des marktwirtschaftlichen Prinzips im Kh.-W. gefördert.

Es wird darüber hinaus ein *einheitliches Preissystem* für alle Leistungen gefordert, unabhängig davon, ob die Leistungen von Privat- oder Sozialversicherten in Anspruch genommen werden. Nur die Mehrleistungen sollen teuer bezahlt werden.

Deshalb soll auch das *Liquidationsrecht des Chefarztes* abgeschafft werden.

Vgl. Theo Thiemeyer, Der Krankenhauspflegesatz als Preis im System der gesetzlichen Krankenversicherung, in: Sozialer Fortschritt, 1968, Heft 22 und 1969, Heft 1; Hans-Joachim Schlaus, Die Finanzierung von Krankenhausleistungen. Beiträge des Deutschen Industrieinstituts, 7. Jg., 1969, Heft 6/7; Harald Clade, Reformvorschläge zur Krankenhausfinanzierung. Berichte des Deutschen Industrieinstituts zur Sozialpolitik, Jg. 3, 1969, Heft 15; Klaus Keldenich, Krankenhauskosten und medizinisch-technischer Fortschritt, in: ebd., Jg. 4, 1970, Heft 4; Philipp Herder-Dorneich u. a., Honorarreform und Krankenhaussanierung, Berlin 1970; Werner Kötz, Maßnahmen und Vorschläge zur Behebung des Mangels an Krankenhauspflegediensten. Diss. Köln 1970; ders., Der Pflegepersonalmangel in den Krankenhäusern der BRD, in: Berichte des Deutschen Industrieinstituts zur Sozialpolitik, Jg. 5, 1971, Heft 6; Statistisches Bundesamt, Fachserie A, Bevölkerung und Kultur, Reihe 7, Gesundheitswesen, III. Krankenhäuser, Berufe des Gesundheitswesens 1970, Stuttgart-Mainz (1972).

Krankenhilfe →Soziale Sicherung der Soldaten, →Sozialhilfe, gesetzliche.

Krankenkassen →Krankenversicherung, gesetzliche.

Krankenpflege, -dienste, -personal →Krankenhauswesen.

Krankenschein →Arzthonorierung.

Krankenstand →Betriebliche Sozialpolitik, →Soziale Steuerung.

Krankentagegeld →Krankenversicherung, private–gesetzliche, ein Vergleich.

Krankenversicherung (der Arbeiter und Angestellten), gesetzliche.

1. Funktionen

Die gesetzliche Krankenversicherung (GKV.) wurde 1883 von BISMARCK gegründet und basiert seit 1911 zusammen mit der Renten- und Unfallversicherung (→Rentenversicherung, →Unfallversicherung) auf der *Reichsversicherungsordnung.* Sie wurde in der Absicht konzipiert, die Krankheitskosten und den durch Krankheit bedingten Einkommensausfall des →Arbeiters zu decken. Die GKV. war ursprünglich eine reine →Fürsorge-Einrichtung und gewährte einem Teil der →Arbeiter freie Arztbehandlung und zahlte Krankengeld zur Überbrückung von Notlagen nach dem Prinzip des →sozialen Ausgleichs. Heute haben dagegen *alle* →Arbeiter und →Angestellten bis zur Versicherungspflichtgrenze ein Anrecht auf die durch dieses System bereitgestellten *Gesundheitsgüter,* dic nach dem →Äquivalenzprinzip in Verbindung mit dem Prinzip des →sozialen Ausgleichs gewährt werden.

2. Versichertenkreis

Der Versicherungspflicht unterliegen *alle* →Arbeiter und →Angestellten bis zur Versicherungspflichtgrenze, die nach dem 2. *Krankenversicherungs-Änderungsgesetz (KVÄG.) von 1970* dynamisiert ist und 75 % der Beitragsbemessungsgrenze der gesetzlichen →Rentenversicherung beträgt (bisher 1425 DM), also ab 1. 1. 72 1575 DM. Wessen →Einkommen über diese Grenze hinauswächst, kann sich *freiwillig weiterversichern* (Versicherungsfreiheit bzw. -berechtigung). Eine *freiwillige Höherversicherung* ist ebenfalls möglich. Die *nicht verdienenden Familienangehörigen* sind als sog. *mitversicherte Familienangehörige* mitversichert (Ehegatte und Kinder). *Rentner* sind ebenfalls pflichtversichert (vgl. Krankenversicherung der Rentner).
Nach dem Mikrozensus von 1970 waren 89 % der Wohnbevölkerung in der BRD in einer gesetzlichen Krankenkasse gegen Krankheit versi-

chert. Davon entfielen 47 % auf Männer und 53 % auf Frauen. Die Mitgliederstruktur setzt sich im Gegensatz zur privaten →Krankenversicherung vorwiegend aus jüngeren Erwerbstätigen zusammen.
Die Zahl der *Pflichtmitglieder* betrug 1970 28%, die der freiwillig Weiterversicherten 9 %; die der *Rentner* 13 % und die der mitversicherten Familienangehörigen 38 %. Ein Rest von 1 % fällt unter die Gruppe „*Heilfürsorge,* →Sozialhilfe" usw.
Im August 1971 hatte die GVK. 31,5 Mio. Mitglieder. Davon entfielen 18,3 Mio. auf *Pflichtmitglieder;* 4,9 Mio. auf freiwillig Weiterversicherte und 8,3 Mio. auf *pflichtversicherte Rentner.*

3. Organisation

a) *Träger der gegliederten* GKV. sind 7 *Kassenarten* mit 1789 *Einzelkassen* (November 71). Die 398 Ortskrankenkassen sind sog. Primärkassen, d. h., sie sind grundsätzlich für *alle* Versicherungspflichtigen zuständig; es sei denn, die Zuständigkeit ist durch Sonderkassen gegeben. Betriebskrankenkassen, von denen es im Oktober 1971 1095 gab, können grundsätzlich von jedem →Arbeitgeber, der regelmäßig mindestens 450 Versicherungspflichtige beschäftigt, gegründet werden. Die 100 Landkrankenkassen sind qua Gesetz als *Bezirkskassen* für einen räumlich abgegrenzten Bereich bestimmt, werden jedoch zum 1. 7. 1972 durch die Gründung der berufsständischen *Krankenversicherung der Landwirte* aufgelöst. Die 179 Innungskrankenkassen sind berufsständische Krankenkassen des Handwerks, und die Seekrankenkasse umfaßt die Besatzungen deutscher Seeschiffe und die noch in der Ausbildung stehenden Seelehrlinge. In der Bundesknappschaft, die eine Sonderform der Betriebskrankenkassen darstellt, sind alle Bergleute versichert. Eine Sonderform der Krankenkassen stellen die aus den früheren *Hilfskassen* hervorgegangenen überregionalen Ersatzkassen dar. Es gibt 8 *Ersatzkassen für Arbeiter* und 7 *für Angestellte.*
b) Die Krankenkassen sind Körperschaften des öffentlichen Rechts. Die wichtigsten Organe sind die *Vertreterversammlung,* der *Vorstand* und die *Geschäftsführung.* Bei den RVO-Kassen (alle Kassen ohne Ersatzkassen) ist die Vertreterversammlung je zur Hälfte mit Arbeitnehmer-(Versicherten) und Arbeitgeber-Vertretern besetzt; bei den Knappschaftskassen sind die Arbeitgeber nur zu einem Drittel vertreten.
c) Die *optimale Betriebsgröße* einer Krankenkasse kann sich nach der *Schwere* des zu versichernden →Risikos richten, wobei eine *Mindestkassengröße* berücksichtigt werden müßte. Eine reine *Kapazitätserweiterung ohne Verbesserung der Versicherungsbedingungen* (Produktivitätsverbesserung) kann leicht zu einer *Kostenprogression* führen.

d) Zur Erfüllung bestimmter *überregionaler* Aufgaben z. B. in der Eigenschaft als Vertragspartner der Kassenärztlichen Vereinigungen können sich die Kassen aufgrund des *Gesetzes über die Verbände der gesetzlichen Krankenkassen und der Ersatzkassen von 1955* zu →Verbänden mit Landes- und Bundesorganen zusammenschließen wie auch in der *Arbeitsgemeinschaft für Gemeinschaftsaufgaben der gesetzlichen Krankenversicherung.* Kontrollorgan der Kassen sind das *Bundesversicherungsamt* in Berlin und die *Landesversicherungsämter.*

4. Leistungen

Die *Gesamtleistungen* betrugen 1970 25,2 Mrd. DM und sollen 1975 41,2 Mrd. DM betragen.
Die Leistungen der GKV. gliedern sich in Sach- und Barleistungen. Das Verhältnis beider Leistungsarten verschiebt sich dabei immer mehr zugunsten der Sachleistungen (1925: 1:1 gegenüber 1972: ca. 9:1).
a) *Sachleistungen* werden in Form von ärztlichen und zahnärztlichen Leistungen, Arzneimitteln, Zahnersatzmitteln, Anstaltsbehandlungen, Mutterschaftshilfe und sonstigen Sachleistungen, wie z. B. Maßnahmen der Gesundheitsvorsorge, gewährt.
Sie betrugen 1970 19,3 Mrd. DM. Davon entfielen 1971 z. B. 6,9 Mrd. DM auf Krankenhauspflege und 6,3 Mrd. DM auf *ärztliche Leistungen.* 1975 sollen 33,6 Mrd. DM für die Sachleistungen der GVK. ausgegeben werden.
Die medizinischen Güter werden in der GKV. nach dem *Sachleistungsprinzip* gewährt, selten nach dem Kostenerstattungsverfahren. Die Ersatzkassen wenden dieses Prinzip jedoch bei den freiwillig Weiterversicherten an. Die Ortskrankenkassen wollen es neuerdings ähnlich den Ersatzkassen dann anwenden, wenn die Pflichtversicherten wie freiwillig Weiterversicherte, d. h. wie ein Privatpatient, einen Arzt aufsuchen. Sie bekommen dann die Kosten bis zur Höhe der üblichen Sätze der Gebührenordnung erstattet.
Charakteristisch für das Sachleistungsprinzip ist, daß der Empfänger der ärztlichen Leistungen und Medikamente nicht mit dem Schuldner identisch ist, d. h. für die Kosten nicht in Vorlage tritt, sondern daß die Krankenkasse für ihn die Liquidation der ärztlichen Leistung über die Kassenärztlichen Vereinigungen vornimmt.
b) Zu den *Barleistungen* zählen *Krankengeld, Mutterschaftsgeld, Sterbegeld* und sonstige Barleistungen. Sie betrugen 1970 3,6 Mrd. DM und sollen sich 1975 auf 4,9 Mrd. belaufen. Die gesamten Entgeltfortzahlungen bei Krankheit betrugen 1970 13 Mio. DM und sollen 1971 14 Mio. DM ausmachen (einschließlich Fortzahlung an die →Beamten).

c) Nach dem *2. Lohnfortzahlungsgesetz (LFG.) von 1969*[1] zahlt die Krankenkasse erst ab der 7. Woche bis maximal 78 Wochen lang innerhalb von je drei Jahren bei ein und derselben Krankheit das Krankengeld, das bis zu 75 % des *Regellohnes,* d.h. des regelmäßigen Bruttoarbeitsentgelts bis zur Beitragsbemessungsgrenze beträgt und einschließlich Familienzuschlägen bis auf 85 % ansteigen kann (vgl. auch Einkommenssicherung). Während früher nach dem 1. LFG. von 1957 die →Arbeiter schon während der ersten 6 Wochen das Krankengeld von den Krankenkassen erhielten und die →Arbeitgeber die Differenz zwischen Krankengeld und Nettolohn zu tragen hatten – jedoch nicht die Beiträge zur gesetzlichen →Rentenversicherung – diese gingen dem →Arbeiter verloren –, sind sie mit dem 2. LFG. von 1969 den →Angestellten gleichgestellt worden, die schon während der ersten 6 Wochen der Krankheit den Einkommensausfall durch den →Arbeitgeber ersetzt bekamen. Die ersten Erfahrungen mit dem 2. LFG. haben gezeigt, daß mit der vollen Lohnzahlung an die →Arbeiter während der ersten 6 Krankheitswochen der Krankenstand insgesamt angestiegen ist. (Er betrug im November 71 5,6 % der Pflichtmitglieder der Krankenkassen.) Im Falle eines →Krankenhausaufenthaltes erhielt der Versicherte früher von der Krankenkasse das Hausgeld, das wesentlich niedriger als das Krankengeld war. Nach dem 1. KVÄG. von 1969 wird *von Beginn der Krankenhauspflege* an Stelle des niedrigen *Hausgeldes ebenfalls Krankengeld* gezahlt.

Die Private →Krankenversicherung bietet jetzt durch günstige Tarife die Möglichkeit, dieses Krankengeld bei *freiwillig Weiterversicherten* auf 100 % des Nettolohnes aufzustocken, wie die Ersatzkassen es schon seit längerem praktizieren.

d) Als *Leistungsbemessungsgrenze* gilt die Beitragsbemessungsgrenze, die bisher bei 1425 DM/Monat lag und mit der *dynamisierten* Versicherungspflichtgrenze identisch ist und ab 1.1.1972 auf 1575 DM/Monat ansteigt. Infolgedessen verschlechtert sich z. B. der „soziale Besitzstand" eines freiwillig Weiterversicherten erheblich, wenn er weit mehr verdient, als die Versicherungspflicht- bzw. Leistungsbemessungsgrenze ausmacht.

Die Höhe der Leistungen richtet sich außerdem nach der *Mitgliederstruktur* bzw. der *Einkommensschichtung* (Grundlohnsumme) der jeweiligen Kassenart. Die Leistungsdifferenz ist jedoch, insgesamt gesehen, zwischen den einzelnen Kassenarten geringfügig.

e) Die *Leistungskontrolle* wird von der Institution des *Vertrauensärztlichen Dienstes* durchgeführt, der den *Landesversicherungsanstalten* untersteht und die Arbeitsunfähigkeit der Patienten, die die Grundlage für

[1] = Teil des 1. KVÄG.

die Leistungsinanspruchnahme darstellt, bis 1969 im Auftrag der Krankenkassen kontrollierte. Mit Übertragung der Lohnfortzahlung auf den →Arbeitgeber wurde diese Kontrollfunktion jedoch in eine *Beratungsfunktion* mit sozialmedizinischem (→Sozialmedizin) Charakter verwandelt.

f) *Indirekte Leistungen* der GKV. sind die zahlreichen vorübergehenden Phasen der →Einkommensumschichtung, die sich intertemporär zwischen den Versicherten abspielen, sich über das „Lebensintegral eines Versicherten gesehen" jedoch ausgleichen.

(1) Da die Beiträge *einkommensproportional* bis zur Beitragsbemessungsgrenze erhoben werden, zahlen *Höherverdienende absolut höhere Beiträge* als *Minderverdienende* bei gleichem Leistungsanspruch.

(2) *Pflichtversicherte mit Familienangehörigen* zahlen relativ *geringere Beiträge* als *Junggesellen* und *Alleinstehende*, weil die Familienangehörigen ohne zusätzlichen Beitrag mitversichert sind.

(3) *Gesund Konstituierte* und *Junge* zahlen relativ *höhere Beiträge* als die *Morbiden* und *Alten*; denn bei gleicher Beitragsleistung bringen letztere höhere Risiken (→Risiko) ein als die ersteren.

(4) Da der *Rentnerbeitrag* um ein Drittel *niedriger* als der *Beitrag der Erwerbstätigen* ist, ergibt sich auch hier ein Umverteilungseffekt.

(5) Von allen genannten Umverteilungsprozessen gleicht sich vielleicht derjenige, daß der Höherverdienende für den Minderverdienenden mitbezahlt, niemals aus. Das ist ein Verstoß gegen das →Äquivalenzprinzip, das besagt, daß die Leistung der Gegenleistung entsprechen soll, d.h. daß jedes Mitglied für das gleiche Gesundheitsgut den gleichen Preis zahlen müßte (vgl. Gesetz der Unterschiedslosigkeit der Preise). Statt dessen kommt hier das *Prinzip des* →sozialen Ausgleichs zum Zuge, da hier eine echte Umverteilung unter den Versicherten vorgenommen wird. Dieses Prinzip ist für die GKV. im Gegensatz zur GRV. systemimmanent und vom Gesetzgeber mit Absicht aufgenommen worden.

g) Die GKV. genießt außerdem noch zahlreiche *Kostenvorteile*, die unter 5.c) S. 157f. näher erläutert werden.

h) Da die Preise für die normalen Dienstleistungen (Ärzte, Pflegepersonal etc.) und für die zusätzlichen Leistungen, wie z.B. für psychisch Kranke, für langfristige Leiden und Gebrechen und für Rentner sowie für die Präventivmedizin aufgrund des geringen technischen Fortschritts überproportional steigen, die Finanzkraft der GKV. jedoch nur mit der Grundlohndynamik wächst, gerät die GKV. immer stärker in eine Einnahmen-Ausgaben-Schere.

i) Eine *Sonderstellung* im Finanzierungssystem der GKV. nimmt die →Arzthonorierung ein. Die 1932 gegründeten Kassenärztlichen Vereinigungen handeln in Vertretung der rd. 50000 Kassenärzte, die rd. 4/5 aller ärztlichen Leistungen an Kassenpatienten erbringen, mit den Kassenverbänden die Höhe der Arzthonorare anhand der 1965 verabschiedeten *Gebührenordnung für Ärzte* aus. Die Abrechnung erfolgt entweder nach dem Pauschalhonorierungs- oder nach dem Einzelleistungshonorierungsverfahren. Davon zu unterscheiden ist die Verteilung der Honorare zwischen Kassenärztlichen Vereinigungen und Ärzten.

5 *Finanzierung*

a) Während bis 1949 der Beitrag zur GKV. zu zwei Dritteln von den Versicherten und nur zu einem Drittel vom →Arbeitgeber bezahlt wurde, wird er heute (prozentual von der Grundlohnsumme bis zur Beitragsbemessungsgrenze [BBG.]) je zur Hälfte von Versicherten und →Arbeitgeber bestritten. Die Beiträge zu den knappschaftlichen Krankenkassen werden von den Versicherten, den →Arbeitgebern und dem Staat gezahlt.
Die Beiträge der freiwillig Weiterversicherten sind dagegen feste DM-Beträge, die bis zur BBG. erhoben werden. Während diese Gruppe von Versicherten bis zum 1. 1. 1971 ihre Beiträge alleine bestreiten mußte, erhalten inzwischen alle →Angestellten ohne Rücksicht auf die Höhe ihres Gehaltes von ihrem →Arbeitgeber einen Zuschuß zu ihrem Krankenversicherungsbeitrag. Als Zuschuß wird der Betrag gezahlt, der als Arbeitgeberanteil bei Krankenversicherungs*pflicht* des →Angestellten zur Pflichtkasse zu zahlen wäre, höchstens jedoch die Hälfte des Betrages, den der →Angestellte für seine Krankenversicherung tatsächlich aufwendet (vgl. § 405, Abs. 1, RVO). Die Übernahme dieses Beitragszuschusses durch den →Arbeitgeber wird damit motiviert, daß der Arbeitgeberanteil nichts anderes als ein Lohnbestandteil (→Lohn) ist, auf den der →Arbeitnehmer einen Anspruch hat.
b) *Hilfen von seiten des Staates* bekommt die GKV. *nicht,* mit Ausnahme der *Allgemeinen Ortskrankenkasse* „Berlin", die besondere Finanzierungsschwierigkeiten wegen der überalterten Mitgliederstruktur hat. Die *Knappschaftlichen Krankenkassen* erhalten ebenfalls einen staatlichen Zuschuß in Höhe von 1% ihrer Ausgaben.
Die Ortskrankenkassen können im Notfall auf die *Gemeinden* zurückgreifen, die als finanzieller *Garantieträger* einspringen sollten (vgl. § 379 RVO). 1967/68 lehnten es die Gemeinden jedoch ab, für die Ortskrankenkassen zu zahlen.
c) Die Träger der GKV. genießen außerdem noch Kostenvorteile, da sie bei den Apotheken aufgrund des § 376 *Reichsversicherungsordnung* (4%) *Umsatzrabatt* und (7%) *Mengenrabatt* auf Medikamente bekommen. Aufgrund der *Bundespflegesatzverordnung von 1954* rechnen die

Krankenkassen mit den Krankenhäusern zu *nicht kostendeckenden Pflegesätzen* ab. Die *Arzthonorare* für die gesetzlich Krankenversicherten sind aufgrund der seit 1965 gültigen *Gebührenordnung für Ärzte* niedriger als die Honorare für Privatpatienten (Arzthonorierung).
d) Das *Beitragsaufkommen* der Versicherten betrug 1970 12,2 Mrd. DM, das der Arbeitgeber 7,9 Mrd. DM, die öffentlichen Mittel machten 260 Mio. DM aus. 1975 sollen sie sich auf 17,1 Mrd. DM bzw. 14,2 Mrd. DM und 710 Mio. DM belaufen.
e) Die *Höhe* der Krankenkassenbeiträge wird von den verschiedenen Kassenverbänden im Rahmen der vom Gesetzgeber für das jeweilige Jahr bestimmten Höchstgrenze, d.h. vom *Bruttojahresarbeitslohn* festgesetzt. 1970 waren es durchschnittlich 8 % bis zur BBG.
Bis 1969, als die Krankenkassen noch mit der Zahlung des Krankengeldes während der ersten 6 Krankheitswochen des Versicherten belastet waren, waren es rd. 11 %. Der Beitragssatz der Ersatzkassen ist höher als derjenige der übrigen Kassen und unterliegt nicht der gesetzlichen Begrenzung, weil die Mehrzahl der 93000 Mitglieder freiwillig weiterversichert ist und Beiträge zu ermäßigten Sätzen entrichtet. Die Beiträge der Arbeitslosen und Rentner sind bei allen Kassen um rd. ein Drittel niedriger als die allgemeinen Pflichtbeiträge.
f) Die Berechnung der Beiträge erfolgt von der *Grundlohnsumme* der gesetzlichen Krankenkasse; d.i. die Summe der *Arbeitsentgelte* aller Mitglieder bis zur BBG. (vgl. oben 4 d). Das Beitragsaufkommen der Kassen wächst also einmal proportional mit der Grundlohnsumme (Grundlohndynamik) und andererseits mit der *Dynamisierung* der BBG.
g) Da die hundertprozentige Lohnfortzahlung für Arbeiter die lohnintensiven Klein- und Handwerksbetriebe besonders belastet, können sie an einem *Ausgleichsverfahren für Arbeitgeberaufwendungen* teilnehmen. Daran wirken die Orts-, Land- und Innungskrankenkassen, die Bundesknappschaft und die Seekrankenkasse mit. Die an diesem Verfahren beteiligten →Betriebe erhalten u.U. von der betreffenden Kasse rd. 80 % des an die →Arbeiter fortgezahlten Entgelts sowie die darauf entfallenden Arbeitgeberanteile erstattet. Die Finanzierung wird durch Umlage der →Arbeitgeber + Überschuß des Staates durchgeführt.

6. *Reformvorschläge*

a) *Zur Organisation* der GKV. werden folgende Reformvorschläge gemacht: Die nach regionalen und berufsständischen Kriterien gegliederte Versicherung soll durch eine Einheitsversicherung abgelöst werden, z.B. durch eine Vereinigung der 1789 *Einzelkassen* (November 1971) in

einer *Zentralkasse:* denn die gegliederte Versicherung schafft ungleiche Rechte und Pflichten, da für nahezu *gleiche Leistungen ungleiche Beiträge* in den verschiedenen Kassen erhoben werden.
Umgekehrt ist jedoch zu bedenken, daß große anonyme Versichertengemeinschaften die unrationelle Inanspruchnahme von Kassenleistungen eher fördern als bremsen. Bei den *berufsständischen Krankenkassen* ist noch ein Zusammenhang zwischen *Beitragssatz* und *Berufsrisiko* gegeben, der in einer Einheitsversicherung verlorengehen könnte. Bei einer Einheitskasse besteht schließlich die Gefahr, daß der Staat Einfluß nimmt und die Selbstverwaltung beeinträchtigt wird. Durch eine zunehmende Konzentration der GKV.-Kassen würde schließlich auch die Existenz der privaten →Krankenversicherung gefährdet.
Bei allen Organisationsfragen ist zu berücksichtigen, daß es darauf ankommt, möglichst *homogene Gefahrengemeinschaften mit differenzierten Beitragssätzen* und teilweise unterschiedlichen *kassenindividuellen Ermessensleistungen* zu bilden, was eine *gesunde Wettbewerbssituation* herbeiführt.
b) Zur Verbesserung der *Finanznot* im System der GKV. wird vorgeschlagen, die *Einkommensgrenzen,* die Beitragsbemessungsgrenze und die Versicherungspflichtgrenze anzuheben oder zu *dynamisieren.* Eine Anhebung der Versicherungspflichtgrenze würde zur Folge haben, daß die GKV. auf Kosten der privaten →Krankenversicherung neue Mitglieder, d.h. neue Einnahmen erhalten würde. Andererseits würden neue Mitgliederkreise der GKV. nicht nur neue Einnahmen, sondern auch neue Ausgaben bescheren.
Eine Anhebung der Beitragsbemessungsgrenze bei Konstanz der Versicherungspflichtgrenze für Angestellte würde die Mitgliederzahl bei steigenden →Löhnen konstant halten und den Marktanteil der privaten →Krankenversicherung nicht beschneiden. Die Einnahmen könnten also ohne Beitragsanhebung erhöht werden, allerdings auf Kosten der gut verdienenden →Arbeiter und →Angestellten. Das würde zur Preisgabe des →Äquivalenzprinzips führen, den →sozialen Ausgleich allerdings noch virulenter machen.
c) In den Reformvorschlägen zur GKV. wird auch die Frage der →Arzthonorierung heftig diskutiert. Von der Einführung des Kostenerstattungsverfahrens (KEV.) erhofft man sich ein Nachlassen der überproportionalen Nachfrage nach *Gesundheitsgütern,* d.h. der unrationellen Inanspruchnahme von ärztlichen Dienstleistungen und Medikamenten. Beim KEV. steht der Patient nach Harald Clade mit dem behandelnden Arzt bzw. mit der Apotheke in unmittelbarer privatrechtlicher Beziehung. Er tritt in Höhe der ärztlichen Honorarrechnung, die auf dem Prinzip der direkten *Einzelleistung* fußt, und auch bei den

Medikamenten in Vorlage, ehe die Krankenkasse die verauslagten Krankheitskosten je nach dem gewählten Honorierungssystem ganz oder teilweise zurückerstattet. Bei der Rückerstattung könnten noch Elemente des →sozialen Ausgleichs je nach der individuellen Einkommenslage (→Einkommen) berücksichtigt werden. Die Einführung des KEV. würde zu einer Entlastung und zu einem sinnvolleren Einsatz der Ärzte führen, den Heilungsprozeß fördern und das System verbilligen, so daß der Beitragsanstieg verlangsamt werden könnte.
Gegen die Einführung des KEV. in Verbindung mit der Selbstbeteiligung spricht trotz steigender →Löhne der fehlende Liquiditätsspielraum der Patienten angesichts der steigenden Preise.
d) Die →Rehabilitation soll in der Form neu organisiert werden, daß alle Rehabilitationsleistungen (→Rehabilitation) aus der GKV. ausgegliedert und in einem besonderen Versicherungszweig zusammengefaßt werden, so z.B. in einer *zentralen Bundesanstalt für Rehabilitation*, wie es z. B. die →Sozialenquête-Kommission vorgeschlagen hat. Eine Bundesarbeitsgemeinschaft für Rehabilitation besteht bereits.
e) Zur Verwirklichung der Reformen in der GKV. hat der *Bundesarbeitsminister* 1970 eine *Sachverständigenkommission zur Weiterentwicklung der sozialen Krankenversicherung* einberufen, die Vorschläge zur Reform ausarbeiten soll.

Vgl. Philipp Herder-Dorneich, Sozialökonomischer Grundriß der gesetzlichen Krankenversicherung, a.a.O. Theo Thiemeyer, Entwicklung der Gesundheitsleistungen, deren Kosten und ihre Gründe, in: Die Betriebskrankenkasse, 1971, Heft 19, S. 253ff. Nähere Einzelheiten vgl. auch in Übersicht über die soziale Sicherung, a.a.O., S. 121ff., ferner Sozialbericht 1971, S. 113ff.; Schaubilder 12ff.; S. 142ff., Schaubilder 30ff. und Tabelle II–14 auf S. 262 sowie Tabelle 11–18 auf S. 266; Statistisches Bundesamt (Hrsg.), Bevölkerung und Kultur, Reihe 6, Erwerbstätigkeit, II. Versicherte in der gesetzlichen Kranken- und Rentenversicherung, 1970, Stuttgart-Mainz 1971, passim, und Arbeits- und Sozialstatistische Mitteilungen, 23. Jg. (1972), Heft 2, (Februar) S. 58.

Krankenversicherung der Landwirte →Soziale Sicherung in der Landwirtschaft.

Krankenversicherung, private und gesetzliche – ein Vergleich.
1. Die Private Krankenversicherung (PKV.) geht in ihrem Ursprung auf die germanischen Genossenschaftsverbände zurück sowie auch auf das „Krankengeld" der Zünfte, das kirchliche Unterstützungs- und das staatliche Fürsorgewesen. Während die Gesetzliche →Krankenversicherung (KV.) schon 1883 gegründet wurde, hören wir vom Entstehen der PKV. erstmals im Jahre 1901.
2. Die PKV. ist aufgrund des →Versicherungsprinzips nach dem →Äquivalenzprinzip ausgerichtet, während für die GKV. seit alters her

das Solidaritätsprinzip in Verbindung mit dem Prinzip des →sozialen Ausgleichs konstitutiv ist.
3. Die PKV. hat die Rechtsform eines Versicherungsvereins auf Gegenseitigkeit oder einer Aktiengesellschaft und unterliegt der Kontrolle des *Bundesaufsichtsamtes für das private Versicherungs- und Bausparwesen* in Berlin, das eine staatliche Einrichtung ist. Die GKV. ist eine öffentlich-rechtliche Unternehmung und wird vom Staat beaufsichtigt, durch das *Bundesversicherungsamt* in Berlin oder von den *Landesversicherungsämtern.*
4. Die PKV. hat nach dem Mikrozensus von 1970 rd. 19% der Wohnbevölkerung als *Mitglieder,* von denen 4,2% auf Erwerbstätige und 5,6% auf Nicht-Erwerbstätige (Familienangehörige und Rentner und 0,3% Studentische Krankenversicherung) entfallen. Darüber hinaus sind weitere 4,5% der Wohnbevölkerung noch in der PKV. *zusatzversichert.* In der GKV. sind dagegen rd. 88% pflichtversichert; rd. 1% entfallen auf Mitglieder des →Kriegsschadenausgleichs, der →Kriegsopferversorgung, der →Sozialhilfe und der →Beamtenversorgung. Ein Rest von weiteren rd. 1% sind überhaupt nicht gegen Krankheit versichert.
5. In der PKV. ist *jedes Familienmitglied selbständig* versichert, während in der GKV. *nur* die Einkommensbezieher (→Einkommen) versichert und die unterhaltsberechtigten Familienmitglieder ohne eigenes Einkommen nur *mitversichert* sind (ohne zusätzlichen Beitrag).
6. In der PKV. werden die Beiträge *risikoproportional,* in der GKV. *einkommensproportional* (bis zur Beitragsbemessungsgrenze) erhoben.
7. Das Beitragsaufkommen der PKV. betrug 1970 rd. 4 Mrd. DM, dasjenige der GKV. machte 1970 rd. 20,4 Mrd. DM aus. Das Finanzvolumen beträgt also das Fünffache desjenigen der PKV.
8. Die PKV. und die GKV. müssen gesetzliche *Rückstellungen* halten, die jedoch bei der PKV. besonders hoch sind in Anbetracht des *Alterungsrisikos,* während sie bei der GKV. nur den Charakter einer *Liquiditätsreserve* haben (Betriebsrückstellung). Die GKV. ist in der günstigen Lage, automatisch qua Gesetz Mitglieder zugeführt zu bekommen. Außerdem finanziert sie sich nach dem *Umlageverfahren* und erhält *Preisnachlässe* von den Ärzten, Krankenhäusern und Apotheken.
9. Die PKV. muß Ausgaben für Inkasso und Werbung tätigen, die in der GKV. als Aufklärungskosten in geringerem Maße anfallen.
10. Die PKV. genießt keine Vorteile bei der Vermögens- (→Vermögensteuer), der Körperschafts- und der Gewerbesteuerveranlagung wie die GKV.
11. In der PKV. ist das Krankheitsrisiko in zwei selbständige Teilrisiken aufgeteilt: *Heilungskostenaufwand* und *Einkommensausfall.*
Sie werden durch selbständige *Teilversicherungen* (Krankheitskosten-

und Krankenhaustagegeldversicherung) in Form von Einzel- und Summenleistungen abgesichert. In der GKV. werden beide →Risiken durch Summenleistungen abgedeckt. Bei der PKV. ist die *Aussteuerung* eher möglich als bei der GKV.

12. Die *Geldleistungen* der PKV. sind entsprechend den Beiträgen *risikoproportional* ausgerichtet, während sie in der GKV. *einkommensproportional* (bis zur Beitragsbemessungsgrenze, die gleich der Leistungsbemessungsgrenze ist) und zusätzlich familienbezogen (→Familie) gestaltet sind.

13. In der PKV. werden die *Sachleistungen*, d. h. der Heilungskostenaufwand nach dem *Kostenerstattungsverfahren*, in der GKV. dagegen nach dem *Sachleistungsprinzip* gewährt.

14. Die PKV. gewährte 1970 für rd. 2,9 Mrd. DM Leistungen (Versicherungsleistungen und *Beitragsrückerstattungen*), während die GKV. 1970 rd. 22,9 Mrd. DM für Sach- und Barleistungen ausgab [1].

15. In der PKV. erfolgte von jeher eine *Beitragsrückerstattung* für nicht in Anspruch genommene Leistungen; in der GKV. ist dies erst seit 1970 jeweils zu Ende eines Quartals und in begrenzter Höhe (bis 30 DM pro Jahr) eingeführt worden.

16. Gegenüber der PKV. genießt die GKV. beachtliche *Kostenvorteile* und kann aus diesem Grund billigere Leistungen anbieten.

17. Wenn auch der *Wettbewerb* zwischen PKV. und GKV. durch die gesetzlich festgelegte Versicherungspflicht für die Mitglieder der GKV. genau geregelt ist, so kämpfen doch beide um die Gruppe der freiwillig Weiterversicherten. Außerdem wird der Kreis der Pflichtversicherten ständig durch Gesetzesnovellen ausgedehnt, so daß die PKV. immer mehr in das Geschäft der Zusatzversicherung abgedrängt wird.

Im Rahmen der *Zusatzversicherungen* sind drei Arten zu unterscheiden:

a) Die Zusatzversicherung *für eine höhere Pflegeklasse*, durch die der Patient die Differenz zwischen Pflegesatz für die allgemeine Pflegeklasse und einer höheren (2. oder 1. Klasse) und den ihm in dieser höheren Klasse extra berechneten stationären Arztkosten und den sonstigen Nebenleistungen ersetzt bekommt (auch Krankenhaustagegeld-Zusatzversicherung genannt).

b) Die Zusatzversicherung für die *freiwillig Weiterversicherten* der GKV., die ein höheres Krankengeld versichern können, als die GKV. es gewähren kann.

c) Die Zusatzversicherung *für die hundertprozentige Erstattung der ambulanten Arztkosten* ist noch in der Diskussion.

[1] Da die Leistungen der beiden Versicherungen jedoch nach Struktur und Inhalt sehr verschieden sind, gibt dieser Vergleich nur einen oberflächlichen Eindruck. Vgl. Reimer Schmidt, „Krankenversicherung I, Private Krankenversicherung" in:

HdSW, Bd. VI, Stuttgart-Tübingen-Göttingen 1959, S. 277; Dieter Lücke, Koexistenz von gesetzlicher und privater Krankenversicherung im System der Sozialen Sicherheit, Diss. (Köln 1969); Statistisches Bundesamt (Hrsg.), Bevölkerung und Kultur, Reihe 6, Erwerbstätigkeit, II. Versicherte in der gesetzlichen Kranken- und Rentenversicherung (Mikrozensus 1970), Stuttgart-Mainz 1971, passim; Rechenschaftsbericht des Verbandes der Privaten Krankenversicherung e. V., 1970, passim; Zahlenbericht des Verbandes der privaten Krankenversicherung e. V.: Die PKV 1970/71, S. 20 und S. 24. Vgl. die Literaturanmerkungen unter „Krankenversicherung, gesetzliche".

Krankenversicherung der Rentner, gesetzliche.

1. Entwicklung

Die Krankenversicherung der Rentner (KVdR.), nach der seit 1941 Bezieher einer Rente der gesetzlichen →Rentenversicherung Anspruch auf Leistungen der gesetzlichen →Krankenversicherung haben, wurde 1956 durch das *Gesetz über die Krankenversicherung der Rentner* und 1967 durch das *Finanzänderungsgesetz* mit Wirkung vom 1.1.1968 neu geordnet.

Nach der Regelung des Jahres 1956 waren nur Personen *pflichtversichert,* die während der letzten 5 Jahre vor Stellung des Rentenantrages mindestens 52 Wochen bei einem Träger der gesetzlichen →Krankenversicherung versichert waren. Während die KVdR. seit 1941 nur von den Orts- und Landkrankenkassen durchgeführt wurde, wurde ab 1956 das Recht auf Durchführung allen Kassen gegeben. Die Hoffnung, daß sich die Rentner auf die Kassenarten gleichmäßig verteilen würden, erfüllte sich jedoch nicht: die Orts- und Landkrankenkassen waren durch den überdurchschnittlichen Rentneranteil stark belastet.

Dies auch, weil die Beiträge der gesetzlichen →Rentenversicherung zur KVdR. die Aufwendung der KVdR. in immer geringerem Maße deckten und die ursprünglich geplante Kostenbeteiligung der gesetzlichen →Krankenversicherung von 8 bis 10% (sog. Interessenquote) an den Aufwendungen der KVdR. bis über 20% stieg. Die Beiträge der gesetzlichen →Rentenversicherung errechneten sich aus den *Grundlöhnen* des letzten Geschäftsjahres der Aktiv-Versicherten, vermindert um 15% und den um 1/3 gekürzten Beitragssätzen für Versicherte, die im Falle der Arbeitsunfähigkeit keinen Anspruch auf Fortzahlung ihres Gehaltes haben.

2. Gegenwärtige Regelung

Ab 1.1.1968 sind alle Personen, die die Voraussetzung für den Bezug einer Rente aus der gesetzlichen →Rentenversicherung erfüllen, von dem Zeitpunkt an, in dem sie eine Rente beantragt haben, in der KVdR. *pflichtversichert.* Rentner, die in der privaten →Krankenversicherung versichert sind, können sich von der KVdR. befreien lassen und erhalten

– wie früher – von der gesetzlichen →Rentenversicherung einen Beitragszuschuß, der dem Durchschnittsbeitrag aller für das Bundesgebiet gezahlten Beiträge zur KVdR. entspricht. Er wird halbjährig errechnet (und beträgt z. Z. DM 62,40).

Auch in der gesetzlichen KVdR. zahlen die Träger der gesetzlichen →Rentenversicherung den Krankenversicherungsbeitrag. Gegenüber der Regelung des Jahres 1956 wurde die sog. *Ausgleichszahl* eingeführt, die die Rentnerdichte einer Kasse, d. h. das Verhältnis der Beschäftigten zu den Rentnern berücksichtigt. Die Ausgleichszahl bewirkt, daß Kassen mit hohem Rentnerbestand fast alle ihre Rentner-Leistung – mit Ausnahme der 20 % Kostenbeteiligung – von der gesetzlichen →Rentenversicherung erhalten, während andere Kassen mit wenig Rentnern von der gesetzlichen →Rentenversicherung gar keinen Beitrag zur KVdR. erhalten können.

Ab dem Jahr 1969 sollen die Beiträge der Rentenversicherungs-Träger im gleichen Verhältnis zu der Summe der von den Trägern der Rentenversicherung gezahlten Rentenbeträge wie im Jahr 1968 stehen. An der Aufbringung der Beiträge, die die gesetzliche →Rentenversicherung an die gesetzlichen Krankenkassen zahlt, waren in den Jahren 1968 und 1969 die Rentner mit 2% des Zahlbetrages ihrer Renten beteiligt. Ab 1. 1. 1970 ist dieser Rentnerbeitrag entfallen. Er wird den Rentnern ab sofort zurückgezahlt. (April 1972)

Die Durchführung der KVdR. liegt sowohl für Versicherte – wie für Hinterbliebenen*rentner* bei der Kasse, bei der der Rentenbewerber zuletzt versichert war. Es sind zahlreiche Wahlmöglichkeiten eingeräumt, unter bestimmten Voraussetzungen eine andere Kasse zu wählen.

Vgl. Literatur unter „Rentenversicherung der Arbeiter und Angestellten, gesetzliche“.

Krankenversicherung der Studenten.

1. Bisherige Lösungen

Studenten unterliegen einer besonderen *Krankenversicherungspflicht.* Entweder wird die studentische Krankenversicherung, wie es z. B. an 12 Universitäten der BRD der Fall ist, als *selbständige Abteilung* oder als eine nichtrechtsfähige wirtschaftliche *Sondereinrichtung des Studentenwerkes* geführt.

Die Durchführung des Versicherungsschutzes kann aber auch einer *öffentlich-rechtlichen Versicherungseinrichtung* übertragen werden, wie es z. B. an den *bayerischen* Universitäten Usus ist. Sie kann ferner einem von ihnen gebildeten *Krankenversicherungsverein auf Gegenseitigkeit* (Deutsche Studenten-Krankenversicherung [DSKV.]), wie es bei 11 Universitäten der Fall ist, oder einem *privaten Versicherungsträger* (nur in Mainz) übertragen werden.

Hier sollen nur die Leistungen der DSKV. erwähnt werden, da sie als einzige mit denjenigen der RVO-Versicherungen identisch sind. Die Leistungen der übrigen liegen wegen der geringen Beiträge weit darunter.

2. Reformbestrebungen

Reformbestrebungen zur studentischen Krankenversicherung laufen darauf hinaus, eine *Pflichtversicherung* für Studenten mit *Vollversicherungsschutz* ähnlich der DSKV. zu gründen, obgleich die meisten Studenten bereits vor Beginn des Studiums mitversichert oder selbständig anderweitig versichert sind. Da die Gründung einer *Plichtversicherung für Studenten* wie die DSKV. nur über höhere Beiträge möglich sein wird, hängt diese Frage eng mit der Reform der *Studienfinanzierung* zusammen.

Vgl. Informationen aus der aktuellen sozialpolitischen Zeitschriftenliteratur.

Krankenversorgung →Lastenausgleich, gesetzlicher.

Krankheitsfolgekosten →Gesundheitspolitik, -wesen.

Krankheitskostenversicherung →Krankenversicherung, private, gesetzliche, ein Vergleich.

Kreditgewinnabgabe →Lastenausgleich, gesetzlicher.

Kriegsfolgelasten →Rentenversicherung der Arbeiter und Angestellten, gesetzliche.

Kriegsgefangenenentschädigung, -sgesetz →Kriegsschadenausgleich, gesetzlicher.

Kriegsopferfürsorge, -verordnung →Kriegsopferversorgung, gesetzliche.

Kriegsopferversorgung, gesetzliche.

1. Gegenstand

Aufgrund des *Bundesversorgungsgesetzes von 1950* in Verbindung mit dem *Kriegsgefangenen-Unterhaltsbeihilfen-Gesetz von 1950,* dem *Schwerbeschädigtengesetz von 1953,* dem *Soldatenversorgungsgesetz von 1957* und der *Kriegsopferfürsorgeverordnung von 1961* sollen die gesundheitlichen Schäden der Kriegsbeschädigten durch *Sach-* und *Geldleistungen* ausgeglichen werden, und bei den Kriegshinterbliebenen sollen die durch den Tod des Ernährers eingetretenen wirtschaftlichen Folgen so weit wie möglich gemildert werden.

2. *Umfang*

1952 betrug die Zahl der Versorgungsberechtigten 4,4 Mio. Ende 1971 waren es nur noch 2,5 Mio. Das ist besonders auf ein Absinken der Empfänger von Waisenrenten zurückzuführen.

3. *Organisation*

Die Versorgung der Kriegsopfer wird von 11 Landesversorgungsämtern durchgeführt, die der Aufsicht der zuständigen Landesminister unterstehen. Die Heil- und Krankenbehandlung wird von den Krankenkassen durchgeführt, die Kriegsopferfürsorge von den Sozialhilfeträgern.

4. *Leistungen*

a) Die Versorgung umfaßt: *Heilbehandlung;* →Rehabilitation; *Einkommensausgleich;* Kriegsopferfürsorge; *Krankenbehandlung* für Angehörige; *Rentenzahlungen (Grundrente;* Schwerstbeschädigtenzulage; Ausgleichsrente; Ehegatten- und Kinderzuschläge; Berufsschadenausgleichszulage; Elternrente und Pflegezulage; *Geldleistungen* an Hinterbliebene (Witwen und Waisen) und Kapitalabfindung.
b) Die Renten werden nach dem Grad der Minderung der Erwerbsfähigkeit bemessen. Sie werden ab 1971 in zweijährigen Abständen dem wirtschaftlichen *Wachstum* der *Volkswirtschaft* angepaßt; 1971 wurden sie um 5,5%, 1972 um 6,3% angepaßt.

5. *Finanzierung*

Die Ausgaben für die Kriegsopferfürsorge machten 1970 500 Mio. DM aus; die Ausgaben der KOV. betrugen 1970 rd. 7,4 Mrd. DM; 1975 werden es rd. 9,8 Mrd. DM sein. Obgleich die Anzahl der Empfänger im Laufe der Zeit abnimmt, wachsen die Ausgaben an, da lt. *1., 2. und 3. Anpassungsgesetz von 1970/71* die Leistungen verbessert worden sind. Die Kosten werden vom Bund getragen. Die persönlichen und sachlichen Verwaltungsausgaben übernehmen jedoch die Länder.

Vgl. Übersicht über die soziale Sicherung, a.a.O., S. 197ff., Sozialbericht 1971, S. 167ff., Schaubild 39ff. und Tabelle II – 29 auf S. 277 sowie Statistisches Bundesamt (Hrsg.), Fachserie K, Öffentliche Sozialleistungen, Reihe 1, II. Kriegsopferfürsorge, 1970, S. 8, und Arbeits- und Sozialstatistische Mitteilungen, 23. Jg. 1972, Nr. 1, Januar, S. 27.

Kriegsschadenausgleich, -srente (vgl. auch Lastenausgleich, gesetzlicher).
1. Zum Begriff Kriegsschadenausgleich gehören nach dem *Heimkehrergesetz von 1950* und nach dem *Kriegsgefangenenentschädigungsgesetz*

von 1954 Übergangsleistungen, bestimmte *Darlehen, Beihilfen* und *Entschädigungen* sowie der Ausgleich von Nachteilen im Bereich der Sozial- und Arbeitslosenversicherung (→Sozialversicherung), die Spätheimkehrern aus der Kriegsgefangenschaft nach dem Zweiten Weltkrieg aus Bundesmitteln gewährt werden.
Aus der „Heimkehrerstiftung – Stiftung für ehemalige Kriegsgefangene" können Darlehen zum Aufbau oder zur Sicherung der wirtschaftlichen Existenz, zur Beschaffung von Wohnraum oder für sonstige förderungswürdige Vorhaben sowie einmalige Zuwendungen zur Linderung unverschuldeter Notlagen gezahlt werden.
2. Vertriebene und Evakuierte sollen nach dem *Bundesvertriebenengesetz von 1953* und nach dem *Bundesevakuiertengesetz von 1953* auf allen Gebieten des wirtschaftlichen Lebens bevorzugt gefördert werden.
Nach dem *Gesetz über die Abgeltung von Besatzungsschäden von 1955* erhalten Personen, die Schäden durch Angehörige der Besatzungsstreitkräfte erlitten haben, einen Ausgleich dieser Schäden. Personen, die eine unzureichende Altersversorgung aufgrund von Reparations-, Restitutions-, Zerstörungs- und Rückerstattungsschäden haben, können aufgrund des *Reparationsschädengesetzes von 1969* eine *Kriegsschadenrente* nach denselben Grundsätzen erhalten, die auch für die Kriegsschadenrente nach dem →Lastenausgleich an Vertriebene und Kriegssachgeschädigte gelten.
Vgl. Übersicht über die soziale Sicherung, a.a.O., S. 251.

Kündigung, -sschutz, gesetzlicher.

1. Begriff

Der gesetzliche Kündigungsschutz umfaßt die Vorschriften, die das Recht der Vertragsauflösung zu Lasten der →Arbeitgeber einschränken. Eine Kündigung (K.) des →Arbeitnehmers stellt den →Arbeitgeber in der Regel vor das zeitlich befristete Problem, möglichst bald eine neue Arbeitskraft zu beschaffen. Dagegen stellt der Verlust des →Arbeitsplatzes für den →Arbeitnehmer eine Bedrohung seiner *Existenz* dar, die um so größer ist, je vermögensloser der →Arbeitnehmer ist und je größer der Angebotsüberhang auf dem →Arbeitsmarkt ist.
Dieser Gedanke lag in der Hauptsache den Bestrebungen des Gesetzgebers zugrunde, das Recht der freien K. einseitig zu Gunsten des →Arbeitnehmers einzuschränken.

2. Geschichte

Kündigungsschutzbestimmungen (KSch.), die direkt in die K.-rechte einer der beiden Vertragsparteien eingegriffen hätten, hat es während des

gesamten Mittelalters weder bei den ländlichen noch bei den gewerblichen →Arbeitnehmern gegeben. Der einzige Schutz bestand im Abschluß von längerfristigen Arbeitsverträgen (meist auf 1 Jahr) und in der Festsetzung von K.-fristen, die sich zunächst gewohnheitsrechtlich herausgebildet hatten und später in die zahllosen Landes-, Polizei- und Zunftordnungen aufgenommen wurden (→Arbeitsrecht).
Mit dem Zusammenbruch der mittelalterlichen →Gesellschaftsordnung unter dem Einfluß des Liberalismus trat der *freie* Arbeitsvertrag an die Stelle des mittelalterlichen Herrschaftsverhältnisses. Der Staat enthielt sich fortan jeglicher Einflußnahme auf die Gestaltung des Arbeitsverhältnisses. Die Bedingungen des Arbeitsvertrages, wie Lohnhöhe (→Lohn), Länge der Arbeitszeit, K.-fristen und dgl., sollten vielmehr in Zukunft durch die beiden Vertragsparteien allein ausgehandelt werden. Die gesetzgeberische Abstinenz des Staates auf dem Gebiet des →Arbeitsrechts führte zu Beginn des *industriellen Zeitalters* zu einer einseitigen Machtverlagerung auf die →Arbeitgeber, die aufgrund der Bevölkerungsexplosion und des durch sie ausgelösten Überangebots an Arbeitskräften die Bedingungen des Arbeitsvertrages einseitig in ihrem Interesse gestalten konnten. „*Kurze, jederzeit kündbare Geldlohnverträge,* von Individuum zu Individuum geschlossen, erschienen als das Ideal" (vgl. LUJO V. BRENTANO). Die immer deutlicher zutage tretenden Mißstände veranlaßten den Gesetzgeber bald, von dem Prinzip der absoluten Freiheit bei der Gestaltung des Arbeitsverhältnisses abzugehen und dieses durch Gesetze nach den Realitäten neu zu ordnen.
Abgesehen von einigen Bestimmungen des BGB, des HGB und der GewO sowie des *Betriebsrätegesetzes* von 1920, gab es bis 1926 kein besonderes KSchG. mit dem *KSchG. für Angestellte von 1926* wurde der erste Schritt vollzogen. Im *Gesetz zur Ordnung der nationalen Arbeit* von 1934 wurde der KSch. auf einen größeren Personenkreis erweitert, der jedoch durch das *Kontrollratsgesetz Nr. 40* im Jahre 1947 außer Kraft gesetzt wurde. Die Lücke wurde erst durch das KSchG. von 1951 wieder geschlossen, das noch durch das *1. Arbeitsrechtsbereinigungsgesetz von 1969* ergänzt wurde.

3. Arten

Nach dem gegenwärtig bestehenden KSch. ist zwischen dem Allgemeinen und dem Speziellen KSch. zu unterscheiden.
a) *Allgemeiner KSch.* Der allgemeine KSch. betrifft alle →Arbeitnehmer einschließlich der mittleren →Angestellten mit Ausnahme der →Beamten, der →Selbständigen und Lehrlinge. Voraussetzung ist ein Mindestalter von 18 Jahren und eine ununterbrochene Betriebszugehörigkeit

von 6 Monaten. Sind diese Voraussetzungen gegeben, so ist eine K. rechtsunwirksam, wenn sie sozial ungerechtfertigt ist, d.h., wenn sie nicht durch Gründe, die in der Person oder dem Verhalten des →Arbeitnehmers liegen oder durch dringende betriebliche Erfordernisse, die seiner Weiterbeschäftigung entgegenstehen, bedingt ist. Verlangt der →Arbeitgeber eine Auflösung des Arbeitsverhältnisses aus Gründen, die eine den Betriebszwecken dienliche Zusammenarbeit mit dem →Arbeitnehmer nicht erwarten lassen, kann auf seinen Antrag das Arbeitsgericht, niemals aber der →Arbeitgeber selbst das Arbeitsverhältnis auflösen. In diesem Fall ist der →Arbeitgeber zur Zahlung einer Abfindung verpflichtet. Diesen Abfindungsanspruch hat der →Arbeitnehmer auch, wenn er selbst bei Vorliegen einer sozialwidrigen K. die Auflösung des Arbeitsverhältnisses beantragt.

Eine Anrufung des Betriebsrates ist nicht zwingend vorgeschrieben, sondern lediglich eine Kann-Bestimmung. Erachtet der Betriebsrat den Einspruch als begründet, so hat er zu versuchen, eine Verständigung mit dem →Arbeitgeber herbeizuführen. Keinesfalls aber kann er die Klage des betreffenden →Arbeitnehmers verhindern.

b) *Spezieller KSch.* Nach dem allgemeinen KSch. hat der Gesetzgeber noch spezielle KSch.-bestimmungen zu erlassen, die z.T. im KSchG., z.T. aber auch in *Sondergesetzen* aufgeführt sind. Diese in der Regel über den allgemeinen KSch. z.T. erheblich hinausgehenden Bestimmungen betreffen Personengruppen, die ein besonderes schutzwürdiges Interesse an der Aufrechterhaltung des Arbeitsverhältnisses haben. Dies gilt insbesondere für →Schwerbeschädigte, werdende Mütter *(Mutterschutzgesetz), politisch Verfolgte* und Betriebsratsmitglieder.

Vgl. Alfred Hueck, Hans Carl Nipperdey, Grundriß des Arbeitsrechts, a. a. O., S. 117 ff.

Künstler, -hilfe (vgl. auch Soziale Sicherung der freien Berufe).

Da die künstlerischen und schriftstellerischen Berufe keine eigenen Versicherungs- und Versorgungswerke haben und auch nicht immer in der Angestelltenversicherung freiwillig weiterversichert sind, haben Bund und Länder →Fürsorge-*Einrichtungen,* wie die *Künstlerhilfe beim Bundespräsidenten,* gegründet, die etwa 600 Künstlern regelmäßig und 400 gelegentlich oder einmalig eine Ehrengabe im →Alter oder bei *Krankheit* und Bedürftigkeit gewährt.

Davon unabhängig werden in den meisten Bundesländern alten Künstlern und Schriftstellern etwa durchschnittlich 300 *Ehrensolde* gezahlt.

Vgl. Übersicht über die soziale Sicherung, a.a.O., S. 109.

Kurzarbeit, -ergeld →Arbeitslosigkeit.

L

Landabgaberente →Soziale Sicherung in der Landwirtschaft.

Landesarbeitsämter →Arbeitslosigkeit.

Landesausgleichsämter →Lastenausgleich, gesetzlicher.

Landeskrankenhausplan →Krankenhauswesen.

Landesplanung →Boden, Bodenrente, -politik.

Landessozialgericht →Sozialgerichtsbarkeit.

Landessozialhilfeämter →Sozialhilfe, gesetzliche.

Landesversicherungsämter →Einrichtungen der sozialen Sicherung.

Landesversicherungsanstalten →Rentenversicherung der Arbeiter (und Angestellten), gesetzliche.

Landesversorgungsämter →Kriegsopferversorgung, gesetzliche.

Landkrankenkassen, →Krankenversicherung, gesetzliche →Soziale Sicherung in der Landwirtschaft.

Landschaftsverbänd(e) →Sozialhilfe, gesetzliche.

Landwirtschaftliche Altershilfe, -kassen, Kranken- und Unfallversicherung, →Soziale Sicherung in der Landwirtschaft.

Lastenausgleich, gesetzlicher.

1. Einleitung

Durch die Vertreibung aus den deutschen Ostgebieten ging ein →Vermögen von rd. 100 Mrd. RM verloren; 1969 wohnten von den insgesamt 14 Mio. Vertriebenen 12,2 Mio. in der BRD. Im Bundesgebiet erlitten 3,4 Mio. Personen rd. 36 Mrd. RM an Sachschäden. Infolge der Währungsreform von 1948 wurden außerdem rd. 100 Mrd. RM Spareinlagen, Lebensversicherungen, Privathypotheken und Wertpapiere entwertet.

2. Gesetzliche Maßnahmen

Aufgrund des *Lastenausgleichsgesetzes von 1952 (LAG)*, das das *Soforthilfegesetz* von 1949 ablöste, in Verbindung mit dem *Währungsausgleichsgesetz von 1952*, dem *Feststellungsgesetz von 1952*, dem *Altsparergesetz von 1953* und dem *Reparationsschädengesetz von 1969* erhalten rd. 368 000 Personen nach den Grundsätzen der →sozialen Gerechtigkeit unter Berücksichtigung der volkswirtschaftlichen Möglichkeiten Leistungen als Ersatz derjenigen Schäden und Verluste, die durch die *Vertreibung* aus den deutschen Ostgebieten und der jetzigen DDR sowie durch die *Zerstörung* in der Kriegs- und Nachkriegszeit in Westdeutschland und infolge der Neuordnung des Geldwesens bei der *Währungsreform* von 1948 entstanden sind.

3. Leistungen

a) Zu den Leistungen nach dem LAG.-Gesetz zählen Ausgleichsleistungen an alle Personen, die Schäden an ihrem →Vermögen oder in ihrer *Existenzgrundlage* erlitten haben.
b) Zu den *Leistungen mit Rechtsanspruch* gehören die *Hauptentschädigung;* die →Kriegsschadenrente *(Unterhaltshilfe und Entschädigungsrente);* die *Hausratentschädigung;* die *Entschädigung im Währungsausgleich für Sparguthaben Vertriebener* und die *Entschädigungen* nach dem *Altsparergesetz.*
c) Zu den *Leistungen ohne Rechtsanspruch* gehören heute nur noch *Eingliederungsdarlehen,* z.B. *Aufbaudarlehen für die gewerbliche Wirtschaft, für die freien Berufe, für die Landwirtschaft* und *für den Wohnungsbau.*
d) Die Leistungen dienen dem *sozialen Schadensausgleich,* während Leistungen der *sozialen Sicherung* im eigentlichen Sinne nur die →Kriegsschadenrente und die *Beihilfen zum Lebensunterhalt* an politische Flüchtlinge aus Mitteldeutschland sind, da sie den Geschädigten ein *Ersatzeinkommen* gewähren.
Wer *Unterhaltshilfe* bekommt und nicht bei einer anderen gesetzlichen Einrichtung Krankensicherung erhält, hat auch Anspruch auf *Krankenversorgung* und *Sterbevorsorge.*

4. Finanzierung

a) Der LAG wird durch folgende *Ausgleichs-Abgaben* finanziert:
Die *Vermögens-*, die *Hypothekengewinn-* und die *Kreditgewinnabgabe,*

die in einem *Ausgleichsfonds* angesammelt werden. Die fehlenden Mittel werden aus Steuern bereitgestellt. Diese beliefen sich bis Ende 1969 auf insgesamt 20,1 Mrd. DM. Das 1948 erhaltengebliebene →Vermögen wird im allgemeinen mit 50% des Einheitswertes belastet.

b) 1970 stammten 56% der Einnahmen von 1,8 Mrd. DM aus LAG.-Abgaben; denn diese betrugen rd. 1 Mrd. DM. Der Zuschuß aus Bundesmitteln belief sich auf 770 Mio. DM. 1975 sollen die Einnahmen 726 Mio. DM betragen und der Bundeszuschuß 577 Mio. DM, zusammen 1,3 Mrd. DM.

5. Umfang

Die *Leistungen* des LAG. für →Entschädigungsrente, Unterhaltshilfen und Ausbildungshilfen betrugen 1970 1,8 Mrd. DM; 1975 sollen es nur noch 1,3 Mrd. DM sein. Bis zum 31. 12. 69 hat der LAG. insgesamt 72,3 Mrd. DM an Leistungen aus dem Ausgleichsfonds gezahlt.

Unterhaltsberechtigte erhielten bisher 235 DM/Monat, ab 1. 1. 1972 bekommen sie 255 DM. Ehegatten erhielten 155 DM, und nunmehr bekommen sie 170 DM ausbezahlt. Für jedes Kind werden an Stelle von 80 DM jetzt 87 DM gezahlt.

6. Träger

Träger des LAG. sind das Bundes-Ausgleichsamt und die örtlichen LAG.-Ämter.

7. Dauer

Der LAG. soll nach längstens 30 Jahren, also bis zum 31. 3. 1979 beendet sein. Andere Leistungen, wie z. B. die *Aufbaudarlehen,* sind jedoch erst im Verlauf von 40 Jahren zu tilgen. Die →Kriegsschadenrente (vgl. Kriegsschadenausgleich, gesetzlicher) wird lebenslänglich gezahlt.

Daher wird der LAG. insgesamt erst im Jahre 2015 abgewickelt sein.

Vgl. Karl Schaefer, Hans Fecher, „Lastenausgleich“, in: Staatslexikon, Bd. XI, Freiburg i. Br. 1970, Sp. 605 ff.; Übersicht über die soziale Sicherung, a. a. O., S. 215 ff., und Sozialbericht 1971, S. 171 ff. Schaubild 43 ff. und Tabelle II – 30 auf S. 278.

Lastenzuschuß (vgl. Wohngeld, gesetzliches).

Lebenseinkommen (vgl. auch Einkommensnivellierung).

1. Begriff

Das *individuelle* Lebenseinkommen (LE.) weist nach Elisabeth Liefmann-Keil in den *verschiedenen Berufen* in den einzelnen *Lebensabschnitten* eine *unterschiedliche Höhe* auf. So bewirkt z. B. der hinausgezögerte Beginn des *Erwerbslebens* infolge längerer →Ausbildung im allgemeinen einen verlängerten Verlauf der LE.-Kurve im Vergleich mit demjenigen, der eine kürzere Ausbildung durchgemacht hat und folglich früher ins Erwerbsleben eingetreten ist.

2. Anwendung

a) Das LE. des →Arbeiters z. B. beginnt in der Jugend mit einem hohen →Lohn, der bis zum mittleren Lebensalter ansteigt, jedoch schon ab 35–40 Jahren langsam stagniert bzw. fällt.
b) Das LE. des →Angestellten z. B. steigt mit durchschnittlichem Gehalt beginnend bis zum 35. Lebensjahr steil an, bis zum 40. Lebensjahr flach an, fällt dann langsam und sinkt ab dem 55. Lebensjahr sogar steil ab.
c) Das LE. des →Beamten z. B. verläuft mit durchschnittlich hohem Gehalt beginnend bis zum 45. Lebensjahr steil aufwärts, steigt dann flach an bis zum 50. Lebensjahr, fällt dann wieder etwas ab bis zum 55. Lebensjahr und steigt noch einmal steil an bis zum 60. Lebensjahr.
Vgl. Elisabeth Liefmann-Keil, Ökonomische Theorie der Sozialpolitik, a. a. O., S. 39ff.

Lebenslage (vgl. auch Sozialhilfe, gesetzliche).
Eine besondere, von der Normalvorstellung abweichende und damit schutzwürdige Lebenslage (LL.) tritt bei Verlust oder Minderung der Erwerbsfähigkeit ein, z. B. bei →Alter, Krankheit, Tod, →Arbeitslosigkeit, Mutterschaft, wirtschaftlicher Belastung durch Kinder, Mangel an Wohnraum und dadurch bedingter zu hoher Einkommensbelastung (→Einkommen) und anderen individuellen Notlagen. Die häufigsten Ursachen sind Kriegsbeschädigung, Krankheit und Arbeitsunfähigkeit. 1966 waren etwa 6,9% der Wohnbevölkerung der BRD körperlich oder geistig behindert; das waren 2,8 Mio. Männer und 1,3 Mio. Frauen. Rd. 500 000 Personen zählen zu den Obdachlosen und etwa 50–60 000 befinden sich in Strafanstalten (vgl. Resozialisierung).
Die Schutzbedürftigkeit kann nicht in allen Fällen durch *Geldleistungen* zum Ausgleich bestimmter Benachteiligungen ausgeglichen werden. Als ergänzende Leistungen kommen deshalb noch *Sachleistungen* und Leistungen immaterieller Natur (vgl. Sozialhilfe und auch Kriegsopferversorgung, gesetzliche) in Betracht.
Vgl. Literatur in den Anmerkungen zu „Sozialhilfe" und „Resozialisierung".

Lebensversicherung →Versicherung.

Leistungsbemessungsgrenze →Einrichtungen der sozialen Sicherung, →Krankenversicherung, gesetzliche.

Leistungslohn →Lohnformen.

Leistungsprinzip →Einkommensteuer, →Äquivalenzprinzip.

Leitbild, soziales (vgl. auch Einrichtungen der sozialen Sicherung).

1. Begriff

Unter sozialem Leitbild (L.) versteht man Wertvorstellungen von Individuen, die zwischen Utopie und Modell liegen. Nach THEODOR PÜTZ läßt sich unter einem L. ein „geschlossener und in sich widerspruchsfreier Zusammenhang von Zielen, Grundsätzen und zielkonformen Institutionen und Maßnahmen" verstehen, den es jedoch in der Realität nicht gibt.

2. Sozialpolitischer Bezug

In der →Sozialpolitik kommt dem L. besondere Bedeutung bei der Ausgestaltung der →Einrichtungen der sozialen Sicherung zu. Wenn das System der sozialen Sicherung in der BRD auch keinem einheitlichen widerspruchsfreien L. folgt, so ist doch das Selbsthilfeprinzip in Form der einkommensproportionalen Beitragszahlung der Versicherten zu den Sozialversicherungseinrichtungen (→Sozialversicherung) das beherrschende und damit konstitutive Prinzip der sozialen Sicherung in Deutschland, wenn es auch an einigen Stellen durch den →sozialen Ausgleich durchbrochen wird.

Vgl. Theodor Pütz, Die wirtschaftspolitische Konzeption, in: Wirtschaftsfragen der Freien Welt, hrsg. von Erwin v. Beckerath; Fritz W. Meyer; Alfred Müller-Armack, Frankfurt a.M. 1957, S. 44; J. C. Papalekas, „Soziale Leitbilder", in: Wörterbuch der Soziologie, a.a.O., S. 970ff.; Werner Wilhelm Engelhardt, Utopien als Problem der Sozial- und Wirtschaftswissenschaften, in: Zeitschrift für die gesamte Staatswissenschaft, Bd. 125, Tübingen 1969, Heft 4 (Sonderdruck), passim, und Soziale Sicherung, Sozialenquête in der BRD, hrsg. von Bogs – Achinger – Meinhold – Neundörfer – Schreiber, Stuttgart – Berlin – Köln – Mainz (1966), S. 122f.

Liberalismus →Boden, Bodenrente, -politik und Gesellschaftssysteme, Kündigungsschutz, gesetzlicher.

Lobby →Verbände.

Lohn, -begriffe.

1. Allgemeiner Begriff

Unter Lohn (L.) wird im engeren Sinne das vertragsmäßig ausbedungene Entgelt für eine *Arbeitsleistung* bestimmter Art verstanden, unter L. im weiteren Sinne ist jedes Entgelt für Arbeits- und Dienstleistungen überhaupt aufzufassen (vgl. Lohn für →Arbeiter; Gehalt für →Angestellte;

Sold für →Beamte; Honorar für Freie Berufe und Unternehmerlohn für die →Unternehmertätigkeit).
Die Frage nach dem *gerechten* →L. kann wertfrei nicht beantwortet werden, sondern nur unter Hinzuziehung von Normen (Aussagen über das, was sein soll). Demzufolge sind die Ansichten darüber, was gerechter L. ist, ebenso unterschiedlich wie die verschiedenen sozialethischen Systeme.

2. Die verschiedenen Lohnbegriffe

a) Unter *Tariflohn* versteht man den zwischen Arbeitgeber- und Arbeitnehmervertretern (→Arbeitgeber, →Arbeitnehmer), d.h. den zwischen →Arbeitgeberverbänden und →Gewerkschaften im →Tarifvertrag ausgehandelten *Mindestlohn* einer Branche, der für alle Mitglieder des betreffenden →Arbeitgeberverbandes verbindlich ist (Allgemeinverbindlichkeitserklärung). Der L. darf, von Ausnahmen abgesehen, nicht in Naturalleistungen gewährt werden (vgl. unten c) Naturallohn).
b) Unter *Effektivlohn* ist der tatsächlich vom →Arbeitgeber an den →Arbeitnehmer gezahlte L. zu verstehen, der wenigstens dem tariflich festgesetzten Mindestlohn entsprechen muß, meistens jedoch darüber liegt (vgl. Wage- bzw. Lohndrift).
c) Unter *Naturallohn* wird die Entlohnung in Naturalien anstelle von Geld verstanden. Mit dem *Truckverbot* von 1878 wurde reichseinheitlich die Lohnzahlung in Naturalform verboten. Dieses Verbot wird im *Lohnzahlungsschutz* noch besonders betont. Ausnahmen, z.B. in der Landwirtschaft, sind jedoch erlaubt.
d) Als *Bruttolohn* wird der zwischen →Arbeitgeber und →Arbeitnehmer unabhängig vom Tariflohn tatsächlich ausgehandelte Effektiv-L. bezeichnet, von dem die Abgaben (Sozialversicherungsbeiträge [→Sozialversicherung] und Steuern) noch nicht abgezogen sind.
e) Der *Nettolohn* ist derjenige L., der dem Erwerbstätigen vom →Arbeitgeber nach Abzug von Steuern und Sozialversicherungsbeiträgen (→Sozialversicherung) vom Bruttolohn ausbezahlt wird.
f) Als *Nominallohn* wird derjenige L. bezeichnet, der im Gegensatz zum Reallohn dem in Geldeinheiten ausgehandelten L. entspricht.
g) Der *Reallohn* ist derjenige L., der im Gegensatz zum Nominallohn das Verhältnis zwischen Lohn- (→Lohn) und *Lebenshaltungskostenindex* widerspiegelt und der Kaufkraft, die für einen bestimmten Warenkorb aufgewandt werden muß, entspricht.
h) Unter dem Begriff *Markt-* oder *Leistungslohn* wird der am →Arbeitsmarkt aufgrund von Angebot und Nachfrage als Entgelt für eine erbrachte Leistung bezahlte L. einschließlich leistungsabhängigen Zulagen

(wie Zuschläge für Überstunden; Nacht- und Sonntagsarbeit oder Treueprämien; Akkordlöhne) verstanden, hierbei bleibt die soziale Lage des Empfängers, wie z. B. die Kopfzahl der zu versorgenden Familienmitglieder (→Familie) unberücksichtigt.

i) Unter *Soziallohn* versteht man den am Markt gezahlten Leistungslohn (Normallohn) zuzüglich Familienzuschlägen, die auf die *soziale Lage* des Empfängers abgestimmt sind. Solche Zuschläge sind *leistungsunabhängige* Lohnanteile in Form von Familien- und Kinderzulagen. (Die familienbezogenen [→Familie] Zuschläge aus den →Einrichtungen der sozialen Sicherung zählen jedoch nicht zu diesem Lohnbegriff.)

j) Unter *Familienlohn* ist derjenige L., von dem der →Arbeitnehmer einschließlich aller Familienmitglieder leben muß, zu verstehen. Da der Marktlohn meist ein *Individuallohn* ist, den nur der Ernährer der →Familie verdient und der nur nach der Leistung (vgl. oben h) Leistungslohn zuzüglich leistungsabhängige Zuschläge) und nicht nach den persönlichen Existenzbedingungen bemessen wird, versuchen die →Sozialpolitiker den familiengerechten L. zu befürworten.

Der *absolute* Familienlohn ist derjenige L., den ein Vierpersonenhaushalt oder die statistische Normalfamilie in der BRD erhält.

Der *relative* Familienlohn ist derjenige L., der auf sog. *soziale Differenzierungen* ausgerichtet ist und deswegen auch Soziallohn genannt wird (vgl. oben i).

Vgl. Informationen aus der allgemeinen sozialpolitischen Literatur.

Lohnbezogene Vermögensbildung →Investivlohn, →Vermögen, -spolitik.

Lohndrift (Wagedrift).

Unter diesem Begriff wird die Differenz zwischen Effektiv- und Tariflohn verstanden. Sie kann als *Spanne zwischen dem Effektiv- und dem Effektiv- und Tariflöhne* gemessen werden *(Ratenspanne)*. Da die Tariflohnstatistik nicht alle tariflichen Leistungen umfaßt, wird die Lohndrift statistisch höher ausgewiesen, als die tatsächliche übertarifliche Bezahlung in Wirklichkeit ist.

Vgl. Literatur unter „Lohn".

Lohnfondstheorie →Lohntheorien.

Lohnformen (vgl. auch Betriebliche Sozialpolitik und Arbeitswissenschaft).

Von den verschiedenen Lohnformen (LF.) sollen hier nur der Zeitlohn und der Leistungslohn erläutert werden.

1. Der Zeitlohn

Beim Zeitlohn wird die Lohnhöhe nach der Dauer der für die →Arbeit aufgewandten Zeit (Stunden-, Tages-, Wochen- oder Monatslohn) berechnet. Es fehlt bei dieser LF. der Antrieb zur Leistungssteigerung, da Qualität und Quantität der Leistung unberücksichtigt bleiben.

2. Der Leistungslohn

Der Leistungslohn will im Gegensatz zum Zeitlohn den Arbeitserfolg, der in der Bewertung der Qualität und Quantität besteht, honorieren. Er tritt in zwei Formen auf: als Prämien- und als Akkordlohn.

a) *Der Prämienlohn.* Der Prämienlohn beruht auf dem Gedanken der Prämiierung eines schnell und gleichmäßig zu erledigenden Arbeitspensums in Verbindung mit dem Zeitlohngedanken. Im Gegensatz zum Akkordlohn wird aber die *Qualität der Arbeitsleistung* berücksichtigt. Die Prämie honoriert eine *Sonderleistung*, während die übliche Arbeitsleistung im Grundlohn (Zeitlohn) abgegolten wird. Sie setzt erst von einer bestimmten Leistungsgrenze an ein. Neben der *Leistungsmenge* und der *Qualität* werden auch *Materialersparnis* und *Terminplanung* prämiiert.
Beim „*echten*“ Prämienlohn wird die Leistung selbst nach Größe oder Art zur isolierten Berechnungsgrundlage gemacht, dagegen nicht der Leistungsanteil der →Arbeitnehmer am Produktivitätsergebnis oder gar -ertrag. Deshalb sind Prämienlöhne grundsätzlich von *Ertragslöhnen* zu unterscheiden.

b) *Der Akkordlohn.* Im Akkordlohn wird jede Leistungseinheit (Produkteinheit beim Stücklohn) gleich entlohnt nach einer vorgegebenen Zeit oder nach einer vorgegebenen Anzahl. Das ist jedoch problematisch, da die durchschnittliche, nach Einarbeitung und Gewöhnung auf Dauer ohne Gesundheitsschädigung zu erbringende Leistungshöhe *(Normallohn)* schwer zu bestimmen ist. Diese *Normalleistung* kann durch vertragliche Fixierung, betriebliche Schätzung oder nach arbeitswissenschaftlichen Methoden festgesetzt werden.
In diesem Zusammenhang ist die besondere Bedeutung der *analytischen Arbeitsplatzbewertung* zu erwähnen, die einen möglichst individuellen, den Leistungsanforderungen entsprechenden →Lohn ermitteln soll.

Vgl. u.a. Guido Fischer, „Arbeit“, in: Staatslexikon, Bd. I, a.a.O., Sp. 419ff., und Wolfgang Kilger, „Lohnformen“, in: HdSW, Bd. VII, Stuttgart–Tübingen–Göttingen 1961, S. 26ff.; auch Ludwig Heyde, Abriß, a. a. O., S. 120ff.

Lohnfortzahlung, gesetzliche →Krankenversicherung, gesetzliche, →Einkommenssicherung.

Lohnleitlinien →Lohnpolitik.

Lohnpolitik.

1. Begriff

Unter Lohnpolitik (LP.) sollen die Mittel und Ziele verstanden werden, die die einzelnen bei der Lohnbildung (→Lohn) beteiligten Parteien auf dem →Arbeitsmarkt einsetzen.
Das sind bei der betrieblichen (→Betrieb) LP. der einzelne →Arbeitnehmer und →Arbeitgeber und bei der *tariflichen* LP. die →Gewerkschaften und →Arbeitgeberverbände, die miteinander verhandeln. Eine *staatliche* LP. gibt es heute nicht mehr. Man kann allenfalls die Konzertierte Aktion (→Verbände) als eine solche Politik der leichten Hand, als „moral suasion" (GÜNTER SCHMÖLDERS) bezeichnen.

2. Funktionen

Die →Gewerkschaften erfüllen in ihrer Eigenschaft als Vertreter der →Arbeitnehmer auf dem →Arbeitsmarkt eine wichtige volkswirtschaftliche Funktion; denn die von ihnen an der *Produktivität* ausgerichteten „erzwungenen" Lohnerhöhungen (→Lohn) haben zur Folge, daß die →Arbeitnehmer ein höheres →Einkommen erhalten, mit dem sie das erhöhte Güterangebot der →Unternehmer zu konstanten Preisen kaufen können. Bei stabilem Preisniveau und gleichbleibender volkswirtschaftlicher Struktur von Investition und Konsum entspricht diese *„produktivitätsorientierte* LP." dem volkswirtschaftlichen Gleichgewicht.

3. Volkswirtschaftliche Auswirkungen

Bei der *produktivitätsorientierten* LP. ist jedoch zu berücksichtigen, daß sich der Produktivitätsfortschritt nur nachträglich für die Gesamtwirtschaft ermitteln läßt. Deshalb beruhen die Lohnerhöhungen (→Lohn) immer auf Schätzungen des gegenwärtigen Produktivitätsfortschritts. Damit ist die Gefahr eines ständigen Vorgriffs auf das →Sozialprodukt tendenziell immer gegeben, so daß ein volkswirtschaftliches Ungleichgewicht in Form von steigenden Preisen die Folge ist.

Vgl. Erich Arndt, „Lohn" (II), in: HdSW, Bd. VII, a.a.O., S. 16ff.; J. Heinz Müller, Max Wingen, „Lohn", in: Staatslexikon, Bd. V, Freiburg i. Br. 1960, Sp. 416ff.; Bernhard Külp, Lohnbildung im Wechselspiel zwischen politischen und wirtschaftlichen Kräften, Volkswirtschaftliche Schriften, Bd. 84, Berlin 1965; ders., Ziele und Maßstäbe der Lohnpolitik, Berichte des Deutschen Industrieinstituts zur Sozialpolitik, Jg. 1, 1967, Nr. 5; Gerhard Boecker, Wirtschaftliche Richtgrößen für die gewerkschaftliche Lohnpolitik?, Diss. Köln 1967, und auch Eberhard R. Dall'Asta, Theorie der Lohnpolitik, Volkswirtschaftliche Schriften, Bd. 156, Berlin 1971.

Lohnprämie →Lohnformen.

Lohnquote.
Unter diesem Begriff versteht man das Verhältnis der →Einkommen aus unselbständiger →Arbeit zum gesamten →Volkseinkommen.
Die Lohnquote ist im zeitlichen Ablauf zwar konjunkturellen Schwankungen unterworfen, im Durchschnitt ist sie, kurzfristig betrachtet, aber erstaunlich konstant.
Sie lag 1971 in der BRD bei 68,9% und schwankt meist um 65%. In absoluten Zahlen gemessen, betrug sie 1971 400,0 Mrd. DM.
Vgl. Wirtschaft und Statistik, 1927, Heft 2, Februar, S. 79.

Lohnschutz →Arbeitsschutz, gesetzlicher, →Tarifvertrag.

Lohnstruktur.

1. Begriff

Heinz Lampert versteht unter Lohnstruktur (LStr.) die zahlenmäßigen Verhältnisse und die Zusammenhänge (Interdependenzen), die eine Reihe zeitlich, räumlich und sachlich definierter →Löhne charakterisieren. Friedrich Fürstenberg definiert die LStr. einer Volkswirtschaft als das „Netzwerk der verschiedenen effektiven Lohnsätze, aufgrund dessen sich der Anteil der Arbeitseinkommen am →Sozialprodukt auf die verschiedenen Träger von *Arbeitslohn* verteilt".

2. Formen

Lohnunterschiede (→Lohn) werden nach Heinz Lampert durch Unterschiede in der beruflichen →Ausbildung; in der *Qualifikation* und in der *effektiven Leistungsfähigkeit* der →Arbeitnehmer; in den äußeren Bedingungen, unter denen sich die →Arbeit vollzieht, und durch *Unterschiede im persönlichen und sozialen Status* der →Arbeitnehmer bewirkt und durch die *regionale Marktspaltung.* Die Höhe der Lohnunterschiede (→Lohn) ist vom *Grad der sachlichen, räumlichen und zeitlichen Substituierbarkeit* und von den *zwischen den Elementarmärkten bestehenden Beziehungen* abhängig, deren Stärke von der *Markttransparenz,* der →Mobilität der →Arbeit und von der Existenz oder vom Fehlen von Präferenzen abhängt.

3. Eine Theorie der Lohnstruktur

Die Struktur der →Arbeitsmärkte und die Beziehungen zwischen den Arbeitsmärkten einer *Volkswirtschaft* stellen den entscheidenden Ansatzpunkt für eine Theorie der LStr. dar, wobei dem Aspekt der *regionalen Unterschiede* eine besondere Bedeutung zukommt. So sind die Verteilung der →Bevölkerung, die →Mobilität der Arbeitskraft (→Arbeit) und die Entstehung und Entwicklung der Industrie raumabhängig und damit einflußwirksam auf die LStr.
Sowohl tarifvertragliche (→Tarifvertrag) als auch staatliche Maßnahmen u. a. im Bereich der →Lohnpolitik können die LStr. direkt und indirekt beeinflussen.

Vgl. u. a. Heinz Lampert, Die Lohnstruktur der Industrie, Ein Beitrag zu einer Theorie der Lohnstruktur, Berlin 1963, S. 5f.; 41ff. und 208.

Lohnsumme.

Unter diesem Begriff wird die Summe aller →Löhne einer Unternehmung oder, gesamtwirtschaftlich gesehen, die Lohnsumme aller Unternehmungen oder die Summe der →Einkommen der abhängig Beschäftigten verstanden. Sie ist nicht zu verwechseln mit der →Lohnquote.

Vgl. Literatur in den Anmerkungen zu „Lohn, -begriffe".

Lohntheorien.

1. Begriff

Die verschiedenen Lohntheorien der Geschichte der Volkswirtschaftslehre befassen sich hauptsächlich mit den beiden Fragen: welche Faktoren die Lohnhöhe (→Lohn) bestimmen und welchen Anteil vom Gesamtprodukt die Lohnbezieher (→Lohn) erhalten.

2. Die verschiedenen Einzeltheorien

a) Die *Existenzminimumtheorie* (→Existenzminimum) des →Lohnes, die von Adam Smith, David Ricardo, Thomas Robert Malthus und Ferdinand Lassalle vertreten wurde, betrachtet die menschliche →Arbeit als Ware, deren Preis der →Lohn ist. Der *natürliche Preis* ist nach Smith derjenige →Lohn, der für die *Reproduktionskosten* dieser Ware →Arbeit gezahlt wird; dagegen ist der Marktpreis der →Lohn, der sich aus dem freien Spiel der Kräfte durch Angebot und Nachfrage am →Arbeitsmarkt ergibt. Dieser Marktlohn oszilliert nach Smith um den natürlichen Lohn; ist er höher als dieser, so setzt eine Bevölkerungsvermehrung (→Bevölkerung) ein. Das führt zu einem erhöhten Arbeitskräfteangebot und bringt den Marktlohn zum Sinken bis zum →Existenzminimum oder sogar kurzfristig darunter.

b) Der *Lohnfondstheorie* zufolge, die von ADAM SMITH, THOMAS ROBERT MALTHUS, DAVID RICARDO und vor allem von JOHN STUART MILL vertreten wurde, wird der Lohn als *Quotient* des volkswirtschaftlichen Lohnfonds und der Arbeiterzahl bestimmt. Vom Standpunkt der Existenzminimumtheorie (→Existenzminimum) des →Lohnes aus betrachtet, kann die Zahl der →Arbeiter immer so groß sein, daß der aus *Lohnfonds* und Arbeiterzahl (→Arbeiter) sich ergebende →Lohn gerade nur das →Existenzminimum deckt.

Der *Lohnfonds* ist einmal die Gesamtheit von Gütern und Leistungen, die den →Arbeitern insgesamt in einer Periode zufließen, zum anderen aber kann der *Lohnfonds* nach Meinung MILLS auch die Kapitalsumme sein, aus der der →Unternehmer die →Arbeiter entlohnt, wobei die Kapitalsumme als Teil des gesamten umlaufenden Kapitals zu verstehen ist. Der frei gebildete →Lohn hängt nach seiner Meinung von Angebot und Nachfrage ab, wobei sich das Angebot aus der Zahl der abhängig Beschäftigten ergibt, die aber nicht wie bei der Existenzminimumtheorie (→Existenzminimum) mit der Lohnhöhe (→Lohn) verknüpft, sondern als unabhängige Variable betrachtet wird. Die Nachfrage ist nicht vom Gesamtkapital, sondern von der Höhe des umlaufenden Kapitals in der *Volkswirtschaft*, eben dem Lohnfonds abhängig.

Die sozialpolitischen (→Sozialpolitik) Konsequenzen aus der Lohnfondstheorie sind wie bei der Existenzminimumtheorie als negativ anzusehen. Ein höherer →Lohn kann weder durch sozialpolitische Maßnahmen noch durch gewerkschaftlichen (→Gewerkschaft) Druck, sondern nur durch verringertes Arbeitsangebot infolge eingeschränkter Kinderzahl oder durch Kapitalwachstum erreicht werden.

c) In Abwandlung dieser Lohnfondstheorie stellte FERDINAND LASSALLE das *Eherne Lohngesetz* auf, demzufolge der durchschnittliche Arbeitslohn immer auf den notwendigsten Lebensunterhalt des →Arbeiters mit dem Ziel der *Existenzerhaltung* und Fortpflanzung begrenzt bleiben soll.

d) Die *Mehrwert- oder Ausbeutungstheorie* von KARL MARX besagt, daß der Kapitalist die Ware Arbeitskraft (→Arbeit) zu ihrem (→Arbeits-) Wert, nämlich zu ihren *Reproduktionskosten,* kauft, d.h. nur einen →Lohn zahlt, der die Existenz des →Arbeiters und die notwendige Aufzucht von Kindern gestattet, sie aber außerdem über die für die Erzeugung notwendige Arbeitszeit hinaus durch *Mehrarbeit* für sich weiter beansprucht. Der Grad der Ausbeutung des →Arbeiters und damit auch die Lohnhöhe (→Lohn) wird durch das Verhältnis m:v (Mehrwert/Lohnkosten), d.h. durch die *Mehrwertrate,* bestimmt. Der Kapitalist hat das Interesse, diese Mehrwertrate so stark wie möglich zu steigern; der →Arbeiter hat dagegen das umgekehrte Ziel. Zwischen beiden entscheidet die Gewalt. Damit bekommt diese Theorie also den Charakter einer reinen Machttheorie.

e) Nach der *Monopoltheorie,* die besonders von FRANZ OPPENHEIMER vertreten wurde, wird der →Lohn aus einer durch das *Private*igentum (→Eigentum) ermöglichten Monopolisierung der Produktionsmittel in den Händen weniger erklärt. Der Besitz von Produktionsmitteln verleiht nach diesen Theorien eine wirtschaftliche Machtposition ähnlich der bei einem Monopol, so daß dem Besitzer ein *arbeitsloses* →Einkommen in Form des Profits zufließt und der Arbeitslohn um eben diesen Betrag gekürzt wird.

f) In den *Machttheorien* des →Lohnes wird dem Faktor der wirtschaftlichen Macht eine mehr oder weniger große Bedeutung bei der Bestimmung der Lohnhöhe (→Lohn) beigemessen. Die Machtverhältnisse zeigen sich insbesondere in den Institutionen der →Gesellschaft und des Staates. Die Richtung der sog. *Staatssozialisten* (JOHANN KARL RODBERTUS: FERDINAND LASSALLE und ADOLPH WAGNER) schreibt der wirtschaftlichen Macht nur auf einem durch die allgemeine Gesetzgebung der Preislehre begrenzten Raum die Möglichkeit zu, den →Lohn und folglich die Verteilung des →Sozialprodukts zu bestimmen. Demgegenüber betont eine andere Richtung der *Staatssozialisten* (LUJO V. BRENTANO und WILHELM LEXIS) mehr die *Selbsthilfe*möglichkeit der →Arbeiter durch Zusammenschlüsse in Organisationen, die in sich wieder einen Machtfaktor bilden. MICHAIL TUGAN-BARANOWSKIJ dagegen ist der Ansicht, daß die →Einkommensverteilung durch Klassenunterschiede und soziale Ungleichheit gekennzeichnet sei, verbunden mit sozialen Macht- und Abhängigkeitsverhältnissen, folglich sei sie also ein soziales Phänomen. Nach seiner Meinung ist der *Verteilungsprozeß* ein *Kampf der* →sozialen Klassen um das →Sozialprodukt, in dem die Anteile nach den jeweiligen Machtverhältnissen bemessen werden.

g) Die *Grenzproduktivitätstheorie* (GPTh.) des →Lohnes, die, an JOHANN HEINRICH V. THÜNEN anknüpfend, vor allem von JOHN BATES CLARK vertreten wurde, versucht die Lohnhöhe (→Lohn) aus der *Produktivität* zu erklären. Der Grundgedanke dieser Theorie ist der, daß der →Unternehmer bei gegebenen Lohnforderungen (→Lohn) immer dann einen →Arbeiter mit dem Ziel der *Gewinnmaximierung* einstellen wird, wenn der Erlös des Produktes, das ihm dieser zusätzliche →Arbeiter schafft, höher ist (oder gleich) als die zusätzlichen Kosten, die ihm durch diese Einstellung entstehen.

Nach dem *Ertragsgesetz* nimmt das Produkt eines jeden zusätzlichen →Arbeiters von einem gewissen Punkt an wertmäßig ab, etwa wegen eines Preisfalls bei Mehrprodukten, so daß zusätzliche →Arbeiter immer nur zu geringerem →Lohn eingestellt werden können. Die GPTh. ist also, genau genommen, eine Theorie, die nicht die Lohnhöhe, sondern die Nachfrage des →Arbeitgebers bei einer bestimmten Lohnhöhe erklärt.

h) Nach der *Differentialgewinntheorie* von HANNS JOACHIM RÜSTOW ist die Nominallohnhöhe gesamtwirtschaftlich nicht bestimmt. Deshalb muß als Kriterium für die „gleichgewichtige" Lohnhöhe gelten, daß sie die Gemeinwohlpostulate (→Gemeinwohl) *Wachstum*, →Vollbeschäftigung und *stabiles Preisniveau* nicht verletzt. Überschreitet nämlich eine Lohnerhöhung (→Lohn) das Gleichgewichtsniveau, so hat das einen Preisauftrieb zur Folge, und ihre Wirkung verpufft, oder die →Vollbeschäftigung wird durch eine Einschränkung des Arbeitsangebots gefährdet. Wenn die →Unternehmer bei steigender Produktivität und gleicher Arbeitsausstattung die →Löhne nicht erhöhen würden, wären Angebotsüberhang, Vergrößerung der Lagerinvestitionen und schließlich Preissenkungen die notwendigen Folgen. Ein langfristig sinkendes Preisniveau ist aber wegen der hohen Fixkostenbelastung der Unternehmen für eine freie Wirtschaft unerträglich, wenn nicht gleichzeitig die Zinsen ebenso schnell sinken.

i) Die *Collective-Bargaining-Theorien* erklären die Lohnhöhe (→Lohn) als Ergebnis von Verhandlungen der am Lohnbildungsprozeß beteiligten Parteien (→Gewerkschaften, →Arbeitgeberverbände), wobei Verärgerung, Streikrisiko und Streikdauer wesentliche Bestandteile der Taktik sind.

j) Mit Hilfe der *Konzertierten Aktion,* die ein *Instrument der staatlichen* →Lohnpolitik darstellt, wird versucht, ungleichgewichtige Entwicklungen durch die Aufstellung von *Orientierungsdaten* für die LP. zu verhindern. Verbindliche Lohnleitlinien (→Lohn) werden jedoch von beiden Tarifpartnern abgelehnt.

Vgl. u. a. Wilhelm Krelle, „Lohn (I), Theorie", in: HdSW, Bd. VII, a.a.O., S. 1ff., und Literatur in den Anmerkungen zu „Lohnpolitik".

M

Machttheorie →Lohntheorien.

Marburger Bund →Ärzteverbände.

Marktlohn →Lohnbegriffe.

Marktwirtschaft →Gesellschaftssysteme.

Marxismus →Gesellschaftssysteme.

Mehrwerttheorie →Lohntheorien.

Meister →Betriebliche Sozialpolitik.

Mietbeihilfen, -zuschuß →Wohngeld, gesetzliches, →Soziale Sicherung der Soldaten.

Mietpreisbindung →Sozialer Wohnungsbau.

Mindestarbeitsbedingungen →Tarifvertrag, →Arbeitsschutz, gesetzlicher.

Mindesteinkommen →Einkommenspolitik, →Rentenversicherung der Arbeiter, →Angestellten, gesetzliche.

Mindestlohnanspruch →Tarifvertrag, →Arbeitsschutz, gesetzlicher.

Mindestrente →Rentenversicherung der Arbeiter und Angestellten, gesetzliche.

Mindesturlaubsanspruch →Tarifvertrag, →Arbeitsschutz, gesetzlicher und →Urlaub.

Mitarbeitende, -helfende, -versicherte Familienangehörige →Krankenversicherung, gesetzliche, →Soziale Sicherung in der Landwirtschaft.

Mitbestimmung (vgl. auch *Betriebsverfassung, -sgesetz und Gewerkschaften*).

1. Motive

Hauptbegründung der Forderung nach Mitbestimmung (M.) ist die gleichberechtigte Behandlung der beiden Produktionsfaktoren Kapital und →Arbeit, die in einer demokratischen Wirtschafts- und →Gesellschaftsordnung gleichermaßen am Produktionsergebnis beteiligt sind. Diese Gleichberechtigung wird aus dem Wesen des →sozialen Rechtsstaates (Art. 20, 28 GG) abgeleitet. Danach soll der politische Demokratiebegriff auf die Wirtschaft übertragen werden, eine Forderung, die schon FRITZ NAPHTALI in den dreißiger Jahren erhoben hat (vgl. Gewerkschaften). Hauptgrund der *Ablehnung* der M. ist die ungeklärte Frage der Zuständigkeit hinsichtlich der Träger der M. und damit die Haftung. Da die M. sich aus der Haftung (Verantwortung) für das Kapital ableitet, ist sie eher dem →Arbeitgeber (Kapitaleigner) denn dem →Arbeitnehmer zuzumuten.

2. Formen

In Theorie und Praxis werden folgende Arten der M. unterschieden: Die *M. am →Arbeitsplatz;* die *betriebliche M.;* die *M. auf Unternehmensebene;* die *überbetriebliche M.;* die *M. auf internationaler Ebene.*
a) Bei der *M. am Arbeitsplatz* sollen einzelne →Arbeitnehmer oder kleinere →Gruppen daran mitwirken, Betriebsunterlagen durch die Bildung von *Arbeitsgruppen* und die Wahl von Arbeitsgruppensprechern auf mögliche Regelungen der die direkte →Arbeit betreffenden Probleme hin zu überprüfen (vgl. *Betriebsverfassungsgesetz von 1972*).
b) Die *betriebliche M.* ist im *Betriebsverfassungsgesetz (BetrVG) von 1952, in der Neufassung von 1972* geregelt. Durch dieses Gesetz wird den →Arbeitnehmern in allen →Betrieben mit privater Rechtsform bei einer Anzahl von mehr als 5 ständigen →Arbeitnehmern durch die Bildung eines *Betriebsrates* ein *M.-recht in bestimmten sozialen und personalen Angelegenheiten* sowie auch in wirtschaftlichen Fragen eingeräumt. Der Betriebsrat ist nach diesem Gesetz insbesondere zu vertrauensvoller Zusammenarbeit mit dem →Arbeitgeber verpflichtet. An der *Betriebsversammlung* nehmen alle →Arbeitnehmer vierteljährlich teil. Sie wählt den Betriebsrat.
In →Betrieben mit mehr als 100 →Arbeitnehmern muß außerdem ein paritätisch besetzter *Wirtschaftsausschuß* gebildet werden, der bestimmte *Informationsrechte* hat.
Die *betriebliche M. im Bereich der öffentlichen Verwaltung* wurde 1955

durch das *Personalvertretungsgesetz* geregelt. Nach diesem Gesetz sind in der öffentlichen Verwaltung ähnlich den Betriebsräten in der freien Wirtschaft Personalvertretungen zu bilden (Personalrat).

Die *Novellierungsvorschläge* zum BetrVG wollen eine stärkere Mitwirkung der →Angestellten, insbesondere der leitenden Angestellten, erreichen.

c) Die *M. auf Unternehmensebene* wurde im Jahre 1947 durch die Besetzung der Aufsichtsräte der „entflochtenen Betriebe" zur Hälfte mit Gewerkschaftsvertretern (→Gewerkschaften) eingeleitet. Es folgte 1951 das *Gesetz über die Mitbestimmung der Arbeitnehmer in den Aufsichtsräten und Vorständen der Unternehmen des Bergbaus und der Eisen und Stahl erzeugenden Industrie.* Dadurch wurde die „paritätische" oder „qualifizierte" M. gesetzlich bestätigt.

Die *paritätische* Besetzung der Aufsichtsräte von Aktiengesellschaften der Montanindustrie und die Bestellung eines Arbeitsdirektors im Vorstand wurden auf Bundesebene eingeführt. Die Aufsichtsräte bestehen seitdem aus der gleichen Anzahl von Arbeitnehmer- und Arbeitgebervertretern (→Arbeitnehmer, →Arbeitgeber) (meistens je 5) und aus einem weiteren Mitglied, dem sog. *elften Mann,* der von der Mehrheit der beiden Seiten gewählt wird (Arbeitsdirektor).

Der Einfluß der →Gewerkschaften bei der Wahl der Arbeitnehmervertreter (→Arbeitnehmer) ist erheblich, ebenso bei der Bestellung des Arbeitsdirektors. Bei 5 Arbeitnehmervertretern im Aufsichtsrat können die →Gewerkschaften 3 Vertreter benennen, der Betriebsrat mit Zustimmung der Gewerkschaften 2. Der Arbeitsdirektor wird mit der Mehrheit der Stimmen der Arbeitnehmervertreter im Aufsichtsrat bestellt und abberufen. Ein *direktes Wahlrecht* der →Arbeitnehmer (wie z.B. im BetrVG) besteht im Montanbereich *nicht.*

Bei einer GmbH und bei bergrechtlichen Gewerkschaften des Montanbereichs mit über 500 →Arbeitnehmern ist der Aufsichtsrat ebenfalls je zur Hälfte mit Arbeitnehmervertretern besetzt.

Bei Aktiengesellschaften und KGaA außerhalb der Montanindustrie müssen nach dem BetrVG nur ein Drittel der Mitglieder Arbeitnehmervertreter sein.

Nach den *Novellierungsvorschlägen* der CDU zur M. auf Unternehmensebene soll das Verhältnis →Arbeitgeber zu →Arbeitnehmer in den Aufsichtsräten aller Kapitalgesellschaften 7:5 betragen.

Die F.D.P. schlägt demgegenüber eine Vertretung der Faktoren *Kapital* (Anteilseigner) und *Disposition* + →Arbeit (Unternehmensangehörige) im Verhältnis 6:4:2 vor.

d) Die *überbetriebliche M.* hat nach dem Zweiten Weltkrieg, abgesehen von den bestehenden sozialen Selbstverwaltungskörperschaften und den

Gewerkschaftsvertretern (→Gewerkschaften), in den Beiräten aller wichtigen Ministerien, Behörden und öffentlich-rechtlichen Körperschaften einschließlich der Programmbeiräte und Aufsichtsgremien der Rundfunk- und Fernsehanstalten keine weitere Entwicklung erfahren.
(1) Die CDU hat die Einrichtung eines über den Tarifpartnern stehenden, auf *Bundesebene* zu gründenden überbetrieblichen Organs gefordert, den *Wirtschafts- und Sozialrat.* Er soll die Funktion der Beratung grundsätzlicher wirtschafts-, sozial- und →gesellschaftspolitischer Fragen bei voller Wahrung der Funktion und Unabhängigkeit der gesetzgebenden Organe unter gleichberechtigter Beteiligung der Vertreter der Arbeitnehmerschaft (→Arbeitnehmer) erfüllen. Dieser Vorschlag wurde jedoch vom Parlament bisher abgelehnt.
(2) Vorläufer auf *Landesebene* sind die *Arbeitnehmerkammern* in Bremen und im Saarland, die jedoch durch *regionale Wirtschaftsräte* abgelöst werden sollen, die die wichtigsten Aufgaben der bestehenden Unternehmenskammern namentlich auf dem Gebiet der regionalen Strukturplanung und der →Berufsausbildung übernehmen.
(3) Die Berufung des *Sachverständigenrates zur Begutachtung der gesamtwirtschaftlichen Entwicklung in der BRD,* die Bemühungen um eine *mittelfristige Wirtschafts- und Finanzplanung* sowie die *Bildung einer Konzertierten Aktion* im Rahmen des *Stabilitätsgesetzes von 1967* haben zwar Einfluß auf die ideelle und gesellschaftliche Lebenslage der →Arbeitnehmer, sie können jedoch nicht als Ersatz für eine überbetriebliche M. angesehen werden, da die Beteiligten nur Diskussionsrunden auf Spitzenebenen anstreben, die keine meßbaren Auswirkungen auf das Verhalten der Beteiligten hat (vgl. auch Verbände).
e) Die *M. auf internationaler Ebene* ist noch nicht weiterentwickelt worden, da über die Ausgestaltung in den verschiedenen europäischen Unternehmen zwischen den →Gewerkschaften der EWG-Länder unterschiedliche Vorstellungen herrschen. Neuerdings hat die EWG-Kommission eine $^1/_3$-Beteiligung der →Gewerkschaften vorgeschlagen.
Die paritätische M. nach deutschem Muster findet z. B. keine internationale Anerkennung und wird sogar als Hindernis für die Harmonisierungsbestrebungen zum Gesellschaftsrecht in der EWG angesehen.

3. Reformvorschläge

a) Reformvorschläge zur M. *auf Betriebsebene* zielen auf eine M. der *leitenden* →Angestellten ab, die im neuen *Betriebsverfassungsgesetz (von 1972)* nicht geregelt wurde.
b) Reformvorschläge zur M. *auf Unternehmensebene* zielen auf eine Erweiterung des *Verhältnisses* →Arbeitgeber : →Arbeitnehmer ab, und

zwar schlägt die CDU ein Verhältnis von 7 : 5 vor, d. h. in den Aufsichtsräten der Kapitalgesellschaften sollen 7 Arbeitgebervertretern 5 Arbeitnehmervertreter gegenübersitzen.
Nach den Vorschlägen der F. D. P. soll das Verhältnis *Kapital* (Anteilseigner) und *Disposition* + →Arbeit (Unternehmensangehörige) 6 : 4 : 2 betragen (vgl. auch Parteiprogramme).
Ferner streben die SPD, unterstützt von den →Gewerkschaften, der Arbeitnehmerflügel der CDU und auch die F.D.P. eine Übertragung der paritätischen M. auf alle Großunternehmen an. Dabei drängen die →Gewerkschaften weiterhin darauf, als direkter Mittler zwischen →Arbeitgeber und →Arbeitnehmer die M. durch ihre Organisation zu verwirklichen.

Vgl. u.a. Josef Oelinger, „Mitbestimmung", in: Staatslexikon, Bd. X, Freiburg i. Br. 1970, Sp. 675 ff.; Mitbestimmung – Ordnungselement oder politischer Kompromiß, hrsg. und eingeleitet von Franz Böhm und Goetz Briefs, Stuttgart 1971.

Mittelstand (vgl. auch Soziale Sicherung der Handwerker).
Der Begriff Mittelstand (MSt.) wird meist auf die →sozialen Schichten der →Gesellschaft angewandt, deren Anspruch auf Integration in die Gesellschaft auf gemeinsamen kulturellen Leistungen basieren. In der Praxis verstehen sich völlig verschiedenartige →Gruppen als MSt., da sie sich in einer *mittleren Klassenlage* zwischen →Arbeitern und Kapitalisten zu befinden glauben und diese Lage in ihrem Sinne verändern wollen.
So verhält es sich z. B. beim *Handwerk*, das schon im *Mittelalter* mit Aufkommen der Städte eine bedeutende Rolle spielte, in der Neuzeit jedoch zur Bildung eines *neuen MSt.* beitrug, der neben →Beamten, Klerus und Kaufleuten die bedeutsamste Schicht der städtischen →Gesellschaft wurde. Daneben entwickelten sich in der Industriegesellschaft die →Angestellten zur Hauptgruppe des neuen MSt.
Gemeinsame *Selbsthilfe*aktionen wurden besonders in den →Genossenschaftsgründungen deutlich.

Vgl. u.a. C. A. Andreae, „Mittelstand", in: Katholisches Soziallexikon, a.a.O., S. 701 ff.; Otto Heinrich v. d. Gablentz, „Mittelstand", in: HdSW, Bd. VII, a.a.O., S. 392 ff., und Oswald v. Nell-Breuning, „Mittelstand", in: Staatslexikon, Bd. V, a.a.O., S. 783 ff.

Mitversicherung, →Krankenversicherung, gesetzliche.

Mobilität (vgl. auch Fluktuation).

1. Begriff

Als Mobilität (M.) lassen sich gesellschaftliche (→Gesellschaft) Bewegungsvorgänge mit sehr unterschiedlichen Prozessen verstehen. Es handelt sich um die Bewegung von Personen zwischen verschiedenen sozialen Positionen oder Einheiten.

2. Erscheinungsformen

a) Die M. kommt in verschiedenen Formen zum Ausdruck. Unter *horizontaler M.* versteht man Bewegungsvorgänge zwischen Berufen gleichen oder vergleichbaren →*Einkommens,* während *vertikale M.* die Veränderung oder Zugehörigkeit zu einer bestimmten sozio-ökonomischen Schicht bezeichnet.
Die *Einkommens*-M. ist also als horizontale M., die *Arbeitsplatz*- und *Berufs*-M. sind dagegen eher der vertikalen M. zuzurechnen.
b) Der *Sachverständigenrat zur Begutachtung der gesamtwirtschaftlichen Entwicklung in der BRD* versteht in seinem Jahresgutachten 1965/66 unter (Arbeits-)M. die Bereitschaft und Fähigkeit der Arbeitskräfte zum Stellenwechsel, die nach BURKART LUTZ und FRIEDRICH WELTZ von den „Mobilitätsbedingungen einer sich wandelnden Wirtschafts- und Arbeitskräftestruktur" ausgelöst werden und dank vorhandener „Bereitschaft und Fähigkeit" der →Arbeitnehmer zur „optimalen Anpassung der Arbeitskräftestruktur an den wechselnden Arbeitskräftebedarf" beiträgt.

3. Maßnahmen zur Beeinflussung

a) Zu den Maßnahmen, die die M. einschränken, ist die →betriebliche Altersversorgung zu nennen, die jedoch in ihrer mobilitätshemmenden Wirkung nicht überschätzt werden sollte.
b) Größere M.-hindernisse sind dagegen durch die vielfältigen emotional, psychologisch und soziologisch bedingten, zum Teil in der Person des Beschäftigten liegenden und daher schwerer zu beeinflussenden Faktoren gegeben.
c) Ebenso spielen die wirtschaftlichen Erwägungen des einzelnen →Arbeitnehmers (wie Umzugs-, Wohnungs- und Umschulungskosten) eine wichtige Rolle.

4. Volkswirtschaftliche Auswirkungen

Die Lenkung der Arbeitskräfte in →Betriebe und Branchen mit überdurchschnittlichem Produktivitätsfortschritt oder steigender Nachfrage nach Arbeitskräften ist für die volkswirtschaftliche Entwicklung notwendig. Das volkswirtschaftlich optimale Ausmaß der Arbeits-M. ist erreicht, wenn die Ungleichgewichtssituation auf dem →Arbeitsmarkt tendenziell beseitigt ist und darüber hinaus die Arbeitskräfte auch an die Stelle des volkswirtschaftlich dringlichsten Einsatzes gelenkt werden (räumliche M.); dadurch wird der wirtschaftliche Wachstumsprozeß positiv beeinflußt und demnach ein positiver Struktureffekt erzielt.

Vgl. Jahresgutachten des Sachverständigenrates zur Begutachtung der gesamtwirtschaftlichen Entwicklung, 1965/66: Stabilisierung ohne Stagnation, Stuttgart–Mainz 1965, Nr. 220; 252ff. und 261; außerdem E. Golomb, „Mobilität", in: Katholisches Soziallexikon, a. a. O., S. 703ff.; Wolfgang Vogt, „Soziale Mobilität", in: Staatslexikon, Bd. VII, Freiburg i. Br. 1962, Sp. 237ff., und Burkart Lutz und Friedrich Weltz, Der zwischenbetriebliche Arbeitsplatzwechsel, zur Soziologie und Sozialökonomik der Berufsmobilität, Frankfurt a. M. 1966.

Monopoltheorie →Lohntheorien.

Morbiditätsrisiko →Arzthonorierung.

Mutterschaftsgeld, -hilfe →Mutterschutz, gesetzlicher.

Mutterschutz, gesetzlicher (vgl. auch Krankenversicherung, gesetzliche).

1. Geschichtliche Entwicklung

Der Mutterschutz (MuttSch.) geht in seinen Anfängen schon auf das *Krankenversicherungsgesetz von 1883* zurück, wonach die mitversicherten Familienangehörigen ein *Wochengeld* für die Schutzzeit nach der Entbindung bekamen. In der *Novelle zur Gewerbeordnung von 1891* wurde der *Wöchnerinnenschutz* gesondert geregelt und 1914 durch die Einführung der *Wochenhilfe* erweitert. Erst 1927 wurde ein eigenes *Mutterschutzgesetz* (MuttSchG.) erlassen, das 1942 geändert und erweitert wurde. Nach Art. 6, Abs. 4 GG ist die Mutterschaft ein besonderer Schutztatbestand, der durch das MuttSchG. von 1952 in der Fassung von 1970 gesetzlich gesichert ist. Die entsprechenden Vorschriften der *Reichsversicherungsordnung* im *Krankenversicherungsgesetz* wurden entsprechend abgeändert.

2. Geltungsbereich

Gesetzlichen MuttSch. genießen alle gegen Krankheit versicherten oder als Familienangehörige mitversicherten Frauen, ferner bei unversicherten Frauen diejenigen, die in einem Arbeitsverhältnis stehen oder in Heimarbeit beschäftigt sind. Der Schutz wird also – abgesehen von den mitversicherten Familienangehörigen in der gesetzlichen →Krankenversicherung – nur erwerbstätigen Müttern gewährt, während nach dem Grundgesetz jede werdende Mutter besonderen Schutz genießen soll. Für Frauen, die nicht unter den Schutz der RVO oder des MuttSchG. fallen, wird jedoch nach dem *Bundessozialhilfegesetz* von 1961 Hilfe für werdende Mütter gewährt.

3. Leistungen

Leistungen nach dem MuttSchG. sind die Mutterschaftshilfe (MuttSchh.) und das Mutterschaftsgeld (MuttSchg.).

a) Die MuttSchh. umfaßt ärztliche Betreuung und Hilfe, Medikamente ohne Selbstbeteiligung, kostenlose Entbindung (bis zu zehn Tagen Klinikaufenthalt) und eine Entbindungspauschale. Krankengeld bekommt nur, wer kein MuttSchg. erhält.

b) MuttSchg. erhalten alle pflichtversicherten Mütter für die letzten sechs Wochen vor der Niederkunft (Hausgehilfinnen vier Wochen), während deren sie im Normalfall nicht beschäftigt werden dürfen, sowie für die ersten acht Wochen nach der Niederkunft in Höhe des Durchschnittsverdienstes der letzten 3 Kalendermonate oder der letzten 13 Wochen. Der Satz liegt zwischen 3,50 und 25.– DM täglich, soweit nicht das Arbeitsentgelt vom →Arbeitergeber weitergezahlt wird. Hat die Versicherte in den letzten 13 Wochen vor Beginn der Schutzfrist Krankengeld bezogen, so wird das MuttSchg. in Höhe des Krankengeldes gezahlt, soweit die Voraussetzungen zum Bezug des MuttSchg. erfüllt sind. Nach Frühgeburten wird das MuttSchg. 12 Wochen nach der Niederkunft gezahlt; stillende Mütter erhalten es bis zu 26 Wochen. Stillende Mütter, die wieder arbeiten, haben Anspruch auf Stillzeit ohne Verdienstausfall.

c) Versicherte, die die Voraussetzungen zum Bezug des MuttSchg. nicht erfüllt haben, z. B. nicht 12 Wochen vor Beginn der Schutzfrist ein versicherungspflichtiges Arbeitsverhältnis (→Arbeitsrecht) nachweisen können, erhalten anstelle des MuttSchg. eine einmalige Pauschale von 150.– DM.

d) *Mitversicherte* Mütter erhalten als MuttSchg. eine einmalige Pauschale von 50.– DM, die bis auf 150.– DM von der Krankenkasse aufgestockt werden kann.

e) *Nichtversicherte* Mütter erhalten eine einmalige Pauschale von 150.– DM.

4. Finanzierung

Die Finanzierung des MuttSchg. richtet sich je nach der Leistung, die gewährt wird.

a) *Das MuttSchg. für die Versicherten* einschließlich Mitversicherte wird von den Krankenkassen bis zu einem Höchstbetrag von 25.– DM finanziert. Die Differenz zwischen 25.– DM und dem durchschnittlichen kalendertäglichen Arbeitsentgelt zahlt der →Arbeitgeber, wenn das Arbeitsverhältnis noch besteht. Im übrigen zahlt die Krankenkasse, deren Aufwendungen hierfür aus Bundesmitteln ersetzt werden.

b) Das MuttSchg. *für Nichtversicherte* in Höhe von 150.– DM zahlen ebenfalls die Krankenkassen, deren Aufwendungen wiederum der Bund ersetzt.
c) Außerdem zahlt der Bund den Krankenkassen für jeden Leistungsfall eine Pauschale von 400.– DM, um die Kosten für die MuttSchh. abzudecken.
d) 1970 betrugen die *Gesamtaufwendungen* für die MuttSchh. rd. 1,1 Mrd. DM, wovon ein Großteil aus den Beitragseinnahmen der gesetzlichen →Krankenversicherung finanziert wurde.

5. Reform

Während die Durchführung des MuttSch. heute noch den Trägern der gesetzlichen →Krankenversicherung obliegt und diese, abgesehen von den Bundeszuschüssen, die umfangreichen MuttSch.-Leistungen finanzieren, zielen Reformbestrebungen darauf ab, den MuttSch. mit dem Familienlastenausgleich (→Familienpolitik) zu verbinden und diese Versorgungseinrichtung (→Versorgung) in eine Versicherungseinrichtung (→Versicherung) zu überführen.

Vgl. Übersicht über die soziale Sicherung, a.a.O., S. 139f., und Sozialbericht 1971 sowie Arbeits- und Sozialstatistische Mitteilungen 1971, Heft 8, S. 243.

N

Nachrangprinzip →Sozialhilfe, gesetzliche.

Nachtarbeit, -sverbot →Arbeitsschutz, gesetzlicher.

Nachversicherung →Rentenversicherung der Arbeiter und Angestellten, gesetzliche.

Naturallohn →Lohn, -begriffe.

Neoliberalismus →Soziale Marktwirtschaft, →Gesellschaftssysteme.

Nettolohn →Lohn, -begriffe.

Niederlassungsfreiheit, vgl. Arzthonorierung.

Nominallohn →Lohn, -begriffe.

Normative Sozialwissenschaft.
Es ist das Verdienst GERHARD WEISSERS, die Normative Sozialwissenschaft an der Universität zu Köln als Disziplin sui generis eingeführt zu haben.
Aufgabe dieser Sozialpolitiklehre (→Sozialpolitik) ist es, aufgrund theoretischer Erkenntnis der Kausalzusammenhänge die optimalen Mittel und Wege zu erkunden, die es ermöglichen, das aktuelle Seinsbild der →Gesellschaft dem →Leitbild des Seinsollenden *(Norm)* näherzubringen. Dieses Leitbild ist jedoch abhängig von weltanschaulichen Entscheidungen, also von Werturteilen, die bekenntnishaft vorgegeben sind. WEISSER hat sich besonders dafür eingesetzt, daß prinzipiell zu unterscheiden ist zwischen den Leitbildern des Seinsollenden in der →Sozialpolitik *(Norm)* und der rein *instrumentalen* →Sozialpolitik, d. h. einer Lehre, die den Ist-Zustand lediglich reproduziert.

Vgl. Gerhard Weisser, Probleme beratender Sozialwissenschaft, in: Wirtschaft, Gesellschaft und Kultur, Festgabe für Alfred Müller-Armack, hrsg. von Franz Greiß und Fritz W. Meyer, Berlin 1961, S. 83ff., ders., Normative Sozialwissenschaft, in: Evangelisches Soziallexikon, hrsg. von Friedrich Karrenberg, 4. Aufl., Stuttgart 1963, Sp. 1167ff.

O

Obdachlose →Resozialisierung.

Öffentlicher Gesundheitsdienst →Gesundheitspolitik, -wesen.

Ordnungspolitik →Sozialpolitik.

Organisation für wirtschaftliche Zusammenarbeit und Entwicklung (OECD) →Sozialpolitik, internationale.

Ortskrankenkassen →Krankenversicherung, gesetzliche.

Ortszuschlag →Beamte(r), (-nbesoldung).

P

Paritätische Mitbestimmung →Mitbestimmung.

Parteiprogramme (vgl. auch Sozialreform und Leitbild, soziales).

1. Begriff

Unter Parteiprogramm (PP.) versteht man Informationen der politischen Parteien über die Politik der nächsten Legislaturperiode. Dabei kommt es darauf an, dem Wähler möglichst zu allen wesentlichen politischen Fragen, vor allem auch aller sozialen Bereiche, unter besonderer Berücksichtigung von Zielen Auskunft zu geben. Diese müssen möglichst klar und eindeutig formuliert werden, damit der Wähler weiß, was ihn erwartet. Während die meisten PP. nur vier oder fünf Jahre Gültigkeit haben, ist das bei *Grundsatzprogrammen* nicht der Fall. Hier ist das zugrundeliegende Leitbild von besonderer Bedeutung.

2. Die Programme der CDU, F.D.P. und SPD

a) *Das Programm der CDU:* Die *sozialpolitischen* (→Sozialpolitik) Aussagen der CDU begannen mit dem *Ahlener Programm* des Jahres 1947 und wurden in den *Düsseldorfer Leitsätzen* von 1949 fortgesetzt. Einfluß auf die sozialpolitische (→Sozialpolitik) Entwicklung in der CDU hatte auch die *Rothenfelser Denkschrift* von 1955, die von einem der CDU nahestehenden Gelehrtengremium verfaßt wurde (vgl. auch Sozialreform). Nach den *Thesen zur Wirtschafts- und Gesellschaftspolitik* von Augsburg aus dem Jahre 1961 wurden im *Berliner Programm* von 1968, in der 2. Fassung von 1971 wesentliche sozialpolitische (→Sozialpolitik) Aussagen gemacht.
Die CDU bekennt sich darin auf der Grundlage des Wirtschaftskonzeptes der →Sozialen Marktwirtschaft zu Leistung und →sozialer Gerechtigkeit, zu Wettbewerb und →Solidarität, zu *Eigenverantwortung* und *sozialer Sicherung.* Durch die Ordnung der Sozialen Marktwirtschaft können persönliche *Freiheit, Chancengleichheit,* →Eigentum, wachsender *Wohlstand* und *sozialer Fortschritt* für alle verwirklicht und gesichert

werden. In der →Bildungspolitik wird ein Kernstück der zukunftsorientierten Politik gesehen. Das Bildungswesen soll jedem die gleiche Chance geben, seine Anlagen, Neigungen und Fähigkeiten zu entwickeln und zu nutzen. In einem bundeseinheitlichen Bildungssystem soll nach den verschiedenen Bildungszielen und Begabungsrichtungen differenziert werden. Daraus sollen organisatorische Reformen abgeleitet werden (z. B. Integration und Einrichtung eines durchlässigen Bildungssystems). Dadurch soll die ständige Anpassung an die moderne Industriegesellschaft erreicht werden.

Die →Mitbestimmung soll besonders ausgebaut werden. So sollen alle an der Wirtschaft beteiligten Kräfte zu funktionsgerechter Mitbestimmung in partnerschaftlicher (→Partnerschaft) Zusammenarbeit verbunden werden. Ein einheitliches Betriebsverfassungs- und Unternehmensrecht soll durch stärkeren Ausbau der *Mitbestimmung am Arbeitsplatz* für den einzelnen →Arbeitnehmer und durch den Ausbau der *betrieblichen Mitbestimmung* erreicht werden. Im *Betriebsverfassungsgesetz von 1972* sind die Rolle des *Betriebsrates* und seiner Mitglieder und die Vertretung der Jugendlichen bereits verwirklicht worden. Die CDU fordert weiterhin die Wahl von *Arbeitsgruppensprechern,* den *Minderheiten-* und *Gruppenschutz* und die *Vertretung der leitenden* →Angestellten sowie eine *erweiterte Zuständigkeit* für den *Wirtschaftsausschuß.*

Die *Mitbestimmung auf Unternehmensebene* soll durch das aktive und passive Wahlrecht für leitende Angestellte zum Aufsichtsrat sowie durch die Beteiligung der Arbeitnehmervertreter bei der Bestellung und Abberufung des Vorstandes ausgebaut werden. Bei Großunternehmen sollen 7 Anteilseigner und 5 Arbeitnehmervertreter im Aufsichtsrat vertreten sein. Die *überbetriebliche Mitbestimmung* soll durch *Arbeitnehmerkammern* ausgebaut werden.

Da das *Privateigentum* als Bestandteil der *Sozialen Marktwirtschaft* als wesentliches Unterscheidungsmerkmal gegenüber anderen Wirtschafts- und Gesellschaftsordnungen anerkannt wird, sollen jedem Bürger gleiche Zugangschancen zum privaten →Eigentum eröffnet werden. Die Bildung von privatem →Vermögen in Form der *Beteiligung am Vermögenszuwachs* (soll) besonders bei eigentumsschwachen Schichten durch staatliche Maßnahmen gefördert werden, z. B. durch die Einführung des gesetzlichen →Beteiligungslohnes (vgl. BURGBACHER-*Plan*) und die *Teilhabersteuer.* Davon soll die Förderung der *betrieblichen Ertragsbeteiligung* unberührt bleiben. Das *Spar-Prämiengesetz von 1959* und das *Wohnungsbau-Prämiengesetz von 1952* sollen vereinheitlicht werden und die Vermögens- und Einkommensstatistik gesetzlich ausgebaut werden. Das *öffentliche* →Vermögen soll *privatisiert* und die Finanzie-

rung der *sozialen Infrastruktur* in die *private* →Vermögensbildung (→Vermögen, -spolitik) einbezogen werden.
Die →Arbeitsmarktpolitik soll für ein ausreichendes und bedarfsgerechtes Angebot an Arbeitsplätzen sorgen, beruflichen Aufstieg ermöglichen und so zum wirtschaftlichen Wachstum beitragen. Der Wandel der Arbeits-, Berufs- und Lebensbedingungen soll durch eine breite berufliche Grundausbildung, Möglichkeiten zur Fortbildung, gezielte soziale Übergangshilfen und eine rechtzeitige Information über bevorstehende Strukturwandlungen ausgeglichen werden. Der Arbeitsplatz der *älteren* →Arbeitnehmer soll besonders gesichert werden; es sollen ferner wirksame Hilfen für die *Wiedereingliederung älterer* →Arbeitnehmer ergriffen werden.
Da die →Familie die erste und wichtigste Gemeinschaft für den Menschen, für die →Gesellschaft und für den Staat ist, ist ihr Schutz und ihre Förderung ein unantastbares Prinzip der innerstaatlichen Ordnung. Ebenso gilt aber auch der *Schutz* und die Förderung für die *Alleinstehenden.* Leitbild der →Familienpolitik ist die *partnerschaftliche* →Familie. Zusammen mit der →Ausbildungsförderung soll der *Familienlastenausgleich* Chancengleichheit der Kinder gewährleisten. Ein einheitliches System von einkommensunabhängigen Ausgleichsleistungen soll so organisiert werden, daß diese in allen Einkommensschichten (→Einkommen) gleich hoch sind und laufend an die allgemeine Einkommensentwicklung (→Einkommen) angepaßt werden.
Der *Frau* muß der Platz in unserer →Gesellschaft gesichert werden, der sowohl dem Grundsatz der Gleichberechtigung als auch ihrem besonderen Lebenslauf entspricht.
Auf dem Gebiet der *sozialen Sicherung* soll die *gesetzliche Altersversicherung* durch die →betriebliche Altersversorgung und die *private Lebensversicherung* ergänzt werden. In der gesetzlichen →Rentenversicherung muß der Zusammenhang zwischen *Alterseinkommen* und *Lebensarbeitseinkommen* durch die *bruttolohnbezogene dynamische Rente* erhalten bleiben. Den *Selbständigen* soll Zutritt zur gesetzlichen →Rentenversicherung ermöglicht werden, ebenso sollen die *Hausfrauen* einen selbständigen Anspruch an die gesetzliche →Rentenversicherung erwerben können. Die Rentenversicherung soll den Charakter einer *Volksversicherung* einnehmen und von einer allgemeinen gegliederten Rentenversicherung getragen werden, die autonom die unterschiedlichen Belastungen ausgleicht, wobei allerdings die bestehende Erstattungspflicht des Bundes erhalten bleiben soll. Die CDU spricht sich ferner für eine *flexible Altersgrenze* und für eine Erleichterung der *freiwilligen Weiterversicherung* aus. (Vgl. *zweite Rentenreform* in der gesetzlichen →Rentenversicherung der Arbeiter und Angestellten.)

Die *älteren Menschen* sollen besser in die →Gesellschaft integriert werden. Die *Einkommensgrenzen* und *Leistungen* der →Sozialhilfe sollen den jeweiligen wirtschaftlichen und sozialen Gegebenheiten angepaßt werden. *Kriegs-* und *Wehrdienstopfer* sollen eine gerechte →Versorgung erfahren.

Im Bereich des →Gesundheitswesens soll der *medizinische Fortschritt* allen Bürgern zugute kommen und in Stadt und Land gleiche Möglichkeiten für die Erhaltung und Wiederherstellung der Gesundheit bereitgestellt werden. Die Ansprüche und Leistungen aller Beteiligten in der gesetzlichen →Krankenversicherung sollen offengelegt werden und sich in wirtschaftlich vertretbaren Grenzen halten. Ferner wird eine strengere Arzneimittelprüfung, freie Arztwahl sowie Unabhängigkeit und Freiberuflichkeit der Heilberufe gefordert. Zur Verbesserung der ärztlichen Versorgung sollen Praxisgemeinschaften besonders auf dem Land eingerichtet werden. Damit jedem Bürger eine optimale →Krankenhausversorgung zuteil wird, wird die Errichtung und die Wiederbeschaffung der Anlagewerte von Krankenhäusern durch Bund, Länder und Gemeinden und die *Vollkostendeckung* der laufenden Betriebs- und Personalkosten durch den *Bundespflegesatz von 1954* gefordert. Beide Punkte sind im *Krankenhausfinanzierungsgesetz (von 1972)* in etwa geregelt worden. Der *Krankenhausbedarf* wird durch *Landeskrankenhauspläne* nach bundeseinheitlichen Grundsätzen und unter Berücksichtigung überregionaler Gesichtspunkte ermittelt (vgl. Krankenhauswesen).

Das Rehabilitationswesen (→Rehabilitation) soll reformiert werden, die *Arbeits-* und *Sozialmedizin* besonders ausgebaut werden.

Raumordnung, Städte- und Wohnungsbau bedürfen besonderer Förderung, darunter insbesondere der →soziale Wohnungsbau und das →Wohngeld. Eine besondere Bedeutung wird auch dem *Umweltschutz* beigemessen.

b) *Das Programm der F.D.P.:* Sozialpolitisch (→Sozialpolitik) bedeutsam waren das *Berliner Programm* von 1957 und das *Konzept des Nürnberger Parteitages* von 1969. Für die Zukunft sind die *Freiburger Thesen zur Gesellschaftspolitik* von 1971 hervorzuheben.

Auf dem Fundament der Demokratisierung der →Gesellschaft geht es in der →Bildungspolitik um den Kampf um gleiche Bildungs- und Berufschancen für alle Bürger, d.h. um ein *Bürgerrecht auf Bildung.*

In der →Eigentumspolitik tritt die F.D.P. besonders für eine demokratische Kontrolle der Verfügungsgewalt über das →Eigentum *an Produktionsmitteln* durch →Mitbestimmung ein; vor allem im Bereich des Grund und →Bodens und beim →Eigentum *an Produktionsmitteln* wird

die besondere *Sozialpflichtigkeit* des Besitzes und des Gebrauchs solcher Güter betont.
Im Bereich der →Bodenpolitik wird eine Versorgung aller Bevölkerungsgruppen mit ausreichendem Wohnraum sowie ein humaner Städtebau gefordert. Das Baulandangebot der Gemeinden soll erhöht und eine angemessene Bodenvorratspolitik ermöglicht werden. Das Verfahren der Enteignung soll verbessert und verschiedene steuerpolitische Maßnahmen zur Erhöhung des Bodenangebotes angewandt werden. Der →soziale und steuerbegünstigte Wohnungsbau soll gefördert und Mietkaufsysteme eingeführt werden.
Im Bereich der →Vermögensbildung wird gefordert, daß private und öffentliche Unternehmen von einer bestimmten Wertschöpfung an verpflichtet werden, *Beteiligungsrechte* an ihrem *Vermögenszuwachs* einzuräumen. Als Bemessungsgrundlage dient der Gewinn nach Abzug der Steuern, eines Unternehmerlohns und einer angemessenen Verzinsung des Eigenkapitals (d.h. 50–70% des bereinigten Gewinns). Öffentlich-rechtliche Clearingstellen sollen die Vermögenswerte an staatlich kontrollierte Kapitalanlagegesellschaften weiterleiten. *Freiwillige Ertragsbeteiligungen* der →Arbeitnehmer sollen *steuerlich begünstigt* werden. Sie bleiben von der Veranlagung zur überbetrieblichen Vermögensbildung unberührt. Die vermögenswirksame Anlage von Erträgen der →Arbeitnehmer im Betriebsvermögen soll durch *Sparprämien* gefördert werden. Die Erbschaftsteuer soll durch eine *Nachlaßabgabe* und eine entsprechende Regelung der *Schenkungssteuer* abgelöst werden. Große Vermögen sollen im Wege der überbetrieblichen Vermögensbeteiligung besteuert und die →Vermögenssteuer abgeschafft werden.
Die F.D.P. fordert die →Mitbestimmung am Arbeitsplatz durch Bildung von *Arbeitsgruppen* und die Vertretung von Arbeitsgruppensprechern im *Betriebsrat,* die jedoch in der Neufassung des *Betriebsverfassungsgesetzes von 1972* noch nicht vorgesehen wurde.
Die →Mitbestimmung *im Betrieb* ist durch die *Stärkung der Stellung der Betriebsratmitglieder* im neuen Betriebsverfassungsgesetz weiter ausgebaut worden, während folgende Punkte, die sowohl die CDU als auch die F.D.P. fordern, noch nicht verwirklicht worden sind: Den *leitenden* →Angestellten soll eine adäquate Vertretung eingeräumt werden; Minderheiten im Betrieb (ältere Arbeitnehmer; Gastarbeiter und Schwerbeschädigte) sollen durch einen besonderen Obmann vertreten werden. Die Mitbestimmung und Mitwirkung der Arbeitnehmer soll nach Meinung der F.D.P. durch ausreichende bildungspolitische Maßnahmen (→Bildungsurlaub) gefördert werden.
Die →Mitbestimmung *auf Unternehmensebene* (Kontrolle der Kapitalgesellschaften) soll durch eine grundsätzliche *Mitverantwortung* der

Faktoren *Kapital, Disposition* und →Arbeit erreicht und damit die Montanmitbestimmung abgelöst werden.
Deshalb soll eine *funktionsgerechte gleichgewichtige Beteiligung* von Anteilseignern *(Kapital)* und *Unternehmensangehörigen* (Disposition und →Arbeit) im Verhältnis 6:4:2 eingerichtet werden. Der Faktor *Disposition* wird von einem Vertreter der *leitenden* →Angestellten ausgeführt (vgl. auch Mitbestimmung).
Neben den bestehenden Unternehmensverfassungen, den Einzelunternehmen, den Personalgesellschaften und den Kapitalgesellschaften sollen durch den Gesetzgeber *für die partnerschaftlichen Formen* der *Mitwirkung* und *Mitbeteiligung* der *Faktoren Kapital* und →Arbeit *neue Unternehmensmodelle* bereitgestellt werden (→Partnerschaft).
Der *Umweltschutz* soll im *Grundgesetz* geregelt werden; Umweltplanung und Umweltschutz als Teil der Struktur- und Raumordnungspolitik sind Aufgaben des Bundes. Der Umweltschutz ist eine internationale Aufgabe. Die Kosten hierfür sollen grundsätzlich nach dem Verursachungsprinzip aufgebracht werden.

c) *Das Programm der SPD:* Die sozialpolitischen (→Sozialpolitik) Aussagen der SPD sind im *Godesberger Programm* von 1959 festgelegt worden, das heute noch gilt. Darin bekennt sich die SPD zu einer Wirtschaftspolitik stetig wachsenden Wohlstandes, der auf der Grundlage der →Vollbeschäftigung und einer stabilen Währung fußt. Ferner fordert dieses Programm eine gerechte Beteiligung aller am Ertrag der Volkswirtschaft sowie ein Leben in Freiheit ohne unwürdige Abhängigkeit und ohne Ausbeutung unter Anerkennung der Gesetze des freien Marktes. Es soll die Devise gelten: Wettbewerb soweit möglich – Planung soweit nötig. Gemeineigentum (→Eigentum) ist nach den sozialdemokratischen Vorstellungen zweckmäßig und notwendig, wenn mit anderen Mitteln eine gesunde Ordnung der wirtschaftlichen Machtverhältnisse nicht gewährleistet werden kann. Da die Marktwirtschaft nach Meinung der SPD keine gerechte Einkommens- und Vermögensverteilung (→Einkommensverteilung) gewährleistet, bedarf es einer zielbewußten →Einkommenspolitik und →Vermögenspolitik in der Weise, daß die Steigerungen des →Sozialprodukts in ständig steigenden →Löhnen weitergegeben werden. Daneben wird die Umverteilung des →Vermögenszuwachses durch die Förderung der gesetzlichen →Gewinnbeteiligung angestrebt. Zur Durchsetzung dieser Ziele werden die →Gewerkschaften als Träger des ständigen Demokratisierungsprozesses der Wirtschaft angesehen. Außerdem wird besonderes Gewicht auf den Ausbau der →Einrichtungen der sozialen Sicherung gelegt, die der Würde des selbstverantwortlichen Bürgers entsprechen sollen. Die →Sozialpolitik soll die wesentlichen Voraussetzungen dafür schaffen, daß sich der einzelne in der →Gesellschaft frei entfalten und sein Leben in eigener Verantwortung gestalten kann.

Vgl. Heiner Flohr, Parteiprogramme in der Demokratie. Ein Beitrag zur Theorie der rationalen Politik, Göttingen 1968, S. 45f.; Christlich-Demokratische Union Deutschlands (CDU) (Hrsg.), Das Berliner Programm 2. Fassung, Bonn 1971, passim; Freie Demokratische Partei (Hrsg.), Freiburger Thesen zur Gesellschaftspolitik, Bonn 1971; Sozialdemokratische Partei Deutschlands (Hrsg.), Grundsatzprogramm der Sozialdemokratischen Partei Deutschlands, Bonn 1959, passim.

Partnerschaft (vgl. auch Mitbestimmung).
Nach den Satzungen der 1951 gegründeten *Arbeitsgemeinschaft zur Förderung der Partnerschaft in der Wirtschaft e. V. (AGP)* mit Sitz in Hilden/Rhld. ist „Partnerschaft (P.) jede Form der Zusammenarbeit zwischen Unternehmensleitung und Mitarbeitern, bei der außer einer ständigen Pflege der zwischenmenschlichen Beziehungen eine Mitwirkung und Mitverantwortung sowie eine materielle Beteiligung der Belegschaft am Unternehmenserfolg vertraglich vereinbart ist". P. im Sinne der AGP ist nicht zu verwechseln mit der vielfach noch vorhandenen paternalistischen P.auffassung; sie ist vielmehr durch eine auf Gegenseitigkeit zwischen →Arbeitgeber und →Arbeitnehmer beruhende *gleichrangige Beziehung* mit entsprechenden *Rechten* und *Pflichten* gekennzeichnet. Sie zielt damit darauf ab, die Objektstellung des →Arbeiters am →Arbeitsplatz und im →Betrieb zu mildern und dem menschlichen Drang nach Einzelwürdigung mehr Raum zu geben, um somit seine Integration in die →Gesellschaft zu fördern. P. ist nicht statisch, sondern dynamisch aufzufassen, d. h. in ständiger Entwicklung. Für die praktische Ausgestaltung eines P.-Verfahrens sind betriebsindividuelle Gegebenheiten zu berücksichtigen. Das *Betriebsverfassungsgesetz von 1952* (in der Fassung von 1972) weist p.liche Strukturen auf (§ 49 BetrVG Generalklausel).

Vgl. Informationen aus der aktuellen sozialpolitischen Literatur.

Patriarchalismus →Betriebliche Sozialpolitik.

Pauschalhonorierungsverfahren →Arzthonorierung.

Pension, -sanspruch →Beamte (-nversorgung, gesetzliche).

Pensionskassen, -rückstellungen, -zusagen →Betriebliche Altersversorgung.

Pensionskasse Deutsche Eisen- und Straßenbahnen →Zusatzversorgung.

Personalnebenkosten →Betriebliche Sozialleistungen.

Personalplanung →Betriebliche Sozialpolitik.

Personalrat, -vertretungsgesetz →Mitbestimmung.

Pflegegeld →Unfallversicherung, gesetzliche.

Pflegesatz →Krankenhauswesen.

Pflegezulagen →Kriegsopferversorgung, gesetzliche.

Pflichtjahr.

1. Begriff

Mit dem Ausdruck Pflichtjahr werden solche Pläne bezeichnet, die die Wiedereinführung einer Dienstpflicht für Mädchen bezwecken, die 1938 unter dem Einfluß des nationalsozialistischen Regimes bestand.

2. Entwicklung

Die Idee ist erstmals im Jahre 1794 in einer Eingabe an den Pariser Nationalkonvent nachzuweisen. Die Übertragung öffentlicher Pflichten an Frauen (Dienst in Krankenhäusern) sollte ihnen das Anrecht auf den Ehrennamen „Bürgerin" geben. Die Dienstpflicht in Deutschland wurde durch das *Reichsarbeitsdienstgesetz von 1935* eingeführt, das auf die weibliche Jugend jedoch erst 1937 angewandt wurde. Unter der Bezeichnung „Pflichtjahr" wurde ab 1938 eine besondere Arbeitslenkungsmaßnahme (→Arbeit) verstanden, die zum Ziel hatte, Land- und Hauswirtschaft mit Arbeitskräften zu versorgen.

3. Kritik

Die Dienstpflicht für Mädchen als Äquivalent zur männlichen Dienstpflicht (Wehrdienst, Ersatzdienst) soll geeignet sein, *soziale Mißstände* (z.B. Krankenhauspflegepersonalmangel) abzubauen. Gegen die Einführung einer Dienstpflicht sprechen aber nicht nur das *Grundrecht der Berufsfreiheit* (Art. 12 GG), sondern auch praxisbezogene Überlegungen hinsichtlich der Wirksamkeit solcher Maßnahmen. Dagegen wird das *freiwillige soziale Jahr* vom Staat durch das *Gesetz zur Förderung eines freiwilligen sozialen Jahres von 1964* (Jugendförderungsgesetz) gefördert.

Vgl. Werner Kötz, Maßnahmen und Vorschläge zur Behebung des Mangels an Krankenhauspflegediensten, Diss. Köln 1970.

Pflichtversicherung →Sozialversicherung.

Prämie →Prämiensparen und Versicherungsprinzip, -wesen, -wissenschaft.

Prämienlohn →Lohnformen.

Prämiensparen (vgl. auch Vermögen, -spolitik).

1. Begriff und Entwicklung

Unter Prämiensparen (PSp.) wird die Förderung des freiwilligen →Sparens durch staatliche Prämien verstanden. Dies geschah in der Vergangenheit aufgrund des 1. und 2. *Vermögensbildungsgesetzes (VermBG)* von 1961 und 1965. Gegenwärtig gelten das *Wohnungsbau-Prämiengesetz (WoPG.) von 1952,* das *Gesetz über die Gewährung von Sparprämien (SparPG.) von 1959* und das *3. VermBG. von 1970,* auch 624-DM-Gesetz genannt. Diese verschiedenen Gesetze sollen durch ein einheitliches Gesetz zusammengefaßt werden (Steuerreform). Die gleichzeitige Ausnutzung des WoPG. und des SparPG. ist nicht mehr möglich *(Kumulationsverbot).*

2. Gesetzliche Einzelheiten

a) Aufgrund des *WoPG.* in der Fassung von 1969 werden für Gelder, die bei *Bausparkassen* angelegt werden, *steuerfreie* →Prämien zwischen 25 und 35% aus *öffentlichen Mitteln* gewährt, höchstens jedoch 400 DM bei einer Sparleistung von 1600 DM/Jahr. Wird die Prämie *nicht* in Anspruch genommen, sind die Bausparleistungen als Sonderausgabe bei der →Einkommensteuer abzugsfähig. Die gesparten Beträge sind 6 bis 7 Jahre für den begünstigten Zweck, den Wohnungsbau, gebunden und erst nach diesem Zeitpunkt hinsichtlich der Verwendung frei.
b) Aufgrund des *SparPG.* in der Fassung von 1970 wird bei einer jährlichen Sparleistung von maximal 1200 DM eine Prämie von 20–30% aus *Steuermitteln* gewährt. Die Beträge müssen in Wertpapieren *(Wertpapiersparvertrag)* oder auf Sparkonten *(Ratensparvertrag; Allgemeiner Sparvertrag)* 7 Jahre festgelegt werden (bei Heirat verkürzt sich die Sperrfrist auf 2 Jahre).

3. Volkswirtschaftliche Auswirkungen

Kurzfristig betrachtet, könnte eine starke Förderung des PSp. die Konjunkturzyklen der Wirtschaft noch verstärken und damit zu negativen volkswirtschaftlichen Auswirkungen führen. Ein antizyklischer Effekt ist von der Sparförderung infolge ihrer mangelnden Elastizität nur mit einem time-lag, d.h. mit zeitlicher Verzögerung, zu erwarten. *Langfristig* sind die Auswirkungen auf das Wachstum allerdings als positiv zu betrachten. Da das Sparvolumen sich bis jetzt jedoch in Grenzen hält, sind die volkswirtschaftlichen Auswirkungen entsprechend geringfügig.

4. *Zukunftsaspekte*

Bei einem Ausbau der PSp.-Pläne sind drei Punkte zu berücksichtigen:
a) Es muß ein *breiterer Personenkreis* als bisher erfaßt werden, vor allen Dingen Personen, die bisher noch nicht gespart haben.
b) Die Finanzierung aus dem laufenden Konsumlohn (→Lohn) müßte abgelöst werden zugunsten der Finanzierung aus zukünftigen *Lohn*erhöhungen, um einen echten Sparanreiz zu schaffen.
c) Außerdem müßte durch *Verlängerung der Sperrfrist* auf die „kritische Schwelle" hingearbeitet werden, von der an es sich in den Augen der Sparer erst lohnt, eine Vermögenssumme (→Vermögen) anzusparen und nicht zu Konsumzwecken aufzulösen.

Vgl. u.a. Jochen Melchior, Vermögenspolitische Erfahrungen mit dem Sparprämiengesetz, Diss. Köln 1970.

Prävention →Krankenversicherung, gesetzliche, →Gesundheitspolitik, -wesen.

Pressure Groups →Verbände.

Prinzipien der sozialen Sicherung →Einrichtungen der sozialen Sicherung.

Private Krankenversicherung →Krankenversicherung, private – gesetzliche, ein Vergleich.

Produktivitätsfortschritt →Lohnpolitik.

Produktivitätsrente →Rentenversicherung der Arbeiter und Angestellten, gesetzliche.

Produktivkapital →Vermögen, -spolitik.

Proletarität →Arbeiterbewegung, -frage, -politik, →Existenzunsicherheit.

Q

Qualifizierte Mitbestimmung →Mitbestimmung.

R

Raumordnung, -planung →Sozialpolitik, Aufgaben, →Boden, Bodenrente, -politik.

Reallohn →Lohn, -begriffe.

Recht auf Arbeit.
Das Recht auf Arbeit (RaA) hat seinen Ursprung in der →industriellen Revolution, weil seit diesem gesellschaftlichen (→Gesellschaft) Umbruch von der Agrar- zur Industrieproduktion der einzelne abhängig beschäftigte →Arbeiter allein auf das am Markt erzielbare Arbeitseinkommen als Einkommensquelle (→Einkommen) angewiesen ist. Dies erhellt daraus, daß heute in der BRD rd. 80% der Erwerbsbevölkerung in *abhängiger Beschäftigung* tätig sind und die Frage nach dem →Einkommen aus abhängiger →Arbeit damit weitgehend zu einer Existenzfrage der →Gesellschaft geworden ist.
Da die westlichen Industrienationen durch eine solche Gesellschaftsstruktur gekennzeichnet sind, ist das RaA als sogenanntes →soziales Grundrecht in der Erklärung der Menschenrechte der Vereinten Nationen von 1948 niedergelegt worden. Es ist deshalb Aufgabe des Staates, für ein entsprechendes Arbeitsangebot zugunsten seiner Bürger zu sorgen, auf das jeder einzelne ein Recht hat.
Aus den negativen Erfahrungen der dreißiger Jahre infolge der Welt-

wirtschaftskrise von 1929–32 wurde nach dem Zweiten Weltkrieg die vorrangige Forderung nach →Vollbeschäftigung abgeleitet; sie wird heute innerhalb der Wirtschaftspolitik der Regierung als der wichtigste Punkt des „magischen Drei- bzw. Vierecks" zugunsten der sozialen Sicherung der abhängig Beschäftigten angesehen.

Vgl. u.a. Erich Molitor, „Arbeit", in: Staatslexikon, Bd. I, a.a.O., Sp. 410ff.

Redistribution →Einkommensumverteilung, →Vermögen, -spolitik.

Rehabilitation (vgl. auch Renten- und Unfallversicherung, Kriegsopferversorgung, gesetzliche und Arbeitslosigkeit).

1. Begriff

Als *Rehabilitation (Rh.) im engeren Sinne* lassen sich diejenigen Maßnahmen verstehen, die der beruflichen Eingliederung dienen. *Rehabilitation im weiteren Sinne* sind alle Maßnahmen, die der Erreichung oder Wiederherstellung der im Hinblick auf die Behinderung eines Individuums bestmöglichen physischen, psychischen, sozialen und wirtschaftlichen Funktion dienen (vgl. Resozialisierung).

2. Leistungsträger

Solche Maßnahmen werden von den Sozialversicherungsträgern (→Sozialversicherung), der Renten- und Unfallversicherung (→Rentenversicherung, →Unfallversicherung); von den gesetzlichen →Versorgungs-Einrichtungen und den Sozialhilfeträgern (→Sozialhilfe) durchgeführt.

a) Die Rentenversicherungsträger (→Rentenversicherung) gewähren Leistungen zur Erhaltung, Besserung oder *Wiederherstellung der Erwerbsfähigkeit* (Rh.). Ihre Leistungen dienen ferner der *Berufsförderung*, der Wiedergewinnung oder der Erhöhung der Erwerbsfähigkeit im bisherigen Beruf. Dies umfaßt auch eine Ausbildung für einen anderen nach der bisherigen Berufstätigkeit zumutbaren Beruf sowie Hilfe zur Erhaltung oder zur Erlangung einer Arbeitsstelle.

b) Bei der →Unfallversicherung zielen alle Maßnahmen auf die *Wiederherstellung der Erwerbsfähigkeit* hin.

c) Die *Bundesanstalt für Arbeit* gewährt *Leistungen zur Erhaltung, Besserung oder Wiederherstellung der Erwerbsfähigkeit.* Dazu zählen auch die berufliche Eingliederung Behinderter, Arbeits- und Berufsberatung Behinderter und Leistungen zur Ausbildung behinderter Berufsanwärter. Ferner werden Leistungen zur Erhaltung, Wiedergewinnung oder Erhöhung der Fertigkeiten im bisherigen Beruf, Leistungen zur Ausbil-

dung für einen anderen Beruf und Leistungen zur Erhaltung und Erlangung einer Arbeits- und Ausbildungsstelle gewährt.
d) Schließlich tragen auch die Träger der gesetzlichen →Krankenversicherung durch den Unterhalt zahlreicher Kurheime zur Rh. bei.
e) In der gesetzlichen →Kriegsopferversorgung ist der Rh.-Begriff weiter gefaßt; denn die Heilbehandlung wird Beschädigten gewährt, um die Gesundheitsstörung oder die dadurch bewirkte Beeinträchtigung der Berufs- und Erwerbsfähigkeit zu beseitigen oder wesentlich zu bessern, eine Zunahme des Leidens zu verhüten oder körperliche Beschwerden zu beheben (vgl. *Bundesversorgungsgesetz von 1950*).
f) Rh. wird auch nach dem *Heimkehrergesetz von 1950*, dem *Häftlingshilfegesetz von 1955*, dem *Bundesseuchengesetz von 1961*, dem *Schwerbeschädigtengesetz von 1953* und dem *Lastenausgleichsgesetz von 1952* gewährt.

3. Leistungsarten

Rh.-Leistungen sind *medizinische Behandlung* und *Hilfen zur Überwindung* oder *Milderung* von *Behinderungen* durch angeborene oder erworbene Leiden, z.B. Anschaffung von Fahrstühlen, Blindenhunden, Prothesen. Wo die medizinischen Rh.-leistungen versagen, setzen die →Einkommenshilfen ein (vgl. auch Einkommenssicherung).

4. Finanzierung

1970 betrugen die Aufwendungen für die Rh. bei den Hauptkostenträgern: in der gesetzlichen →Rentenversicherung 2 Mio. DM; in der gesetzlichen →Unfallversicherung 1 Mio. DM; in der gesetzlichen →Kriegsopferversorgung 0,6 Mio. DM; in der gesetzlichen →Sozialhilfe 0,5 Mio. DM. Zusammen beliefen sich die Aufwendungen also auf 4,1 Mio. DM. Die Bundesanstalt für Arbeit, die Vermittlungsstellen, Fachdienste und besonders Berufsförderungswerke unterhält, wandte 1969 10 Mio. DM für diese Dienste auf; 1970 waren es 20 Mio. DM und 1971 39 Mio. DM.

5. Kritik

Da sich mit zunehmender Dauer eines Leidens oder Gebrechens der finanzielle Status des Versicherten erheblich verschlechtert, hat die Sozialenquête-Kommission (→Sozialenquête) 5 Modellvorschläge erarbeitet, von denen der Vorschlag der Gründung eines *Zentralinstituts für Rh.* in Form einer *Bundesanstalt für die Hilfe bei langfristigen Leiden und Gebrechen* besonders erwähnt werden soll.

Vgl. Bogs – Achinger – Meinhold – Neundörfer – Schreiber, Soziale Sicherung, Sozialenquête in der BRD, Stuttgart – Berlin – Köln – Mainz 1966, S. 280ff., und Übersicht über die Soziale Sicherung, a.a.O., S. 174; auch Rudolf Hauf, „Rehabilitation", in: Staatslexikon, Bd. XI, Freiburg 1970, Sp. 68ff., sowie Lennart Levi, Vom Krankenbett zum Arbeitsplatz, eine Einführung in die medizinische Rehabilitation und in die Arbeit und Berufsförderung Behinderter, dt. von J. F. Scholz, Zürich – Göttingen – Frankfurt a. M. 1970, S. 14 und passim.

Reichsknappschaftsgesetz →Rentenversicherung der Arbeiter und Angestellten und der Bergleute, gesetzliche.

Reichsversicherungsordnung →Sozialversicherung.

Rentenformel →Rentenversicherung der Arbeiter und Angestellten, gesetzliche.

Rentenreform →Rentenversicherung der Arbeiter und Angestellten, gesetzliche.

Rentenversicherung der Arbeiter und Angestellten und der Bergleute, gesetzliche (GRV).

1. Geschichte

Die Gründung der *Arbeiterrentenversicherung* (ArRV) geht auf BISMARCK im Jahre 1889 zurück. Sie ist seit 1911 zusammen mit der →Kranken- und →Unfallversicherung in der *Reichsversicherungsordnung* gesetzlich geregelt. Aus dem gleichen Jahre stammt das *Angestelltenversicherungsgesetz* als Grundlage für die *Angestellten(renten)versicherung* (AnRV). Bis dahin waren →Angestellte nur bis zu einer bestimmten verhältnismäßig niedrigen Einkommensgrenze in der ArRV versicherungspflichtig. Die Bergleute wurden erst 1923 durch das *Reichsknappschaftsgesetz*, in der Neufassung von 1926, in das bestehende Sozialversicherungssystem (→Sozialversicherung) eingegliedert (KnRV).
Die GRV der BRD umfaßt also *drei selbständige Versicherungszweige.*

2. Versicherungspflicht

Versicherungspflichtig waren von Anfang an *alle* →Arbeiter. →Angestellte waren dagegen nur bis zu einer verhältnismäßig niedrigen Versicherungspflichtgrenze pflichtversichert. Nach Gründung der AnRV wurde diese Grenze mehrfach erhöht, so daß immer mehr →Angestellte in die *gesetzliche Versicherungspflicht* einbezogen wurden. Ab 1. 1. 68 ist die Versicherungspflichtgrenze für →Angestellte ganz aufgehoben worden, so daß heute *alle* →Angestellten mit Ausnahme der Vorstandsmitglieder von Aktiengesellschaften *rentenversicherungspflichtig* sind.

Mit Ausnahme der →Beamten sind alle *abhängig Beschäftigten* einschließlich der mithelfenden Familienangehörigen in die Versicherungspflicht einbezogen, so daß heute rd. 88% der Erwerbsbevölkerung Mitglieder der RV sind. Neben den *Pflichtversicherten* gibt es noch die Gruppe der *freiwillig Weiterversicherten*, die jedoch nur bei den →Selbständigen vorkommt. Diese sind meist in ihrer Jugend als abhängig Beschäftigte rentenversicherungspflichtig geworden und können sich mit Gründung einer selbständigen Existenz *freiwillig* weiterversichern, falls sie 5 Jahre pflichtversichert waren, also die „kleine Anwartschaft" erfüllt haben. Eine *freiwillige Höherversicherung* ist ebenfalls möglich.

Versicherungsfrei sind nur diejenigen Gruppen, die eine andere →Versorgung nachweisen können, wie die →Beamten und Personen, die vorübergehend, gelegentlich oder gegen geringfügiges Entgelt beschäftigt sind. Eine spätere *Nachversicherung* ehemaliger Versorgungsempfänger ist jedoch möglich.

Im April 1970 hatten die ArRV 13,2 Mio., die AnRV 8,2 Mio. und die übrigen RV (KnRV und HwRV)[1] 492000 Pflichtversicherte.

3. Träger

Träger der ArRV sind 18 *Landesversicherungsanstalten;* Träger der AnRV ist die *Bundesversicherungsanstalt für Angestellte* (BfA) in Berlin; Träger der KnRV ist die Arbeitsgemeinschaft der Knappschaften der BRD in Bochum[2]. Die *Bundesbahnversicherungsanstalt* in Frankfurt ist für →Arbeiter der Bundesbahn und die *Seekasse* in Hamburg für Küstenschiffer, -fischer und Seeleute zuständig.

Diese 22 Träger der RV sind Körperschaften des öffentlichen Rechts und unterstehen staatlicher Aufsicht *(Bundesversicherungsamt* und *Landesversicherungsämter).* Sie sind im *Verband Deutscher Rentenversicherungsträger* in Frankfurt zusammengeschlossen.

4. Leistungen

Zu den verschiedenen Leistungsarten zählen: Rehabilitationsleistungen (→Rehabilitation); Zahlung von Renten; Witwen- und Witwerabfindungen; Beitragserstattung wegen nicht erfüllter Wartezeit; Beiträge für die →Krankenversicherung der Rentner oder Erstattungen für ihre Durchführung; Zusatzleistungen in Form von vorbeugender Gesundheitsvorsorge usw. Zu den Renten zählen im einzelnen: Invalidenrenten,

[1] Handwerker-Rentenversicherung.
[2] Seit 1969 die *Bundesknappschaft* (Gesetz zur Errichtung der Bundesknappschaft).

d.h. Rente (Knappschaftsrente) wegen Berufs- oder Erwerbsunfähigkeit und Altersruhegeld (Bergmannsrente). Hinterbliebene erhalten Witwen- bzw. (Witwer-)Rente oder Rente an einen früheren (geschiedenen) Ehegatten des verstorbenen Versicherten; Voll- und Halb-Waisen bekommen eine Waisenrente.

Der Begriff der Berufsunfähigkeit bzw. verminderten bergmännischen Berufsfähigkeit galt früher nur für die AnRV, wurde jedoch nach 1945 auch in die ArRV und in die KnRV eingeführt. Berufsunfähig ist derjenige Versicherte, dessen Erwerbsfähigkeit im erlernten Beruf infolge von Krankheit, Gebrechen oder Schwäche der körperlichen oder geistigen Kräfte unter 50% derjenigen eines körperlich und geistig gesunden Versicherten mit ähnlicher Ausbildung und gleichwertigen Kenntnissen und Fähigkeiten herabgesunken ist. Erwerbsunfähig ist, wer eine regelmäßige Erwerbstätigkeit infolge von Krankheit, Gebrechen oder Schwäche auf längere Zeit nach Feststellung durch einen Arzt nicht mehr ausüben oder nur noch teilweise erfüllen kann.

Im Januar 1971 bezogen 26,3% aller Rentner Invalidenrenten und 73,7% Altersruhegelder. Im gleichen Zeitraum bezogen 39,4% Witwenrenten und 7,7% Waisenrenten.

5. Voraussetzungen

Voraussetzung für den Bezug einer Invalidenrente ist die Erfüllung der *kleinen Wartezeit* von 5 Jahren oder 60 Kalendermonaten.

Voraussetzung für den Bezug des Altersruhegeldes ist die Erfüllung der *großen Wartezeit* von 15 Jahren oder 180 Kalendermonaten, wobei sich diese 15 Jahre auch aus der kleinen Anwartschaft einschließlich der Ausfall- und Ersatzzeiten ergeben können. Tritt der Rentenfall schon vor dem 55. Lebensjahr ein, wird der Versicherte durch Berücksichtigung der Zurechnungszeiten so gestellt, als wenn er das 55. Lebensjahr schon erreicht hätte.

Das Altersruhegeld wird auf Antrag ausgezahlt, normalerweise nach Vollendung des 65. Lebensjahres, auf Antrag jedoch auch schon bei Vollendung des 60. Lebensjahres, jedoch nur dann, wenn der Versicherte mindestens 1 Jahr arbeitslos war. Frauen erhalten das Altersruhegeld schon mit 60 Jahren, sofern gewisse Bedingungen erfüllt sind. In der KnRV liegt die Altersgrenze bei 55 bzw. 50 Jahren.

6. Das dynamische Rentenprinzip

a) *Darstellung:* Seit der *Rentenreform* von 1957, die in den *Neuregelungsgesetzen* zur ArRV, zur AnRV und zur KnRV ihren Niederschlag fand, werden die Renten dynamisch an die Lohn- (→Lohn) und

Gehaltsentwicklung angepaßt[3]. In die Rentenformel wurde die sog. *allgemeine Bemessungsgrundlage* eingefügt, wonach der Rentner den während seines Arbeitslebens (→Arbeit) erworbenen Lebensstandard beibehalten kann. Die *Zugangsrenten* werden automatisch an den gleitenden Dreijahresdurchschnitt der *Bruttojahresarbeitsentgelte* vor dem Kalenderjahr angepaßt, das dem Eintritt des Versicherungsfalles voraus geht. Dadurch wird erreicht, daß das *Rentenniveau,* das Verhältnis der durchschnittlichen Renten zu den durchschnittlichen →Löhnen, jährlich an das wirtschaftliche Wachstum angepaßt werden kann[3a].

Die *Bestandsrenten* werden jedoch nicht *automatisch,* sondern mit einjähriger Verzögerung entsprechend dem Anstieg der Zugangsrenten an die Lohn- und Gehaltsentwicklung angepaßt (z. Z. 14. Rentenanpassungsgesetz). Dies geschieht auf Vorschlag der Bundesregierung unter Anhörung des Sozialbeirats, der – bestehend aus je 3 Vertretern der →Arbeitgeber, der Versicherten sowie der Sozial- und Wirtschaftswissenschaften und aus 1 Vertreter der Deutschen Bundesbank – die Bundesregierung in Fragen der →Sozialpolitik berät.

b) *Andere Indizes:* Neben dem →Lohn sind auch noch andere Bezugsgrößen für eine Anpassung der Renten denkbar, wie das →Volkseinkommen, das →Sozialprodukt, das *Preisniveau,* der *Lebenshaltungskostenindex,* der *Produktivitätsfortschritt,* insbesondere die →Arbeitsproduktivität und der *Umsatz* (Indexrente). Da jedoch die Bemessung an diesen Größen keinen Schutz vor Kaufkraftschwankungen gewährt und nicht in allen Fällen Steigerungen zuläßt oder echte Steigerungen widerspiegelt, sondern nur ständig steigende Forderungen an das →Sozialprodukt nach sich zieht, bleibt die Bemessung am durchschnittlichen →Lohn und →Einkommen der Versicherten als bestgeeignete Bezugsgröße übrig, weil sie eine Wertsicherung enthält. Da hinter dem *Lohnindex* immer die mit Hilfe des Durchschnittseinkommens bewertete *Arbeitsstunde als Gegenwert* steht, ist dieser Index im Gegensatz zu allen anderen geldwertneutral. Bei der *Bezugsgröße* →Lohn und →Einkommen ist auch bei *sinkenden Preisen, stetigen* →Löhnen und *steigendem Wachstum* die Beteiligung der Rentner am Produktivitätsfortschritt wie bei den Aktiven möglich.

c) *Inflationistische Auswirkungen?* Der Einwand, das dynamische Rentenprinzip wirke inflationistisch, trifft nicht zu, da die Lohn- (→Lohn) und Gehaltsentwicklung 1957 bei Einführung des Prinzips nicht inflationistisch war. Infolgedessen führt das jährliche Ansteigen des *Rentenniveaus* seit 1958 zu keiner überproportionalen Ausweitung der Nachfrage (Kaufkraft) der Rentner. Dies um so weniger, als steigenden

[3] Vgl. Schreiber-Plan von 1957.

[3a] Vgl. S. 215, Anmerkung 6.

Renten eine *ausreichende Sparrate* gerade aus der Rentnerschicht gegenübersteht.
Eine *negative Folge des dynamischen Rentenprinzips* ist höchstens darin zu sehen, daß *seitdem auch andere Berufsgruppen* eine *Dynamisierung ihrer Bezüge* anstreben, was in letzter Zeit verstärkt zu beobachten ist.

7. Finanzierung

a) *Prinzipien:* Während die RV bis zum Zweiten Weltkrieg nach dem *Kapitaldeckungsverfahren* (KDV) finanziert wurde (vgl. auch Lebensversicherung), schien es nach diesem Zeitpunkt anläßlich der *Rentenreform* von 1957 angemessen, zum *modifizierten Umlageverfahren* überzugehen. Das KDV wurde zwar schon durch die beiden Inflationen von 1923 und 1948 erschüttert, aber viel schwerwiegender waren die seit 1957 viermal vorgenommenen *Erhöhungen* des *Renteniveaus* ohne entsprechende Deckungserhöhung, die eine Kapitalrücklage um Milliardenbeträge erfordert hätten. Bei Aufrechterhaltung des KDV würde heute ein Deckungskapital von 700 Mrd. DM notwendig sein, das weit mehr als die Hälfte des in der Wirtschaft investierten gewerblichen Kapitals ausmachen würde. Eine Finanzierung nach dem KDV könnte der RV den Charakter eines *parafiskalischen* Gebildes verleihen und damit zu einer *unerwünschten Beherrschung des Kapitalmarktes* bzw. der ganzen Wirtschaft führen.
Da man 1957 nicht sofort zum *reinen Umlageverfahren*[4] übergehen wollte, wurde die RV für einen zehnjährigen Deckungsabschnitt bis Ende 1967 nach dem Abschnittdeckungsverfahren finanziert, auch Anwartschaftsdeckungsverfahren oder modifiziertes ULV genannt. Danach genügten die Kapitalreserven für einen zehnjährigen Deckungsabschnitt. Ab 1968 ging man zum *vierjährigen Deckungsabschnitt* über.
b) *Aufbringung der Mittel:* Die Finanzierungsmittel der RV werden durch Beiträge und durch den Bundeszuschuß aufgebracht.
(1) *Beiträge:* In der ArRV und der AnRV beträgt der Beitragssatz z.Z. 17% vom Bruttolohn (auch noch 1972) bis zur Beitragsbemessungsgrenze von z.Z. 2100 DM (1972). Ab 1. 1. 73 soll der Beitragssatz auf 18% steigen. Der Beitragssatz wird seit den dreißiger Jahren vom →Arbeitgeber und →Arbeitnehmer je zur Hälfte getragen und liegt z.Z. in der Spitze bei 357 DM (1972).
In der KnRV beträgt der Beitragssatz 23,5% vom Bruttolohn, den der →Arbeitgeber zu 15% und der →Arbeitnehmer nur zu 8,5% trägt (z.Z. bis zur Beitragsbemessungsgrenze von 2500 DM) (1972).

[4] ULV.

(2) *Bundeszuschuß:* Die ArRV (und die AnRV) kommen nicht ohne den Bundeszuschuß (BZ) aus. Während er früher zur Zeit der Gründung (1889) ein Drittel der Gesamtausgaben betrug, machte er später nur noch ein Viertel der Gesamtausgaben aus und geht heute mit steigenden Beitragseinnahmen infolge der stetigen Lohnsteigerungen (→Lohn) in seiner Bedeutung zurück. Eine Ausnahme macht die KnRV, die besondere Finanzierungsprobleme hat, da sie ein schrumpfender Versicherungszweig (→Versicherung) ist und keine jüngeren Mitglieder nachwachsen. Bezogen auf alle drei Versicherungszweige (→Versicherung), macht der BZ heute nur noch 13% der gesamten Finanzierungsmittel aus. Er dient zur Finanzierung der Kriegsfolgelasten (Ausfallzeiten) und der Invalidenrenten (vgl. Rehabilitation), scheint jedoch im Interesse einer klaren Finanzierungsweise der verschiedenen Versicherungsarten (→Versicherung) heute nicht mehr gerechtfertigt zu sein (vgl. 9./10. *Reformvorschläge* S. 216/217).

(3) *Rentenberg (Exkurs):* Von 1967 bis 1970 befand sich die RV wegen des *ungünstigen Bevölkerungsaufbaus (Rentenberg)* infolge der geburtenschwachen Jahrgänge nach dem Zweiten Weltkrieg und der *Änderung des generativen Verhaltens* in einer schwierigen finanziellen Situation. 1969 kamen auf 100 Erwerbstätige 45 Rentner; 1974 sollen auf 100 E. 48 R., 1976/77 auf 100 E. 49,4 R., 1980 auf 100 E. 50 R. und 1985 auf 100 E. wieder 46,1 R. kommen.

Bis 1985 wird die *Uralte Last,* d.h. die Anzahl derjenigen Rentner, die 1957 keine Beiträge mehr zu zahlen brauchten und sofort in den Genuß der *Dynamisierung* kamen, sowie die *Alte Last,* d.h. die Anzahl derjenigen Rentner, die nach 1957 nur noch einige Jahre Beiträge zu zahlen hatten, die ihre Ansprüche jedoch nicht aufwiegen konnten, zurückgegangen sein. Der Rentenberg wird also durch das Schrumpfen des Rentnerbestandes und durch das Nachwachsen jüngerer Mitglieder mit hohen Beiträgen (infolge des hohen Lohnniveaus) und die in den letzten Jahren stark angestiegene Lohnentwicklung (→Lohn) überwunden werden.

Der finanzielle Engpaß der ArRV wird durch die Änderung der *Beschäftigungsstruktur* jedoch noch zusätzlich verstärkt. Die Anzahl der →Arbeiter nimmt ab, und die der →Angestellten nimmt zu (vgl. auch Automation). Außerdem muß die ArRV mehr Invalidenrenten zahlen als die AnRV. Seit 1969 wird zwischen ArRV und AnRV ein *Finanzausgleich* durchgeführt, um die Finanznot der ArRV auszugleichen.

c) *Einkommensumverteilung:* Verschiedene *Umverteilungsprozesse zwischen der Allgemeinheit und der Versichertengemeinschaft* und *innerhalb der Solidargemeinschaft selbst* tragen dazu bei, daß diejenigen, die die Mittel aufbringen, teilweise mit dem Empfängerkreis identisch sind.

(1) So wird z. B. der BZ zu zwei Dritteln von denjenigen aufgebracht, die durch diesen Zuschuß begünstigt werden sollen, d. h. von den Versicherten selbst. Von den rd. 85% Versicherungspflichtigen in der RV sind rd. 60% an den direkten und indirekten Steuereinnahmen des Bundes beteiligt, aus denen der BZ gezahlt wird.
(2) Zur Zeit zahlen die Aktiven durch hohe Beiträge infolge der ständig steigenden →Löhne mit für die hohen Renten, für die von den Rentnern keine entsprechend hohen Beiträge in der Vergangenheit erbracht worden sind. Andererseits erhalten die Rentner zumindest in der AnRV nicht so hohe Renten, wie sie sie durch die hohen Beiträge der Vergangenheit eigentlich verdient hätten. Die Berücksichtigung der Ausfall- und Ersatzzeiten; die Anrechnung der Zurechnungszeiten; die Anhebung der Kleinstrenten im Jahre 1957 und die Kappung der Höchstrenten sowie der familienpolitische (→Familienpolitik) Charakter bei den Hinterbliebenen- und Waisenrenten verursachen weitere Einkommensumverteilungsprozesse (→Einkommensumverteilung) zwischen Aktiven und Rentnern. Diese Umverteilungsmaßnahmen sind Ausdruck des →sozialen Ausgleichs in der →Sozialversicherung.
(3) Die Finanzierung der Renten, die als Uralte Last bzw. Alte Last bezeichnet werden, ist kein Ausdruck einer Umverteilung, sondern entspricht dem →Versicherungsprinzip.
d) *Umfang:* (1) 1970 betrugen die *Einnahmen* der ArRV und AnRV zusammen rd. 52 Mrd. DM gegenüber *Ausgaben* von rd. 48 Mrd. DM. 1970 konnte die ArRV und die AnRV zum erstenmal wieder einen Einnahmenüberschuß erzielen, der sich auf rd. 3,7 Mrd. DM belief. Dies beruhte auf den um ein Viertel höheren Beitragseinnahmen gegenüber 1969. Diese waren ihrerseits wiederum in der Zunahme der Durchschnittslöhne und -gehälter und außerdem in der Einführung der Lohnfortzahlung für Arbeiter und in der Zunahme der Zahl der beschäftigten Arbeitnehmer (→Arbeitnehmer) begründet. Dennoch ist die AnRV tendenziell immer besser gestellt als die ArRV, zumal die Anzahl der →Angestellten im Verhältnis zu derjenigen der →Arbeiter ständig zunimmt.
Die Einnahmen der KnRV betrugen 1970 6,1 Mrd. DM und die Ausgaben 6,2 Mrd. DM. Für 1975 sind 9,4 Mrd. DM an Einnahmen und 9,3 Mrd. DM für die Ausgaben angesetzt worden.
(2) Das *Vermögen* der RV insgesamt ist von 1948 bis 1956 auf 10,1 Mrd. DM angestiegen und betrug im 1. Halbjahr 1971 bereits 26,6 Mrd. DM und Ende 1971 32 Mrd. DM.
(3) Die *Liquiditätsreserven* (gesetzlichen Rücklagen) der RV sind kraft Gesetzes auf drei Monatsausgaben festgesetzt worden. Sie liegen jedoch z. Z. wesentlich darüber und sollen auch nicht unterschritten werden,

wenn die Ausgaben für die bevorstehenden Reformen stark ansteigen werden[5].

8. Rentenberechnung

Die Renten werden nach folgender Formel berechnet:

$$R = B \cdot \frac{p}{100} \cdot t \cdot s$$

B ist die allgemeine Bemessungsgrundlage, die für die RV der →Arbeiter und →Angestellten ohne Lehrlinge und Anlernlinge nach dem durchschnittlichen Bruttojahresarbeitsentgelt im Mittel des dreijährigen Zeitraums vor dem Kalenderjahr, das dem Eintritt des Versicherungsfalles (→Versicherung) voraufgegangen ist, bemessen wird. Sie beträgt 1972: 12008 DM. Während sie 1960 nur um 5,4% anstieg, wird sie 1972 um 6,3% steigen. Die allgemeine Bemessungsgrundlage für die KnRV wird nach dem durchschnittlichen Bruttojahresarbeitsentgelt der in dieser RV versicherten →Arbeitnehmer in gleicher Weise wie bei der RV der Arbeiter und Angestellten bestimmt und beträgt 1972 12136 DM.

p ist der Vomhundertsatz der persönlichen Bemessungsgrundlage, der das Verhältnis ausdrückt, in dem während der zurückgelegten Beitragszeiten das Bruttoarbeitsentgelt des einzelnen Versicherten zu dem aller Versicherten der drei Rentenversicherungszweige gestanden hat. Dieses Verhältnis wird jährlich ermittelt und daraus der Durchschnitt gebildet.

s ist der *Steigerungssatz,* der durch Gesetz für die verschiedenen Rentenarten in unterschiedlicher Höhe festgesetzt worden ist und zwischen 1 bis 2,2% der persönlichen Bemessungsgrundlage für jedes anrechnungsfähige Jahr beträgt. Der Steigerungssatz von 1,5% bei Rente wegen Erwerbsunfähigkeit und bei Altersruhegeld ergibt sich z.B. aus 40 Versicherungsjahren (→Versicherung) im Verhältnis zu 60% der persönlichen Bemessungsgrundlage, die als Rente angestrebt wird[6].

Mit t wird die Anzahl der anrechnungsfähigen Jahre (einschließlich Ausfall- und Ersatzzeiten) bezeichnet.

p und t zusammen spiegeln das *Versicherungsverhältnis* wider, das aus p = *persönliche Arbeitsleistung* (Beitrag) und t = *Versicherungsdauer (Anzahl der Jahre)* besteht.

9. Der Gesetzentwurf zur „weiteren Reform" der GRV

Die Bundesregierung hat einen Gesetzentwurf von Bundesarbeitsminister ARENDT verabschiedet, der nach der Genehmigung durch den Bun-

[5] Auf genaue Zahlenangaben soll hier verzichtet werden wegen der ständig sich ändernden Prognosen.

[6] Zur Zeit beträgt das *Rentenniveau* nur 41% (1972) anstatt 60%.

destag am 1. 1. 73 in Kraft treten soll und folgende Punkte vorsieht:
a) *Einführung der flexiblen Altersgrenze:* Zur Zeit liegt die Grenze der Verrentung für Männer bei 65 Jahren und für Frauen bei 60 Jahren. Die Einführung einer *flexiblen* Altersgrenze soll dem Versicherten die Möglichkeit geben, wenn er 35 Versicherungsjahre nachweisen kann, innerhalb der Spanne von 63–67 Jahren frei zu entscheiden, ob er sich aufgrund einer verkürzten Versicherungsdauer mit einer niedrigeren Rente zufriedengeben oder ob er noch auf eine höhere Rente hinarbeiten will.
b) *Anhebung von Kleinrenten:* Alle Versicherten, die 35 Versicherungsjahre nachweisen können, aber wegen des niedrigen Lohnniveaus nur geringe Beiträge leisten konnten, die ihnen folglich auch nur eine geringe Rente einbringen, sollen eine Rentenanhebung erfahren, indem ihnen als Grundlage der Berechnung bis Ende 1972 ein sog. *Mindest*einkommen gewährt wird. Das bedeutet, daß ihr persönliches Einkommen (p) 70% des Durchschnittsentgelts aller Versicherten, also 70% von B betragen soll, wodurch sich im Einzelfall eine kräftige Rentenerhöhung ergeben kann. Diese Rentenerhöhung soll nicht nur den *Altersrentenbeziehern,* sondern auch den *Frühinvaliden* zugute kommen. Rentner, deren *persönliche Bemessungsgrundlage* (p) nur unter 40% der allgemeinen Bemessungsgrundlage (B) liegt, werden nicht berücksichtigt, da man annimmt, daß ihre geringen Beiträge auf freiwilligen Umständen (z.B. Zusatzrente der Ehefrauen; Teilzeitbeschäftigung o.ä.) beruhen.
c) *Einbeziehung weiterer Gruppen in die Rentenversicherung:* Nachdem alle →Arbeitnehmer eine sog. kollektive Daseinsvorsorge genießen, soll auch den →Selbständigen sowie den mithelfenden Familienangehörigen die Gelegenheit gegeben werden, freiwillig Mitglied der GRV zu werden. Ebenso sollen *nicht erwerbstätige* Frauen (meist Hausfrauen) unabhängig von der Mitgliedschaft des Mannes selbständig Mitglied der GRV werden und später die „Hausfrauenrente“ beziehen können.[7]
d) *Die Rentenansprüche der erwerbstätigen Mütter:* Durch die Anrechnung eines „Babyjahres“ soll den erwerbstätigen Müttern die Möglichkeit gegeben werden, ihre Rentenansprüche aufzustocken (Als-ob-Anspruch bzw. Gewährung einer Zurechnungszeit).
e) *Versorgungsausgleich bei Ehescheidungen:* Geschiedenen Ehepartnern soll ein Rentensplitting-Verfahren ermöglicht werden. Alleinstehende Mütter mit Kindern sollen ebenfalls Anteil an der Rente des Kindesvaters erhalten.

Es wird mit 750000 Selbständigen, rd. 2 Mio. mithelfenden Familienangehörigen und 7 Mio. nicht erwerbstätigen Hausfrauen gerechnet.

10. Reformvorschläge der Zukunft

Die „zweite Rentenreform", die 1973 mit den oben erwähnten Änderungen in Kraft treten soll, erfaßt jedoch nicht alle offenen Fragen der GRV. Es stehen noch folgende Punkte zur Diskussion:

a) Die *Erhöhung des Rentenniveaus;*
b) die *Ablösung der Ausfall- und Ersatzzeiten* durch die →Kriegsopferversorgung oder Träger von Bildungsmaßnahmen (→Bildung);
c) die *Kompensation* des verspäteten Eintritts ins Berufsleben;
d) die *Trennung* von Invaliden- und Altersrenten;
e) die Beitragsberechnung vom *Nettolohn;*
f) die *rezente Ermittlung* der allgemeinen Bemessungsgrundlage und der Übergang zum *Nettoprinzip* (Beitragsberechnung vom Nettolohn);
g) die *Berücksichtigung* der Bevölkerungsentwicklung (→Bevölkerung) in der Rentenformel;
h) die *vollautomatische Anpassung* der Bestandsrenten an die wirtschaftliche Entwicklung wie die Zugangsrenten;
i) die *Transparenz der* Rentenformel bzw. des Leistungsrechts durch Einführung von EDV-Anlagen;
j) die *Vereinheitlichung der Organisation,* d. h. der verschiedenen Träger der GRV;
k) und die *Neuorganisation* der →Krankenversicherung der Rentner.

11. Tabellarische Übersicht der wichtigsten Fakten

Siehe Tabelle Seite 218.

Aus der Fülle der Literatur zu diesem Thema vgl. Werner Mahr, „Rentenversicherung der Arbeiter und Angestellten", in: Staatslexikon, Bd. XI, a. a. O., Sp. 74 ff.; Wilfried Schreiber, Existenzsicherheit in der industriellen Gesellschaft, in: Soziale Sicherheit, a. a. O., S. 276 ff.; ders., Der „Schreiber-Plan", in: Zum System sozialer Sicherung, a. a. O., S. 13 ff.; Heinz Allekotte, Ansätze zur Fortführung der gesetzlichen Rentenversicherung unter besonderer Berücksichtigung von Organisationsfragen, Diss. Berlin 1970; zu Einzelheiten vgl. Übersicht über die soziale Sicherung, a. a. O., S. 51 ff.; Sozialbericht 1971, S. 98 ff., Schaubilder 4 ff. und S. 145, Schaubilder 31 ff. sowie Tabellen II – 12/13 auf S. 260 f. und II, 20 auf S. 268; Statistisches Bundesamt (Hrsg.), Bevölkerung und Kultur, Reihe 6, Erwerbstätigkeit, II. Versicherte in der gesetzlichen Kranken- und Rentenversicherung, 1970, Stuttgart – Mainz 1971, S. 34 und 14. Rentenanpassungsbericht von 1971.

Rentenversicherung der Handwerker, gesetzliche →soziale Sicherung der Handwerker.

Rentenversicherung der Landwirte, gesetzliche →Soziale Sicherung in der Landwirtschaft.

Zahlen zur gesetzlichen Rentenversicherung ArRv und AnV (ohne Knappschaft)

Jahr	Versicherungspflichtgrenze in DM/Jahr	Beitragsbemessungsgrenze in DM/Jahr	Beitragssatz in v. H.	Höchstbeitrag in DM/Monat	Durchschnittliche Bruttoarbeitsentgelte in DM/Jahr	Allgemeine Bemessungsgrundlage in DM/Jahr	Steigerung der durchschnittl. Bruttoarbeitsentgelte gegenüber Vorjahr in v. H.	Steigerung der allgem. Bemessungsgrundlage gegenüber Vorjahr in v. H.	Anhebung der Bestandsrenten gegenüber Vorjahr in v. H.	Bundeszuschuß in v. H. der Ausgaben
1967	15000	9000	14%	105	5043	4281	–	–	–	–
1958	15000	9000	14%	105	5330	4542	+ 5,7	6,1	k. Anhebung	26,5
1959	15000	9000	14%	112	5602	4812	+ 5,1	5,9	6,1	
1960	15000	10200	14%	119	6101	5072	+ 8,9	5,4	5,94	25,0
1961	15000	10800	14%	126	6723	5325	+ 10,2	5,0	5,4	
1962	15000	11400	14%	133	7328	5678	+ 9,0	6,6	5,0	23,2
1963	15000	12000	14%	140	7775	6143	+ 6,1	8,2	6,6	
1964	15000	13200	14%	154	8467	6717	+ 8,9	9,3	8,2	23,0
1965	21600	14400	14%	168	9229	7275	+ 9,0	8,3	9,4	21,2
1966	21600	15600	14%	182	9893	7857	+ 7,2	8,0	8,3	20,5
1967	21600	16800	14%	196	10219	8490	+ 3,3	8,1	8,0	19,6
1968	aufgeh.	19200	15%	240	10842	9196	+ 6,1	8,3	8,1	15,9
1969	aufgeh.	20400	16%	272	11839	9780	+ 9,2	6,35	8,3	15,6
1970	aufgeh.	21600	17%	306	13272	10318	+ 12,1	5,5	6,35	15,0
1971	aufgeh.	22800	17%	323	14559	10967	+ 9,7	6,3	5,5	14,6 *

* vorläufiges Ergebnis

Rentenversicherung, private →Lebensversicherung, →Versicherungsprinzip, -wesen, -wissenschaft.

Rentnerkrankenversicherung →Krankenversicherung der Rentner, gesetzliche.

Reparationsschädengesetz →Kriegsschadenausgleich, gesetzlicher.

Reprivatisierung →Vermögenspolitik, →Sparen.

Resozialisierung (vgl. auch Jugendfürsorge, -hilfe, -schutz, -wohlfahrt und Sozialhilfe, gesetzliche).

1. Begriff

Otto Triffterer bezeichnet als Resozialisierung (Rz.) die Anpassung eines Menschen und die Aufnahme in die →Gesellschaft durch Rückführung mit dem Ziel, künftig aus eigener Kraft ein gesellschaftsschädigendes Verhalten zu vermeiden, das auf sozialer Fehlentwicklung beruht; durch Verhaltenskorrekturen soll die Wiederholungsgefahr eines solchen normabweichenden Verhaltens gemildert werden. Rz. umfaßt also alle Maßnahmen, die auf eine Änderung der persönlichen Situation des Außenseiters bei gleichzeitiger Annäherung an die gesellschaftlichen (→Gesellschaft) Normen gerichtet sind.
Gerhard Deimling hat demgegenüber einen anderen Begriff der Rz. entwickelt. Diesem Rz.-gedanken liegt die Vorstellung zugrunde, daß die Gemeinschaft einen ihrer Angehörigen durch einen von Kultur zu Kultur verschiedenen Sanktionsmechanismus aus sich ausgeschlossen hat, weil er gegen bestimmte für die →Gruppe verbindliche Normen verstoßen hat.

2. Träger

Vollzugsorgane der Rz. sind Vereinigungen, Organisationen und Wohlfahrtsverbände, die diese Aufgabe mit Hilfe von Bewährungshelfern und Sozialarbeitern zu lösen suchen. Der Bundeszusammenschluß für Straffälligenhilfe ist z.B. eine solche Vereinigung, die sich mit der Rz. der Straffälligen befaßt.

3. Gesetzliche Grundlagen

Gesetzliche Grundlagen sind das *Bundessozialhilfegesetz von 1961* und das *Jugendwohlfahrtsgesetz von 1961.*

4. Funktionen

Die Rz. befaßt sich mit den *diskriminierten Gruppen* der →Gesellschaft: den *Behinderten* (psychisch Kranke; Süchtige); den *Fürsorge*zöglingen (vgl. Sozialpädagogik und Jugendfürsorge, -hilfe); den *Strafgefangenen*, deren Zahl auf 50000–60000 geschätzt wird; mit den *Obdachlosen*, die z.Z. mit 500000 (davon über die Hälfte Kinder) beziffert werden. In einem Erlaß von 1968 werden die Obdachlosen-Unterkünfte in Nordrhein-Westfalen als sog. soziale Brennpunkte bezeichnet, die besondere Rz.-maßnahmen erforderlich machen.

5. Kritik

Der herkömmliche Rz.-gedanke wird nicht der Tatsache gerecht, daß die Gemeinschaft und die →Gesellschaft ein in permanenter Wandlung begriffenes komplexes soziales Gebilde ist. Er basiert vielmehr auf der Vorstellung einer statisch sozialen Einheit mit einer feststehenden Ordnung. Der Rz.-gedanke will die Ideale, Wertvorstellungen und Verhaltensmuster der bürgerlichen →Gesellschaft verabsolutieren und damit einen Teilausschnitt der Gesamtgesellschaft mit der Gesellschaft schlechthin identifizieren.

Vgl. Otto Triffterer, „Resozialisierung“, in: Staatslexikon, Bd. XI, a.a.O., Sp. 85, und Sozialbericht 1971, a.a.O., S. 24f., sowie Otto Blume, „Obdachlose“, in: Wörterbuch der Soziologie, a.a.O., S. 743ff., und Gerhard Deimling, Theorie und Praxis des Jugendstrafvollzuges in pädagogischer Sicht, Neuwied–Berlin 1969.

Restitutionsschäden →Kriegsschadenausgleich, gesetzlicher.

Risiko, -ausgleich (vgl. Einrichtungen der sozialen Sicherung und Versicherungsprinzip, -wesen, -wissenschaft).

1. Der allgemeine Begriff in der Versicherungswissenschaft

Der Begriff Risiko (R.) ist nach Paul Braess gleichbedeutend oder doch zumindest nahe verwandt dem der *Gefahr*, deren Eintritt mit negativen, speziell wirtschaftlich nachteiligen Folgen verbunden ist. Das Gefahrenereignis kann „möglicherweise“ zu irgendeinem Zeitpunkt oder in einem von vorneherein ungewissen Ausmaße eintreten, es darf aber keineswegs mit Sicherheit eintreten. Nahezu alle derart bestimmten R. des täglichen Lebens können durch die →Versicherung, deren Funktion die *planmäßige* und *entgeltliche Deckung* eines *risikobedingten Eventualbedarfs* ist, abgesichert werden.

2. Das spezielle Risiko in der Sozialversicherung

a) R. als Grundlage der →Sozialversicherung sind die sog. *sozialen* R., wie *Krankheit, Invalidität, Unfall, Tod* und →Arbeitslosigkeit. *Kindheit* und →Alter sind keine R., sondern lediglich *einkommenslose Phasen* und damit Ungewißheiten *im Lebensablauf* des Individuums.
b) Zur Sicherung dieser *sozialen* R. kann das *Individual*-→Einkommen aus der *Erwerbszeit* auf diejenigen Phasen, in denen das *Erwerbs*-→Einkommen nicht stetig oder überhaupt nicht fließt, umgeschichtet werden. Die →Einrichtungen der sozialen Sicherung haben diese Funktion beund damit Ungewißheiten *im Lebensablauf* des Individuums.
Vgl. u.a. Paul Braeß, Versicherung und Risiko, Wiesbaden 1960, S. 11ff.

Risikoproportionalität →Einrichtungen der sozialen Sicherung, →Krankenversicherung, private und gesetzliche, ein Vergleich.

Rothenfelser Denkschrift →Sozialreform, →Parteiprogramme.

Ruhegehalt →Rentenversicherung der Arbeiter und Angestellten, gesetzliche.

Ruhegeldverpflichtung →Betriebliche Altersversorgung.

S

Sachleistung(en), -sprinzip →Einrichtungen der sozialen Sicherung, →Krankenversicherung, gesetzliche.

Sachverständigenkommission zur Erarbeitung eines Arbeitsgesetzbuches →Arbeitsrecht.

Sachverständigenkommission zur Weiterentwicklung der gesetzlichen Krankenversicherung →Krankenversicherung, gesetzliche.

Sachverständigenrat zur Begutachtung der gesamtwirtschaftlichen Entwicklung in der BRD →Mobilität.

Seeberufsgenossenschaft →Unfallversicherung, gesetzliche.

Seekasse →Rentenversicherung der Arbeiter und Angestellten, gesetzliche, →Sozialversicherung.

Seekrankenkasse →Krankenversicherung, gesetzliche.

Seemannsgesetz →Arbeitsverhältnis, -vertrag, →Arbeitsrecht.

Sekuritätsbedürfnis →Einrichtungen der sozialen Sicherung.

Selbständige. *1. Begriff*

Zu den Selbständigen (S.), für die das „Wirtschaften auf eigene Gefahr" charakteristisch ist, gehören die *Handwerker* und *Gewerbetreibenden*, die *landwirtschaftlichen Unternehmer* und die zahlreichen freien Berufe. 1965 gab es 3,3 Mio. S., im April 1970 noch 2,8 Mio.

2. Funktionen und Einkommensbildung

a) Im Gegensatz zu den abhängig Beschäftigten (→Arbeiter, →Angestellte und →Beamte) beziehen die S. ein →Einkommen, das in der Stati-

stik als „Einkommen aus Unternehmertätigkeit und Vermögen" bezeichnet wird, also nicht exakt zu ermitteln ist wie die →Lohnquote, die z. Z. bei 69% vom →Volkseinkommen liegt. Man ist im Hinblick auf das →Einkommen aus Unternehmertätigkeit auf Schätzungen angewiesen; Wilhelm Krelle hat es (1968) auf 20% vom →Volkseinkommen angesetzt.
b) Während die abhängig Beschäftigten ihrem Status entsprechend in Standesvertretungen organisiert sind, sind die S. nach Berufsgruppen organisiert und können daher nicht geschlossen auftreten.

3. Soziale Sicherung

Mit dem technischen Fortschritt haben sich die Lebensbedingungen der S. und mithin ihr *Sicherungs*bedürfnis geändert. Sie waren bisher meist in eigenen *berufsständischen Solidarkassen* vereinigt, tendieren jetzt jedoch mehr zu den bestehenden Sozialversicherungseinrichtungen (→Sozialversicherung) der →Arbeitnehmer, die ihnen nach dem *Gesetz der großen Zahl* eine wirksamere *Sicherung* verschaffen können, als ihnen ihre eigenen Kassen bieten können.
Die Handwerker haben eine eigene Handwerkerrentenversicherung (vgl. Soziale Sicherung der Handwerker). Die landwirtschaftlichen Unternehmer sind durch die Altershilfe für Landwirte und die 1972 in Kraft tretende →berufsständische Krankenversicherung der Landwirte gesichert (vgl. Soziale Sicherung in der Landwirtschaft). Die freien Berufe haben verschiedene Versicherungs- oder Versorgungswerke oder Zusatzversorgungskassen gegründet (vgl. Soziale Sicherung der freien Berufe).

Vgl. Wirtschaft und Statistik, 1972, Heft 2, Februar, S. 79; Sozialbericht 1971, S. 182, und Informationen aus der aktuellen Zeitschriftenliteratur.

Selbstbeteiligung → Krankenversicherung, private – gesetzliche, ein Vergleich.

Selbsthilfe, -prinzip →Einrichtungen der sozialen Sicherung, →Genossenschaften.

Selbstverwaltung →Einrichtungen der sozialen Sicherung →Sozialversicherung.

Seuchengesetz →Gesundheitswesen, -politik.

Sicherung bei langfristigen Leiden und Gebrechen →Rehabilitation.

Social Costs.

1. Begriff

Unter Social Costs (SC.) werden die Kosten verstanden, die durch Schäden und Verluste bei der Produktion von Gütern und Diensten im wirtschaftlichen Leben entstehen und nicht in die Kostenrechnung der →Betriebe eingehen, sondern von der Gesamtheit der →Bevölkerung aus Steuermitteln getragen werden. Dazu gehören z.B. Betriebsunfälle, Berufskrankheiten, negative Auswirkungen von Frauen- und Kinderarbeit und kurz- oder langfristige →Arbeitslosigkeit. Andere SC. können aus den vielfältigen nachteiligen Wirkungen der Verunreinigung des Wassers (Wasserreinhaltung) und der Atmosphäre (Luftreinhaltung) durch Abfallprodukte von Industrieunternehmungen entstehen. Frühzeitige Erschöpfung von Energiequellen, Raubbau in der Land- und Forstwirtschaft (versteppte Böden), mangelnde Voll- und Optimalausnutzung vorhandener Produktionsmöglichkeiten sind →„Sozialkosten der versäumten Gelegenheiten".

2. Kriterien

Allen SC. sind unabhängig von der Verschiedenartigkeit der Schäden folgende Merkmale gemeinsam: 1. Sie sind aus der Wirtschaftsrechnung der disponierenden Wirtschaftsunternehmungen ausgeschlossen. 2. Sie werden auf dritte Personen oder die Gesamtheit abgewälzt. 3. Sie sind nur begrenzt quantifizierbar.

Vgl. u.a. K. Wilhelm Kapp, „Sozialkosten", in: HdSW, Bd. IX., a.a.O., S. 524.

Sockelrente →Rentenversicherung der Arbeiter und Angestellten, gesetzliche, →Einrichtungen der sozialen Sicherung.

Soldatenversorgungsgesetz →Kriegsopferversorgung, gesetzliche.

Solidargemeinschaft, -kasse →Einrichtungen der sozialen Sicherung.

Solidarität, -sprinzip (vgl. auch Einrichtungen der sozialen Sicherung).

1. Begriff

Unter dem Solidaritätsprinzip (SPr.), das in der Natur des Menschen begründet ist, wird die „schicksalhafte wechselseitige Verstrickung zwischen Individuum und Gemeinschaft verstanden". Als *Seinsgrundsatz* besagt das SPr., daß die sozialen Anlagen des Menschen erst im Zusammenleben mit anderen Personen entfaltet werden können, während andererseits die →Gesellschaft auf ihre einzelnen Glieder hingeordnet ist, ohne die sie nicht bestehen kann. Als *Sollgrundsatz* leitet das SPr. daraus die Verpflichtung für Individuum und →Gesellschaft ab, füreinander einzustehen, d.h. nach der gegenseitigen Verpflichtung auf Hilfe unter Gleichen und Ungleichen zu leben.

2. Funktionen

Im Bereich der →Sozialpolitik besagt dieses Prinzip, daß seit eh und je nicht nur notleidenden Individuen von der →Gesellschaft geholfen wird, sondern daß darüber hinaus die gesellschaftlichen →Gruppen im Bewußtsein ihrer Zusammengehörigkeit auch den *Ausgleich zugunsten der sozial Schwachen* herbeiführen, und zwar sowohl innerhalb jeder Gruppe als auch zwischen ihnen.

So kommt im SPr. die *Wechselbezogenheit*, das Verhältnis von *Bindung* und *Rückbindung* zwischen *Einzelmensch* und →Gesellschaft zum Ausdruck. Jeder haftet zusammen mit anderen Gliedern der Gesellschaft für deren Wohl und Wehe, so daß er für das, was andere zuwenig leisten, einspringt. Da das SPr. also einen *Doppelakzent* hat, indem es *Einzel-* und *Gemeininteressen* verkörpert, kommt es nach JOHANNES MESSNER vor allem darauf an, daß das Einzelinteresse im Dienste der *Sozialverantwortung* steht und damit für diese ein starker unmittelbarer Ansporn zur Wirksamkeit gebracht wird.

Vgl. Johannes Messner, Die soziale Frage, München 1956, S. 373ff., und A. Beckel, „Solidaritätsprinzip", in: Katholisches Soziallexikon, a.a.O., S. 998ff.; ferner Oswald v. Nell-Breuning, Einzelmensch und Gesellschaft, Heidelberg 1950, S. 46ff.; ders., Solidarität und Subsidiarität im Raume von Sozialpolitik und Sozialreform, in: Sozialpolitik und Sozialreform, hrsg. von Erik Boettcher, Tübingen 1957, S. 215f.; Viola Gräfin von Bethusy-Huc, Das Sozialleistungssystem, a.a.O., S. 32f.

Solidaritätsbeitrag →Gewerkschaften.

Sonntagsruhe →Arbeitsschutz, gesetzlicher.

Sozialabgaben →Einrichtungen der sozialen Sicherung.

Sozialämt(er) →Sozialhilfe, gesetzliche.

Sozialarbeit (vgl. auch Sozialhilfe, gesetzliche, →Jugendfürsorge, -hilfe, -schutz, -wohlfahrt).

1. Grundlagen

Die Sozialarbeit (SAt.) wird nach WALTER A. FRIEDLÄNDER durch folgende demokratische Grundsätze bestimmt:

a) durch die Überzeugung von dem immanenten Wert, der Integrität und der Würde des Individuums;
b) durch das Recht des Individuums, selbst zu bestimmen, welches seine Bedürfnisse sind und wie sie befriedigt werden sollen;
c) durch den Glauben an gleiche Chancen für alle, die *allein* begrenzt sind durch die angeborenen Fähigkeiten des Individuums;
d) durch die Überzeugung, daß die Rechte des Menschen auf Selbstachtung, Würde, Selbstbestimmung und gleiche Chancen zu einer sozialen Verantwortung sich selbst gegenüber, gegenüber seiner →Familie und seiner →Gesellschaft in Beziehung stehen.

2. *Ziele*

a) Die SAt. ist aus Armenpflege und Mildtätigkeit hervorgegangen. Es ist das Ziel der modernen SAt., aufgrund der Richtlinien des Wirtschafts- und Sozialausschusses der Vereinten Nationen Individuen, →Gruppen und Gemeinden dazu zu verhelfen, den höchstmöglichen Grad von sozialem, geistigem und leiblichem Wohlbefinden zu erreichen. Dadurch soll das Wohlbefinden der einzelnen mit der Wohlfahrt der →Gesellschaft, in der sie leben, in Einklang gebracht werden (vgl. in diesem Sinne auch OTTO BLUME). Deshalb muß sich die SAt. unter Berücksichtigung aller sozialen, wirtschaftlichen und psychologischen Faktoren vollziehen, die das Leben des einzelnen, der →Familie, der →Gruppe und der *Gemeinde* beeinflussen. Die *doppelpolige Arbeitsweise* der SAt. verfolgt nicht nur das Ziel, dem einzelnen, der →Familie und einer →Gruppe von Personen in ihren *sozialen Beziehungen* zu helfen. Sie ist vielmehr auch auf die Verbesserung der allgemeinen sozialen Beziehungen durch Anhebung des gesundheitlichen und wirtschaftlichen Standards, auf bessere Wohn- und Arbeitsbedingungen und eine *konstruktive soziale Gesetzgebung* ausgerichtet. Soziale Dienste werden in zunehmendem Maße für *alle sozialen Schichten* in verschiedensten sozialen Situationen notwendig.
b) Die SAt. ist bestrebt, den einzelnen zu befähigen, daß er seine Lage realistisch einzuschätzen vermag, um sie dann mit eigener sozialer Kraft zu verbessern (z. B. Stärkung des Willens zur Eigeninitiative, zur Selbsthilfe, zur Unabhängigkeit, zur Führung eines eigenen Haushaltes und einer eigenen Wohnung). Es ist auch das Ziel der SAt., dem einzelnen und seiner →Familie zu helfen, grundlegende wirtschaftliche Sicherheit aus den Leistungen der →Einrichtungen der sozialen Sicherung zu erlangen (z. B. eigene →Alterssicherung). Letztlich verhilft die SAt. dazu, demokratische Prinzipien und die Menschenrechte zu verwirklichen, sie bemüht sich, allen Bürgern einen *angemessenen Lebensstandard* (z. B. angemessene Aus- und Fortbildung; gesundheitliche Betreuung und

Erholungsmaßnahmen) zu geben. Ferner will sie →Soziale Sicherheit und die Befriedigung der allgemein menschlichen Bedürfnisse nach Liebe, Akzeptiertwerden, Anerkennung und →sozialem Status sichern (z.B. Familienkontakte [→Familie]; gesellschaftliche [→Gesellschaft] Kontakte; Besuch kultureller Veranstaltungen; religiöse Betreuung; Teilnahme am kirchlichen Leben in der Gemeinschaft; Pflege der Beziehungen zur Umwelt, Förderung der beruflichen Tätigkeit; ausfüllender Lebensinhalt).

3. Anwendungsbereiche

a) Der Bereich der SAt. umfaßt
(1) *Hilfen für benachteiligte und hilfsbedürftige Individuen und →Gruppen,* z.B. Kranke, körperlich oder geistig Behinderte, Erwerbsunfähige, Alte, Angehörige von Minderheitengruppen, Neuein- und -zuwanderer usw.,
(2) *Hilfen zum Schutze benachteiligter und gefährdeter Sondergruppen,* wie Kriegsbeschädigte, Vertriebene und Flüchtlinge, Opfer von Naturkatastrophen, Epidemien und Kriegshandlungen usw.,
(3) *Hilfen jugendschützerischer, jugendpflegerischer und jugendbildender Art,* für Kinder und Jugendliche und entsprechende Hilfen für vergleichbare →Gruppen, wie Alte, Minderheiten, Gastarbeiter und andere von Isolierung bedrohte und deshalb der Integration in das Gemeinwesen bedürftige Gruppen.
b) Die drei Grundmethoden sind die *soziale Einzelfallhilfe* (Social Casework); die *soziale Gruppenarbeit* (Social Group Work) und die *soziale Gemeinwesenarbeit* (Social Community Organization), die neben der Anwendung in den oben näher bezeichneten sozialen Diensten auch in Organisationen angewandt werden, die von ihrer Konzeption her andere Ziele und Zwecke verfolgen, wie z.B. die Heilsarmee, das Rote Kreuz, Vertriebenen- und Flüchtlingsorganisationen u.a. In Krankenhäusern, Kliniken, Schulen, Jugendgerichten, →Rehabilitationseinrichtungen u.a. ist die SAt. nur von subsidiärer Bedeutung.
Die *soziale Gemeinwesenarbeit* ist die Kernfunktion von Organisationen, wie der *Bundesarbeitsgemeinschaft der freien und öffentlichen Wohlfahrtspflege,* den *kommunalen Sozial- und Jugendwohlfahrtsausschüssen* (→Jugendwohlfahrt) usw., die keine direkte Hilfe für Individuen oder →Gruppen hervorbringen, sondern den Zweck verfolgen, die *sozialen Dienste* eines Gemeinwesens zu planen, zu koordinieren, in der Finanzierung zu unterstützen (vgl. auch Jugendämter).
Neuerdings finden →Sozialarbeiter auch in Industriebetrieben, Fabriken und Zechen, Kirchen, →Gewerkschaften, →Genossenschaften, Erholungseinrichtungen und Reiseunternehmen ein Betätigungsfeld. Damit

nehmen die Methoden der SAt. einen großen Einfluß auf viele andere Organisationen und Einrichtungen über den ursprünglichen Umkreis der SAt. hinaus.

Vgl. Walter A. Friedländer, Grundbegriffe und Methoden der Sozialarbeit, deutsche Ausgabe, hrsg. von Hans Pfaffenberger, 2. Aufl., Neuwied–Berlin 1969, S. 3ff.; und Richtlinien des Wirtschafts- und Sozialausschusses der Vereinten Nationen (Ausbildung für Sozialarbeit, Internationale Übersicht, 1950, S. 10); außerdem Otto Blume, Antrittsvorlesung a.a.O. vom 21. Februar 1967.

Sozialaufwand (vgl. auch Sozialleistungen).
Unter diesem Begriff wird der Aufwand des Staates für →Sozialleistungen verstanden. Nach der sog. MACKENROTH-*These* von 1952 soll der Sozialaufwand einer Periode aus den laufenden Einnahmen derselben Periode finanziert werden. Dieses Prinzip ist seit 1957 z.B. in der gesetzlichen →Rentenversicherung durch Einführung des *Umlageverfahrens* verwirklicht worden.
Vgl. auch Literatur in den Anmerkungen zu „Sozialleistungen" und zu „Sozialreform".

Sozialausschüsse der CDU →Vermögen, -spolitik.

Sozialbeirat →Rentenversicherung der Arbeiter und Angestellten, gesetzliche.

Sozialbericht – Sozialbudget.

1. Sozialbericht

Der Sozialbericht, der 1970 erstmals vom *Bundesministerium für Arbeit und Sozialordnung* veröffentlicht worden ist, bezweckt eine zusammenfassende Darstellung der Entwicklungstendenzen und Aufgaben der →Sozialpolitik.
Hinsichtlich der Einzelheiten zeigt er die Grundlinien des Wandels und die Spannungen auf, die in einer wachsenden Wirtschaft u.a. zwischen dem individuellen Wohlstand und den unzureichenden Gemeinschaftsaufgaben, zwischen einer funktionstüchtigen →Sozialversicherung und der Gefährdung einzelner ungesicherter →Gruppen, zwischen den Umweltproblemen der Großstädte einerseits und ländlicher Gebiete andererseits, zwischen der erstrebten →Vollbeschäftigung und der *Knappheit* an *Arbeitskräften* für *Sozialdienste* sowie zwischen der starken Einkommenszunahme (→Einkommen) und dem Zurückbleiben einzelner →Gruppen bestehen.

2. Sozialbudget

Das Sozialbudget ist 1966 von der →Sozialenquête-Kommission vorgeschlagen worden. Es wird seit 1968 in periodischen Abständen vom

Bundesministerium für Arbeit und Sozialordnung veröffentlicht. Es bezweckt, durch eine mittelfristige Vorausschau eine Übersicht über die quantitativen Ausmaße, die Struktur und Entwicklung der gesamten →Sozialleistungen und ihrer Finanzierung zu geben, indem die Einnahmen- und Ausgabenströme systematisch gegenübergestellt werden. Die Aufwendungen für →Sozialleistungen werden nach Institutionen (z.B. *Versicherungs*zweige) und nach Funktionen (z.B. *Risiken, Schadensursachen*) der Leistungen gegliedert. Damit soll auch eine Entscheidungshilfe für die →Einkommensverteilung zugunsten der Empfänger von →Sozialleistungen gegeben werden.
Der gegenwärtige Arbeits- und Sozialminister hat für die Zukunft ein Europäisches Sozialbudget vorgeschlagen.

Vgl. Bundestags-Drucksache Nr. 568 vom 15. Oktober 1958: Bericht über die Entwicklung der wirtschaftlichen Leistungsfähigkeit und der Produktivität sowie die Veränderungen des Volkseinkommens je Erwerbstätigen und über die Finanzlage der Rentenversicherungen (1. Sozialbericht 1958), der seitdem jährlich veröffentlicht wird, so z.B. der Sozialbericht 1971.

Vgl. Sozialbudget 1969/70 und 1970/71, ferner Hermann Berié, Das Sozialbudget, Grundlagen, Methoden und Verfahren. Ergebnisse des neuen Sozialbudgets, Bonn-Bad Godesberg 1970 und Sozialbericht 1971, Tabelle III–2/1 ff.

Sozialcharta, Europäische →Sozialpolitik, internationale.

Sozialdemokratische Partei Deutschlands (SPD) →Gewerkschaften, →Parteiprogramme, →Sozialreform.

Soziale Autonomie →Tarifautonomie, →Tarifvertrag und Selbstverwaltung, →Einrichtungen der sozialen Sicherung.

Soziale Dienste →Sozialarbeit.

Soziale Frage →Arbeiterbewegung, -frage, -politik.

Soziale Gerechtigkeit.

1. Begriff

Gerechtigkeit (G.) will die zwischenmenschlichen Beziehungen ordnen, sie hat damit starke soziale Aspekte. Man unterscheidet drei Arten der G.: a) Iustitia generalis oder legalis = allgemeine oder gesetzliche G., die das →Gemeinwohl in den Mittelpunkt stellt und in der Katholischen Soziallehre als *soziale* G. bezeichnet wird; b) Iustitia distributiva = austeilende G. und c) Iustitia commutativa = ausgleichende G. Die beiden letzteren sind auf das Einzelwohl des Menschen ausgerichtet.

2. *Sozialpolitische Bedeutung*

a) Wenn man von G. in der →Sozialpolitik spricht, ist zunächst die *Iustitia commutativa* gemeint, die die →Einkommensverteilung beeinflußt. Bei dieser Verteilung werden als Bezug der Bedarf und die Leistung (vgl. z. B. Bedarfs- und Leistungslohn) sowie die *Einkommensbewertung* herangezogen.
Die *Einkommensbewertung* kann nach Elisabeth Liefmann-Keil in drei möglichen Formen vorgenommen werden: Sie kann sich auf interpersonale Nutzenvergleiche stützen; der Grenznutzen des Einkommenszuwachses (→Einkommen) soll bei gleichen →Einkommen gleich groß sein; der Grenznutzen des →Einkommens nimmt mit steigendem →Einkommen ab.
b) Auch die *Iustitia distributiva* ist für die →Sozialpolitik von Bedeutung in Verbindung mit der *Iustitia generalis.* Das Verhältnis der Gemeinschaft zum einzelnen und umgekehrt kommt in den →Einrichtungen der sozialen Sicherung deutlich zum Ausdruck, z. B. im →Versorgungs- und →Fürsorgeprinzip und umgekehrt auch im →Versicherungsprinzip.

Vgl. F. Klüber, „Gerechtigkeit", in: Katholisches Soziallexikon, a. a. O., S. 315 ff., Elisabeth Liefmann-Keil, Ökonomische Theorie der Sozialpolitik, a. a. O., S. 13 ff., und Viola Gräfin von Bethusy-Huc, Das Sozialleistungssystem, a. a. O., S. 28 ff., S. 38 ff. und S. 182 ff.

Soziale Grundrechte (vgl. auch Sozialpolitik).
In der *Erklärung der Menschenrechte* der Vereinten Nationen von 1948 beziehen sich 6 Artikel auf soziale Ordnungspolitik. Daraus können die 12 nachfolgenden sozialen Grundrechte, die auch im *Grundgesetz* der BRD niedergelegt sind, abgeleitet werden:
Das Recht auf Eheschließung; die →Familie als besonders schutzwürdige Rechtsperson; das Recht auf →Eigentum; das Recht auf →Soziale Sicherheit; das →Recht auf Arbeit und freie Berufswahl; das Recht auf gleichen →Lohn für gleiche →Arbeit; das Recht auf ein menschenwürdiges →Existenzminimum; das Koalitionsrecht; das Recht auf Erholung, Freizeit und bezahlten →Urlaub; besondere Schutzrechte für Mutter und Kind; das Recht auf →Bildung und das Elternrecht.
Das Recht auf Eheschließung und der Schutz der →Familie werden in der →Familienpolitik gefördert; das Recht auf →Eigentum wird in der →Vermögenspolitik ausgebaut; das Recht der →sozialen Sicherheit ist Gegenstand der →Einrichtungen der sozialen Sicherung; das →Recht auf Arbeit ist Grundlage der Vollbeschäftigungspolitik; das Recht auf gleichen →Lohn für gleiche →Arbeit schlägt sich in der gewerkschaftlichen Lohnpolitik (→Gewerkschaften, →Lohnpolitik) nieder; das Recht auf

ein menschenwürdiges →Existenzminimum ist die Basis der →Sozialhilfe. Das Koalitionsrecht ist die gesetzliche Grundlage der Bildung von →Gewerkschaften und Interessenverbänden. Das Recht auf Freizeit, Erholung und bezahlten →Urlaub wird durch die →betriebliche Sozialpolitik, d.h. insbesondere durch die *freiwilligen* →betrieblichen Sozialleistungen berücksichtigt, denen aber auch ein entsprechendes *Freizeitangebot* gegenüberstehen muß. Den besonderen Schutzrechten für Mutter und Kind wird durch das *Mutterschutzgesetz von 1952* Rechnung getragen. Das Recht auf →Bildung wird neuerdings verstärkt durch *bildungspolitische* Maßnahmen gefördert, so z.B. durch das *Berufsbildungsgesetz von 1969* und das *Bundesausbildungsförderungsgesetz von 1971.*

Vgl. den Text des Grundgesetzes der BRD und Informationen aus der sozialpolitischen Literatur.

Soziale Hilfen und Dienste (vgl. auch Gesundheitspolitik, -wesen, Jugendfürsorge, -hilfe, -schutz, -wohlfahrt und Sozialhilfe).
Als soziale Hilfen und Dienste werden im *Sozialbericht* 1971 alle Maßnahmen verstanden, die dazu dienen, Notlagen und soziale Härten durch eine Unterstützung der Gemeinschaft zur Sicherung eines menschenwürdigen Lebens abzuwenden oder ihnen vorzubeugen. Sie sollen jedoch nur gewährt werden, wenn der einzelne sich nicht selbst helfen kann und die erforderliche Hilfe auch nicht von anderen erbracht werden kann.
Zu diesen →Sozialleistungen, die sich weder den →Versicherungs-, noch den Entschädigungs-(Versorgungs-)leistungen (→Entschädigungsleistungen, →Versorgungsprinzip) zuordnen lassen, gehören vorwiegend Maßnahmen des öffentlichen Gesundheitsdienstes; der →Jugendhilfe, -wohlfahrt; der →Sozialhilfe, der →Ausbildungsförderung und das →Wohngeld. Diese Hilfen sind nicht nur materieller Natur (wie die →Ausbildungsförderung und das →Wohngeld, die die Verf. deshalb als →Versorgungsleistungen auffaßt*), sondern auch immaterieller Art, wie z.B. Ausbildung, Beratung, Erziehung usw. (vgl. →Jugendhilfe und →Sozialhilfe).
Die Aufwendungen betrugen 1970 insgesamt 6,4 Mio. DM (= 5% des institutionellen →Sozialbudgets) und sollen 1975 auf 11,7 Mio. DM anwachsen.

Vgl. Sozialbericht 1971, S. 184 und Tabelle II – 33 auf S. 281.

Soziale Infrastrukturmaßnahmen →Krankenhauswesen, →Sozialinvestitionen, →Sozialpolitik.

* Vgl. auch Tabellen auf S. 97f.

Sozialeinkommen (vgl. auch Sozialbudget).

1. Begriff

Unter dem Begriff SE. werden alle Einkommens-, d. h. Barleistungen aus den →Einrichtungen der sozialen Sicherung verstanden. Dazu zählen Barleistungen aus der gesetzlichen →Renten- und →Krankenversicherung, der →Kriegsopferversorgung und aus dem Familienlastenausgleich (→Familienpolitik). Ferner gehören dazu Beamtenpensionen (→Beamte), Barleistungen zur →Ausbildungsförderung u. a.

2. Umfang

Diese öffentlichen Einkommens*übertragungen* (→Einkommen) haben sich von 1960 bis 1969 mehr als verdoppelt, das Wachstumstempo hat sich jedoch in den letzten Jahren deutlich abgeschwächt. Gemessen am Gesamtnettoeinkommen der Volkswirtschaft, ist der Anteil des SE. sogar rückläufig, und zwar auch im Verhältnis zum Wachstum der verfügbaren →Einkommen der privaten Haushalte; denn die Erwerbs-→Einkommen expandierten in der Hochkonjunktur stark, während die Renten vergleichsweise langsamer zunahmen. Außerdem ist die Arbeitslosenunterstützung sehr konjunkturabhängig und die Kriegsfolgelasten sind rückläufig.

Vgl. Literaturangaben in den Anmerkungen zu „Sozialbudget“.

Soziale Integration →Integration, soziale.

Soziale Klasse (vgl. auch Arbeiterbewegung, -frage, -politik und Schichtung, soziale).

1. Begriff

Soziale Klasse ist die Bezeichnung für eine *soziale Groß-*→Gruppe, die in einer arbeitsteiligen →Gesellschaft entsteht und deren Angehörige in einem tatsächlichen oder bewußten Gegensatz zu anderen sozialen Gebilden stehen und sich aufgrund gleicher oder ähnlicher Vermögenslage jeweils als Einheit verstehen und grundsätzliche Verwandtschaft in rechtlicher Eigenart und Ertragshöhe ihres Erwerbes aufweisen und daher typische Chancen des äußeren Lebensschicksals gemeinsam haben.

2. Sozialpolitische Bedeutung

Bezogen auf die →Sozialpolitik trifft diese Charakteristik besonders auf die Arbeiter-Klasse (→Arbeiter) des 19. Jh. zu, die durch ihre proletarische, d.h. elende, →Lebenslage als Arbeiterklasse gekennzeichnet war (vgl. Arbeiterbewegung, -frage, -politik).

Vgl. L. Reissman, „Klasse", in: Wörterbuch der Soziologie, a.a.O., S. 540ff., und Ferdinand A. Hermens, „Klasse", in: Staatslexikon, Bd. IV, Freiburg 1959, Sp. 1062ff.

Soziale Marktwirtschaft →Gesellschaftssysteme.

Soziale Norm →Gruppe, →Leitbild, soziales, →Normative Sozialwissenschaft.

Sozialenquête (vgl. auch Einrichtungen der sozialen Sicherung).
Die Bundesregierung hat 1964 eine Sozialenquête-Kommission (SE.) eingesetzt, die ursprünglich aus 7 Vertretern der Rechts-, Wirtschafts- und Gesellschaftswissenschaften bestand. Sie hatte die Aufgabe, das gegenwärtige Sozialrecht der BRD und dessen wirtschaftliche und soziale Auswirkungen in überschaubarer Form darzustellen. Aus diesem Grunde sollte die geltende Ordnung sozialer Sicherung, die sowohl in ihrer rechtlichen Gestaltung als auch in ihren wirtschaftlichen und sozialpolitischen (→Sozialpolitik) Auswirkungen sehr vielgestaltig ist und keiner einheitlichen Konzeption folgt, in ihren charakteristischen Wesenszügen dargestellt, aus der gegenwärtigen Sicht kritisch beleuchtet und auf neue Gestaltungsmöglichkeiten hin untersucht werden.
Bis 1966 untersuchten nun die Gelehrten WALTER BOGS, HANS ACHINGER, HELMUT MEINHOLD, LUDWIG NEUNDÖRFER und WILFRIED SCHREIBER in einem 1. Teil den Zustand der gegenwärtigen →Gesellschaft, ihre Gliederung, ihre wirtschaftlichen Verhältnisse und sozialen Notstände und gaben eine Darstellung der geltenden Grundzüge der rechtlichen Ordnung der →sozialen Sicherheit und der dieses Rechtsgebiet beherrschenden Prinzipien. Im 2. Teil der SE. wurden als ausgewählte Beispiele die →Alterssicherung der →Bevölkerung, die *Sicherung bei langfristigen Leiden und Gebrechen,* die Reform der gesetzlichen →Krankenversicherung sowie die *Familienhilfeleistungen* beschrieben. Die Darstellung dieser →Einrichtungen der sozialen Sicherung fußen methodisch auf den vier folgenden Grundkonzeptionen:
Die *erste Konzeption* geht davon aus, daß sowohl auf der Finanzierungs- als auch auf der Leistungsseite die private →Vorsorge maximiert und der Einfluß öffentlicher Einrichtungen auf die soziale Sicherung minimiert werden soll. Die →Sozialleistungen sollen demnach möglichst wenig durch *Pflichtvorsorge* und nur *subsidiär* durch staatliche Umverteilung finanziert und möglichst auf das konventionelle →Existenzminimum reduziert werden.
Nach der *zweiten Konzeption* soll die *Selbstvorsorge* maximiert werden und dementsprechend das Maß der Pflichtversicherung auf das konven-

tionelle →Existenzminimum begrenzt werden, das wiederum aus Steuermitteln finanziert wird.
In der *dritten Konzeption* wird weitestgehende Begrenzung der staatlichen Aktivität gefordert, die jedoch das vorrangige Prinzip der *einkommensproportionalen Sicherung* nicht beeinträchtigen soll. Hierbei ist die *Selbstvorsorge* in Form des Einkommensausgleichs im Lebensablauf vor der interpersonalen Umverteilung und die *Finanzierung durch Beiträge* an Stelle von Steuern anzustreben. Da die *einkommensproportionale Sicherung* nicht maximiert werden soll, muß die Vorsorgepflicht (→Vorsorge) begrenzt werden. Deshalb wird durch die Beitragsbemessungsgrenze das →Einkommen fixiert, von dem im Höchstfall *Pflichtbeiträge* für die *Selbstvorsorge* erhoben werden und bei dessen Überschreiten eine *einkommensproportionale Sicherung* nur durch zusätzliche freiwillige →Vorsorge erreicht werden kann. Durch die Versicherungspflichtgrenze wird festgelegt, welchen Individuen von einer bestimmten Einkommenshöhe (→Einkommen) an die Selbstvorsorge in *Eigenverantwortung* überlassen werden kann. Bei dieser Konzeption ist ferner der Kreis der Versicherungspflichtigen festgelegt, der sich aus den →Angestellten bestimmter Berufszweige, aus allen Erwerbspersonen oder unter Umständen auch aus *allen* Staatsbürgern zusammensetzen kann.
In der *vierten Konzeption* wird der *Umverteilung* vor der Selbstvorsorge der Vorrang eingeräumt. „Jedes Individuum soll im Notfall in gleicher Weise, also unabhängig von seinem bisherigen Markteinkommen und von eigenen Beiträgen, gesichert sein.“ Die Höhe der Leistungen wird nicht vom konventionellen →Existenzminimum, sondern von der Leistungsfähigkeit der Volkswirtschaft abhängig gemacht. Dabei ergibt sich eine *starke Einschaltung des Staates* auf Kosten einer *Verminderung der Eigenvorsorge.*
Diese möglichen Konzeptionen durchdringen und ergänzen einander in der Praxis vielfältig; allerdings wird die *dritte Konzeption* bevorzugt, weil sie wegen ihrer →Subsidiarität am stärksten der in der BRD geltenden →Gesellschaftsordnung und der daraus hergeleiteten Form der sozialen Sicherung entspricht.

Vgl. Bogs - Achinger - Meinhold - Neundörfer - Schreiber, Soziale Sicherung, Sozialenquête, a. a. O., Vorwort und S. 120ff.

Sozialenzyklika (vgl. auch Soziallehre, katholische).
Die Sozialenzykliken (SEz.) der katholischen Kirche sind päpstliche Rundschreiben, in denen gesellschaftspolitische (→Gesellschaftspolitik) Fragen je nach den betreffenden Zeitumständen behandelt werden.

1. Rerum novarum

Die SEz. „Rerum novarum“ von LEO XIII. aus dem Jahre 1891 ist die erste derartige Enzyklika. Darin wird die *Arbeiterfrage* als brennendstes Problem der damaligen Zeit dargestellt. Als Lösung dieser Frage wird eine Verbesserung der Arbeitgeber-Arbeitnehmer-Beziehungen (→Arbeitgeber, →Arbeitnehmer) auf religiöser Grundlage vorgeschlagen unter besonderer Betonung des →Eigentums als Frucht der →Arbeit. →Armut und Luxus sind sozialethisch (→Sozialethik) zu verurteilen. Daneben wird insbesondere an die Eigeninitiative des →Arbeiters appelliert und das Koalitionsrecht verteidigt. Unter Berücksichtigung der *Freiheit* und *Sicherheit* soll der Staat in das gesellschaftliche (→Gesellschaft) Leben eingreifen, um im Sinne der Gemeinwohl*gerechtigkeit* (→Gemeinwohl) den Schutz des Arbeiters zu übernehmen und die *gerechte Güterverteilung* zu sichern.

2. Quadragesimo anno

In der SEz. „Quadragesimo anno“ von PIUS XI. aus dem Jahre 1931 ist die →Arbeiterfrage zu dem Problem des Aufbaus der gesamten gesellschaftlichen (→Gesellschaft) *Ordnung* mit den zentralen Fragen →Eigentum, →Arbeit und Kapitalismus (→Gesellschaftssysteme) erweitert worden. Als Lösung dieser Probleme sieht PIUS XI. die Eigentumsbildung (→Eigentum), d.h. die Vermögensbildung (→Vermögen, -spolitik) in breiten Bevölkerungsschichten (→Bevölkerung) an, die Mitbesitz an den Produktionsmitteln in den Händen der →Arbeitnehmer bedeutet. Bei der gerechten Lohnermittlung (→Lohn) sind der Lebensbedarf des Lohnempfängers (→Lohn) und seiner →Familie, die Lebensfähigkeit des Unternehmens und das allgemeine Wohl zu berücksichtigen. Anstelle der um den →Arbeitsmarkt gruppierten Kampfpartner (→Arbeitgeber und →Arbeitnehmer) werden auf Zusammenarbeit angewiesene, einander zugeordnete Berufsstände vorgeschlagen. Das →Subsidiaritätsprinzip wird als Ordnungsgrundsatz empfohlen.

3. Mater et magistra

In der SEz. „Mater et magistra“ von JOHANNES XXIII. aus dem Jahre 1961 wird auf den tiefgreifenden gesellschaftlichen (→Gesellschaft) *Wandel* infolge des wissenschaftlich-technischen Fortschritts hingewiesen. Dieser zeigt sich in der zunehmenden Bedeutung der Systeme der sozialen Sicherung, in der Annäherung der verschiedenen gesellschaftlichen Schichten, in der Hebung des →Bildungsniveaus u. a. m. Der Papst tritt für die →Verbandsbildung ein, für eine Verbesserung der Unternehmensstruktur und für die Umverteilung. Der →Mittelstand bedarf besonderer Förderung. Nach dem →Subsidiaritätsprinzip soll der Staat die Glieder des *Sozialkörpers* unterstützen, wo es notwendig ist. Sein besonderes Augenmerk richtet der Papst auf die →Entwicklungsländer, deren Probleme er auf der Basis der internationalen →Solidarität gelöst wissen möchte.

4. Populorum progressio

In „Populorum progressio" wird von PAUL VI. im Jahre 1967 in Erweiterung der Forderungen seines Vorgängers betont, daß der *Konflikt zwischen Arm und Reich* nun ein weltweiter, immer zunehmender *Sozialkonflikt* zwischen den Völkern geworden ist, der ein klares Handeln auf wirtschaftlichem, sozialem, kulturellem und geistigem Gebiet erfordert, damit der Aufstieg aus dem Elend durch den Besitz des Notwendigen und damit der *Sieg über die sozialen Mißstände* ermöglicht werden kann. Da der liberale Kapitalismus, d.h. die *freie Marktwirtschaft* als Grundlage für die →Entwicklungshilfe unzureichend ist, soll der Staat die Vorhaben, Ziele und Mittel der Entwicklungshilfe auswählen, →Bevölkerungspolitik betreiben und einen Weltfonds gründen, in den z.B. die wohlhabenden Völker Spenden einbringen. Es müsse darüber hinaus eine *Weltautorität* geschaffen werden, die in der Lage sei, alle Maßnahmen zum *Weltgemeinwohl* zu koordinieren und einen *dauerhaften Frieden* zu sichern. Der Papst spricht sich außerdem für eine Unternehmensverfassung aus, in der die eigenständige verantwortliche und mitbestimmende (→Mitbestimmung) Person im Mittelpunkt steht.
Vgl. Clemens Bauer, „Sozialenzykliken", in: Staatslexikon, Bd. XI, a.a.O., Sp. 223ff.

Soziale Ordnungspolitik →Sozialpolitik.

Soziale Rolle.
Unter Sozialer Rolle (SR.) wird ein Bündel von Verhaltenserwartungen verstanden, die an bestimmte Positionen gebunden sind. Da diese Verhaltenserwartungen normativen Charakter tragen, ist eine →Gesellschaft geradezu in Form eines Netzwerkes von SR. strukturiert.
Für den Sozialpolitiker (→Sozialpolitik) ist es nicht unerheblich, um die SR. der verschiedenen Bevölkerungsgruppen (→Bevölkerung) zu wissen und danach u.a. auch die →Einrichtungen der sozialen Sicherung auszurichten.
Vgl. René König, in: „Soziologie", a.a.O., S. 110ff., S. 320, und Alois Hahn, „Soziale Rolle", in: Staatslexikon, Bd. XI, a.a.O., Sp. 228ff.

Soziale Schicht →Schichtung, soziale.

Soziale Sicherheit (vgl. auch Sozialform).
Der Begriff Soziale Sicherheit (SSt.) wurde zum ersten Mal 1935 in den USA in der *Social Security Act* ausgesprochen; er wurde seitdem bis zum Ende des Zweiten Weltkrieges vielfach mit sozialpolitischen (→Sozialpolitik) Maßnahmen gleichgesetzt. Gemeint waren damit Maßnahmen zur Sicherung der sozialen Lage des Individuums oder ganzer Bevölkerungsgruppen (→Bevölkerung). In ähnlicher Bedeutung tauchte der Begriff auch in der *Atlantik-Charta* von 1941 auf sowie im *Beveridge-Plan* von 1942, der nicht nur für England Bedeutung hatte, sondern den Begriff SSt. auch in ganz Europa bekannt machte. In der BRD wurde allerdings der Ausdruck →Sozialreform dem Begriff der SSt. vorgezogen in der Absicht, die sozialpolitischen (→Sozialpolitik) Maßnahmen nach dem Zweiten Weltkrieg auf eine neue Grundlage zu stellen. 1952 wurden sog. Mindestnormen der SSt. von der internationalen Arbeitskonferenz erlassen, die damit auch international anerkannt wurden.
Die Einbürgerung des Begriffs SSt. auf dem Kontinent führte zu der Tendenz, die →Sozialleistungen auszuweiten und die staatlichen Finanzierungsbeiträge zu erhöhen. Durch die Verbreitung der SSt. entwikkelte sich der Begriff zu einem Quasi-Grundrecht der menschlichen →Gesellschaft (vgl. Soziale Grundrechte) und zu einem selbständigen Wert. Infolgedessen verstehen wir heute unter SSt. (im Gegensatz zur sozialen Sicherung) den Zustand, in dem sich ein Individuum befindet, dessen soziale Risiken durch die →Einrichtungen der sozialen Sicherung abgedeckt werden.
Vgl. aus der Fülle der Literatur Gerhard Weisser, „Soziale Sicherheit“, in: HdSW, Bd. IX, Stuttgart – Tübingen – Göttingen 1956, S. 396ff.; Hans Achinger, „Soziale Sicherheit“, in: Staatslexikon, Bd. VII, Freiburg 1962, Sp. 262ff.; Franz-Xaver Kaufmann, Sicherheit als soziologisches und sozialpolitisches Problem, Stuttgart 1970, S. 106ff., bes. S. 122f. Vgl. auch die zahlreiche Literatur in den Anmerkungen zu „Sozialpolitik“.

Soziale Sicherung →Einrichtungen der sozialen Sicherung.

Soziale Sicherung der Arbeitnehmer →Kranken- und Rentenversicherung der Arbeiter und Angestellten, gesetzliche.

Soziale Sicherung der Beamten →Beamte(nversorgung), gesetzliche.

Soziale Sicherung der Blinden (vgl. auch Sozialhilfe, gesetzliche).
Die 32000 Kriegsblinden in der BRD sind durch die gesetzliche →Kriegsopferversorgung wirtschaftlich gesichert.
Die Zivilblinden erhalten unter bestimmten Voraussetzungen *Blindenhilfe* nach dem *Bundessozialhilfegesetz*. Danach erhalten Blinde, die das 3. Lebensjahr erreicht haben, einheitlich als Ersatz für die durch die

Blindheit bedingten Mehraufwendungen monatlich 137,50 DM. Nach Vollendung des 18. Lebensjahres werden 275 DM gewährt (bei Heimaufenthalt wird dieser Betrag gekürzt). Die Blindenhilfe kann versagt werden, wenn der Blinde sich weigert, eine ihm zumutbare Arbeit zu leisten oder sich zum Zwecke der Eingliederung in das Arbeitsleben auszubilden, fortzubilden oder umschulen zu lassen (→Arbeit).
Es wird darüber hinaus die Einführung eines Bundesgesetzes über ein Pflegegeld für Blinde und hochgradig Behinderte diskutiert.
Vgl. Übersicht über die Soziale Sicherung, a.a.O., S. 251.

Soziale Sicherung der Flüchtlinge (vgl. auch Lastenausgleich, gesetzlicher).

1. Anspruchsberechtigte

Anspruchsberechtigt sind Flüchtlinge, d. h. nach dem *Flüchtlingshilfegesetz* von 1965 (das das *Soforthilfegesetz* von 1949 zugunsten der Vertriebenen und Flüchtlinge abgelöst hat) alle Personen deutscher Nationalität, die während oder nach der Besetzung Deutschlands das Gebiet der damaligen SBZ und ab 1949 der DDR verlassen haben und in das Bundesgebiet zugezogen sind. Nach dem Zweiten Weltkrieg haben rd. 3,6 Mio. Personen das Gebiet der SBZ und Ost-Berlins verlassen.

2. Leistungen

Die rd. 3 Mio. anerkannten Flüchtlinge der DDR erhalten Hilfen aus dem Härtefonds des →Lastenausgleichs, in Form von laufenden Beihilfen, Beihilfen zur Beschaffung von Hausrat und Darlehen zum Existenzaufbau oder zur Beschaffung von Wohnraum. Die übrigen Flüchtlinge, d.h. Berechtigte nach dem *Flüchtlingshilfegesetz,* die 1959 und später in die BRD gekommen sind, bekommen seit 1962 ebenfalls laufende Beihilfen, Darlehen für den Existenzaufbau und für den Wohnungsbau und Einrichtungshilfen, die an bestimmte Einkommensgrenzen gebunden sind.
Die Einrichtungshilfen betragen 500 DM + 120 DM für den Ehegatten + je 60 DM für die sonstigen Familienangehörigen.

3. Umfang und Finanzierung

Bis 1969 wurden mehr als 45 Mio. DM an Einrichtungshilfen an 250000 Personen gezahlt.
Die Kosten tragen zu 80% der Bund und zu 20% die Länder. Ausführendes Organ ist die Ausgleichsverwaltung.
Vgl. Übersicht über die soziale Sicherung, a.a.O., S. 227ff.

Soziale Sicherung der Frau (vgl. auch Erwerbstätige Frauen).

1. Einleitung

Mit der Emanzipation der Frau und ihrer zunehmend selbständigen Stellung in der →Gesellschaft gewinnt auch die Frage nach ihrer sozialen Sicherung an Bedeutung.
Dabei ist zwischen den verschiedenen Lebensphasen der Frau zu unterscheiden. Die soziale Sicherung der *nichtverheirateten* erwerbstätigen Frau wirft im allgemeinen keine besonderen Probleme auf, da sie wie ein männlicher Erwerbstätiger eigenständig gesichert ist. Anders ist es jedoch bei der verheirateten Frau.

2. Bisherige Regelung

Dagegen sind besonders verheiratete Frauen, die nur zeitweise oder gar nicht erwerbstätig waren, oft nicht ausreichend gegen die Lebensrisiken gesichert. Ihr Anspruch auf →Sozialleistungen ist hinsichtlich der gesetzlichen →Krankenversicherung und →Rentenversicherung in der Mehrzahl der Fälle lediglich aus der Versicherung des Mannes abgeleitet.
a) *in der →Krankenversicherung:* Im Krankheitsfall haben nichtberufstätige verheiratete Frauen zwar Anspruch auf *Krankenpflege* im Rahmen der *Familienhilfe* der gesetzlichen Krankenversicherung, ein Anspruch auf Krankengeld jedoch besteht nicht.
b) *in der Rentenversicherung:* (1) Bei der Altersversicherung der verheirateten Frau sind *zwei* Gruppen zu unterscheiden. Die *eine* Gruppe hat trotz zeitweisem oder dauerndem Verzicht auf eigene Erwerbstätigkeit während der Ehe die Wartezeit der gesetzlichen →Rentenversicherung von 15 Jahren erfüllt und somit einen eigenen Anspruch auf Altersruhegeld, d.h. die sog. Anwartschaft erreicht. Obwohl diese Renten aufgrund der geringen Zahl der anrechnungsfähigen Jahre vielfach sehr niedrig sind, stellen sie zusammen mit der Altersrente des Mannes oder mit einer Witwenrente eine hinlängliche →Alterssicherung dar.
(2) Wesentlich ungünstiger dagegen ist die Situation der *zweiten* Gruppe, d.h. solcher Frauen, die die Wartezeit von 15 Jahren nicht erfüllt haben und allein auf Witwenrente angewiesen sind. In der Regel wird zwar die kleine Anwartschaft erreicht (Anspruch auf Berufs- oder Erwerbsunfähigkeitsrente) nach einer Wartezeit von 5 Jahren, die Voraussetzungen für ihre Gewährung liegen jedoch selten vor. Die Witwenrente, die allein aus dem Rechtsanspruch des Ehemannes abgeleitet ist, erreicht nur in seltenen Fällen das kulturelle →Existenzminimum (*durchschnittliche* Witwenrente im Januar 1971 265 DM).

3. *Reformvorschläge*

a) Allein aus diesem Grunde ist die Forderung nach einer *eigenständigen sozialen Sicherung* der Frau verständlich. Diese könnte etwa durch eine Fortsetzung der Beitragspflicht zur →Rentenversicherung und →Krankenversicherung auch während der Ehe erreicht werden, die während der Phase der Kindererziehung aus einer Familienlastenausgleichskasse finanziert werden könnte (vgl. Babyjahr für berufstätige Frauen, das in der gesetzlichen →Rentenversicherung eingeführt werden soll).
b) Auch ergeben sich nach bisherigem Recht besondere Probleme bei Ehescheidungen. Diese haben zu dem Vorschlag des Bundesministeriums der Justiz im Jahre 1970 geführt, die von geschiedenen Ehegatten während der Ehe erworbenen „Anrechte auf Versorgung wegen Alters oder Berufs- oder Erwerbsunfähigkeit" auszugleichen.
c) Die Forderung nach eigenständiger sozialer Sicherung der verheirateten Frau, die auf dem *Finalprinzip* aufbaut, stellt sich aber auch noch aus einem anderen Grunde: Das Konzept der Ableitung aus Ansprüchen des Mannes ignoriert Funktion und Lebensleistung der Frau, die den Haushalt führt und die verantwortungsvolle Aufgabe der Kindererziehung erfüllt. Darüber hinaus übersieht diese Konzeption die spezifischen →Risiken, die mit diesen Aufgaben verbunden sind.
Vgl. Informationen aus der aktuellen sozialpolitischen Zeitschriftenliteratur.

Soziale Sicherung der freien Berufe.

1. *Einführung*

In Anbetracht der bedeutenden Differenzierung im →Einkommen, im Berufsweg und in der Berufsorganisation weisen die freien Berufe in der BRD auch bei der Alters- und Hinterbliebenen-Sicherung (→Alterssicherung) Unterschiede auf, so daß eine zusammenfassende Aussage für alle Gruppen der Sache nicht gerecht werden würde. Deshalb sollen folgende drei Gruppen vereinfachend unterschieden werden:
a) freie Berufe, die in öffentlich-rechtlichen Berufskammern zusammengeschlossen sind und die aufgrund staatlicher Einkommensregulierung, z.B. über Gebührenordnungen, über einen geregelten Zugang zum freien Beruf und relativ gesicherte Einkünfte verfügen;
b) freie Berufe, deren →Einkommen zwar nicht ungünstig, aber nicht öffentlich-rechtlich abgesichert ist;
c) freie Berufe, die schon seit Beginn der staatlichen →Sozialpolitik aufgrund ihrer wirtschaftlich und sozial arbeitnehmerähnlichen (→Arbeitnehmer) Stellung als besonders schutzbedürftig gelten (selbständige Lehrer und Erzieher, Musiker, Schauspieler, Artisten u.ä.).

Diese →Gruppen haben auch für ihre →Alterssicherung jeweils charakteristische Lösungen gefunden.
a) *Die soziale Sicherung der kammerfähigen Berufe:* Von den rd. 250000 freiberuflich Tätigen (1965) sind über die Hälfte *pflichtversichert,* entweder in der *Angestelltenversicherung* (40000) oder in landesgesetzlichen Versicherungs- und Versorgungswerken (100000) der sogenannten *kammerfähigen Berufe.* Dazu gehören Ärzte, Apotheker, Rechtsanwälte, Wirtschaftsprüfer, Steuerberater und teilweise Architekten (vgl. Berufsständische Versicherungs- und Versorgungswerke).
b) *Soziale Sicherung der übrigen freien Berufe:* Eine weitere Gruppe umfaßt die „technischen freien Berufe", die weder in der Angestelltenversicherung noch in landesgesetzlichen Versicherungs- und Versorgungswerken pflichtversichert sind. Dazu gehören teilweise Architekten, Ingenieure und Chemiker mit rd. 50000 Personen; außerdem Schriftsteller, Lektoren und Künstler mit rd. 30000 Personen und weiterhin von den kammerfähigen Berufen Rechtsanwälte, Patentanwälte, Wirtschaftsprüfer, Steuerberater und Steuerbevollmächtigte, soweit sie nicht Mitglieder der Versicherungs- und Versorgungswerke sind.
Von dieser Gruppe von freien Berufen, d.h. von diesen rd. 80000 Personen, sind etwa 65–85% in der gesetzlichen Angestelltenversicherung *freiwillig weiterversichert.* Von den künstlerischen und schriftstellerischen Berufen sind Musiker und Artisten ebenfalls in der Angestelltenversicherung versichert.
Musiker und Schauspieler können auch der öffentlich-rechtlichen *Versorgungsanstalt der Deutschen Bühnen* freiwillig angehören; sie ist aber meist für angestellte Schauspieler und Musiker als Zusatzversicherung gedacht (vgl. Zusatzversorgung).
Außerdem werden etwa 600 Künstler regelmäßig und 400 gelegentlich oder einmalig von der →Künstlerhilfe beim Bundespräsidenten unterstützt, die aus Bundes- und Landesmitteln finanziert wird.

Vgl. Klaus Krekeler, Theorie und Praxis der kollektiven Alterssicherung der Ärzteschaft (Diss., Köln 1971), Übersicht über die soziale Sicherung, a.a.O., S. 103ff., auch Sozialbericht 1971, S. 153, S. 164f. Schaubild 38, auch Tabelle II–27 auf S. 275.

Soziale Sicherung der politischen Häftlinge.

1. Anspruchsberechtigte

Aufgrund des *Häftlingshilfegesetzes von 1955* erhalten Deutsche, die nach der Besetzung ihres Aufenthaltsortes oder nach dem 8. Mai 1945 in dem Gebiet der damaligen sowjetischen Besatzungszone, in der DDR, in Ost-Berlin oder in den Aussiedlungsgebieten aus politischen und nach freiheitlich-demokratischer Auffassung von ihnen nicht zu vertretenden Gründen in Gewahrsam genommen wurden, eine angemessene Entschädigung (vgl. auch *Bundesentschädigungsgesetz von 1956*).

2. Leistungen

Zu den Leistungen zählen im einzelnen: Eingliederungshilfen; Beschädigten- und Hinterbliebenenversorgung in entsprechender Anwendung der Vorschriften für die Kriegsopfer; Unterhaltshilfe nach den Vorschriften über die Gewährung von Unterhaltshilfe für Angehörige von Kriegsgefangenen.
Ferner werden ehemaligen politischen Häftlingen die für Heimkehrer im *Heimkehrergesetz von 1950* und in anderen Gesetzen vorgesehenen Hilfen und Vergünstigungen gewährt, auch Unterstützungen aus der 1969 gegründeten *Stiftung für ehemalige politische Häftlinge.*

3. Finanzierung und Umfang

Die Finanzierung wird aus Bundesmitteln getragen.
Bisher wurden Eingliederungshilfen in Höhe von 180 Mio. DM gezahlt, für 1970 waren 11,5 Mio. DM vorgesehen. Sie werden von den Vertriebenen- und Flüchtlingsämtern ausbezahlt.
Die Beschädigten- und Hinterbliebenenversorgung betrug 1969 12 Mio. DM, die von den Versorgungsbehörden ausbezahlt werden.
Vgl. Übersicht über die Soziale Sicherung, a.a.O., S. 228f.

Soziale Sicherung der Handwerker.

1. Geschichtliche Entwicklung

Während das Handwerk im *Mittelalter* vorwiegend eine *Produktionsfunktion* ausübte, wurde diese mit Aufkommen des technischen Fortschritts infolge der →industriellen Revolution in eine *Dienstleistungsfunktion* verwandelt. Mit diesem Funktionswandel ging auch eine Veränderung des *Sicherungsbedürfnisses* dieser Berufsgruppe einher.

2. Soziale Sicherung

a) Die ehemals selbständige Existenz, die in der Großfamilie (→Familie) und in den *Versorgungskassen* der *Zünfte* und *Gesellenverbände* gesichert war, wurde nun durch die Risiken (→Risiko) der Industriegesellschaft bedroht. Die Handwerker erfuhren zwar Unterstützung durch halb private, halb obrigkeitlich bestimmte Solidargemeinschaften, den ersten gesetzlichen Schutz gewährte jedoch erst die Arbeiterrentenversi-

cherung von 1889, in die die Handwerker als abhängig Beschäftigte eintreten konnten. Später als →Selbständige konnten sie sich nach Erfüllung der „kleinen Anwartschaft" zwar freiwillig weiterversichern, sonst jedoch nur privat versichern.
b) Seit 1883 können sie sich auch gegen Krankheit in den Innungskrankenkassen der gesetzlichen →Krankenversicherung versichern und als →Selbständige freiwillig weiterversichern.
c) Gegen *Unfall* gewährte die 1884 gegründete gesetzliche →Unfallversicherung Schutz und gegen →Arbeitslosigkeit die 1927 entstandene Arbeitslosenversicherung.

3. Altersversicherung für das deutsche Handwerk

Eine eigene *berufsständische Alterssicherung für das deutsche Handwerk* entstand erst 1938 und wurde 1960 durch das *Handwerkerversicherungsgesetz* neu organisiert (HwRV). Träger ist die Arbeiterrentenversicherung (ArRV).
a) *Versicherungspflicht:* Alle Handwerker, die in der Handwerkerrolle eingetragen sind, sind ohne Rücksicht auf die Einkommenshöhe (→Einkommen) für die Dauer von 18 Versicherungsjahren versicherungspflichtig.
Mitte 1971 waren von insgesamt 585 000 selbständigen Handwerkern (1970) nur noch 165 000 versicherungspflichtig; denn die meisten Handwerker sind in der →Rentenversicherung der Arbeiter und Angestellten bereits versichert.
b) *Finanzierung:* Die Finanzierung wird durch *Beiträge* und den Bundeszuschuß aufgebracht. 1971 betrug der Beitragssatz einheitlich 170 DM, 1972 beträgt er 204 DM. Er entspricht dem durchschnittlichen Beitragssatz für →Arbeitnehmer in der ArRV. Die Beitragsklasse in der HwRV wird jährlich geändert.
1970 betrugen die Beitragseinnahmen der ArRV für die HwRV rd. 250 Mio. DM. Die Ausgaben für die Leistungen der HwRV, die sich im wesentlichen nach denen der ArRV richten, betrugen 1970 rd. 647 Mio. DM. Das ist der Betrag, den die ArRV der Angestelltenversicherung erstatten mußte.
Eine getrennte Rechnungslegung ist nicht möglich.
c) *Umfang:* Aus der *Begrenzung* der Versicherungspflicht und der Beiträge wird deutlich, daß die HwRV nur eine *Grundsicherung* für das →Alter darstellt, auf der andere *Sicherungseinrichtungen*, wie die *private Vermögensbildung*, aufgestockt werden können (Vermögen, -spolitik).

Vgl. Übersicht über die Soziale Sicherung, a. a. O., S. 91 ff., und Informationen aus der aktuellen sozialpolitischen Zeitschriftenliteratur.

Soziale Sicherung der Hausangestellten.

1. Allgemeines

a) Bis 1918 war das Arbeitsverhältnis zwischen Dienstherr und Hausgehilfen durch die *Gesindeordnungen* geregelt. Schon seit 1896 ist es jedoch durch den *Dienstvertrag* geordnet.
b) 1952 hat der *Bundesarbeitsminister* in Ergänzungen zu den Bestimmungen des BGB über den Dienstvertrag *Richtlinien für die Regelung der Arbeitsbedingungen (ohne Löhne) von Hausgehilfen im Bundesgebiet* erlassen. Darin wird einleitend hervorgehoben, daß „beide Teile sich bewußt sein müssen, daß das Arbeitsverhältnis eines eng mit der Familie des Arbeitgebers zusammenlebenden Hausgehilfen nicht ohne weiteres dem eines gewerblichen Arbeitnehmers entspricht". Wenn diese Richtlinien auch nur einen Rahmen für das *Vertrauensverhältnis* zwischen Dienstherr und Hausangestellten abgeben sollen, so wird doch darin empfohlen, „bei Einzelheiten auf diese Richtlinien Bezug zu nehmen und etwaige abweichende Vereinbarungen zu einzelnen Punkten schriftlich festzulegen". In Ermangelung eines Gesetzes soll sich also ein *Gewohnheitsrecht* auf der Grundlage der Richtlinien herausbilden.

2. Personen und ihre Pflichten

a) Die Richtlinien beziehen sich auf Hausgehilfen, die in der →Familie des Dienstherrn wohnen sowie außer Hause. Sie erstrecken sich auch auf Arbeitskräfte in landwirtschaftlichen Haushalten, Gartenbaubetrieben und Geschäftshaushalten, nicht jedoch auf häusliche Dienste in Anstalten, Heimen und Gaststätten oder auf Dienste von Waschfrauen, Plätterinnen und Flickerinnen und nicht auf Personen, die unter den Begriff „regelmäßig beschäftigte Aufwartungen" zählen.
b) Zu den Pflichten der Hausgehilfen gehören die pflegliche Behandlung der ihnen anvertrauten Räume, Vorrichtungen und Gerätschaften.

3. Arbeitszeit, Arbeitsschutz und Lohn

a) Die *Arbeitszeit* soll einschließlich ausreichender Ruhepausen zehn Stunden nicht überschreiten. Hausgehilfen unter 16 Jahren sollen nicht über acht Stunden, Hausgehilfen zwischen 16 und 18 Jahren nicht über neun Stunden täglich arbeiten.
Darüber hinaus ist die *Freizeit* besonders geregelt. So müssen Jugendliche unter 18 Jahren bis gegen 22 Uhr zu Hause sein und können nicht unbegrenzt über den freien Abend verfügen. Der Berufsschulbesuch muß innerhalb der Arbeitszeit ermöglicht werden und darf nicht auf Kosten der Freizeit gehen.

b) *Urlaub* ist nach einjähriger Tätigkeit in Höhe von 12 Tagen pro Jahr zu gewähren, nach fünfjähriger Tätigkeit sind es 15 Tage. Für Jugendliche unter 18 Jahren beträgt der →Urlaub 18 Tage. →Urlaub ist auch denjenigen Personen zu gewähren, die unter den Begriff „regelmäßig beschäftigte Aufwartungen" fallen, wenn sie mindestens ein Jahr im Haushalt arbeiten.
c) Die *Kündigung* muß zu Ende eines Kalendermonats erfolgen bis spätestens zum 15. des Monats.
d) Das *Entgelt* besteht aus *Bar- und Sachbezügen* (z.B. Kost, Wohnung u.a.m.). Die Barentlohnung soll am Ende des Monats gezahlt werden.

4. Soziale Sicherung

a) Bei *Krankheit* und *Unfall* ist freie Kost, Wohnung und Pflege bis zum Ende des Arbeitsverhältnisses zu gewähren. Die *Bargeldvergütung* bei *Arbeitsunfähigkeit* ist zwischen drei Tagen bis zu maximal sechs Wochen fortzuzahlen je nach der Dauer des Arbeitsverhältnisses.
b) Die →Alterssicherung entspricht derjenigen der übrigen →Arbeitnehmer (vgl. Rentenversicherung der Arbeiter und Angestellten, gesetzliche).
Vgl. Ludwig Heyde, Abriß der Sozialpolitik, a.a.O., S. 108f., S. 142; S. 144, und den Richtlinien-Text.

Soziale Sicherung der Hausgewerbetreibenden und Heimarbeiter.

1. Grundsätzliches

Als *Heimarbeit* wird die abhängige Tätigkeit von Personen definiert, die einen Arbeitsauftrag in ihrer Wohnung gegen Werklohn ausführen ohne Risikoübernahme (→Risiko).
Als *Hausgewerbe* wird die dezentralisierte Produktion (Herstellung, Bearbeitung, Verpackung) von wirtschaftlich abhängigen Kleingewerbetreibenden verstanden, die in selbständiger, in Verbindung mit der Wohnung stehender Arbeitsstätte mit nicht mehr als zwei fremden Arbeitskräften selbst am Stück mitarbeiten und die Verwertung des Arbeitsergebnisses dem unmittelbaren oder mittelbaren Auftraggeber überlassen. Es liegt in der Natur der Sache, daß vor allem die Heimarbeit vorwiegend von Frauen ausgeführt wird. 1969 gab es rd. 222000 Heimarbeiter und Hausgewerbetreibende, unter denen nur 9 % männliche Arbeitskräfte waren.

2. Soziale Sicherung

Da diese Gruppe von Beschäftigten zwar persönlich unabhängig, jedoch wirtschaftlich abhängig ist, steht sie in der Mitte zwischen selbständigen

→Unternehmern und unselbständigen →Arbeitnehmern. Jedenfalls sind auf sie die allgemeinen Bestimmungen des →Arbeitsrechtes und des →Arbeitsschutzes zugunsten der gewerblichen →Arbeitnehmer nicht anzuwenden.

a) Erste sozialpolitische (→Sozialpolitik) Maßnahmen sind in der Ausdehnung des *Truckverbotes* (Naturalentlohnungsverbot) auf die Heimarbeiter in der *Gewerbeordnung von 1869* zu sehen. Im *Hausarbeitsgesetz von 1911* unter THEOBALD V. BETHMANN HOLLWEG wurde der *Gesundheitsschutz* geregelt und die Aufstellung von *Lohnlisten* eingeführt. Im *Heimarbeitsgesetz von 1934/39* wurde den Fachausschüssen der Heimarbeiter die Befugnis erteilt, allgemeinverbindliche →Tarifverträge mit Mindestentgelten festzulegen. Eine umfassende Regelung wurde erst durch das *Heimarbeitergesetz von 1951* erreicht, das 1964 geändert wurde und durch eine Novelle erneut abgeändert werden soll.

b) Aufgrund dieses Gesetzes steht ein für allemal fest, daß Heimarbeit und Hausgewerbe niemals verboten werden dürfen, da sie für bestimmte Bevölkerungsgruppen auch heute noch als notwendige Erwerbsquelle angesehen werden. Es wird ferner in diesem Gesetz die besondere Aufgabe der *Heimarbeitsausschüsse* betont, die paritätisch aus je drei Vertretern der beteiligten Auftraggeber und der Beschäftigten zuzüglich eines von der obersten Gewerbebehörde des Landes bestellten Vorsitzenden besetzt sind. Diese Ausschüsse haben die Vollmacht, Entgelte und sonstige Vertragsbedingungen mit bindender Wirkung für alle Beteiligten festzusetzen, sofern keine →Gewerkschaften oder Arbeitgebervereinigungen existieren (→Arbeitgeberverbände).

In dem Gesetz ist ferner der →Kündigungsschutz; der Urlaubsanspruch (→Urlaub); die Feiertagsentlohnung und die Entgeltzahlung im *Krankheits*fall geregelt. Die →Alterssicherung entspricht derjenigen der übrigen →Arbeitnehmer.

Vgl. Fritz Voigt, „Heimindustrie", in: HdSW, Bd. V, S. 103ff.; Emil Wehrle, „Heimarbeit", in: Staatslexikon, Bd. IV, a.a.O., Sp. 51ff.; Karl Scheuermann, Arbeitsrecht, a.a.O., S. 176f., und Amtliche Nachrichten der Bundesanstalt für Arbeit, Arbeitsstatistik 1969, 18. Jg., Sondernummer, Nürnberg, 4. August 1970, S. 174.

Soziale Sicherung der Heimkehrer →Soziale Sicherung der politischen Häftlinge.

Soziale Sicherung in der Landwirtschaft.

1. Einführung

Während die Existenz in der Landwirtschaft bis zur →industriellen Revolution durch die ländliche Großfamilie gesichert war, die alle →Risiken des einzelnen durch die Kraft ihrer eigenen Solidargemeinschaft ausglich, änderte sich diese bis dahin für die Landwirtschaft typi-

sche →Sozialstruktur mit Aufkommen der Industriegesellschaft beträchtlich.
Der landwirtschaftliche →Unternehmer wurde durch den technischen Fortschritt gezwungen, industrielle Produktionsweisen zu übernehmen, und infolge der Änderung der Familienstruktur (→Familie), d. h. durch die Auflösung der Großfamilie, mußte er die →Vorsorge gegenüber den →Risiken und Ungewißheiten des Lebens, vor allem die Sorge vor Arbeitsunfähigkeit infolge von *Krankheit, Unfall,* →Alter und *Tod* auf außerhäusliche Gefahrengemeinschaften übertragen.

2. *Soziale Sicherung des selbständigen Landwirts*

a) Bei *Krankheit* konnten sich selbständige Landwirte, mitarbeitende Familienangehörige und Altenteiler seit 1883 in der gesetzlichen →Krankenversicherung, und zwar in den eigens für die Landwirtschaft zuständigen Landkrankenkassen freiwillig weiterversichern, wenn sie vorher als abhängig Beschäftigte einmal Pflichtmitglied gewesen waren. Da der Gesundheitszustand und der *Krankenversicherungsschutz* (→Krankenversicherung) der landwirtschaftlichen Bevölkerung jedoch erheblich unter dem allgemeinen Niveau liegen, bedarf die Landwirtschaft eines ausreichenden Versicherungsschutzes auf solidarischer Grundlage mit Hilfe des Staates.
(1) Zu diesem Zweck wird 1972 ein Gesetz verabschiedet werden *(Gesetz über die Krankenversicherung der Landwirte),* wonach 2,4 Mio. in der Landwirtschaft beschäftigte Personen, darunter 580000 selbständige Landwirte, 220000 mitarbeitende Familienangehörige, rd. 370000 →Altenteiler und 60000 mitarbeitende Familienangehörige über 65 Jahre und 1,2 Mio. unterhaltsberechtigte Familienangehörige ab 1.7.72 in einer eigenen berufsständischen *Krankenversicherung der Landwirte* (KVdL) versicherungspflichtig werden, falls sie nicht einen ausreichenden privaten Versicherungsschutz nachweisen können. Es wird jedoch damit gerechnet, daß etwa 190000 der selbständigen Landwirte und mitarbeitenden Familienangehörigen von der Befreiungsmöglichkeit durch einen privaten Versicherungsabschluß Gebrauch machen werden. Die, die bisher in einer der gesetzlichen Krankenkassen freiwillig weiterversichert waren, müssen in die KVdL eintreten. Landwirte mit Nebenerwerb, die als gewerbliche →Arbeitnehmer einer gesetzlichen Krankenversicherungskasse angehören, unterliegen nicht der Versicherungspflicht der KVdL.
(2) Die *Organisation* der KVdL wird von 18 regionalen Kassen am Sitz der *landwirtschaftlichen Alterskassen* und *Berufsgenossenschaften* getragen. Eine 19. Krankenversicherungskasse soll für den *Gartenbau* errichtet werden und überregionalen Charakter haben.

(3) Die *Finanzierung* wird durch *Beiträge* der *Pflichtversicherten* zwischen 50 und 130 DM, die nach dem Ertragswert des Betriebes gestaffelt werden, gesichert. Die Aufwendungen für die Altenteiler übernimmt der Bund durch den *Bundeszuschuß,* der ab 1.7.72 mit 176 Mio. DM und 1975 schon mit 480 Mio. DM angesetzt wird. Der Beitrag der mitarbeitenden Familienangehörigen beträgt, soweit sie nicht als Ehegatten oder unterhaltsberechtigte Kinder kostenlos in der KVdL des landwirtschaftlichen →Unternehmers mitversichert sind, $^2/_3$ des jeweiligen Unternehmerbeitrags.
(4) Die *Leistungen* bestehen im Gegensatz zu den Leistungen der gesetzlichen →Krankenversicherung der Arbeitnehmer nur aus Sachleistungen (→Vorsorge, Heilungskostenaufwand, Sterbegeld und Mutterschaftsgeld). Krankengeld wird *nicht* gezahlt, da der Versicherte durch seine Krankheit keinen Einkommensausfall erleidet wie der abhängige →Arbeitnehmer. Bei längerem Krankenhausaufenthalt wird allerdings eine Betriebshilfe in Form einer bezahlten Ersatzkraft gestellt.
b) Die *Unfallversicherungspflicht* für alle landwirtschaftlichen →Unternehmer besteht schon seit Gründung der gesetzlichen →Unfallversicherung im Jahre 1884 (vgl. Unfallversicherung, gesetzliche).
c) Die →Alterssicherung der selbständigen Landwirte vollzog sich bis 1957 durch die Versorgung von seiten der →Familie. Der alte Bauer und seine Frau erhielten vom Erben des Hofes das *Altenteil* (früher Ausgedinge), d.h. freie Kost und freie Wohnung bis zum Lebensende. Mit Änderung der →Sozialstruktur konnte der junge Bauer jedoch bald nicht mehr die Mittel erübrigen, um neben seiner Zwei-Generationen-Familie auch noch eine dritte Generation zu versorgen.
Aufgrund des *Gesetzes über eine Altershilfe für Landwirte (LWAH) von 1957* erhält der Bauer zusätzlich zum Altenteil, das sich jedoch höchstens auf die *Naturalversorgung auf dem Hof* des Erben bezieht, einen laufenden *Bargeldzuschuß,* also eine *Rente.*
(1) *Träger:* Träger der Landwirtschaftlichen Altershilfe (LWAH) sind die jeder landwirtschaftlichen →Berufsgenossenschaft angeschlossenen Alterskassen, die Körperschaften des öffentlichen Rechts sind und unter staatlicher Aufsicht stehen. Die 19 Alterskassen sind im *Gesamtverband der landwirtschaftlichen Alterskassen* zusammengeschlossen und unterliegen der Aufsicht des Bundesversicherungsamtes.
(2) *Versicherungspflicht:* Versicherungspflichtig sind *alle* Landwirte ohne Rücksicht auf Einkommenshöhe (→Einkommen) oder Unternehmensgröße. 1970 waren rd. 600000 Personen pflichtversichert. Die Anzahl der Versicherten schrumpft jedoch, da die Zahl der selbständigen Landwirte zurückgeht und von den übrigen Sicherungsformen Gebrauch gemacht wird (→Rentenversicherung, gesetzliche).

Personen, die die Landwirtschaft nur im Nebenberuf betreiben, sind von der Versicherungspflicht befreit. Von der LWAH kann auch der befreit werden, der eine andere Sicherungsform nachweist, z.B. Versicherung in der →Rentenversicherung der Arbeiter und Angestellten. Landwirte über 50 Jahren unterliegen *nicht* der Versicherungspflicht, wenn sie durch die →Rentenversicherungen oder die →Beamtenversorgung gesichert sind. Eine *freiwillige Versicherung* ist möglich.

(3) *Finanzierung:* Die LWAH wird durch Beiträge der Versicherten und der mithelfenden Familienangehörigen und durch den Bundeszuschuß finanziert; z. Z. betragen die Beiträge für Versicherte noch 27 DM. Ab 1. 9. 1972 sollen sie auf 30 DM angehoben werden. Der Beitrag für die mithelfenden Familienangehörigen beläuft sich z. Z. auf 8 DM.

1970 betrugen die *Beitragseinnahmen* 255 Mio. DM. 1975 sollen sie sich auf 250 Mio. DM belaufen.

1970 betrug der Bundeszuschuß 644 Mio. DM, 1975 soll er sich auf 771 Mio. belaufen. Er wird aus Mitteln des Grünen Plans bereitgestellt und soll indirekt zur Verbesserung der Agrarstruktur beitragen, indem der alte Bauer durch finanziellen Anreiz dazu angeregt werden soll, seinen Hof frühzeitig dem Jungbauern zu übertragen.

Die *Gesamtausgaben* der LWAH betrugen 1970 908 Mio. DM und sollen 1975 1,1 Mrd. DM ausmachen.

(4) *Leistungen:* Leistungen der LWAH sind das *frühzeitige Altersgeld* bei Erwerbsunfähigkeit; das *Altersgeld* und Rehabilitationsmaßnahmen (→Rehabilitation), die die Stellung oder Bezahlung einer Ersatzkraft mit einschließen. Diese Leistungen werden den landwirtschaftlichen →Unternehmern, deren Ehegatten, Witwen und älteren mitarbeitenden Familienangehörigen gezahlt. 1969 kam als zusätzliche Leistung noch die *Landabgaberente* hinzu.

1968 waren die Leistungen der LWAH zu über 95% Barleistungen.

a) *Voraussetzungen der Leistungsgewährung: Altersgeld* wird unter der Voraussetzung gewährt, daß die Altersgrenze erreicht ist oder Erwerbsunfähigkeit besteht und die *Wartezeit* von 15 Jahren bei Altersgeldbezug (→Alter) oder von 5 Jahren bei vorzeitigem Altersgeldbezug (→Alter) erreicht ist.

Eine weitere Voraussetzung ist die *Hofübergabe;* der Landwirt muß bis zu diesem Zeitpunkt *Vollerwerbsbauer* gewesen sein, d.h. einen Hof bestimmter Größe bewirtschaftet haben.

Die Voraussetzungen für die Zahlung des Altersgeldes an die mithelfenden älteren Familienangehörigen unterliegen noch differenzierteren Bestimmungen.

Die Zahlung der *Landabgaberente* hängt davon ab, daß die Landwirte, die 55 Jahre und älter sind, die Bewirtschaftung des Landes aufgeben.

b) *Höhe der Leistungen:* Die Höhe des Altersgeldes ist für Landwirte, deren Witwen und Witwer gleich; unterschieden wird dagegen nach verheirateten und unverheirateten Berechtigten. Verheiratete erhalten z.Z. 175 DM, ab 1.9. 72 240 DM; Unverheirateten wird z.Z. 115 DM, ab 1.9. 72 160 DM gezahlt. Mithelfende Familienangehörige erhalten z.Z. 50 DM.

Mitte 1969 erhielten 60% der von der LWAH erfaßten Personen (Anteil der Unverheirateten) Altersgeld.

Die Landabgaberente wird vom 65. Lebensjahr an mit dem Altersgeld verrechnet. Sie beträgt z.Z. noch für Verheiratete 275 DM; für Unverheiratete 180 DM, 1972 werden die Beträge auf 350 bzw. 230 DM angehoben und sollen zum 1. September noch einmal erhöht werden.

(5) *Funktionen:* Da die LWAH in ihrem Umfang begrenzt ist, kann sie nur als Grundsicherung oder Zusatzversicherung verstanden werden, die die *Sicherung durch das Altenteil* als *Bargeldzuschuß* ergänzen soll. Die Landabgaberente soll den Anreiz zur Landaufgabe stärken, und die dadurch frei werdenden landwirtschaftlichen Nutzflächen sollen zur Verbesserung der Agrarstruktur nutzbar gemacht werden.

(6) *Reformpläne.* Nach den Plänen des *Bundesministeriums für Arbeit und Sozialordnung* soll das *Altersgeld* in Zukunft *dynamisiert* werden und das Altenteil mehr und mehr durch erhöhte Altersgeldzahlungen, d.h. durch Bargeldzuweisungen, ersetzt werden. Die Höhe des dynamisierten Altersgeldes soll sich nach einem durch Staatszuschüsse gesicherten *Grundbeitrag* und *Mehrleistungen* zusammensetzen, die ausschließlich aus den Beiträgen der Landwirte finanziert werden sollen.

3. Soziale Sicherung der abhängigen Landarbeiter

a) Arbeitszeit und Lohnzahlungen (→Lohn) waren bis 1918 in den *Gesindeordnungen* näher geregelt. Ab 1919 trat die vorläufige *Landarbeitsordnung* an deren Stelle. Sie wurde jedoch durch das 1. *Arbeitsrechtsbereinigungsgesetz von 1969* aufgehoben, weil die Arbeitszeit und die Entlohnung heute weitgehend in →Tarifverträgen geregelt werden.

b) Die →Krankenversicherung der abhängigen Landarbeiter ist seit 1883 durch die Versicherung in den Landkrankenkassen geregelt. Ab 1.7. 72 werden diese Versicherten jedoch Mitglieder der Allgemeinen Ortskrankenkassen, weil die Landkrankenkassen aufgelöst und die selbständigen Landwirte in der KVdL auf *berufsständischer* Basis *pflichtversichert* werden.

c) Der →Unfallversicherungsschutz der abhängigen Landarbeiter besteht seit 1884 durch die gesetzliche Versicherungspflicht der landwirt-

schaftlichen →Unternehmer in den landwirtschaftlichen Berufsgenossenschaften zugunsten ihrer abhängig beschäftigten →Arbeitnehmer.
d) Die Sicherung gegen →Arbeitslosigkeit in der gesetzlichen Arbeitslosenversicherung seit 1927 spielt wegen der besonderen, natürlichen Produktionsbedingungen in der Landwirtschaft keine große Rolle.
e) Demgegenüber ist die →Alterssicherung der abhängigen Landarbeiter wichtig, da die ländliche Unternehmerfamilie infolge der veränderten Produktionsbedingungen und der im Gefolge sich wandelnden Familienstruktur (→Familie) aus eigener Kraft weder ihre eigene dritte Generation, d.h. die alten Eltern, noch die ehemaligen →Arbeitnehmer versorgen kann. Deshalb wurde die Sicherung des Lebensabends oder der Invalidenzeit seit 1883 durch die Pflichtversicherung der abhängig Beschäftigten in der Arbeiterrentenversicherung geregelt.
Vgl. Manfred Neldner, Die landwirtschaftlich berufsgebundenen Träger der deutschen Sozialversicherung. Diss. Köln 1967, passim. Vgl. auch Übersicht über die Soziale Sicherung, a.a.O., S. 95ff., und Sozialbericht 1971, S. 152 und Tabelle II – 21 auf S. 269 sowie Sozialpolitische Informationen, Jg. V, Nr. 31 vom 21.10. 1971, passim.

Soziale Sicherung der Soldaten.
1. Aufgrund des *Unterhaltsicherungsgesetzes von 1957* erhalten Wehrpflichtige und ihre Familienangehörigen bei obligatorischer und fakultativer Erfüllung der Wehrpflicht Leistungen für die Sicherung des Lebensbedarfs, die aus laufenden Geldzahlungen und Sonderleistungen (Krankenhilfe, Wohnhilfe, Ersatz von Beiträgen, Mietbeihilfen u.ä.) bestehen.
1970 wurden allein 297 Mio. DM aufgewandt, 1975 sollen es 572 Mio. sein.
Kein Anspruch auf Unterhaltssicherung ist gegeben, wenn der Wehrpflichtige als Berufssoldat, Soldat auf Zeit, →Beamter oder Richter Dienstbezüge oder als →Arbeiter oder →Angestellter im *öffentlichen Dienst* Arbeitsentgelt erhält.
2. Die →Versorgung der Soldaten und ihrer Hinterbliebenen ist im *Soldatenversorgungsgesetz von 1957,* in der Neufassung von 1971 geregelt.
Vgl. Übersicht über die Soziale Sicherung a.a.O., S. 252, und Sozialbericht 1971, S. 182.

Soziale Steuerung.
Mit dem Begriff wird die Wissenschaft von der selbsttätigen Steuerung auch auf den *Sozialprozeß,* d.h. auf die →Gesellschaft und ihre Aktionen übertragen.
Nach Philipp Herder-Dorneich kann der Begriff der sozialen Steuerung auch auf die →Sozialpolitik angewandt werden. So läßt sich z.B. in der gesetzlichen →Krankenversicherung, die ein selbsttätig funktio-

nierendes Sozialgebilde ist, der Krankenstand in bestimmtem Umfang durch soziale Kontrollinstrumente steuern, z. B. durch die Anzahl und Ausstattung der Krankenscheine.

Vgl. Philipp Herder-Dorneich, Zur Theorie der sozialen Steuerung, Sozialtheorie und Sozialpolitik, Bd. II, Köln 1965, passim und ders., Soziale Kybernetik, Sozialtheorie und Sozialpolitik, Bd. II, Köln 1965, passim.

Sozialer Abstieg – Aufstieg →Schichtung, soziale.

Sozialer Ausgleich (vgl. auch Einrichtungen der sozialen Sicherung und Sozialversicherung).

1. Begriff

Im Prinzip des sozialen Ausgleichs (SA.) kommt die Tatsache zum Ausdruck, daß in den →Einrichtungen der sozialen Sicherung ein Teil der Mitglieder für die →Gruppe, die sozial schwächer gestellt ist, eintreten muß mit dem Ziel, den SA. als Kompensation zwischen verschiedenen Gruppen nach den Grundsätzen der →sozialen Gerechtigkeit und unter Berücksichtigung der volkswirtschaftlichen Möglichkeiten herbeizuführen.

Dabei ist jedoch zu unterscheiden zwischen *intertemporären* Einkommensumschichtungs*prozessen* (→Einkommensumschichtung), die sich im Zeitlängsschnitt eines Versichertenlebens ausgleichen, und *interpersonalen Umverteilungsprozessen*, die sich niemals, auch nicht im Laufe der Zeit ausgleichen.

2. Anwendung

a) In der gesetzlichen →Rentenversicherung z. B. wird der SA. durch die Berücksichtigung der Ausfall- und Ersatzzeiten, der Zurechnungszeiten, der Anhebung der Kleinstrenten im Jahre 1957 und den familienpolitischen (→Familienpolitik) Charakter der Hinterbliebenen- und Waisenrenten sichtbar.

b) In der gesetzlichen →Krankenversicherung z. B. gehen den risikiproportionalen Versicherungsleistungen *nicht äquivalente* (einkommensproportionale) *Beitragsleistungen* der Versicherten voran.

3. Kritik

Heute, nachdem das *Reallohnniveau* absolut und relativ angestiegen ist, erhebt sich jedoch die Frage, ob die →Einkommensumverteilungsprozesse innerhalb der →Sozialversicherung, die auf dem →Versicherungsprinzip fußen, den individuellen Charakter der Versicherung nicht einschränken und deswegen überhaupt noch gerechtfertigt sind.

Vgl. u. a. Rainer Altendorf, Der soziale Ausgleich im System der Sozialversicherung, Diss. Köln 1971.

Sozialer Besitzstand →Besitzstand, sozialer.

Sozialer Fortschritt →Sozialreform.

Sozialer Konflikt.

1. Begriff

Ein sozialer Konflikt entsteht nach RENÉ KÖNIG dann, wenn zwischen den verschiedenen sozialen Schichten einer →Gesellschaft unterschiedliche Vorstellungen von der sozialen Ordnung bestehen.
Jedoch auch, wenn in allen Schichten im wesentlichen die bestehende Ordnung anerkannt und als gerechtfertigt angesehen wird, können Konflikte entstehen. Das kommt dann nicht in revolutionären Aktionen zum Ausdruck, sondern im individuellen Aufstiegsstreben gewisser Schichten.

2. Bedeutung für die Sozialpolitik

Solche Konflikte, die aus dem Nebeneinander unterschiedlicher sozialer Schichten entstehen, können durch Maßnahmen der →Sozialpolitik, z.B. durch verstärkte Bildungsmaßnahmen (→Bildung) und durch Förderung der Vermögensbildung (→Vermögen), gemildert werden.
Vgl. u.a. René König, in: Soziologie, a.a.O., S. 276f.

Sozialer Prozeß →Sozialstruktur.

Sozialer Rechtsstaat.

1. Begriff

a) Nach Art. 20 und 28 GG ist die BRD ein sozialer Rechtsstaat (SRSt). Damit ist es u.a. seine Aufgabe, den sozialen Frieden zu wahren und jedem ein menschenwürdiges Dasein zu sichern. Deswegen muß die Rechtsordnung des SRSt. die Rechtsstellung des einzelnen sichern.
b) Dazu gehört nach WALTER BOGS die Bindung des einzelnen an die →Gesellschaft durch Pflichten, die ihm auferlegt werden, und umgekehrt die Verpflichtung der →Gesellschaft, für ihre Mitglieder einzustehen (Sozialstaatsprinzip).

2. Sozialpolitische Bedeutung

Zur Verwirklichung des SRSt. kommen im sozialpolitischen (→Sozialpolitik) Raum Maßnahmen der Sicherung eines Lebens in Freiheit, der Sicherung des →Eigentums und der Garantie der verfassungsmäßigen Ordnung in Betracht. Hierzu gehört auch die Zuständigkeit und Verpflichtung des Staates, zum Zwecke der sozialen Sicherung zu intervenieren, wo es notwendig ist (vgl. Bundeszuschuß oder Versorgungsprinzip).

Vgl. u. a. Alfred Albrecht, „Rechtsstaat", in: Staatslexikon, Bd. VI, Freiburg 1961, Sp. 685ff., und Walter Bogs, Rechtsprinzipien sozialer Sicherung, a. a. O., S. 6.

Sozialer Schadensausgleich →Schadensausgleich, sozialer, →Lastenausgleich, sozialer.

Sozialer Status (vgl. auch Soziale Rolle und Soziale Schichtung).
Unter den zahlreichen Bedeutungen des Begriffes Sozialer Status kommt nach Ralf Dahrendorf derjenige der „Position in bezug auf andere Positionen" in der →Gesellschaft dem Sinn am nächsten. Damit verbindet sich die vielfältig verbreitete Meinung von der Stellung des Menschen in einer Hierarchie, insbesondere innerhalb der sozialen →Schichtung. Mit dem Begriff *„sozio-ökonomischer Status"* werden u. a. Aspekte wie Einkommensverhältnisse (→Einkommen); Beruf und Prestige der Schichtstellung (→Schichtung) verbunden.
In diesem Zusammenhang ist die Gründung des *Instituts zur Erforschung sozialer Chancen* zu erwähnen, in dem die Einflüsse von Beruf und →Arbeit auf die *soziale Stellung* des Menschen untersucht werden sollen.
Der →Sozialpolitiker könnte aus diesen Untersuchungen wertvolle Anregungen zur Ausgestaltung von Systemen der sozialen Sicherung ableiten.

Vgl. u. a. R. Dahrendorf, „Sozialer Status", in: Wörterbuch der Soziologie, a. a. O., S. 1010ff.

Sozialer Wandel.

1. Begriff

Nach René König versteht man unter Sozialem Wandel (SW.) die Gesamtheit der in einem Zeitabschnitt erfolgten Veränderungen in der Struktur einer →Gesellschaft.

2. Sozialpolitische Bedeutung

SW. in der →Sozialpolitik besagt, daß aufgrund von gesellschaftlichen (→Gesellschaft) Strukturveränderungen die sozialpolitischen (→Sozialpolitik) Institutionen, z. B. die →Einrichtungen der sozialen Sicherung einem Funktionswandel unterliegen, um den sich ändernden Mitgliederbedürfnissen gerecht werden zu können.
So hat sich z. B. die Einrichtung der gesetzlichen →Krankenversicherung

von einer →Fürsorgeinstitution zugunsten einer bestimmten →Bevölkerungsschicht zu einer *sozialen* →Versicherung entwickelt, der gegenüber rd. 85% der *Erwerbstätigen* in der BRD Ansprüche geltend machen können. Gesundheit hat im Gegensatz zu früher heute den selbstverständlichen Charakter eines käuflich zu erwerbenden Gutes angenommen.

3. Zukunftsaspekte

Welche Bedeutung dem SW. in der sozialpolitischen (→Sozialpolitik) Diskussion zukommt, bestätigt die Gründung einer *Kommission für sozialen Wandel* durch den gegenwärtigen *Bundesarbeitsminister* (1971). Bisher hat sich diese Kommission vorwiegend mit der Fortführung der Forschungsarbeiten des Arbeitskreises „Automation" befaßt. Die Ergebnisse ihrer Arbeit sollen spätestens 1975 in Form eines Schlußgutachtens, das auf einzelnen größeren Gutachten, Untersuchungen und auf Problemexpertisen und Literaturanalysen fußt, veröffentlicht werden.

Vgl. u.a. René König, „Sozialer Wandel", in: Soziologie, a.a.O., S. 290ff.

Sozialer Wohnungsbau.

1. Begriff

a) Unter sozialem Wohnungsbau (SWB.) versteht man den *Wohnungsbau*, der mit *öffentlichen Mitteln*, d.h. entweder mit einem öffentlichen Baudarlehen oder mit einer Annuitätenhilfe zu einem Kapitalmarktdarlehen aus öffentlichen Mitteln *gefördert* wird.

b) *Öffentliche Mittel* sind Mittel des Bundes, der Länder, der Gemeinden und Gemeindeverbände, die zur Förderung des Wohnungsbaus zugunsten breiter Bevölkerungskreise bestimmt sind. Öffentliche Darlehen sind *Darlehen* aus Staatsmitteln, die meist ohne oder mit niedriger Verzinsung gewährt werden. Von einer *Annuitätenhilfe* aus öffentlichen Mitteln spricht man, wenn die öffentliche Hand einen Teil der zu erbringenden Zins- und Tilgungsleistungen für ein Kapitalmarktdarlehen übernimmt.

c) Mit der öffentlichen Förderung sind gewisse *Auflagen* für den Vermieter und für den Mieter verbunden. Der *Vermieter* darf die geförderte Wohnung nur an einen bestimmten Personenkreis vermieten (*Belegbindung* gemäß §§ 4ff. *Wohnungsbindungsgesetz von 1965*), und er darf sie nur zu einem bestimmten Preis vermieten (*Mietpreisbindung* gemäß §§ 8ff. ebd.).

Mietberechtigte sind nur Mieter, die eine bestimmte *Einkommensgrenze* nicht überschreiten. Der Grundbetrag für den *Familien*vorstand liegt z.Z. bei 9000 DM und ab 1.1.72 bei 12000 DM/Jahr. Die Freigrenze für jedes weitere *Familien*mitglied wird von 2400 DM ab 1.1.72 auf 3000 DM/Jahr angehoben (→Familie).

2. Umfang und Finanzierung

Aufgrund des *Wohnungsbau-Änderungsgesetzes von 1971* soll das jährliche Bauvolumen des SWB. durch vermehrte Gewährung von Bundesmitteln von 200000 auf 250000 Wohnungen erhöht werden.
In einem sogenannten *Sozialprogramm* werden für die Grundförderung 180 Mio. DM als Darlehen zur Verfügung gestellt.
Das *Intensivprogramm* sieht eine vermehrte Förderung des Wohnungsbaues für kinderreiche *Familien*, alte Menschen, junge *Familien*, Alleinstehende und Schwerbehinderte in Höhe von 250 Mio. DM Bundesanteil vor.
Außerdem ist noch ein *Regionalprogramm* mit dem Ziel der anteiligen Förderung von 50000 Wohnungen durch Bundesmittel für Entwicklungsschwerpunkte in wirtschaftlich schwachen Gebieten (z.B. Zonenrandgebiete) verabschiedet worden.
Durch das *Modernisierungsprogramm* sollen 50000 Wohnungen erneuert oder instandgesetzt werden; ferner sollen die Einkommensgrenzen für die Wohnungberechtigten im SWB. erhöht werden.
Diese Maßnahmen werden zur Folge haben, daß über 15,5 Mio. Haushalte berechtigt sind, eine Sozialwohnung zu beziehen (gegenüber 11,5 Mio. heute). Das sind 75% aller Haushalte (gegenüber 55% heute). Etwa 45% des gesamten Mietwohnungsbestandes fällt unter den Begriff des SWB.

3. Kritik

Wenn auch die wohnungswirtschaftlichen Modellvorstellungen einen wettbewerbsorientierten Wohnungsmarkt wollen, in dem Ausgleichsmechanismen zur Milderung von Härten eingesetzt werden müssen (vgl. Wohngeld, gesetzliches), so ist die Verwirklichung dieser Pläne jedoch so lange in Frage gestellt, wie die Marktspaltung durch den gebundenen Block der öffentlich geförderten oder gemeinnützigkeitsrechtlich preisbestimmten Wohnungen aufrechterhalten bleibt.

Vgl. u.a. Manfred Hönisch, Lexikon der Wohnungswirtschaft, München 1967, S. 277 und Handwörterbuch des Städtebaues, Wohnungs- und Siedlungswesens, hrsg. von Hermann Wandersleb, Stuttgart 1959, passim.

Soziales Gleichgewicht.

1. Begriff

Unter dem sozialen Gleichgewicht (SG.) wird die aus der Physik kommende Erscheinung verstanden, daß ein Zustand, wenn an ihm eine wider seine Natur „ungleiche" Modifikation vorgenommen wird, automatisch wieder seinen ursprünglichen gleichgewichtigen Charakter annimmt, d. h., daß sich ein sog. *Systemgleichgewicht* von selbst einpendelt. Übertragen auf die →Sozialpolitik, bedeutet dies, daß keinem der Sozialpartner einseitig eine Last aufgebürdet werden darf, d. h., daß die →Sozialleistungen gleichmäßig auf alle Partner verteilt werden sollen.

2. Sozialpolitische Bedeutung

Es ist nun besonders Aufgabe der →Sozialpolitik, das SG. anzustreben und zu erhalten.
Nach Viola Gräfin von Bethusy-Huc läßt sich dies auf verschiedene Weise erreichen: entweder soll die →Sozialpolitik wirtschaftsneutral sein, eine bestimmte Relation zwischen wirtschaftlicher Leistung und Entlohnung bestehen oder eine Nivellierung der →Arbeitnehmer-→Einkommen angestrebt werden; sei es zwischen verschiedenen →Gruppen von Personen, oder sei es zwischen einzelnen Lebensabschnitten der Einzelpersonen oder der →Familie.

Vgl. u. a. R. Hamann, „Gleichgewicht", in: Wörterbuch der Soziologie, a. a. O., S. 383 f., und Viola Gräfin von Bethusy-Huc, Das Sozialleistungssystem, a. a. O., S. 27 f., S. 182 ff.

Soziales Jahr →Pflichtjahr.

Soziales Leitbild →Leitbild, soziales.

Sozialethik. *1. Begriff*

Nach Friedrich Karrenberg bezeichnet man mit Sozialethik einen gewünschten *Sollzustand* der →Gesellschaft, in dem Grundsätze, Grundwerte, Normen, Leitbilder oder Ideen für eine gute und gerechte Ordnung des politischen und gesellschaftlichen Lebens grundgelegt sind.

2. Anwendung für die Gesellschaft

Wenn sich auch in der Neuzeit ein rascher Wandel in bezug auf die Frage nach der Gültigkeit der jeweiligen Wertvorstellungen bemerkbar macht, so hat sich doch durchgesetzt, daß bestimmte materiale, d. h. inhaltlich fixierbare Werte und Leistungen akzeptiert werden müssen, wenn nicht alle Ordnung der Auflösung verfallen soll. Ohne die Befolgung bestimmter moralischer Grundsätze, ohne Zucht und Maß, Dienst und Opferbereitschaft können Gemeinschaft und →Gesellschaft nicht gedeihen, ebenso nicht →Familie, Wirtschaft, Staat und Völkergemeinschaft.

3. Zukunftsaspekte

Die sozialethische Diskussion in der Gegenwart ist infolge des pluralistischen Gesellschaftsaufbaus (→Gesellschaft) viel differenzierter geworden, d.h., daß die Abwägung der verantwortbaren Rechte und Pflichten des einzelnen, der freien gesellschaftlichen (→Gesellschaft) Kräfte und des Staates mit einer im Vergleich zu früher unverkennbar größeren Sorgfalt betrieben wird, wobei die →Leitbilder der (personell und institutionell) zu sichernden Verantwortung für den Menschen, der Mitmenschlichkeit, der →Partnerschaft, der →Subsidiarität, der →Solidarität und des →Gemeinwohls Hilfen darstellen, zu einer guten und glaubwürdigen Ordnung zu kommen.

Vgl. Johannes Messner, „Sozialethik“, in: Katholisches Soziallexikon, a.a.O., S. 1021 ff; Heinz-Dietrich Wendland, „Sozialethik“, in: Evangelisches Staatslexikon, hrsg. von Hermann Kunst und Siegfried Grundmann, in Verbindung mit Wilhelm Schneemelcher und Roman Herzog, Stuttgart–Berlin 1966, S. 2046 ff., und Friedrich Karrenberg, „Sozialethik“, in: Evangelisches Soziallexikon, a.a.O., S. 1109 ff.

Sozialfonds →Sozialkapital, →Gewinnbeteiligung.

Sozialgerichtsbarkeit →Einrichtungen der sozialen Sicherung.

Sozialgesetzbuch →Sozialrecht.

Sozialhaushalt →Sozialbudget.

Sozialhilfe, gesetzliche (vgl. auch Sozialarbeit; Altenhilfe und Jugendfürsorge, -hilfe, -schutz, -wohlfahrt).

1. Geschichtliche Entwicklung

Bis zum Ersten Weltkrieg waren die Aufgaben der Fürsorge Bestandteil der *Armenpflege,* die sporadisch von den Gemeinden betrieben wurde oder der Initiative einzelner überlassen blieb. 1924 wurde sie durch die *Fürsorgepflichtverordnung* zu einer Pflichtaufgabe der Gemeinden. *Nach dem Bundessozialhilfegesetz (BSHG)* von 1961 sind heute die Städte und Gemeinden mit ihren Sozialämtern Träger der Sozialhilfe (SH.). Die freien Wohlfahrtsverbände führen daneben bestimmte SH.-

aufgaben freiwillig durch. Es sind dies die Arbeiterwohlfahrt, der Deutsche Caritasverband e. V., der Deutsche Paritätische Wohlfahrtsverband e. V., das Deutsche Rote Kreuz e. V., das Diakonische Werk der Evangelischen Kirche in Deutschland (Innere Mission) und die Zentralwohlfahrtsstelle der Juden in Deutschland e.V., die in der *Bundesarbeitsgemeinschaft der freien Wohlfahrtspflege e. V.* zusammengeschlossen sind.

2. *Anspruchsberechtigte*

Das BSHG billigt in der überwiegenden Zahl der Fälle den Hilfesuchenden einen Rechtsanspruch auf Hilfe zu. Diese wird jedoch nur gewährt, wenn eigenes →Einkommen oder →Vermögen nicht oder nicht ausreichend vorhanden ist (Bedürftigkeitsnachweis). Verschulden oder Nichtverschulden sind für den Rechtsanspruch unerheblich. Erst später während des Empfangs der SH.-leistungen wird dies überprüft.

3. *Gegenstand*

Zu den besonderen Aufgaben der SH. gehören: →Jugendhilfe, -wohlfahrt; Altenhilfe; Sorge für diskriminierte →Gruppen der →Gesellschaft, wie Behinderte, Fürsorgezöglinge, Strafgefangene und Obdachlose.

4. *Finanzierung*

Die Länder bestimmen, wie die Mittel zur Durchführung der SH. aufgebracht werden. Träger sind jedenfalls die Städte und Gemeinden. Der Bund beteiligt sich nur in bestimmten Fällen an den Ausgaben der SH.

5. *Umfang*

1970 erhielten 1,5 Mio. Personen SH. 1970 betrug der Finanzierungsaufwand für die SH. rd. 3,3 Mrd. DM: 1,2 Mrd. DM für die Hilfe zum Lebensunterhalt und 2,2 Mrd. DM für die Hilfe in besonderen Lebenslagen. Davon entfielen 1,2 Mrd. DM auf Barleistungen und 1,5 Mrd. DM auf Sachleistungen*. Für 1975 werden 4,5 Mrd. DM angesetzt, nämlich 1,5 Mrd. für Barleistungen und 2,5 Mrd. DM für Sachleistungen.

6. *Leistungen*

Leistungen der SH. sind Hilfe zum Lebensunterhalt und Hilfe in besonderen Lebenslagen.

a) Zur *Hilfe zum Lebensunterhalt* gehören Zuwendungen für Ernäh-

* Vgl. auch Tabelle auf S. 97 (Die Zahlenabweichung ergibt sich aus Soll- und Ist-Zahlen).

rung, Unterkunft, Kleidung, Körperpflege, Hausrat, Heizung und für kleinere persönliche Bedürfnisse des täglichen Lebens, wie Kontakt zur Umwelt und Teilnahme am kulturellen Leben. Es können noch bestimmte Sonderleistungen, wie die Übernahme von Sozialversicherungsbeiträgen (→Sozialversicherung) und Bestattungskosten, hinzukommen.
Der *Mindestregelsatz für den Haushaltungsvorstand* beträgt in Nordrhein-Westfalen ab 1.6.71 197 DM nebst Zuschlägen für Haushaltungsangehörige, die in Prozent vom Mindestregelsatz des Haushaltungsvorstandes berechnet werden. Ab 1.1.72 beträgt der Regelsatz für die Ehefrau (80%) = 158 DM. Die Regelsätze für die übrigen Haushaltsangehörigen (Kinder) richten sich je nach dem Alter und liegen zwischen 45–90%.
Im *Bundesdurchschnitt* für 1970 kann mit einem Betrag von 154 DM für den Haushaltungsvorstand zuzüglich 119 DM für die Ehefrau und 30% Mehrbedarfszuschlag von 81,90 DM gerechnet werden, so daß sich insgesamt ein Betrag von 354,90 DM (zuzüglich Unterkunftskosten) für die Hilfe zum Lebensunterhalt ergibt.
In bestimmten Fällen kann die Hilfe zum Lebensunterhalt aufgrund des Prinzips des Nachrangs der SH. versagt werden; denn der Hilfesuchende ist verpflichtet, das in seinen Kräften Stehende zu tun, um öffentliche Hilfe zu vermeiden. Er darf seine Lage nicht fahrlässig oder grobfahrlässig verschulden. Die Hilfe zum Lebensunterhalt ist dann *zurückzuerstatten,* wenn das Bruttoarbeitseinkommen z.B. bei einem Ehepaar monatlich einen bestimmten Betrag übersteigt, der sich u.a. aus dem Zweifachen des Regelsatzes für den Haushaltungsvorstand, dem Zuschlag für die Ehefrau und für Miete zusammensetzt.
b) *Hilfe in besonderen Lebenslagen* sind lt. § 27 BSHG (1) Hilfe zum Aufbau oder zur *Sicherung der Lebensgrundlage;* (2) Ausbildungshilfen; (3) Vorbeugende Gesundheitshilfe; (4) Krankenhilfe; Hilfe für werdende Mütter und Wöchnerinnen; (5) Eingliederungshilfen für Behinderte; (6) Tuberkulosehilfe; (7) Blindenhilfe; (8) Hilfe zur Pflege; (9) Hilfe zur Weiterführung des Haushalts; (10) Hilfe für Gefährdete und (11) →Altenhilfe. Es können auch noch andere soziale Notlagen anerkannt werden, wenn der Einsatz der öffentlichen Mittel gerechtfertigt ist. Die Kosten der Hilfe in besonderen Lebenslagen sind nicht zurückzuerstatten.

7. Funktionen

a) Die SH. verfolgt den Sinn, dem Empfänger die Führung eines menschenwürdigen Lebens zu gewähren, wenn er dazu nicht in der Lage ist. Sie will ihn soweit wie möglich dazu befähigen, unabhängig von dieser

Hilfe als selbständig handelnden und wirtschaftenden Menschen am Leben in der Gemeinschaft teilhaben zu lassen, wobei der Empfänger nach Kräften mitzuwirken hat. Die Hauptaufgabe der SH. ist also Hilfe zur Selbsthilfe, um einen vorübergehenden Notstand möglichst schnell zu beseitigen. Deshalb arbeitet die SH. auch nach dem Grundsatz der *Individualisierung*, d.h., die Hilfe wird nach den Besonderheiten des Einzelfalles unter besonderer Betonung der Familiengerechtigkeit gewährt.
b) Aus *dem Prinzip des Nachrangs* folgt, daß die SH. *als Ausfallbürge* der sozialen Sicherung auftritt. Nur wenn der Bürger keinen Anspruch gegen einen andere *soziale Einrichtung* hat oder wenn die Leistung aus dieser Einrichtung das →Existenzminimum nicht deckt, tritt die SH. in Kraft (vgl. Rentenversicherung, Kleinstrenten).

8. Zukunftsaspekte

Mit zunehmendem Ausbau der →Einrichtungen der sozialen Sicherung müßte der Umfang der SH. eigentlich immer mehr zurückgehen. Es wird jedoch auch bei noch so perfekten sozialen Sicherungseinrichtungen immer Personen geben, die sich außerhalb des bürgerlichen Lebens stellen und in eine Notlage geraten oder durch besondere Umstände in eine solche gebracht werden *(soziale Diskriminierung)*. Deshalb wird es die besondere Aufgabe der zukünftigen SH. sein, diese Einzelschicksale festzustellen und sie durch Verstärkung und Ausbau des *Individualprinzips* rechtzeitig in das Erwerbsleben und damit in den Marktprozeß einzugliedern, damit sie ein regelmäßiges →Einkommen beziehen und dann der SH. nicht mehr anheimfallen. Außerdem ist es notwendig, daß neben der finanziellen Konsolidierung der →Lebenslage, die gesellschaftliche (→Gesellschaft) Integration als Voraussetzung einer wirksamen Selbsthilfe gelingt.
Vgl. Übersicht über die soziale Sicherung, a.a.O., S. 237ff., und Sozialbericht 1971, S. 185, Schaubild 50ff. sowie Tabelle II–34 auf S. 282; Wirtschaft und Statistik, 1971, Heft 12, Dezember, S. 774ff.; ferner auch Hans Hermann Emmelius, „Fürsorge und Wohlfahrtspflege“, in: Staatslexikon, Bd. XI, a.a.O., Sp. 76ff.

Sozialinvestition (vgl. auch Sozialpolitik, Aufgaben).
Unter Sozialinvestitionen werden diejenigen Investitionen verstanden, die als sog. soziale Infrastrukturmaßnahmen getätigt werden, um die Voraussetzungen für eine entsprechende *Einkommensverwendung* zu schaffen.
Solche Investitionen werden meistens von der öffentlichen Hand, z.B. im Gesundheits- und Bildungswesen vorgenommen (vgl. z.B. Bau von Schulen, Universitäten, Krankenhäusern u.a.m.).
Vgl. Literatur in den Anmerkungen zu „Sozialpolitik“.

Sozialisierung (vgl. auch Gesellschaftssysteme).

Art. 15 GG läßt eine Sozialisierung (S.) zu, allerdings nur gegen Entschädigung. S. in diesem Sinne bedeutet eine Umgestaltung der Eigentumsverfassung (→Eigentum) dergestalt, daß an bestimmten Gütern und Produktionsmitteln den besitzlosen Schichten kollektive Verfügungsmacht eingeräumt wird. Von der Möglichkeit zur S. ist in der BRD bislang noch kein Gebrauch gemacht worden.

Als S. läßt sich auch die sog. *Verdichtung der sozialen Beziehungen* verstehen, also die stärkere Abhängigkeit der Einzelglieder der →Gesellschaft voneinander, ihre zunehmende Gruppenbildung (→Gruppen) und Verflechtung mit Institutionen und Organisationen.

Vgl. Gisbert Rittig, „Sozialisierung", in: HdSW, Bd. IX, a. a. O., S. 455ff.; auch Oswald v. Nell-Breuning, „Sozialisierung", in: Staatslexikon Bd. VII, a. a. O., Sp. 295ff. Hermann v. Mangoldt und Friedrich Klein, Das Bonner Grundgesetz, 2. Aufl., Bd. I, Berlin–Frankfurt a. M. 1966, Art. 15, Anm. III, 1.

Sozialismus, -isten →Gesellschaftssysteme.

Sozialistengesetz →Gewerkschaften.

Sozialkapital →Gewinnbeteiligung.

Sozialkosten →Social Costs.

Soziallastquote →Sozialleistungen.

Soziallehre, katholische. *1. Begriff*

Nach Gustav Gundlach läßt sich die katholische Soziallehre (KSL.) als Zusammenfassung „aller auf Grund der christlichen Heilsordnung möglichen Erkenntnisse von Ordnungsstrukturen der diesseitigen menschlichen →Gesellschaft im Ganzen und ihren Einzelbereichen" verstehen.

Der Beginn der KSL. als selbständiger Wissenschaft wird mit dem Erscheinen der →Sozialenzyklika „Rerum novarum" von Leo XIII. im Jahre 1891 gleichgesetzt. Die KSL. ist sowohl *Seinswissenschaft,* die das Wesen der gesellschaftlichen Zusammenhänge zu ergründen sucht, als auch *Normwissenschaft,* die gewisse Richtsätze für den Aufbau der →Gesellschaft aufstellt. Die Quellen der Lehre sind das *Naturrecht* und die *Göttliche Offenbarung.*

2. Funktionen

a) Es geht der KSL. nach Pius XI. um die Erstellung des gesellschaftlichen Ordnungsbildes, das auf einer Reihe unveränderlicher sittlicher

Grundsätze (Prinzipien) fußt und Wirklichkeitsgeltung hat; denn als menschliches Geschehen erwächst es einer geistigen Grundlage und ist darauf hingeordnet.
b) Eine für alle Zeiten gültige katholische Wirtschafts-, Sozial- und Staatsordnung kann es demnach nicht geben, vielmehr müssen die allgemeingültigen Prinzipien der KSL. in der jeweiligen Situation neu durchdacht und je nach Zeit und Raum unterschiedlich angewandt werden.
c) Für die KSL. steht die →Gesellschaft im Mittelpunkt ihrer Überlegungen; diese ist auf der menschlichen Person als Träger von sittlichen Rechten und Pflichten begründet. Daraus ergeben sich zwei grundlegende Prinzipien für die →Gesellschaft: das →Solidaritäts- und das →Subsidiaritätsprinzip, die beide in Verbindung mit dem Element des *sozialen Pluralismus* zu sehen sind. Danach ist die →Gesellschaft ein reich gegliedertes Ganzes, angefangen vom Intimraum der Ehe und →Familie bis hin zu den staatlichen und überstaatlichen Großorganisationen.

3. *Anwendung auf Wirtschaft und Gesellschaft*

a) Von Bedeutung in der KSL. sind die Ordnungsfragen der gesellschaftlichen (→Gesellschaft) Wirtschaft. Es geht um die Ordnung des wirtschaftlichen Prozesses durch gesellschaftliche Mächte.
b) Als Teilbereich der →Gesellschaft untersteht auch die Wirtschaft der Verpflichtung für das →Gemeinwohl und unterliegt damit auch der *Ordnungsfunktion des Staates* in dem Sinne, daß dem Staat sowohl als Wahrer der *Rechtsordnung* wie auch der *Wohlfahrtsordnung* ein Ordnungsanspruch in der Wirtschaft zukommt.

4. *Aussagen für die Sozialpolitik*

Im Bereich des Systems der Sozialen Sicherung spielt das →Solidaritätsprinzip eine große Rolle. So kann z. B. die gesetzliche →Rentenversicherung als Solidarvertrag zwischen jeweils zwei Generationen aufgefaßt werden. In diesem Solidarvertrag der →Rentenversicherung kann sogar auf das ethische Sollprinzip verzichtet werden, da er schon allein durch das Eigeninteresse der Mitglieder funktionsfähig wird.

Vgl. J. Schasching, „Katholische Soziallehre", in: Katholisches Soziallexikon, a. a. O., S. 449ff.; ferner Gilbert Corman; Fritz Rudolph, Menschenwürdige Gesellschaft, Katholische Soziallehre, Evangelische Sozialethik, Geschichte und Staat, Bd. 124/125, München–Wien 1968.

Sozialleistungen (vgl. auch Einrichtungen der sozialen Sicherung).

1. Begriff und Arten

a) Unter Sozialleistungen (SL.) werden im *Sozialbericht* 1971 des *Bundesministers für Arbeit und Sozialordnung* alle Bar- und Sachleistungen aus den →Einrichtungen der sozialen Sicherung verstanden. Dazu zählen die gesetzlichen →Sozialversicherungs-, die →Versorgungs- und →Sozialhilfeleistungen.
b) Der *Arbeitskreis Sozialbudget-Sozialplanung* der Gesellschaft für Sozialen Fortschritt versteht unter SL. „Transferzahlungen an private Haushalte zur Sicherung gegen soziale Risiken". Dazu gehören die Sicherung bei *Einkommensausfall,* bei *Einkommenslosigkeit* und die Erleichterung bei zusätzlichen Belastungen (z.B. bei *Krankheit* und →Ausbildung). Hier werden also nicht nur die öffentlichen, sondern auch die privaten Übertragungen – soweit überhaupt statistisch erfaßbar – einbezogen.

2. Finanzierung

a) Während die →Versicherungsleistungen überwiegend aus Beiträgen finanziert werden, werden die →Versorgungsleistungen (und die Sozialhilfeleistungen; →Sozialhilfe) aus Steuermitteln finanziert.
a) Die →Versicherungsleistungen werden z.B. in der gesetzlichen →Rentenversicherung nach dem Umlageverfahren finanziert, indem die Renten der laufenden Periode aus den Einnahmen derselben Periode (bei einer Reservebildung für 1 Jahr) gezahlt werden (vgl. GERHARD MAKKENROTH).
b) Während die Besteuerung nach der *individuellen Leistungsfähigkeit* des Besteuerten vorgenommen, die Unterschiedlichkeit des →Einkommens also berücksichtigt wird, werden die →Versorgungsleistungen nach den *individuellen Bedürfnissen* gewährt. Über die unterschiedliche Dringlichkeit der Bedürfnisse befindet der Staat, so daß alle Empfänger gleich hohe Leistungen unabhängig von der persönlichen Leistungsfähigkeit erhalten. Zum Beispiel erhalten alle Kinder bis zu einer bestimmten *Einkommensgrenze* der Eltern ein gleich hohes *Kindergeld,* Schüler und Studenten bekommen gleich hohe Ausbildungsförderungsgelder (→Ausbildungsförderung).

3. Umfang

a) Die SL. wurden 1963 zu 26,1% aus Beiträgen der Versicherten, zu 28,1% aus Beiträgen der →Arbeitgeber und zu 39,7% aus öffentlichen Mitteln finanziert, während 1973 die Finanzierung aus Beiträgen der Versicherten bei 28,5% und der →Arbeitgeber bei 29% und aus öffentlichen Mitteln bei 39,2% liegen soll. Die Finanzierungsstruktur wird sich also nicht wesentlich ändern. Der Anteil der Finanzierung aus öffentlichen Mitteln geht zwar tendenziell zurück, jedoch soll er 1973 in absoluten Zahlen noch 59 Mrd. DM betragen.

b) Die SL.-Quote, das Verhältnis der SL. zum Bruttosozialprodukt nach dem →Sozialbudget von 1971 ist von 1960 bis 1970 von 17,5% auf 19,9% angestiegen; 1975 soll sie 21,5% betragen. Tendenziell läßt sich also ein langfristiger Anstieg der SL.-Quote beobachten, der jedoch infolge des Wachstums des →Sozialprodukts nicht immer so deutlich wird.

c) Die Gesamtausgaben für SL. betrugen 1960 65,3 Mrd. DM, 1970 dagegen 158,7 Mrd. DM; für 1975 werden 234 Mrd. DM angegeben, wovon 125 Mrd. DM auf *Einkommensleistungen* und 27 Mrd. DM auf *Gesundheitsmaßnahmen* entfallen sollen.

Die Kosten für die →Einrichtungen der Sozialen Sicherung betrugen 1970 85,9 Mrd. DM. Auf das →Risiko *Krankheit* entfielen 1970 rd. 40 Mrd. DM oder 25% der gesamten SL. Für das →Alter wurden 1970 rd. 35 Mrd. DM, d. h. ebenfalls ein wachsender Anteil an den SL. aufgewandt. Für Hinterbliebene blieb der Anteil von 25 Mrd. DM mit 16% der SL. konstant. Die *reinen* Familienleistungen (→Familie) machten 1970 25,5 Mrd. DM aus, ebenfalls 16% der SL., die jedoch eine sinkende Tendenz beinhalten. Für *Invalidität* wurden 1970 18 Mrd. DM, ebenfalls eine sinkende Quote, ausgegeben, für *Beschäftigung, Wohnung,* →Bildung, →Entschädigungsleistungen und Verwaltungskosten fielen 15 Mrd. DM an = 10%, wobei *Wohnung* und →Bildung einen wachsenden Anteil beanspruchen.

4. Entwicklungstendenzen

Nach Vorausschätzungen des Sozialberichts 1971 werden die SL. zwar tendenziell ansteigen, jedoch nicht stärker zunehmen als das →Sozialprodukt; daher wird sich der Anstieg der SL. insgesamt in Zukunft verlangsamen.

Vgl. eine Diskussionsunterlage der Gesellschaft für Sozialen Fortschritt vom 1. 3. 1969, ferner Sozialbericht 1971, S. 74ff. sowie S. 171, Tabelle 8; S. 179, Tabelle 12; Literatur in den Anmerkungen zu „Sozialbericht-Sozialbudget", und Heinz Allekotte, Die Finanzierung von Sozialleistungen, Beiträge des Deutschen Industrieinstituts, Jg. 7, 1969, Heft 9.

Soziallohn →Lohn, -begriffe.

Sozialmedizin. *1. Begriff und Entwicklung*

Christian v. Ferber bezeichnet als Sozialmedizin (SM.) ein im 20. Jh. neu entstandenes Verständnis der Medizin, das darauf abzielt, neben der naturwissenschaftlichen Sicht, die mehr und mehr in den Hintergrund tritt, die wechselseitige Abhängigkeit von Medizin und →Gesellschaft näher zu untersuchen. Mit der Änderung der Gesellschaftsstruktur (→Gesellschaft) infolge der →industriellen Revolution hat sich auch das Phänomen der Krankheit erheblich in seinem Erscheinungsbild geändert, hervorgerufen durch die Einrichtung der gesetzlichen →Krankenversicherung und die psycho-somatischen Belastungen der modernen Welt.

2. Funktionen

Es ist deshalb die Aufgabe der SM., die medizinische Wissenschaft zu prüfen, ihre Einwirkung auf den Patienten sowie ihre Konsequenzen für die ökonomische Lage der →Gesellschaft und der ärztlichen Praxis zu untersuchen.
Dazu gehört die Kontrolle der →Krankenhäuser, der Einrichtungen der →Sozialversicherung, des Vertrauensärztlichen Dienstes und des öffentlichen Gesundheitsdienstes. Dabei werden die Berücksichtigung von präventiven und rehabilitierenden (→Rehabilitation) Gesichtspunkten der Medizin zu den wichtigsten Aufgaben der zukünftigen →Gesundheitspolitik zählen. Die klassische *Individual-Medizin* muß danach durch eine *Medizin der Kollektive* und →Gruppen ergänzt werden.
Vgl. Christian v. Ferber in seinen Schriften.

Sozialmiete →Sozialer Wohnungsbau, →Wohngeld, gesetzliches.

Sozialordnung →Soziale Ordnungspolitik, →Sozialpolitik.

Sozialpädagogik (vgl. auch Sozialarbeit und Resozialisierung).

1. Einrichtungen

Nach KLAUS MOLLENHAUER gehören zu den sozialpädagogischen Einrichtungen a) Einrichtungen der halboffenen Kinderpflege und -erziehung (Vorklassen); b) außerschulische Jugendbildung als Jugendarbeit oder Jugendpflege; c) Heimerziehung; d) offene Maßnahmen zur Vorbeugung und Bekämpfung von Jugendverwahrlosung und Jugendkriminalität und Jugendstrafvollzug; e) Beratungsstellen der verschiedensten Art.

2. Durchführung

Die wichtigsten Organe sind die *Freien Wohlfahrtsverbände* (vgl. Sozialhilfe, gesetzliche, und Wohlfahrtspflege), ferner die Bundesarbeitsgemeinschaft Jugendaufbauwerk, andere Jugendverbände und kirchliche Einrichtungen sowie die Jugendämter der Städte und Gemeinden.

3. Gesetzliche Grundlagen

Die sozialpädagogischen Maßnahmen fußen auf dem *Jugendgerichtsgesetz von 1953*, auf dem *Jugendschutzgesetz von 1957* und auf dem *Jugendwohlfahrtsgesetz von 1961*.

Vgl. Lutz Rössner, „Sozialpädagogik", in: Handbuch pädagogischer Grundbegriffe, hrsg. von Josef Spech und Gerhard Wehle, Bd. II, München 1970, S. 456ff., bes. S. 472ff.; auch Klaus Mollenhauer, „Sozialpädagogik", in: Das Fischer Lexikon, Bd. XXXVI, Pädagogik, hrsg. von Hans-H. Groothoff, Frankfurt a. M. 1964, S. 288ff., und Helmut Rünger, Einführung in die Sozialpädagogik, Witten 1964.

Sozialpartner, -schaft →Tarifpartner, →Tarifvertrag.

Sozialpflichtigkeit, vgl. Eigentum, -spolitik.

Sozialplan für Deutschland →Sozialreform.

Sozialpolitik. *1. Begriff*

Wilhelm Weber (Wien) und ähnlich auch Leopold v. Wiese, Gerhard Weisser und Anton Burghardt deuten die Sozialpolitik (SP.) einmal als wissenschaftlich ausgebaute Kunstlehre *(Sozialpolitik-Lehre)*, d. h. als angewandte Gesellschafts- und Wirtschaftswissenschaft, wie sie an den Hochschulen vertreten wird[1]. Dabei ist es ihre Aufgabe, dem Praktiker im Rahmen gültiger gesellschaftlicher Wertvorstellungen ein sozialpolitisches Instrumentarium an die Hand zu geben.
Zum Begriff der SP. gehört aber andererseits auch die sozialpolitische Praxis. Dazu zählen so auch nach Bernhard Külp alle gesetzgeberischen und praktischen Bemühungen und die Gesamtheit aller sozialpolitischen Einrichtungen und Maßnahmen.

2. Geschichte

a) Der Beginn der SP. ist auf die Mitte des 19. Jh. zu datieren (etwa ab 1839), als die Arbeiterfrage die Öffentlichkeit bewegte und gesetzliche Maßnahmen an Stelle sporadischer Armenpflege erforderlich wurden.
(1) Die *ersten* Maßnahmen sind in den *Arbeiterschutzgesetzen* (1839) und in den Gründungen von *Arbeitervereinigungen* (seit 1840) zu sehen, die vom Staat später anerkannt wurden (vgl. Gewerkschaften).
(2) Besonders hervorzuheben sind die unter Bismarck gegründeten

[1] Vgl. dazu die Aufstellung „Sozialpolitik in Forschung und Lehre" im Anhang.

Sozialversicherungs-Einrichtungen (→Sozialversicherung) (1883/84/89) die mit der *Kaiserlichen Botschaft* 1881 verkündet wurden.

(3) Von Bedeutung sind auch die von den Kathedersozialisten und von den katholischen Soziallehrern konzipierten Vorschläge zur Lösung der →Arbeiterfrage.

Die Kathedersozialisten waren Wissenschaftler, die „ex cathedra" sozialpolitische Reformen verkündeten. Zu ihnen gehörten ADOLPH WAGNER (1835–1917) und GUSTAV SCHMOLLER (1838–1917), die seit 1872 dem Verein für Socialpolitik angehörten, ferner LUJO V. BRENTANO (1844–1931) u.a.

Zu den katholischen Soziallehrern zählten EMMANUEL V. KETTELER (1811–77), FREIHERR CARL V. VOGELSANG (1818–90) und FRANZ BRANDTS (1834–1914), die eine aktive, von der Obrigkeit geplante →Sozialreform vorschlugen.

(4) Alle diese vereinzelten Vorschläge und Forderungen von privater und staatlicher Seite waren auf erzwungener →Einkommensumverteilung aufgebaut. Sie liefen auf die Lösung von Einzelfragen hinaus, ohne die →Arbeiterfrage grundlegend lösen zu können.

b) (1) Die *zweite Phase* der SP.-Geschichte umfaßt die Zeit von 1914 bis 1945, in der sich die →Sozialversicherung von einer *Fürsorge-* zu einer *Selbsthilfeorganisation* entwickelte und ein weiterer Sozialversicherungs*zweig,* nämlich die gesetzliche →Arbeitslosenversicherung im Jahre 1927, hinzukam.

(2) Durch die gesetzliche Anerkennung des →Tarifvertrages und der →Gewerkschaften als Tarifpartner im Jahre 1918 wurde das →Arbeitsverhältnis anerkannt und ein →Mindestlohnanspruch durchgesetzt.

c) (1) In der *dritten Phase* der SP.-Geschichte ab 1948 entstand auf der Grundlage der →sozialen Marktwirtschaft (vgl. Gesellschaftssysteme) eine SP. mit dem Charakter einer →Gesellschaftspolitik, die auf die soziale Sicherung aller Schichten ausgerichtet ist.

(2) Ausgehend von diesem Konzept wurden nach dem Zweiten Weltkrieg folgende wichtige Gesetze mit teilweise sozialpolitischer Zielsetzung verabschiedet: das *Tarifvertragsgesetz* im Jahre *1949;* das *Bundesversorgungsgesetz 1950;* das *Heimkehrergesetz 1950;* das *Heimarbeitsgesetz 1951;* das *Kündigungsschutzgesetz 1951;* das *Montan-Mitbestimmungsgesetz 1951;* das *Selbstverwaltungsgesetz 1951;* das *Betriebsverfassungsgesetz 1952,* das *Lastenausgleichsgesetz 1952;* das *Mindestarbeitsbedingungengesetz 1952;* das *Mutterschutzgesetz 1952;* das *Wohnungsbau-Prämiengesetz 1952;* die *Hausgehilfen-Richtlinien 1952;* das *Altsparergesetz 1953;* das *Bundesbeamtengesetz 1953;* das *Bundesevakuiertengesetz 1953;* das *Bundesvertriebenengesetz 1953;* das *Schwerbeschädigtengesetz 1953;* das *Gesetz über die Kindergeldkassen*

1954; das *Kriegsgefangenenentschädigungsgesetz 1954;* das *Besatzungsschädengesetz 1955;* das *Häftlingshilfegesetz 1955;* das *Personalvertretungsgesetz 1955;* das *Bundesentschädigungsgesetz 1956;* das *Krankenversicherungsgesetz der Rentner 1956;* das *Gesetz über eine Altershilfe für Landwirte 1957;* das *Bundesbesoldungsgesetz 1957;* das *Jugendschutzgesetz 1957;* das *1. Lohnfortzahlungsgesetz 1957;* die drei *Rentenversicherungs-Neuregelungs-Gesetze 1957;* das *Seemannsgesetz 1957;* das *Soldatenversorgungsgesetz 1957;* das *Unterhaltssicherungsgesetz 1957;* das *Spar-Prämiengesetz 1959;* das *Handwerkerversicherungsgesetz 1960;* das *Jugendarbeitsschutzgesetz 1960;* das *Bundessozialhilfegesetz 1961;* das *Jugendwohlfahrtsgesetz 1961;* die *Kriegsopferfürsorge-Verordnung 1961;* das *1. Vermögensbildungsgesetz (312-DM-Gesetz) 1961:* das *Bundesurlaubsgesetz 1963;* das *Bundeskindergeldgesetz 1964;* das *Flüchtlingshilfegesetz 1965;* das *2. Vermögensbildungsgesetz (624-DM-Gesetz) 1965;* das *(1.) Wohngeldgesetz 1965;* das *Wohnungsbindungsgesetz 1965;* das *Arbeitsförderungsgesetz 1969;* das *Berufsbildungsgesetz 1969;* das *2. Lohnfortzahlungsgesetz 1969;* das *Reparationsschädengesetz 1969;* das *3. Vermögensbildungsgesetz (624-DM-Gesetz) 1970;* das *Gesetz über vermögenswirksame Leistungen für Bundesbeamte, Berufssoldaten und Soldaten auf Zeit 1970;* das *2. Wohngeldgesetz 1970;* das *Bundesausbildungsförderungsgesetz 1971;* das *Graduiertenförderungsgesetz 1971;* das *Unfallversicherungsgesetz für Schüler, Studenten und Kinder in Kindergärten 1971;* das *Wohnungsbau-Änderungsgesetz von 1971.*

Von allen diesen gesetzgeberischen Maßnahmen stellt die Reform der gesetzlichen →Rentenversicherung, insbesondere die Einführung der „dynamischen Rente", das *Kernstück* der SP. der Nachkriegszeit dar.

3. Sozialpolitik im Spiegel der Literatur

Ludwig Heyde (1888–1961) verstand unter SP. „wirtschaftsendogene Erscheinungen der modernen gesellschaftlichen Schichtung" und den „Komplex derjenigen Maßnahmen und Bestrebungen, die primär darauf gerichtet sind, das Verhältnis der Stände und Klassen untereinander und zum Staate nach Maßgabe von Wertvorstellungen zu beeinflussen". Ähnlich sieht auch Walter Weddigen die SP.

Gerhard Weisser versteht unter SP. „alle Maßnahmen zur materiellen Besserstellung der Lebenslage sozial schwacher Schichten".

Ingeborg Nahnsen deutet die SP. als den Inbegriff aller jener Maßnahmen, deren unmittelbarer Zweck es ist, sozial gefährdete Gesellschaftsschichten zu schützen und zu fördern und damit Störungen und Konflikte im Ablauf des Gesellschaftsprozesses zu verhindern oder zu heilen.

Hans Achinger rechnet zur SP. die Arbeitsmarktpolitik und die Politik der sozialen Sicherung.

Gerhard Albrecht deutet die SP. dahin, daß sie eine *Volkswohlfahrtspolitik* darstellt, indem sie auf die Gestaltung der Lebensformen der Bevölkerung im Industriezeitalter einwirkt, also „zum Schutze derjenigen Gruppen der Wirtschaftsgesellschaft, die infolge ihrer wirtschaftlich abhängigen Stellung besonderen Schäden, Benachteiligungen, Gefahren und Nöten ausgesetzt sind, mit dem Ziele der Sicherung des sozialen Friedens".

Ludwig Preller sieht die SP. als eine Politik, die die Aufgabe hat, Disproportionalitäten auszugleichen und nicht nur die wirtschaftliche Seite des Menschen, sondern den ganzen Menschen zu betrachten.

Viola von Bethusy-Huc sieht in Fortführung von Prellers Aussagen die Aufgaben der heutigen SP. darin, jedem Mitglied der →Gesellschaft eine Existenz „in Gesundheit, Leistungsfähigkeit und Würde" zu ermöglichen. Dazu müssen allerdings die gesellschaftlichen Möglichkeiten und Voraussetzungen geschaffen und erhalten werden, die dann von jedem einzelnen genutzt werden können, wenn er es wünscht.

Anton Burghardt versteht unter „angewandter SP." gesetzlich grundgelegte Interventionen und diesen konforme Maßnahmen, die, sozialen Wertvorstellungen folgend, die Sicherung und Korrektur der Lebens- und Arbeitsbedingungen gesellschaftlicher (→Gesellschaft) Großgruppen unter besonderer Berücksichtigung des Verteilungsprozesses zum Ziel haben (Sozialkorrektur).

Elisabeth Liefmann-Keil dagegen faßt die SP. vorwiegend als Verteilungspolitik auf, „ungeachtet mancher Ansätze und Bestrebungen, aus ihr eine →Gesellschaftspolitik zu machen".

Nach Heinz Lampert hat sich die SP. in ihrer 125jährigen Geschichte „zu einem alle Unselbständigen und große Teile der →Selbständigen umfassenden *Schutz- und Ausgleichssystem* entwickelt, das wirtschaftlichen in sozialen Fortschritt umsetzt". Zu diesem Schutz- und Ausgleichssystem gehören 1. der Schutz der Erwerbstätigen; 2. →soziale Sicherheit für alle; 3. Erhaltung und Verbesserung der Stellung bestimmter Schichten im Wirtschafts- und Sozialgefüge und 4. Teilnahme aller an der allgemeinen Wohlstandsentwicklung.

Helmut Winterstein sieht als Aufgabe der SP. das Ziel an, „ein sozial befriedigendes und damit in seinem dauerhaften Bestand gesichertes Wirtschafts- und Gesellschaftssystem (→Gesellschaft) zu schaffen". Im Gegensatz zum früheren Verständnis der SP. ist ihre neue Aufgabe die „Auseinandersetzung um den Anteil des in der arbeitsteiligen Wirtschaft gemeinsam Erzeugten und damit verbunden um die soziale Stellung".

Nach Wilfrid Schreiber ist „Sozialpolitik ein einheitliches Ganzes, und zwar soziale Ordnungspolitik, deren Sinn es ist, auf dem Konzept der sozialen Marktwirtschaft fußend zur Verwirklichung des sozialen →Leitbildes soweit wie möglich der natürlichen Ordnungskraft der Freiheit zu vertrauen, ihr aber da Nachhilfe zu leisten, wo diese Ordnungskraft nicht ausreicht".

Diese einander gegenübergestellten Definitionen des Begriffes SP. zeigen deutlich, wie vielgestaltig sein Inhalt ist. Nach Meinung von theoretisch und praktisch denkenden Sozialpolitikern ist das Ziel der SP. nicht mehr die Integration einer einzelnen →Gruppe oder Klasse in die →Gesellschaft, sondern die harmonische Verflechtung aller Gruppen innerhalb der Gesellschaft, die, da sie in einer sozialen Ordnung leben muß, insofern sozialer Ordnungspolitik, d.h. →Gesellschaftspolitik im weitesten Sinne bedarf.

4. Sozialpolitik in Forschung und Lehre

In Forschung und Lehre an den deutschen Universitäten werden in etwa folgende Bereiche des Inhalts der SP.-Lehre unterschieden:

a) *Sozialgeschichte* mit den Schwerpunkten Geschichte der →Arbeiterbewegung und Entstehen der Sozialen Frage.

b) *Verteilungstheorie* und *-politik* mit den Schwerpunkten →Einkommens- und Vermögensverteilung, →Lohntheorie und -→politik und →Vermögenspolitik.

c) Das System der sozialen Sicherung mit den Schwerpunkten →Sozialversicherungs-, →Versorgungs- und →Sozialhilfe-Einrichtungen, deren Systematisierung und das →Sozialbudget.

d) →Arbeitsmarkt mit den Schwerpunkten Arbeitnehmer-Arbeitgeber-Beziehungen (→Arbeitnehmer, →Arbeitgeber) (Verbändelehre [→Verbände]), →Betriebs- und Unternehmensverfassung (→Betrieb, -sverfassung), →Mitbestimmung am Arbeitsplatz und in der Volkswirtschaft und →betriebliche Sozialpolitik.

e) Sozialpolitische Ziele, Konzeptionen und Leitbilder sowie die Problematik der Stellung der SP. im Ganzen der *Sozialwissenschaften.*

f) Internationale SP. mit den internationalen Organisationen und dem Ziel der *Harmonisation Sociale* im weitesten Sinne.

g) Methodenprobleme in den Wirtschafts- und Sozialwissenschaften sowie Probleme der wissenschaftlichen Politikberatung.

Als einführende und weiterführende Literatur vgl. Hans Achinger, Sozialpolitik als Gesellschaftspolitik, Hamburg 1953; Gerhard Albrecht, Sozialpolitik, Göttingen 1955; Viola Gräfin von Bethusy-Huc, Das Sozialleistungssystem, a.a.O. 1968; Erik Boettcher, Sozialpolitik und Sozialreform, Tübingen 1957; Karl Erich Born, Staat und Sozialpolitik seit Bismarcks Sturz, Wiesbaden 1957; Anton Burghardt, Lehrbuch der Allgemeinen Sozialpolitik, Berlin–München 1966; Christian v. Ferber, Sozialpolitik in der Wohlstandsgesellschaft, Hamburg 1967; Ludwig Heyde, „Sozialpolitik", in: Internationales Handwörterbuch des Gewerkschaftswesens, Bd. II, Berlin 1938, S. 1536; ders., „Sozialpolitik (II)“, in: HdSW, Bd. IX, a.a.O., S. 539ff.; ders., Abriß der Sozialpolitik a.a.O.; Joseph Höffner, „Sozialpolitik“, in: Staatslexikon, Bd. VII, a.a.O., Sp. 347ff.; Gerhard Kleinhenz, Probleme wissenschaftlicher Beschäftigung mit der Sozialpolitik, Berlin 1970; Bernhard Külp, „Sozialpolitik“, in: Staatslexikon, Bd. XI, a.a.O., Sp. 250ff.; Heinz Lampert, „Sozialpolitik“, in: Evangelisches Staatslexikon, a.a.O., Sp. 2078ff.; Heinz Lampert und Gerhard Kleinhenz, Zwei Jahrzehnte Sozialpolitik in der BRD. Eine kritische Analyse, in: Ordo, Jahrbuch für die Ordnung von Wirtschaft und Gesellschaft, Bd. XXII, Düsseldorf–München 1971, S. 103ff. Elisabeth Liefmann-Keil, Ökonomische Theorie der Sozialpolitik, a.a.O., S. 1; Johannes Messner, Die Soziale Frage, a.a.O.; Ingeborg Nahnsen, Der systematische Ort der Sozialpolitik in den Sozialwissenschaften, in: Gesellschaft in Geschichte und Gegenwart, Beiträge zu sozialwissenschaftlichen Problemen, Festschrift für Friedrich Lenz, hrsg. von Siegfried Wendt, Berlin 1961, S. 115ff.; Oswald v. Nell-Breuning, Wirtschaft und Gesellschaft heute, Bd. I-III, a.a.O.; ders., Aktuelle Fragen der Gesellschaftspolitik, Köln 1970; Ludwig Preller, Sozialpolitik, Theoretische Ortung, Zürich–Tübingen 1962; ders., Praxis und Probleme der Sozialpolitik, Bd. I/II, Tübingen–Zürich 1970; Friedrich Syrup, Otto Neuloh, Hundert Jahre staatliche Sozialpolitik, Stuttgart 1957; Horst Schieckel, Deutsche Sozialpolitik, München 1955; Wilfrid Schreiber, „Sozialpolitik“, in: Handbuch der Wirtschaftswissenschaften, Bd. II, Köln–Opladen 1966, S. 269ff.; Bruno Seidel, „Sozialpolitik (I) Geschichte“, in: HdSW, Bd. IX, a.a.O., S. 532f.; Walter Weddigen, Grundzüge der Sozialpolitik und Wohlfahrtspflege, Stuttgart 1957; ders., „Sozialpolitik“, in: Gablers Wirtschaftslexikon, a.a.O., S. 1107ff.; Gerhard Weisser, „Sozialpolitik“, in: Wörterbuch der Soziologie, a.a.O., S. 1039ff.; Leopold v. Wiese, „Sozialpolitik (III)“, in: HdSW, Bd. IX, a.a.O., S. 547ff., und Helmut Winterstein, Sozialpolitik mit anderen Vorzeichen, Sozialpolitische Schriften, Heft 22, Berlin 1969; Detlev Zöllner, Sozialpolitik heute, Bad Godesberg 1955.

Sozialpolitik der Europäischen Wirtschaftsgemeinschaft (EWG) (vgl. auch Sozialpolitik, internationale).

1. Aufgaben

Die Sozialkommission der EWG hat 1965 folgenden Aufgabenkatalog zur Erfüllung sozialpolitischer Aufgaben innerhalb der EWG aufgestellt: Lohngleichheit (→Lohn) für Männer und Frauen; Freizügigkeit der →Arbeitnehmer; →soziale Sicherheit der Wanderarbeiter; Gründung eines *Europäischen Sozialfonds* für Umschulungs- und Umsiedlungshilfen, der seit 1971 den Charakter eines vorausschauenden Instrumentes der supranationalen Konjunktur- und →Sozialpolitik angenommen hat. Ferner gehören zu den Aufgaben die gemeinsame Politik der →Berufsausbildung und Empfehlungen zur Harmonisierung und die Erstellung eines gemeinsamen *Europäischen* →Sozialbudgets.

2. Zukünftige Entwicklung

Die zukünftige EWG-Politik soll als Schwerpunkte die Behandlung der sozialen Probleme im Rahmen der gemeinsamen Politik wie auch der

EWG-Politik der übrigen Bereiche anstreben und die Beschäftigungsprobleme im weitesten Sinne zu lösen versuchen. Sie soll ferner Aufgaben im Bereich der Arbeitsbeziehungen wahrnehmen sowie die Finanzierungsfragen der sozialen Sicherung bearbeiten.

Vgl. u.a. Peter Heyde, Internationale Sozialpolitik, Heidelberg 1960, S. 119ff. und Internationale Sozialpolitik, in: Bundesarbeitsblatt, 1971, Heft 4, S. 238ff.

Sozialpolitik, internationale (vgl. auch Sozialpolitik der Europäischen Wirtschaftsgemeinschaft).

1. Begriff

HERBERT KNOLLE bezeichnet als internationale Sozialpolitik (i.S.) den Erfahrungsaustausch über Inhalt und Methoden der →Sozialpolitik über die Grenzen der Staaten hinweg; dadurch soll die nationale Gesetzgebung im Sinne des sozialen Fortschritts und die Sicherung des Friedens durch zwischenstaatliche Beratungen und Absprachen gefördert werden. Ferner sollen international anerkannte Normen sozialpolitischen Inhalts durch bi- oder multilaterale Vereinbarungen oder zum Teil sogar durch überstaatliche Rechtssetzung festgelegt werden. Endlich sollen über die Staatsgrenzen hinausgehende Hilfsaktionen durchgeführt werden.

2. Geschichtliche Entwicklung

a) Schon im Jahre 1900 wurde in Paris anläßlich des internationalen Arbeiterschutzkongresses die *Internationale Vereinigung für gesetzlichen Arbeiterschutz* gegründet, nachdem schon 1890 in Berlin die *1. Internationale Arbeiterschutzkonferenz* stattgefunden hatte.

b) Auf eine Anregung bei Abschluß des Friedensvertrages von 1919 *(Versailler Vertrag)* wurde dann die *Internationale Arbeitsorganisation* (IAO bzw. ILO) mit ihren drei Organen Internationale Arbeitskonferenz, Verwaltungsrat und Internationales Arbeitsamt mit Sitz in Genf gegründet mit dem Ziel, die Arbeitsverhältnisse nach internationalen Normen zu regeln. Es wurden in der Folgezeit Vereinbarungen über den Achtstundentag; über das Verbot der *Frauennachtarbeit,* über *Wöchnerinnen-, Kinder-* und *Jugendschutz,* über den *Arbeitsnachweis,* über die Gefahren der Bleivergiftung und des Milzbrandes und über das Phosphorverbot, über die Errichtung staatlicher Gesundheitsämter, über die *Arbeitslosenversicherung,* über den *Schutz ausländischer Arbeiter* und über andere Einzelfragen getroffen.

In der Erklärung über die Ziele und Zwecke der internationalen Arbeitsorganisation *(Erklärung von Philadelphia)* im Jahre 1944 wurden diese Ziele noch einmal besonders betont.

c) 1925 wurde die *Internationale Vereinigung für Sozialen Fortschritt in* Bern gegründet, die heute ihren Sitz in Basel und Lüttich hat; sie ist ein Zusammenschluß der *Internationalen Vereinigung für gesetzlichen Arbeiterschutz,* der *Internationalen Vereinigung zur Bekämpfung der Arbeitslosigkeit* und dem *Internationalen Komitee für Sozialversicherung* und wurde 1953 nach dem Zweiten Weltkrieg wieder neu begründet (vgl. auch Sozialreform).
d) 1927 wurde in Brüssel die *Internationale Vereinigung für →Soziale Sicherheit* gegründet, die heute ihren Sitz in Genf hat. Sie hat seitdem das Ziel, alle Bemühungen auf dem Gebiet der →Sozialversicherung international zu koordinieren und zu verstärken.

3. Aufgaben

a) *Allgemeines:* Zu den Aufgaben der i. S. gehört die Entwicklung von Mitteln und Zielen sozialen Planens und Handelns; dazu rechnet neben der Sicherung sozialer Rechte und Freiheiten in der ganzen Welt vor allem der →Arbeitsschutz, das →Arbeitsrecht einschließlich der →Lohn- und Arbeitsbedingungen, das soziale Organisationsrecht, die Beschäftigungspolitik (Arbeitserhaltung, Arbeitsbeschaffung [→Arbeit], Arbeitsvermittlung, Berufsberatung, →Berufsausbildung) mit dem Ziel einer Existenzsicherung, Strukturhilfen und Fürsorge.
b) *Spezielles:* (1) Die Soziale Sicherheit im internationalen Rahmen wurde zum ersten Mal in der *Atlantik-Charta von 1941,* dann in der *Erklärung von Philadelphia 1944* und schließlich 1948 in der *Allgemeinen Erklärung der Menschenrechte* als wichtigstes Aufgabengebiet der i.S. genannt; sie ist es bis auf den heutigen Tag geblieben. 1952 wurden von der Internationalen Arbeitsorganisation sog. *Mindestnormen der sozialen Sicherheit* erlassen.
(2) Eine weitere wichtige Aufgabe ist die internationale Koalitionsfreiheit.
(3) Gesunde Arbeitnehmer-Arbeitgeber-Beziehungen (→Arbeitnehmer, →Arbeitgeber) sollen durch die internationale Regelung des →Tarifvertrages und des Schlichtungswesens erreicht werden.
(4) Die lohnpolitischen (→Lohnpolitik) Bestrebungen auf internationaler Ebene streben die Schaffung und Erhaltung eines *Lebensstandards* an, der über dem an den physischen Möglichkeiten gemessenen →Existenzminimum liegt.
(5) Auch die Regelung von Arbeitszeit, bezahltem →Urlaub und Nachtarbeit ist Gegenstand der i. S., ferner die internationale Unfallverhütung, der gewerbliche Gesundheitsschutz und besonders der Schutz der arbeitenden Frauen, Jugendlichen und Kinder.

(6) Weiterhin werden als Aufgaben der i. S. Arbeitsmarkt- und Wanderungsprobleme (→Arbeitsmarkt) angesehen und der *Schutz besonderer Arbeitnehmergruppen* (wie z.B. in der Seeschiffahrt Beschäftigter, Eingeborener, →Angestellter und geistig Schaffender).
(7) Ebenso gehört das →Genossenschaftswesen als Weg zur Selbsthilfe zu den Aufgaben der i. S., auch die technische Hilfe für die Entwicklungsländer (vgl. Entwicklungshilfe).

4. Träger

a) Von der Vielzahl der privaten oder halbstaatlichen Vereinigungen sind die Organisationen der Sozialpartner als Träger besonders hervorzuheben; sie haben in den organisatorischen Zusammenschlüssen der Staaten ein Mitspracherecht (z.B. Internationale Arbeitsorganisation, IAO bzw. ILO; Organisation für wirtschaftliche Zusammenarbeit und Entwicklung, OECD; Food and Agriculture Organization, FAO; United Nations Educational, Scientific and Cultural Organization, UNESCO; United Nations International Childrens Emergency Fund, UNICEF; Europarat, ER; Westeuropäische Union, WEU; Europäische Wirtschaftsgemeinschaft, EWG), während die Regierungen entscheiden. Die vielfältigen Probleme werden in *multi-* oder *bilateralen Verträgen* geregelt.
b) Bereits seit ihrer Gründung durch den *Versailler Vertrag von 1919* hatte die IAO bzw. ILO in Genf im zwischenstaatlichen Rahmen mit der *Internationalisierung* von →Sozialpolitik und →Sozialrecht begonnen. In den fünfzig Jahren ihrer Existenz und Aktivität hat sie einen bemerkenswerten Stand der Harmonisierung sozialpolitischer (→Sozialpolitik) Maßnahmen und Einrichtungen in den über 120 beteiligten Mitgliedstaaten erreicht.
c) Neben diese internationale = zwischenstaatliche Harmonisierung der →Sozialpolitik traten mit den *Verträgen* von Paris und Rom und einigen anderen Abmachungen die Ansätze zu einer institutionalisierten supranationalen = überstaatlichen Vereinheitlichung in Form gemeinschaftlicher →Sozialpolitik. Zu beachten ist jedoch, daß es sich nach den grundlegenden Verträgen erst um eine „politique sociale commune", nicht aber schon um eine „politique sociale communautaire" handelt.

5. Kritik

Es wird oft kritisiert, daß die Aufgaben auf die verschiedenen Träger nicht exakt genug aufgeteilt worden sind. Das läßt sich jedoch aus den verschiedensten Gründen nicht durchführen.

6. Grenzen

Die Grenzen der i. S. sind gegeben, wo die Durchsetzung weiterer sozialer Leistungen die durch den Zuwachs neuer Kapazitäten gesetzten Grenzen der Leistungsfähigkeit der beteiligten *Volkswirtschaften* übersteigt, ferner dort, wo die unterschiedlichen nationalen Weltanschauungen die Bildung eines einheitlichen internationalen Systems verhindern.

7. Grundlagen und Reformbestrebungen

a) Grundlage der i. S. ist die 1965 verkündete *Europäische Sozialcharta,* die die Menschenrechte für alle sozial-politischen Entscheidungen als Grundlage ansieht. Deshalb wird sie auch als „Soziales Leitbild" der Völker im internationalen Raum angesehen.
Es fehlt jedoch darin der Ausdruck eines Manifestes, das die Entschlossenheit Europas zur Erhaltung, Verbesserung und Konsolidierung seines *Sozialstils* zum Ausdruck bringt.
b) In einer neuen Sozialcharta *der freien Welt* müßte deutlich werden, daß in einer freien →Gesellschaftsordnung, in der bis jetzt nur die Menschenrechte ohne entsprechende Pflichten betont werden, dem richtig verstandenen Prinzip der Personenwürde zufolge Rechte auch Pflichten und Verantwortung implizieren.

Vgl. Peter Heyde, Internationale Sozialpolitik, a. a. O.; Internationale Sozialpolitik, in: Bundesarbeitsblatt, 1971, Heft 4, S. 225 ff. und Heinz Salowsky, Das sozialpolitische Konzept der EWG, Vorläufige Ausrichtung für ein Programm einer gemeinschaftlichen Sozialpolitik, in: Sozialer Fortschritt, 20. Jg., 1971, Heft 9, September, S. 202 ff.

Sozialprodukt.

Unter dem Bruttosozialprodukt (BSP.) versteht man das *güterwirtschaftliche Ergebnis* der Gesamtleistung der *Volkswirtschaft,* das aus Konsumgütern, Dienstleistungen, Sachgüternutzungen und Produktivgütern besteht. Es ist die Gesamtheit derjenigen Güter und Leistungen, die in einem Zeitraum für die bzw. von den in einer Volkswirtschaft tätigen Menschen oder von den in ihr vorhandenen Produktionsfaktoren bereitgestellt oder exportiert werden.
Subtrahiert man vom BSP. die Abschreibungen (Ersatzinvestitionen) und die indirekten Steuern und addiert die staatlichen Subventionen, so erhält man das Netto-SP. zu Faktorkosten, das auch →Volkseinkommen heißt, da die Kosten der Unternehmungen gleichzeitig →Einkommen der produktiven Faktoren sind.
Das BSP. betrug 1971 in der Bundesrepublik 756,1 Mrd. DM, während sich das NSP. zu Faktorkosten 1971 auf 579,9 Mrd. DM belief.

Vgl. u. a. Ernst Schuster, „Sozialprodukt", in: HdSW, Bd. IX, a. a. O., S. 572 ff. und Wirtschaft und Statistik, 1972, Heft 2, Februar, S. 79.

Sozialrabatt →Vermögen, -spolitik.

Sozialrecht (vgl. auch Arbeitsrecht).

1. Begriff

Nach WALTER BOGS ist das Sozialrecht (SR.) das „Recht der sozialen Sicherheit, das Schutz im Alter und in den Notfällen des Lebens gewährt, d.h. das Recht der öffentlichen sozialen Leistungen und der sie bewegenden Institutionen“.
Nach WILHELM WERTENBRUCH ist das SR. das Recht, das „auf den Schutz des aus wirtschaftlichen oder anderen Gründen Schwächeren besonders abstellt“.
Das SR. enthält mithin eine Ausprägung des *Sozialstaatsprinzips* gemäß Art. 20 GG, das durch die jeweilige →*Gesellschaftspolitik* seine besonderen Akzente erhält.

2. Aufgaben

Zu den Aufgaben mit sozialrechtlichem Bezug gehören:
1. →*Sozialversicherungs*recht unter sozialstaatlichem Aspekt einschließlich der *Arbeitslosenhilfe;* 2. →*Arbeitsrecht;* 3. *Familienlastenausgleich;* 4. →*Sozialhilfe;* 5. Angelegenheiten der *Kriegs-* und *Kriegsfolgegeschädigten,* Hilfsmaßnahmen für politisch Verfolgte, →*Wiedergutmachung,* Versorgung der unter § 131 fallenden Personen; 6. Miet- und Wohnungsrecht; 7. Recht des *öffentlichen Gesundheitswesens;* 8. Jugendrecht; 9. Schulrecht; 10. Recht der *Berufsberatung,* der Förderung *beruflicher Bildung* und beruflicher →*Rehabilitation;* 11. Versorgung mit Wasser, Gas und Elektrizität; 12. Betrieb von Museen und Theatern; 13. *Familienrecht;* 14. Pfändungsschutz; 15. Recht der Verteidigung und des Zivilschutzes; 16. Wirtschaftsrecht (insoweit soziale Belange tangiert werden); 17. Sozial- und Verwaltungsrecht.

3. Kritik

An der Zersplitterung der verschiedenen Aufgabenbereiche des SR. wird deutlich, daß es an einem einheitlichen Gesetzeswerk fehlt. Aus diesem Grunde beabsichtigt die Bundesregierung, ein *einheitliches Sozialgesetzbuch* zu schaffen.

Vgl. u.a. Hans Hermann Emmelius, „Sozialrecht“, in: Staatslexikon, Bd. XI, a.a.O., Sp. 256ff.

Sozialreform (vgl. auch Parteiprogramme).

1. Begriff

Dieser Begriff umfaßt die Summe aller Maßnahmen zur Änderung der gesellschaftlichen (→Gesellschaft) Ordnung oder zumindest zur Änderung einzelner Einrichtungen innerhalb dieser Ordnung.

2. Die Gesellschaft für Soziale Reform

a) *Geschichte:* Der Gedanke der Sozialreform in Deutschland ist eng mit der Geschichte der *Gesellschaft für Sozialen Fortschritt* verbunden. Sie wurde 1901 von Ernst Francke als deutsche Landessektion der *Internationalen Vereinigung für gesetzlichen Arbeiterschutz* (vgl. Sozialpolitik, internationale) gegründet, hieß zunächst *Gesellschaft für Soziale Reform* und bestand bis 1933. In Zusammenarbeit mit der Gesellschaft stand das *Büro für Sozialpolitik* in Berlin, das auch die von der Gesellschaft herausgegebene Zeitschrift „Soziale Praxis" bis 1942 betreute. Die Gesellschaft wurde vor dem Ersten Weltkrieg aus Privatspenden finanziert, erst im Jahre 1919 traten die →Gewerkschaften und 1923 die →Arbeitgeber als Mitglieder bei.
b) *Tätigkeit:* Die Gesellschaft regte im Verlauf ihrer Tätigkeit die Gründung des *Reichsarbeitsamtes* sowie einer organisierten Arbeitsvermittlung an. Ein *Reichseinigungsamt* sollte Arbeitsstreitigkeiten aus dem Arbeitsverhältnis unter Mitwirkung von Arbeitgeber- und Arbeitnehmerseite (→Arbeitgeber, →Arbeitnehmer) regeln. Ein besonderes Anliegen war auch der *Schutz der Jugendlichen.*

3. Gesellschaft für Sozialen Fortschritt

a) *Aufgaben:* Die Tradition der *Gesellschaft für Soziale Reform* wurde nach dem Zweiten Weltkrieg in der *Gesellschaft für Sozialen Fortschritt* mit Sitz in Bonn fortgesetzt, die 1949 aufgrund der Initiative von Ludwig Preller gegründet wurde.
Durch wissenschaftliche Untersuchungen und Publikationen, durch die Herausgabe der Zeitschrift „Sozialer Fortschritt" (die seit 1952 als Nachfolgeorgan der „Sozialen Praxis" erscheint) und durch die Durchführung öffentlicher Aussprachen über Gegenwartsfragen der →*Sozialpolitik,* die sich in der ständigen Zusammenarbeit der *Sozialpartner* zeigt, und vor allem durch die Stellungnahmen der wissenschaftlichen Ausschüsse der Gesellschaft zu aktuellen Problemen der →*Sozialpolitik* wurden in der Vergangenheit und werden auch noch heute wichtige Grundlagen für *sozialpolitische* (→Sozialpolitik) Entscheidungen im parlamentarischen wie im außerparlamentarischen Bereich geschaffen.

b) Aktionskreis: Neben den →*Arbeitgebern* und →*Gewerkschaften* wurden auch Einzelmitglieder, d.h. sozialpolitisch interessierte Persönlichkeiten des öffentlichen, des wissenschaftlichen und des kirchlichen Lebens sowie Einzelunternehmungen, Einzelgewerkschaften, →*Verbände,* Organe und die Arbeits- und Sozialministerien der Bundesländer der BRD als Mitglieder aufgenommen.
Das Bundesministerium für Arbeit und Sozialordnung leistet einen Zuschuß zur Finanzierung.

4. Andere Reformgremien

Nach dem Zweiten Weltkrieg wurden außer von der Gesellschaft für Sozialen Fortschritt auch von Einzelpersonen und →Gruppen verschiedene Reformpläne entwickelt.
a) 1952 veröffentlichte GERHARD MACKENROTH seinen Plan: „*Die Reform der Sozialpolitik durch einen deutschen Sozialplan*" mit dem Ziel, die Finanzierung der →Sozialleistungen zu reformieren. Dieser Gedanke ist in der Rentenreform von 1957 durch Einführung des Umlageverfahrens in der gesetzlichen →Rentenversicherung verwirklicht worden.
b) Im Jahre 1955 wurde von den der CDU nahestehenden Sozialpolitikern HANS ACHINGER, JOSEPH HÖFFNER, HANS MUTHESIUS und LUDWIG NEUNDÖRFER die sog. *Rothenfelser Denkschrift* mit dem Titel „*Neuordnung der sozialen Leistungen*" konzipiert. Darin wird ein auf dem christlich-sozialen →Leitbild fußendes freiheitliches System der →sozialen Sicherheit mit den Prinzipien Selbsthilfe und →Solidarität vorgeschlagen, das den →Versorgungsstaat ablehnt.
c) 1957 veröffentlichten die der SPD nahestehenden Sozialpolitiker WALTHER AUERBACH und LUDWIG PRELLER den „*Sozialplan für Deutschland*", in dem auf der Grundlage des *freiheitlichen* Sozialismus ein Sozialleistungs*system* (→Sozialleistungen) vorgeschlagen wird, das vorwiegend aus öffentlichen Mitteln finanziert werden soll.
d) Schon 1955 stellte WILFRID SCHREIBER in seinem Reformplan „*Existenzsicherheit in der industriellen Gesellschaft*" den Gedanken des *Solidarvertrages der Generationen* heraus, der 1957 mit der Rentenreform zum Teil in das gegenwärtige *Rentenversicherungsgesetz* eingegangen ist.

5. Die dritte Konzeption der Sozialenquête-Kommission

Unter den *vier* verschiedenen Konzeptionen der →Sozialenquête soll hier nur die *dritte Konzeption* hervorgehoben werden, da sie für weitere Reformvorschläge relevant sein dürfte.

6. Aufgaben einer zukünftigen Sozialreform

a) Als sozialreformerische Aufgaben der Zukunft können die Reform der Wirtschafts- und *Sozialverfassung*, die breite Eigentums*streuung* (→Eigentum), die Integration von →Gruppen und →Verbänden in die →Gesellschaft, der Wandel der *Gesellschaftsstruktur*, der veränderte Altersaufbau (→Alter) der →Bevölkerung, das veränderte Arbeitskräftepotential, das Problem städtischer und ländlicher Daseinsformen, das Wohnungswesen, die Stellung des Menschen im →Betrieb, die Doppelfunktion der Frau in Beruf und →Familie, die innere und äußere Sicherung der →Familie, der Ausbau des Bildungswesens (→Bildung) und Aufgaben der *rechtlichen und politischen Ordnung* (Strafrechtsreform, Wahlrechtsreform) angesehen werden.
b) Bei allen Reformplänen ist jedoch zu bedenken, wie einzelne Vorschläge mit der bestehenden Gesellschaftsordnung harmonieren, und welche Auswirkungen sich aus internationaler Sicht ergeben (vgl. Sozialpolitik, internationale).

Vgl. Joseph Höffner, „Sozialreform", in: Staatslexikon, Bd. VII, a.a.O., Sp. 387ff.; Viola Gräfin von Bethusy-Huc, Das Sozialleistungssystem, a.a.O., S. 63ff; Erik Boettcher, Sozialpolitik und Sozialreform, a.a.O.; Ludwig Neundörfer, Die Sozialreform, Freiburg 1957. Als weiterführende Literatur vgl. Achinger-Höffner-Muthesius-Neundörfer, Neuordnung der sozialen Leistungen, a. a. O.; Gerhard Mackenroth, Die Reform der Sozialpolitik durch einen deutschen Sozialplan, Schriften des Vereins für Sozialpolitik, Bd. IV, N. F., Berlin 1952; Sozialdemokratische Partei Deutschlands (Hrsg.), Sozialplan für Deutschland, Berlin–Hannover 1957; Wilfrid Schreiber, Existenzsicherheit, a. a. O., und Gerhard Kleinhenz, Die Ausrichtung der Sozialpolitik auf das Arbeits- und Wirtschaftsleben als ein Problem einer Sozialreform, in: Zeitschrift für Sozialreform, 17. Jg., Juni 1971, Heft 6, S. 321ff.

Sozialrente →Rentenversicherung der Arbeiter und Angestellten, gesetzliche.

Sozial Schwache →Sozialhilfe, gesetzliche, →Lebenslagen.

Sozialstaat →Sozialer Rechtsstaat, →Wohlfahrtsstaat, →Versorgungsstaat.

Sozialstatistik →Sozialbudget.

Sozialstruktur (vgl. auch Soziale Rolle, Soziale Schicht, -ung und Mobilität).

1. Begriff

a) Als Sozialstruktur (SStr.) läßt sich das relativ stabile und nur langsam veränderbare Ordnungsgefüge eines Gesellschaftssystems (→Gesellschaft) verstehen, das in der Zeit zu begreifen ist, also statischen Charakter hat.

b) Bei einer Analyse der SStr. kommt es vor allem darauf an, das Gefüge der Rollennormen aufzudecken, nach denen die einzelnen Personen, →Gruppen oder die Gesamtheit handeln, wobei die Frage nach den vorherrschenden Werten, aus denen sich die sozialen Differenzierungen ergeben, eine besondere Rolle spielt.

c) Durch das Ringen der →Gruppen und Mächte um Gleichgewicht, Herrschaft und Vorherrschaft wird die permanente Erneuerung der SStr. erreicht. Mit diesem sozialen Prozeß wird zugleich der statische Charakter überwunden.

2. Sozialpolitische Bedeutung

Vom sozialpolitischen (→Sozialpolitik) Aspekt aus ist die Kenntnis der SStr. notwendige Voraussetzung für die Wirkungsweise von sozialpolitischen (→Sozialpolitik) Maßnahmen. Dazu gehört das Wissen um die Hauptstrukturmerkmale der modernen →Gesellschaft, wie wachsende sachbedingte Differenzierung bei rangmäßiger Nivellierung, Trennung in Funktionäre und Verwalter (MAX WEBER), →soziale Schichtung, geographische und soziale →Mobilität sowie weiteres Anwachsen der Superstrukturen (HELMUT SCHELSKY).

Vgl. u.a. E. Bodzenta, „Sozialstruktur", in: Katholisches Soziallexikon, a.a.O., S. 1090ff., und Erich Reigrotzki, „Sozialstruktur", in: HdSW, Bd. IX, a.a.O., S. 578ff.

Sozialtarif →Familienpolitik.

Sozialtheorie.

1. Begriff

Eine Sozialtheorie, die es bis heute noch nicht gibt, müßte Elemente der →Soziologie, der Sozialpsychologie, des →Sozialrechts, der Politischen Wissenschaft und anderer Wissensgebiete in sich vereinigen, die in einer einheitlichen Lehre verbunden sein müßten, einem normativen Regelkanon vergleichbar[1].

2. Erste Ansätze

Die soziale Ordnungspolitik ist eine solche Kompromißlösung; denn sie enthält alle auf -Politik endenden Disziplinen der Wirtschafts- und Sozialwissenschaften und sogar noch andere Gebiete, wie z.B. →Gesundheitspolitik und →Bildungspolitik, die in anderen Disziplinen

[1] Vgl. Philipp Herder-Dorneich in seinen Schriften.

beheimatet sind (Medizin und Pädagogik). Damit besitzt sie Ansätze, um den Ansprüchen gerecht werden zu können, die das Sozialgebilde Mensch an sie, also an die sozialen Einrichtungen, stellt.

Sozialtransfer →Einkommensumschichtung, -umverteilung.

Sozialverantwortung →Solidarität.

Sozialvermögen →Volksvermögen.

Sozialversicherung (vgl. auch Einrichtungen der sozialen Sicherung).

1. Begriff

a) In der Sozialversicherung (SV.) ist das →Versicherungsprinzip (Selbsthilfe) mit dem *Prinzip des* →Zwangs verbunden mit dem Ziel, die →Vorsorge zugunsten wirtschaftlich Schwacher durch das Prinzip des →sozialen Ausgleichs sicherzustellen.
b) →Versorgungsstaatliche →Einrichtungen der sozialen Sicherung gehören demgegenüber nicht zum Begriff der SV., auch wenn sie z. B. in England und Schweden als →Volksversicherung bezeichnet werden.

2. Entwicklung

Unter SV. im klassischen Sinne werden die von den *Kathedersozialisten* (vgl. Verein für Socialpolitik) konzipierten und mit der *Kaiserlichen Botschaft* 1881 verkündeten →Zwangsversicherungseinrichtungen für →Arbeiter verstanden. 1883 trat die →Krankenversicherung der Arbeiter in Kraft, 1884 die →Unfallversicherung für Arbeiter, die Berufsunfälle erleiden, und 1889 die Arbeiterrentenversicherung zur Sicherung von *Invalidität* und →Alter. Die Kranken-, Unfall- und Arbeiterrentenversicherung (→Kranken-, Renten-, →Unfallversicherung) wurde 1911 in der *Reichsversicherungsordnung* kodifiziert. Im gleichen Jahre wurde die *Angestelltenversicherung* gegründet; 1923 kam die *Knappschaftliche Rentenversicherung* hinzu und 1927 die *Arbeitslosenversicherung.*
Zur Zeit der Gründung war die gesetzliche →Rentenversicherung nur für gewisse einkommensschwache (→Einkommen) Schichten bestimmt. Dem lag der Gedanke der staatlichen →Fürsorge und →Einkommensumverteilung zu Lasten der Reichen zugrunde. Bei der gesetzlichen →Krankenversicherung wurde dagegen der Selbsthilfegedanke (→Selbsthilfe) von vornherein stärker betont.
Die Versicherten wurden neben den →Arbeitgebern an der Finanzierung dieser →Zwangsversicherungen (Ausnahme: →Unfallversicherung)

beteiligt. In der →Krankenversicherung zahlten sie $^{2}/_{3}$, in der →Rentenversicherung (wegen des Staatszuschusses) nur $^{1}/_{3}$ der Beiträge. Heute tragen →Arbeitgeber und →Arbeitnehmer in der gesetzlichen →Krankenversicherung (seit 1949) und in der gesetzlichen →Rentenversicherung (seit den dreißiger Jahren) die Hälfte des Beitrages, soweit nicht der Bundeszuschuß herangezogen wird. In der Arbeitslosenversicherung wird der Beitrag seit der Gründung von →Arbeitgebern, →Arbeitnehmern und Staat zu gleichen Teilen aufgebracht. Die →Unfallversicherung wird von den →Arbeitgebern seit eh und je allein finanziert.
Die Pflichtversicherungseinrichtungen zugunsten einkommensschwacher (→Einkommen) Bevölkerungskreise haben sich also im Laufe der Zeit zu einer →Zwangsversicherungseinrichtung entwickelt, in der fast alle abhängig Beschäftigten versichert sind.
Die →Selbständigen werden entweder durch ähnliche →Zwangsversicherungen auf berufsständischer Basis gesichert oder durch Aufnahme in die gesetzlichen →Versicherungseinrichtungen, wie z. B. in die gesetzliche →Rentenversicherung der →Arbeitnehmer (vgl. zweite Rentenreform, in der die Öffnung der →Rentenversicherung für →Selbständige gefordert wird).
Einzelheiten über *Funktionen, Prinzipien, Organisation, Verwaltung, Finanzierung, Leistungen, Umfang* und *Rechtsstreitigkeiten* werden im Artikel →Einrichtungen der sozialen Sicherung und in den entsprechenden Einzeldarstellungen der verschiedenen SV.-Arten näher ausgeführt. Nachfolgende Tabelle soll außerdem einen *synoptischen Überblick* über die vier verschiedenen SV.-Arten geben.

Vgl. Literatur in den Anmerkungen zu „Einrichtungen der sozialen Sicherung" und zu „Sozialpolitik". Vgl. außerdem Kurt Jahn, Allgemeine Sozialversicherungslehre, Stuttgart 1965; Maunz-Schraft, Die sozialpolitische Gesetzgebung der Bundesrepublik auf dem Gebiet der Sozialversicherung, 1950–1960, Berlin 1961; Horst Peters, Die Geschichte der Sozialversicherung, a.a.O.; Georg Wannagat, Lehrbuch des Sozialversicherungsrechts, Bd. I, Tübingen 1965, und Walter Weddigen, „Sozialversicherung (I)", in: HdSW, Bd. IX, a.a.O., S. 594ff.

Sozialwahlen →Selbstverwaltung, →Einrichtungen der sozialen Sicherung.

Sozialwohnung →Sozialer Wohnungsbau und Wohngeld, gesetzliches.

Soziologie.

1. Begriff

Die Soziologie (So.) ist die *Grundwissenschaft* der *Sozialwissenschaften.* Sie ist nicht auf eine bestimmte Personengruppe gerichtet, sie erforscht vielmehr im negativen oder positiven Sinne die zwischen Menschen be-

Die gegenwärtig in der BRD bestehenden Einrichtungen der Sozialversicherung, *Stand:* *15. 12. 1971*

Versicherungsart	*Krankenversicherung*	*Rentenversicherung*	*Arbeitslosenversicherung*	*Unfallversicherung*
Prinzipien	Versicherungsprinzip Selbsthilfe Solidarität Äquivalenzprinzip + Sozialer Ausgleich	Dito + schwächere Wirkung des Sozialen Ausgleichs	Versicherungsprinzip Selbsthilfe	Versicherungsprinzip; Entschädigungsprinzip für Kinder, Schüler und Studenten
Organisation + Träger	Dezentralistisch 1789 gesetzliche Krankenkassen (1. 11. 71) gegliedert nach Berufsstand oder Regionalprinzip	22 Träger Arbeiter-RV mit 18 Landesversicherungsanstalten Bundesversicherungsanstalt für Angestellte Bundesknappschaft Bundesbahn-Versicherungs- anstalt Seekasse	Zentralistisch, Bundesanstalt für Arbeit mit Landesarbeitsämtern	56 gewerbliche Berufs- genossenschaften 19 landwirtschaftliche Berufsgenossenschaften 12 Gemeindeunfall- versicherungsverbände 6 Feuerwehrunfall- versicherungskassen Seeberufsgenossenschaft Bundesanstalt für Arbeit Träger der Ausbildungs- stätten
Verwaltung	Selbstverwaltung, paritätische Besetzung, beschließt Beitragssätze	Selbstverwaltung, wie in der Kranken- versicherung, jedoch wichtige Entscheidungen qua Gesetz	Selbstverwaltung, drittelparitätische Besetzung: Arbeitgeber + Arbeitnehmer + Staat	Selbstverwaltung, paritätische Besetzung

Versicherte	Versicherungspflicht für alle Arbeiter; ebenfalls für alle Angestellten bis zu einer Versicherungspflichtgrenze von z. Zt. 1425 DM * Freiwillig Weiterversicherte	Versicherungspflicht für alle Arbeiter und Angestellten	Wie in der Rentensicherung + in der Berufsausbildung + im zivilen Ersatzdienst tätige Personen	Unternehmer für die abhängigen Arbeitnehmer + mithelfende Familienangehörige + besondere Gruppe Selbständiger + für das Gemeinwohl tätige Personen + Kinder, Schüler und Studenten
Finanzierung	Arbeitgeber + Arbeitnehmer je zur Hälfte kein Bundeszuschuß (Ausgenommen AOK Berlin).	wie in der Krankenversicherung + Bundeszuschuß	wie in der Krankenversicherung	Arbeitgeber im Umlageverfahren Träger für Kinder, Schüler und Studenten
Funktionen (Risikenausgleich)	Heilungskostenaufwand (jedoch keine Pflegefälle) Einkommensausfall	Erwerbsunfähigkeit Berufsunfähigkeit Alter Tod Hinterbliebenenversorgung	Vorausschauende Arbeitsmarkt- und Beschäftigungspolitik Einkommensausfall Arbeitsvermittlung Berufsberatung	Heilungskostenaufwand Einkommensausfall Berufliche Rehabilitation Unfallverhütung Umschulung
Leistungsarten	Sachleistungen (Arztkosten, Krankenhauskosten Medikamentenkosten Mutterschaftshilfe) Barleistungen (Krankengeld Mutterschaftsgeld) Sterbegeld	Altersruhegeld Witwen- und Waisenrenten Rehabilitationsleistungen	Berufsausbildungs- und Arbeitsförderungsmaßnahmen Arbeitslosengeld, -hilfe Arbeitsvermittlung Berufsberatung	Unfallverhütungsmaßnahmen Heilbehandlung + Pflege (durch gesetzliche Krankenversicherung; ab 18. Tag durch die UV) Verletzten- bzw. Pflegegeld Verletztenrente + Zulagen Sterbegeld Witwen- und Waisenrenten Ausbildungs- und Umschulungsmaßnahmen

*Ab 1. 1. 72: 1575 DM (Die Versicherungspflichtgrenze beträgt 75% der Beitragsbemessungsgrenze der gesetzlichen Rentenversicherung.)

stehenden *sozialen Aktionen,* die in *sozialen Systemen* organisiert und auf *soziale Systeme* hin orientiert sind. Deshalb ist die So. nach Meinung mancher Autoren die *Wissenschaft von sozialen Systemen* (→Gruppen, Institutionen, →Gesellschaften), deshalb auch Gesellschaftslehre (→Gesellschaft, -sordnung, -spolitik) genannt.
Dabei ist es das Ziel dieser Gesellschaftslehre (→Gesellschaft), die Einwirkungen zu erfassen, die von einem Menschen auf einen anderen sowie von einer Menschengruppe auf den einzelnen oder auf eine andere Gruppe ausgehen. Das Zwischenmenschliche oder Soziale (LEOPOLD V. WIESE), die *Lehre vom Zusammenhang,* vom *Zusammenleben* und *Zusammenwirken der Menschen* bildet das Wesen der Gesellschafts-Wissenschaft (→Gesellschaft, -sordnung, -spolitik).

2. *Voraussetzungen*

Diese Wissenschaft setzt also die Einsicht in unabhängig vom Individuum existierende, vom *Sozialsystem* vermittelte *Normen* voraus, die das *zwischenmenschliche Verhandeln* bestimmen oder ermöglichen und den Menschen in seiner Eigenschaft als Gruppenmitglieder (→Gruppe) entscheidend formen und prägen.
Folglich befaßt sich die So. nicht so sehr mit Wechselbeziehungen von Individuen, auch nicht mit sozialen Prozessen (→sozialer Prozeß), sondern mit der Erfassung von *sozial relevanten Normenkonstellationen.*

3. *Sozialpolitische Bedeutung*

Übertragen auf die →Sozialpolitik, besagt diese Gesellschafts-Wissenschaft (→Gesellschaft), daß der Sozialpolitiker bei der Konzeption oder Reformierung sozialer Systeme die menschlichen Beziehungen, z.B. für die gesetzliche →Krankenversicherung das sog. Arzt-Patient-Verhältnis oder die Einstellung des Versicherten zu einer *anonymen Versichertengemeinschaft,* kennen sollte, um ein optimal funktionierendes System schaffen und insbesondere ein Fehlverhalten der Mitglieder des Systems ausschalten zu können.

Vgl. u.a. René König, Soziologie, a.a.O., passim, sowie W. Siebel, „Soziologie", in: Katholisches Soziallexikon, a.a.O., S. 1114ff. und Leopold v. Wiese, „Soziologie", in: HdSW, Bd. IX, a.a.O., S. 626ff.; ferner Bülow-Langen, Wörterbuch der Wirtschaft, 5. Aufl., Stuttgart 1967, S. 498.

Sparen (vgl. auch Vermögen, -spolitik).

1. *Begriff*

Unter Sparen (Sp.) versteht man makroökonomisch den Unterschied zwischen →Sozialprodukt und laufendem Verbrauch einer Periode. Es entspricht also dem Sachwertzuwachs oder einer Investition der gesamten Volkswirtschaft. Vom Standpunkt der Einzelwirtschaft aus kann man Sp. als Vermögens*zuwachs* (→Vermögen) bezeichnen, der aus der Differenz zwischen →Einkommen und Konsum entsteht. Ferner ließe sich noch zwischen Unternehmen und Nichtunternehmen unterscheiden: Im Bereich der Unternehmungen wird der Zusammenhang zwischen Sachvermögensbildung und Sp. nicht so deutlich wie im Bereich der Nichtunternehmungen, in dem Sp. in Form des Geld-Sp. vollzogen wird.

Der Sp.-Tätigkeit im Bereich der Nichtunternehmungen kommt besondere Bedeutung im Hinblick auf die Vermögensbildung (→Vermögen) zu.

2. Die verschiedenen Formen des Sparens

Man unterscheidet das *Beteiligungssparen* (BSp.) und das *Geldsparen* (GSp.).

a) Unter BSp. wird das Sp. durch *Erwerb von Anteilen* an einem Unternehmen (OHG-, KG-, AG- oder GmbH-Anteile) auch durch Fondsbeteiligung verstanden. Das Sp. in Aktien ist 1966 durch den STÜTZEL-ENGELS-*Plan* als Vermögensbildungsplan wieder aktuell geworden. WOLFGANG STÜTZEL und WOLFRAM ENGELS haben sich dafür ausgesprochen, die *Körperschaft-* und die *Kapitalertragsteuer abzuschaffen* mit dem Ziel, den kleinen Aktionär wesentlich stärker am Gewinn einer Unternehmung durch Aktienbesitz zu beteiligen und diesen Gewinn durch eine niedrigere →Einkommensteuer nur mäßig zu besteuern. Das würde ein Ansteigen der Aktienrendite zur Folge haben und dadurch die Aktien als Mittel der Vermögensbildung populärer machen als bisher (steuerbegünstigtes Sparen).

In diesem Zusammenhang sind auch die *Reprivatisierungsaktionen* der PREUSSAG von 1959 zu erwähnen, wodurch Aktien zu verbilligten Bedingungen erworben werden konnten, ferner die 1961 ausgegebenen Aktien des VOLKSWAGENWERKES, die je nach Einkommenshöhe (→Einkommen) mit einem Sozialrabatt von 10–20% des Emissionskurses gekauft werden konnten. Die 1965 aufgrund der *Reprivatisierung eines Teils des Bundesvermögens* zu günstigem Kurs ausgegebenen Aktien der VEREINIGTEN ELEKTRIZITÄTS- UND BERGWERKS AG (VEBA) gehörten ebenfalls zu den vermögenspolitischen (→Vermögenspolitik) Maßnahmen, die das Aktien-Sp. fördern sollten.

b) Das GSp., Sp. in Geldtiteln besteht aus *Geldanlagen* auf Konten und Sparbüchern, aus Sp. durch Gewährung von Darlehen, durch Erwerb von Pfandbriefen, Hypotheken und Obligationen.

c) Viele Sp.-Pläne sind eine *Mischung* aus BSp. und GSp., wie das Sp.

nach dem *Wohnungsbau-Prämiengesetz von 1952;* nach dem *Spar-Prämiengesetz von 1959* und nach dem *3. Vermögensbildungsgesetz von 1970* (vgl. auch Prämiensparen und Vermögensbildung).

3. Volkswirtschaftliche Auswirkungen

a) Betrachtet man die verschiedenen Formen der Sparförderung unter volkswirtschaftlichem Aspekt, so besteht die Gefahr, daß eine starke Sparförderung die Konjunkturzyklen noch verschärft. Andererseits ist ihr Einfluß auf die ohnehin schwer zu beeinflussenden Größen →Volkseinkommen, Investition und *Beschäftigung* schwierig zu erforschen, weil sie infolge ihrer mangelnden Elastizität nur mit einem *time-lag* antizyklisch wirken kann.
b) Positive Wirkungen stellen sich nur in bezug auf das langfristige Wachstum der *Volkswirtschaft* ein.

Vgl. u.a. Heinz Haller, „Sparen", in: HdSW, Bd. IX, a.a.O., S. 661ff.; Hans Peters, „Sparen", in: Staatslexikon, Bd. VII, a.a.O., Sp. 485ff. und Ferdi Wolf, Die Problematik des Beteiligungssparens, in: Berichte des Deutschen Industrieinstituts zur Sozialpolitik, Jg. 3, 1969, Heft 10.

Sparprämiengesetz →Prämiensparen und Vermögen, -spolitik

Subsidiaritätsprinzip (vgl. auch Einrichtungen der sozialen Sicherung).

1. Begriff

Unter Subsidiaritätsprinzip (SPr.) wird die Tatsache verstanden, daß die gesellschaftlichen (→Gesellschaft) Zuständigkeiten nach dem Grundsatz der größtmöglichen Freiheit unter Rücksicht auf das →Gemeinwohl zu verteilen sind, das heißt, daß in einer →Gesellschaft jedes Individuum und jede Solidargemeinschaft in allen →Lebenslagen zunächst die Pflicht haben, sich selbst zu helfen.
Diese Forderung ergibt sich aus der Würde und *Selbstverantwortung* des Menschen. Was der einzelne aus eigener Initiative leisten kann, darf ihm nicht von einer übergeordneten Institution abgenommen werden. Erst wenn die Bemühungen zur *Selbsthilfe* beim einzelnen versagen, soll die nächsthöhere übergeordnete *Gemeinschaft* (→Familie, Solidargemeinschaft, Staat) helfend (subsidiär) eingreifen.

2. Durchführung

Dabei fragt es sich jedoch, wo die Grenze zu ziehen ist, woran also die Kräfte des einzelnen bemessen werden sollen: am Schwächsten, am Durchschnitt oder am Stärksten.
Der →sozialen Gerechtigkeit folgend, bietet sich als Maßstab der

Durchschnittsbürger an. Werden seine Kräfte überproportional beansprucht, empfiehlt sich die Verlagerung des →Risikos auf eine Solidargemeinschaft. Dem finanziell Schwächeren sollte besonders geholfen werden, während der finanziell Stärkere genügend Raum zur *Eigenverantwortung* behalten sollte.

3. Sozialpolitischer Bezug

In bezug zu den →Einrichtungen der sozialen Sicherung besagt dieses Prinzip, daß diese Einrichtungen so lange finanziell selbständig arbeiten sollen, wie es eben möglich ist.
Der Bundeszuschuß soll nur dann als Hilfsquelle angesehen werden, wenn die Reserven der Institutionen oder der Beteiligten, also der →Arbeitnehmer und →Arbeitgeber, erschöpft sind.

Vgl. u.a. A. Beckel, „Subsidiaritätsprinzip", in: Katholisches Soziallexikon, a.a.O., S. 1202ff., und Viola Gräfin von Bethusy-Hue, Das Sozialleistungssystem, a.a.O., S. 33ff.

Süchtige →Resozialisierung.

Supranationale Sozialpolitik →Sozialpolitik, internationale.

System der sozialen Sicherung →Einrichtungen der sozialen Sicherung.

Schadensausgleich, -ersatz, sozialer →Kriegsopferversorgung, →Unfallversicherung, gesetzliche(r).

Schadensvergütung, -verhütung →Unfallversicherung, gesetzliche.

Schadensversicherung →Unfallversicherung, gesetzliche, →Entschädigungsprinzip.

Schicht, Schichtung, soziale.

1. Begriff

Diesem aus der Geologie stammenden Begriff liegt die Vorstellung zugrunde, daß es außer dem flächenhaft gedachten „Nebeneinander" noch eine quasi zweite gesellschaftliche (→Gesellschaft) Dimension, ein „Übereinander" der *sozialen* →Gruppen gibt. In diesem „sozialen Raum" gibt es dann auch einen vertikalen und einen horizontalen *sozialen Abstand* und eine vertikale und eine horizontale *soziale* →Mobilität. Jeder Standortwechsel innerhalb eines geschichteten Gesellschaftsgefüges, durch den sich die gesellschaftliche Stellung in einer Gruppe verschiebt, kann als *sozialer Abstieg* und *Aufstieg* verstanden werden. Die so geartete Schichtung der →Gesellschaft ist auch für den Sozialpolitiker (→Sozialpolitik) von Bedeutung.

2. Sozialpolitische Bedeutung

Die *soziale* Schichtung wird am Moment des →Zwangs, d.h. der Herrschaft einer über die andere →Gruppe sowie an der Existenz einer *sozialen Wertskala* besonders deutlich. Bei der Ausgestaltung der →Einrichtungen der sozialen Sicherung ist die Kenntnis dieser Zusammenhänge wichtig, etwa warum sich die Schichten gegenseitig im Verhältnis zueinander höher-, gleich- oder geringerwertig einschätzen. Solche Merkmale der *sozialen Differenzierung* können →Ausbildung, Erziehung, Konfession, →Einkommen u.a.m. sein.

Vgl. u.a. Erich Reigrotzki, „Sozialstruktur" (I), in: HdSW, Bd. IX, a.a.O., S. 578ff., Ernst Eisendrath, „Sozialstruktur" (II), in: ebd., S. 587ff., und René König, „Schichtung", in: Soziologie, a.a.O., S. 266ff.

Schlechtwettergeld →Arbeitslosigkeit.

Schlichtung →Tarifvertrag, →Streik.

Schmerzensgeld →Unfallversicherung, gesetzliche.

Schulpflicht (vgl. auch Bildung, -spolitik und Ausbildungsförderung). Die Schulpflicht (SPf.) in Deutschland geht auf das *Allgemeine Preußische Landrecht* von 1794 zurück, unabhängig davon, daß schon vorher einzelne Vorschriften in dieser Richtung erlassen worden sind (vgl. einzelne *Kirchenordnungen* zum Schulbesuch ab 1540; das *Generaledict für die Königlichen Domänen* von 1717; das *General-Landschul-Reglement* für ganz Preußen von 1763 und die *Gründung von gewerblichen Sonntagsschulen* von 1791, die 1850 mit der *Gründung von gewerblichen Fortbildungsschulen* weiterentwickelt wurden).

Die SPf. beginnt mit dem 6. Lebensjahr und dauert bis zum 18. oder 21. Lebensjahr, da ein mindestens neunjähriger Grund- und Hauptschulbesuch und anschließender Berufsschulbesuch Pflicht ist. Der Schulbesuch ist heute weitgehend kostenfrei.

Seit 1969 wird die sog. *Schüler*-→Ausbildungsförderung wenigstens teilweise vom Bund finanziert (*1. Ausbildungsförderungsgesetz* von 1969). 1970 wurden 420 Mio. DM dafür aufgewandt. 1971 wurde durch das *Bundesausbildungsförderungsgesetz* eine bundeseinheitliche *Schüler*-→Ausbildungsförderung eingeführt.

Die *Weiterbildung* ist freiwillig und kann auf verschiedenen Wegen erfolgen (vgl. Bildung, -spolitik).

Vgl. Literatur in den Anmerkungen zu „Bildung, -spolitik" und „Ausbildungsförderung".

Schwerbeschädigtengesetz →Rehabilitation.

Schwerbeschädigtenzulage →Kriegsopferversorgung, gesetzliche.

Staatsbürgerversorgung →Versorgungsstaat.

Staatshilfe →Fremdhilfe.

Sterbegeld, -vorsorge →Unfallversicherung und Lastenausgleich, gesetzliche(r).

Steuerbegünstigtes Sparen →Sparen, →Vermögen, -spolitik.

Steuerfreibeträge →Familienpolitik.

Steuerpolitik, -reform →Finanzpolitik.

Stiftung für ehemalige politische Häftlinge →Soziale Sicherung der politischen Häftlinge.

Stipendien →Ausbildungsförderung.

Strafgefangene →Resozialisierung.

Streik (vgl. auch Tarifvertrag).

1. Begriff

Als Streik wird die äußerste Form der Auseinandersetzung zwischen Arbeiterschaft (→Arbeiter) und →Arbeitgebern im Rahmen der Tarifautonomie verstanden, die nach Ablauf des →Tarifvertrages einsetzen darf.

Politische Streiks in Form des *Generalstreiks* als Kampfmittel gegen Parlament und Regierung werden nach herrschender Lehre als unerlaubtes Druckmittel angesehen.

Wilde Streiks sind Streiks, die ohne Wissen der →Gewerkschaften, ohne Urabstimmung während der Laufzeit von →Tarifverträgen entstehen, während deren die →Gewerkschaften an die Friedenspflicht gebunden sind.

2. Durchführung

Nach Ablauf des →Tarifvertrages, nach gescheiterten Verhandlungen und in manchen Tarifbereichen nach vergeblicher Schlichtung können

die →Gewerkschaften zur Durchsetzung der Forderungen ihre Mitglieder zur Verweigerung der Arbeitsleistung aufrufen.
Zur Ausrufung des Streiks bedürfen die →Gewerkschaften der Zustimmung ihrer Mitglieder des betreffenden Tarifbereichs. Das Maß der Zustimmung, das zwischen der Hälfte und zwei Dritteln der Mitgliederzahl liegt, ist in den Satzungen der *Einheitsgewerkschaft* festgelegt.
Während der Arbeitsniederlegung erhalten die Streikenden von den →Gewerkschaften Unterstützungen in unterschiedlicher Höhe. Wirksamstes Gegenmittel der →Arbeitgeber gegenüber den Streikenden ist die *Aussperrung* ganzer Belegschaften, d. h. die Massenkündigung.

3. Schlichtung

*Schlichtungs*verhandlungen dienen als Puffer zwischen dem Scheitern der Verhandlungen zwischen →Arbeitnehmern und →Arbeitgebern und sofortigem Streik.
Im sogenannten *Frankfurter Abkommen von 1963,* das das *Margarethenhofabkommen* von 1955 ablöste, wurde festgelegt, daß sich das Schlichtungsverfahren automatisch an das Scheitern der Verhandlungen anschließen muß *(Ingangsetzungsautomatik)* und daß die Tarifparteien verpflichtet sind, sich auf das Schlichtungsverfahren einzulassen *(Einlassungszwang).*
Der Gesetzgeber kann außerdem eine *Zwangsschlichtung* durchführen lassen.

4. Bedeutung

Bedeutende Streiks der Nachkriegszeit in der BRD waren der *Metallarbeiterstreik* in Schleswig-Holstein von 1955/56, der illegal war, und der Metallarbeiterstreik von 1963 in Baden-Württemberg. Im Herbst 1969 fanden erstmals in der BRD wilde Streiks statt.
Vgl. Literatur in den Anmerkungen zu „Gewerkschaften" und zu „Tarifvertrag".

Strukturpolitik →Sozialpolitik.

Strukturwandel →Sozialer Wandel.

Studentische Krankenversicherung →Krankenversicherung der Studenten.

Studienfinanzierung, -förderung →Ausbildungsvörderung.

Stücklohn →Lohnformen.

T

Tarifautonomie →Tarifvertrag.

Tariflohn →Lohn, -begriffe.

Tariflohnpolitik (vgl. auch Lohnpolitik).
Unter Tariflohnpolitik (TLP.) versteht man die Verhandlungstaktik zwischen den Tarifpartnern, die auf Lohnerhöhungen (→Lohn) ausgerichtet ist. In allen Fällen verändert sich sowohl die gesamtwirtschaftliche →Lohnsumme als auch der *betriebsindividuelle* →Lohn. Es ist jedoch schwierig festzustellen, ob und inwieweit der *effektive* →Lohn von der gewerkschaftlichen →Lohnpolitik beeinflußt wird oder ob er direkt vom Markt, von Angebot und Nachfrage der einzelnen Unternehmen, also unabhängig von der TLP. der Tarifpartner, bestimmt wird.
Vgl. Literatur in den Anmerkungen zu „Tarifvertrag" und „Lohnpolitik".

Tarifordnung →Tarifvertrag.

Tarifpartner →Tarifvertrag.

Tarifregister →Tarifvertrag.

Tarifvertrag, -sgesetz.

1. Begriff

a) Mit Hilfe von Tarifverträgen (TV.) gelingt es den Tarifpartnern, d. h. den Spitzenverbänden der →Gewerkschaften und der →Arbeitgeber, bestimmte Fragen zu regeln: Lohnsätze (→Lohn), Arbeitszeit, Mindesturlaub (→Urlaub) und seit neuestem auch die Neuverteilung des Vermögenszuwachses (→Vermögen, -spolitik). Der erste TV. wurde bereits 1873 für die Buchdrucker abgeschlossen, während die gesetzliche Anerkennung erst 1918 erfolgte (Tarifordnung).
b) Wenn in einzelnen Branchen oder auch in ganzen Wirtschaftszweigen tariffähige Verbände fehlen oder nur eine Minderheit auf beiden Sei-

ten erfaßt wird, eine Allgemeinverbindlichkeit des TV. also nicht gegeben ist, hat der →Arbeitgeber die Mindestvoraussetzungen hinsichtlich →Lohn und Arbeitszeit zu erfüllen, die seit 1952 durch das *Gesetz über die Festsetzung von Mindestarbeitsbedingungen* geregelt sind.
c) Mit Hilfe des TV. gelingt es, den *Arbeitsfrieden* für eine bestimmte Vertragszeit zu sichern und den →Arbeitsmarkt bei unsteter wirtschaftlicher Entwicklung (→Fluktuation) zu stabilisieren. Der Vertragsinhalt dieser Vereinbarungen geht dem des individuellen Vertrages vor, die Ordnung (Tarifordnung), die mit Hilfe des TV. und der *Tarifgemeinschaft* geschaffen und kontrolliert wird, erübrigt Ordnungsfunktionen des Gesetzgebers und der öffentlichen Verwaltung (Tarifautonomie).
d) Zwar pflegt der einzelne →Arbeitnehmer dem einzelnen →Arbeitgeber unterlegen zu sein; die Glaubwürdigkeit des TV. beruht aber auf der von der →Gewerkschaft repräsentierten Gesamtheit der →Arbeiter eines →Betriebes oder Gewerbes gegenüber dem einzelnen →Arbeitgeber oder →Arbeitgeberverband. Beide Seiten sind daher auf längere Sicht aufeinander angewiesen.

2. *Formen*

a) Man unterscheidet *Rahmen-* oder *Mantel-TV.*, die sich auf die Regelung der allgemeinen Arbeitsbedingungen beziehen, und *Einzel*-TV., die die Rahmenbestimmungen ergänzen sollen. Der rechtlichen Verbindlichkeit von TV. entsprechen weitgehend auch die Betriebsvereinbarungen auf betrieblicher Ebene.
b) Der Bundesarbeitsminister hat im Einvernehmen mit dem bei ihm errichteten paritätischen *Tarifausschuß* aufgrund des Antrages einer TV.-Partei nach Anhörung der Beteiligten das Recht, die *normativen Bestimmungen* eines TV. auch den Außenseitern der →Verbände aufzuerlegen *(Allgemeinverbindlichkeitserklärung)*, wenn der TV. bereits überwiegende Bedeutung für ein bestimmtes Gewerbe oder für bestimmte Berufe in einem bestimmten Gebiet hat und die gesetzliche Übertragung auf die Minderheit der →Betriebe im öffentlichen Interesse geboten ist oder zur Behebung eines sozialen Notstandes erforderlich erscheint. Über die Allgemeinverbindlichkeitserklärungen, die selten vorkommen, wird beim Bundesarbeitsminister ein Tarifregister geführt.

3. *Tarifvertragsgesetz*

a) In dem 1949 erlassenen *Tarifvertragsgesetz* wurde festgelegt, daß auch die Spitzenverbände der Tarifpartner, z.B. der *Deutsche Gewerkschaftsbund* und die *Bundesvereinigung der Deutschen Arbeitgeberver-*

bände, TV. abschließen können, sofern ihre Satzungen dies ausdrücklich vorsehen.
b) Hiermit hat der Gesetzgeber den Weg für eine berufsständische Ordnung aller mit dem Arbeitsverhältnis zusammenhängenden Sachgebiete ebnen wollen, die in den Einzelgesetzen nicht geordnet waren. Jedoch zeigte sich in der Praxis, daß die Branchen-TV. überwiegen.

4. Zusammenfassung

Der TV. hat sich in der Vergangenheit als ein brauchbares Mittel zur Sicherung des Tariffriedens und zur Sicherstellung einer angemessenen Beteiligung der →Arbeitnehmer am *Bruttosozialprodukt*zuwachs erwiesen. Die Gegenstände, die durch den TV. geregelt werden, haben sich dabei im Laufe der Zeit und besonders stark in der jüngsten Vergangenheit erweitert (z. B. sind auch vermögenswirksame Leistungen Gegenstand von TV. geworden; →tarifvertragliche Vermögensbildung).
Aus diesem Grunde scheint die Frage angebracht, ob nicht eine Grenze erreicht ist, jenseits deren die Vereinbarung von Lohnerhöhung (→Lohn) und *Arbeitszeitverkürzungen* auf lange Sicht, z. B. auf 4 Jahre, gegen das volkswirtschaftlich sinnvolle Maß verstoßen könnte.

Vgl. Alfred Hueck, Hans Carl Nipperdey, Grundriß des Arbeitsrechts, 5. Aufl., a.a.O., S. 199ff.; Karl Scheuermann, Arbeitsrecht, a.a.O., S. 102ff.; Fritz Becher, „Tarifvertrag", in: Staatslexikon, Bd. VII, a.a.O., Sp. 917ff.; Kurt Biedenkopf, „Tarifvertrag", in: ebd., Bd. XI, a.a.O., Sp. 464ff.; Carl Nipperdey, „Tarifvertrag", in: HdSW, Bd. X, Stuttgart – Tübingen – Göttingen 1959, S. 286ff.; Hans Reichel und Otfried Wlotzke, Tarifvertragswesen und Tarifrecht, Sozialpolitik in Deutschland, Heft 19, Stuttgart 1961, und Hansjörg Weitbrecht, Effektivität und Legitimität der Tarifautonomie, Volkswirtschaftliche Schriften, Heft 133, Berlin 1969.

Tarifvertragliche Vermögensbildung (vgl. auch Vermögen, -spolitik).

1. Begriff

Unter tarifvertraglicher Vermögensbildung (TVb.) versteht man die Möglichkeit, aufgrund eines →Tarifvertrages vermögenswirksame Leistungen des →Arbeitgebers an den →Arbeitnehmer zu vereinbaren.

2. Verschiedene Formen

Die bekannteste Form der TVb. war früher der →Investivlohn. Heute sind dagegen die vermögenswirksamen Leistungen, die in einzelnen Branchen der →Arbeitgeber dem →Arbeitnehmer im Rahmen des 3. Vermögensbildungsgesetzes zahlt, von Bedeutung.
So erhalten die →Arbeitnehmer z. B. des Baugewerbes seit 1966 und der

Metallindustrie seit 1970 26 DM/Monat als vermögenswirksame Leistung des →Arbeitgebers. Ähnliche Leistungen werden in der Eisen- und Stahlindustrie und in einzelnen Bundesländern auch in der chemischen, der Papier- und Keramikindustrie gezahlt. Hierhin gehören auch die vermögenswirksamen Leistungen von monatlich 13 DM, die die →Beamten und →Angestellten im *öffentlichen Dienst* erhalten*. Diese vermögenswirksamen Leistungen des →Arbeitgebers sollen als Anreiz dienen, um von den Möglichkeiten des 624 DM-Gesetzes Gebrauch zu machen.

3. Umfang

1971 beliefen sich die vermögenswirksamen Leistungen der →Arbeitgeber auf 3,4 Mrd. DM zugunsten von 11,8 Mio. →Arbeitnehmern.

4. Kritik

Während die →Arbeitgeber die TVb., die immer häufiger praktiziert wird, als besonders wirksames Mittel der →Vermögenspolitik ansehen, betrachten die →Gewerkschaften sie nur als eine mögliche Form

Vgl. Literatur in den Anmerkungen zu „*Investivlohn*", und Hans-Günter Guski, Die tarifliche Vermögensbildung in der BRD, Bilanz und Perspektiven, in: Berichte des Deutschen Industrieinstituts zur Sozialpolitik, Jg. 6, 1972, Nr. 1, Januar.

Technischer Fortschritt →Industrielle Revolution.

Teilhabersteuer, →Vermögen, -spolitik, →Parteiprogramme.

Teilzeitarbeit →Erwerbstätige Frauen.

Treuepflicht →Arbeitnehmer, →Arbeitsverhältnis, -vertrag, →Arbeitsrecht und Beamte(r).

* Vgl. Gesetz über vermögenswirksame Leistungen für Bundesbeamte von 1970.

U

Umlageverfahren →Rentenversicherung der Arbeiter und Angestellten.

Umschulung →Berufsbildung, →Berufsausbildung, →Arbeitslosigkeit.

Umverteilung →Einkommensumverteilung.

Unfallrente →Verletztenrente, →Unfallversicherung, gesetzliche.

Unfallschutz, -verhütung →Unfallversicherung, →Arbeitsschutz, gesetzliche(r).

Unfallversicherung, gesetzliche.

1. Funktionen

Die Unfallversicherung (UV.) wurde 1884 von BISMARCK gegründet und 1911 in der *Reichsversicherungsordnung* mit dem *Krankenversicherungs-* und dem *Rentenversicherungsgesetz* verbunden und zuletzt durch das *Unfallversicherungs-Neuregelungsgesetz* von 1963 geändert. Sie ist eine Versicherung des →Arbeitgebers zugunsten seiner →Arbeitnehmer zur Sicherung vor Schäden, die auf Verschulden des →Unternehmers beruhen; soweit ein Verschulden des →Arbeitgebers nicht besteht (z. B. bei Wegeunfällen und Berufskrankheiten, vgl. *7. Berufskrankheitenverordnung von 1968*), ist ein unmittelbarer gesetzlicher Anspruch des Geschädigten gegen die UV. gegeben.
Ab 1.4.71 gibt es außerdem aufgrund des *Unfallversicherungsgesetzes für Schüler, Studenten sowie Kinder in Kindergärten* auch eine UV. für diesen Versichertenkreis, unabhängig von der UV. des Arbeitgebers zugunsten der Arbeitnehmer.

2. Organisation

a) Träger der UV. sind 36 gewerbliche Berufsgenossenschaften, 19 landwirtschaftliche Berufsgenossenschaften, die Seeberufsgenossenschaft, 12 Gemeindeunfallversicherungsverbände und 6 Feuerwehrunfallversicherungskassen, 6 zu Versicherungsträgern (→Versicherung) erklärte Gemeinden, die Bundesanstalt für Arbeit, die 11 Bundesländer und der Bund.

Träger der neu hinzugekommenen UV. für Kinder, Schüler und Studenten sind die Gemeindeunfallversicherungsverbände und die Länder.

b) Die Träger sind Körperschaften des öffentlichen Rechts mit dem Recht der Selbstverwaltung, die jedoch der staatlichen Aufsicht unterstehen (Bundesversicherungsamt, Landesversicherungsämter).

c) Die gewerblichen Berufsgenossenschaften sind im *Hauptverband der gewerblichen Berufsgenossenschaften*, die landwirtschaftlichen Berufsgenossenschaften im *Bundesverband der landwirtschaftlichen Berufsgenossenschaften* und die Gemeindeunfallversicherungsverbände in der *Bundesarbeitsgemeinschaft der gemeindlichen Unfallversicherungsträger* organisiert.

d) Die *Bundesanstalt für Arbeitsschutz und Unfallforschung* in Dortmund ist darum bemüht, Arbeitsunfälle im Arbeitsleben zu verhüten. Zum Zwecke der Unfallverhütung erstellt die Bundesregierung in Zusammenarbeit mit der Bundesanstalt periodisch einen *Unfallverhütungsbericht* mit dem Ziel, auf die Bedeutung der Unfallverhütung hinzuweisen. Erfreulicherweise ist ein starker Rückgang von Arbeitsunfällen festzustellen.

3. Versicherungspflicht

Die UV. hat gegenwärtig 34,5 Mio. Versicherte in ca. 5 Mio. Unternehmen (1971). Die Versicherungspflicht bezieht sich auf alle Beschäftigten, die in einem Arbeits-, Dienst- oder Lehrverhältnis stehen ohne Rücksicht auf die Höhe ihres Arbeitseinkommens. Heimarbeiter, Zwischenmeister, Hausgewerbetreibende und ihre im Unternehmen tätigen Ehegatten und sonstige mitarbeitende Familienangehörige sind ebenfalls versicherungspflichtig, ferner Schausteller, Künstler, Artisten und Arbeitslose (→Arbeitslosigkeit), auch landwirtschaftliche Unternehmer und Personen, die im Interesse des Gemeinwohls tätig sind.

Ab 1.4.1971 sind nach Schätzungen rd. 9000000 Schüler und 428000 Studenten in die Versicherungspflicht miteinbezogen.

Freiwillige Versicherung ist für Unternehmer und deren mittätige Ehegatten möglich.

Versicherungsfreiheit besteht für →Beamte und andere Personen, die beamtenrechtliche Unfallfürsorge genießen, dem *Bundesversorgungsgesetz von 1950* unterliegen oder Teilhaber anderer →Versorgungseinrichtungen sind, z. B. die Mitglieder geistlicher Genossenschaften und Ärzte.

4. Finanzierung

a) Die UV. wird allein aus Beiträgen des →Arbeitgebers finanziert. Bis 1968 leistete der Bund einen Zuschuß zum Ausgleich des Defizits der Bergbaugenossenschaft, der seitdem durch einen internen Finanzausgleich der übrigen gewerblichen Berufsgenossenschaften und der Seeberufsgenossenschaft mit der Bergbauberufsgenossenschaft erreicht wird.
Die UV. der Schüler, Studenten und Kinder in Kindergärten wird aus Mitteln der Träger der Ausbildungsstätten, die auch die Sachkosten übernehmen, finanziert (Länder, Städte, Gemeinden oder freie Trägerverbände).
b) Die Beitragsermittlung richtet sich nach dem *Umlagesoll* der Berufsgenossenschaften, nach der *Lohnsumme* des →Betriebes, wobei eine Höchstgrenze pro →Arbeitnehmer festgelegt ist, abgestuft nach der *Gefahrenklasse* des →Betriebes und dem *Branchenrisiko.*
Der Beitragssatz der *gewerblichen* Berufsgenossenschaften beträgt z.Z. 1,5% der *Lohnsumme* (bis zur Höchstgrenze). Im *Bergbau* liegt der Beitragssatz dagegen bei 9,6%. In der *Landwirtschaft* richtet sich die Bemessung nach den Arbeitsbedingungen des Unternehmens, dem Einheitswert des Grundstücks oder einem anderen angemessenen Maßstab.
c) 1970 betrugen die *Einnahmen* der UV. 4,5 Mrd. DM; für 1975 wird mit 6,5 Mrd. DM gerechnet.
d) Der Gesamtaufwand für die UV. der Schüler, Studenten und Kinder wurde für 1971 auf rd. 26 Mio. DM geschätzt (einschließlich Unfallverhütung).

5. Leistungen

Zu den Leistungen der UV. zählen *Schadenverhütung, -bestimmung* und *-vergütung.*
a) Die *Schadenverhütung* wird von den →Betrieben und den Berufsgenossenschaften durchgeführt, z.B. indem sie *Sicherheitsingenieure* anstellen, um die *technische Aufsicht* zu intensivieren. Außerdem bauen sie die *medizinische Seite* der Unfallverhütung durch Verstärkung des werksärztlichen Dienstes, durch die *Ursachenforschung* bei den Versicherungsträgern (→Versicherung) und durch Öffentlichkeitsarbeit noch besonders aus.
1969 ereigneten sich 2,6 Mio. Arbeitsunfälle, die 5,1 Mrd. DM kosteten.

b) Von besonderer Bedeutung für den Versicherten sind die Leistungen der *Schadenvergütung.*

(1) Dazu gehören die Erstattung von Schäden, die durch Körperverletzung oder deren Folgen anläßlich eines *Arbeitsunfalls* entstanden sind, einschließlich der *Wegeunfälle.* Als Arbeitsunfall werden auch bestimmte *Berufskrankheiten* anerkannt. Die Leistungen zur Wiederherstellung der Erwerbsfähigkeit (→Rehabilitation) wollen eingetretene Schäden beseitigen.

(2) Zu den Leistungen der *Schadenvergütung* gehören im einzelnen: *Heilbehandlung* und *Pflege; Geldleistungen* während und nach der Heilbehandlung (Verletzten- oder Pflegegeld sowie Verletztenrente evtl. mit Zulagen bzw. Witwen- oder Waisenrente und Sterbegeld). Ferner zählt dazu die *Berufshilfe* in Form der *beruflichen Ausbildung* und *Umschulung. Schmerzensgeld* wird nicht gewährt.

(3) Wenn eine *Heilbehandlung* notwendig wird, entscheidet der Durchgangsarzt (D-Arzt), ob die UV. die Behandlung selbst durchführen will. Dann besteht *beschränkte Arztwahl.* Außerdem gibt es *Spezialkrankenhäuser* der UV.-Träger. Wenn der Geschädigte Mitglied der gesetzlichen →Krankenversicherung ist und wenn der D-Arzt die Behandlung an die →Krankenversicherung weitergibt, übernimmt diese die Heilbehandlung. In der Regel ist die UV. dann nach dem 18. Tag zur Kostenerstattung gegenüber der →Krankenversicherung verpflichtet.

(4) Der durch die Arbeitsunfähigkeit bedingte *Einkommensausfall* wird meist durch die volle *Lohnfortzahlung* des →Arbeitgebers während der ersten 6 Wochen und danach durch die Zahlung des *Krankengeldes* durch die gesetzliche →Krankenversicherung kompensiert. Wenn der Versicherte keinen Anspruch gegenüber dem →Arbeitgeber oder die Krankenkasse hat, erhält er von der UV. *Verletztengeld,* das nach den Vorschriften über das Krankengeld und auch dem regelmäßigen Arbeitsentgelt berechnet wird.

Verletztenrente wird in der Regel gewährt, wenn die Erwerbsfähigkeit um mindestens 20% über die 13. Woche hinaus nach dem Unfall gemindert ist. Sie wird nach dem Jahresarbeitsverdienst unter Zugrundelegung eines Höchstbetrages von 36000 DM berechnet. Die *Vollrente,* die bei *hundertprozentiger* Arbeitsunfähigkeit gezahlt wird, beträgt $^2/_3$ des Bruttolohnes. Bei *verminderter* Erwerbsfähigkeit richtet sich die Rente nach der Höhe der Vollrente im Verhältnis zur Minderung der Erwerbsfähigkeit. *Kinderzulagen* werden gezahlt, wenn die Erwerbsfähigkeit um mindestens 50% gemindert ist. Die Rentenzahlung kann auch durch Kapitalabfindung ersetzt werden.

Die Witwenrente beträgt zwischen 30 und 40%, die Waisenrente zwi-

schen 20 und 30% der Vollrente. Die Witwenrente kann auch durch eine *Kapitalabfindung* ersetzt werden.
(5) Die Unfallrenten und Pflegezulagen werden seit 1964 jährlich wie die Bestandsrenten der gesetzlichen →Rentenversicherung der Arbeiter und Angestellten durch Gesetz angepaßt im Verhältnis zur Veränderung der durchschnittlichen Bruttolohn- und Gehaltssumme unter Berücksichtigung der besonderen Gegebenheiten in der UV.
1969 betrug die Anpassung 3,3%; 1970 6,1%. 1971 wurden die Renten um 9,3% und 1972 werden sie voraussichtlich um 12,7% angepaßt.
(6) Die Ausgaben der UV. betrugen 1970 4,2 Mrd. DM; für 1975 sind 6,2 Mrd. DM geplant.

6. Kritik

a) Mit Einbeziehung weiterer Personenkreise, wie Kinder, Schüler und Studenten, in die UV. nimmt diese →versorgungsstaatliche Züge an, die nicht mit dem →Versicherungsprinzip vereinbar sind.
b) Mit der Erweiterung des Kataloges der Schutztatbestände auf Wegeunfälle und mit Vereinheitlichung des Leistungsrechts wird der Kausalzusammenhang zwischen →Risiko und →Versicherung durchbrochen.
c) Mit dieser Regelung soll der Unfallschutz bundeseinheitlich von der Schule bis zum →Betrieb von der lernenden bis zur beruflichen Tätigkeit erweitert werden, indem die spezielle Unternehmerhaftung in eine allgemeine *Volksversicherung* verwandelt wird.

Vgl. Übersicht über die soziale Sicherung a. a. O., S. 145ff.; Walter Lohmar und Herbert Hustadt, Die gesetzliche Unfallversicherung unter besonderer Berücksichtigung der Beziehungen zwischen Berufsgenossenschaften und Krankenkassen, Essen 1963, sowie Sozialbericht 1971, S. 127ff., Schaubild 21ff., Tabelle II–15 auf S. 263 und Willi Boller, Neuere Entwicklungstendenzen der gesetzlichen Unfallversicherung, Berichte des Deutschen Industrieinstituts zur Sozialpolitik, Jg. 5, 1971, Nr. 1, Januar.

Union der leitenden Angestellten (ULA) →Angestellte(nbewegung).

United Nations Educational, Scientific and Cultural Organization (UNESCO) →Sozialpolitik, internationale.

United Nations International Childrens Emergency Fund (UNICEF) →Sozialpolitik, internationale.

Unterhaltsgeld, -(bei)hilfen →Arbeitslosigkeit, →Lastenausgleich, gesetzlicher, →Soziale Sicherung der politischen Häftlinge.

Unterhaltssicherung, -sgesetz →Soziale Sicherung der Soldaten.

Unternehmensverfassung →Betriebsverfassung.

Unternehmer (vgl. auch Arbeitgeber und Unternehmergewinn).

1. Begriff

Unternehmer (U.) ist, wer allein oder mit anderen ein Wirtschaftsunternehmen gründet, betreibt oder leitet, wobei die Leitungsbefugnis aus Führungsqualifikation und eigenem oder von anderen zur Verfügung gestelltem Kapital hergeleitet und vom Markt – insoweit von der Öffentlichkeit – bestätigt wird.
Hingegen sind die traditionellen Aussagen der Wirtschaftstheorie über den U. von der Vorstellung geprägt, *Unternehmensleiter* und *Kapitaleigner* seien dieselbe Person. Dieser aus der Frühzeit des Kapitalismus (→Gesellschaftssysteme) bedingten Gleichsetzung liegt das einseitige und empirisch nicht belegbare Ziel der *Gewinnmaximierung* zugrunde, das eigentlich nur das Ziel des Kapitaleigners sein kann. Tatsächlich überwiegt aber bei den großen Kapitalgesellschaften der Typ des *Auftragsunternehmers* (Manager). Dagegen herrscht bei den weniger kapitalintensiven Unternehmen, insbesondere den ständig an Bedeutung gewinnenden Dienstleistungsunternehmen, der *Eigentumsunternehmer* (selbständiger Unternehmer) vor.

2. Sozial- und gesellschaftspolitische Bedeutung

Die für den industriellen Bereich charakteristische *Trennung* von *Unternehmensführung* und *Kapitalhergabe* bedingt spezifische Sachziel- und Gewinnerwartungen beider Funktionsträger. Diese Erwartungen sind mit denen der →Arbeitnehmer zu einem Zielsystem zu koordinieren; dieses muß mit den jeweilig zeitbedingten sozialen Wertvorstellungen in Einklang stehen. In dieser zentralen Aufgabe des U. zeigt sich die Hinwendung von herkömmlicher →Sozialpolitik zu moderner →Gesellschaftspolitik.
a) *Innerbetrieblich* muß der U. seine Funktion unter zwei Gesichtspunkten erfüllen:
- Er steht unter dem →Zwang schöpferischer Unternehmensführung, d.h., er muß interdisziplinär und problemorientiert denken und planen, er muß technologiebewußt forschen und investieren, er muß das Fortschrittspotential ausschöpfen.
- Er muß durch kooperativen Führungsstil Menschen zur Entfaltung bringen, d.h. Motivation und Kreativität wecken.

Die Vielfalt der innerbetrieblichen sozialen Leistungen ist immer mehr unter diesen Gesichtspunkten zu sehen, während die herkömmlichen sozialpolitischen (→Sozialpolitik) Aufgaben des Unternehmens zunehmend auf die *überbetriebliche (tarifliche)* und *staatliche Ebene* verlagert werden.

b) Die *überbetriebliche Bedeutung* des U. zeigt sich in seiner Fähigkeit, Güter und Dienste auf möglichst sparsame Weise zu erstellen und Gewinne zu erwirtschaften:

- Die Produktion von Gütern und Dienstleistungen hilft – im weitesten Sinne – Probleme der →Gesellschaft lösen.
- Die marktwirtschaftlich erzwungene Investivverwendung des →Unternehmergewinns ist die Voraussetzung für weitere Produktivitätssteigerungen und damit Lohnerhöhungen (→Lohn), welche bei investiver Verwendung Vermögensbildung der →Arbeitnehmer ermöglichen (→Vermögen, -spolitik).
- Die aus den Gewinnen zu entrichtenden Steuern finanzieren Staat und Gemeinden und ermöglichen diesen damit u.a. Maßnahmen staatlicher →Sozialpolitik, insbesondere Umverteilungspolitik.

Insofern sind neben dem Angebot an Gütern und Diensten auch die Gewinne Ausdruck der Leistungskraft eines Unternehmens und seines U.

Vgl. Literatur in den Anmerkungen zu „Unternehmerverbände".

Unternehmergewinn (vgl. auch Einkommen, -sverteilung).

1. Entstehung

Aus dem →Eigentum der sachlichen Produktionsmittel bezieht der →Unternehmer ein sogenanntes arbeitsloses →Einkommen oder Besitzeinkommen. In der Statistik wird das Unternehmereinkommen als „Einkommen aus Vermögen und Unternehmertätigkeit" ausgewiesen; es beträgt 33% vom →Volkseinkommen. Zieht man davon den Unternehmerlohn ab, den →Lohn für seine →Arbeit, den Wilhelm Krelle auf rd. 20% vom →Volkseinkommen (1968) schätzte, so verbleiben noch 13% vom →Volkseinkommen. Wenn man davon noch die *Eigenkapitalverzinsung* von durchschnittlich 6% abzieht, so entfallen auf den eigentlichen Unternehmergewinn (UG.) nur rd. 7% vom →Volkseinkommen.

2. Funktionen

Es ist das Ziel der Arbeitnehmerseite (→Arbeitnehmer), d.h. der →Gewerkschaften, den UG. möglichst klein zu halten oder ganz abzuschaffen und ihn vorwiegend den →Arbeitnehmern zukommen zu lassen. Wenn auch der UG. in einem marktwirtschaftlichen System als *Investitionsanreiz* für das wirtschaftliche Wachstum angesehen wird, so ist er jedoch nur dann sinnvoll, wenn er *beschäftigungs- und nachfrage-*

wirksam eingesetzt wird. Dabei ist die Ermittlung der angemessenen Höhe von Neuinvestitionen problematisch.

Neben der *Beschäftigungsfunktion* kommt dem UG. aber auch noch eine *volkswirtschaftliche Lenkungsfunktion* zu, d.h. dem →Unternehmer, der Gewinn erzielt, gelingt es, die Produktionsfaktoren →Boden, →Arbeit und *Kapital* an die Stelle der bestmöglichen Verwendung zu bringen.

Mit der *Allokationsfunktion* der Produktionsfaktoren eng verbunden ist die *Fortschrittsfunktion.* Durch Neuinvestitionen aus Selbstfinanzierungsmitteln wird der *technische Fortschritt* im Unternehmen verwirklicht und somit die Produktion auf den neuesten Stand gebracht.

Der UG., der in einer Marktwirtschaft nur ein *Differentialgewinn* ist, ein Gewinn, der aus der besseren Leistung am Markt resultiert, ist dann gerechtfertigt, wenn er in gemeinwohlträchtiger (→Gemeinwohl) Form verwandt wird *(Gerechtigkeitsfunktion).*

Vgl. u.a. Wilfrid Schreiber, die gesellschaftlichen Funktionen des Unternehmergewinns, Beiträge zur Gesellschaftspolitik des Bundes Katholischer Unternehmer, Nr. 2, Köln 1968, passim.

Unternehmerlohn →Einkommen, -sverteilung, →Unternehmergewinn.

Unternehmertum (vgl. auch Unternehmerverbände).

Dieser Begriff beinhaltet im soziologischen (→Soziologie) Sinne eine Institution, also ein Muster von Wertvorstellungen, →Leitbildern und Normen, das einen gewissen Verpflichtungscharakter gegenüber den →Unternehmern hat und daher deren Erwartungen, Verhalten und Selbstverständnis beeinflußt (normative Perspektive). Das Unternehmertum (Ut.) wird im wesentlichen von den gesellschaftspolitisch (→Gesellschaftspolitik) ausgerichteten →Unternehmerverbänden artikuliert und vermittelt.

Vom Ut. muß der Begriff „*Unternehmerschaft*" getrennt werden. Letztere ist eine soziale Kategorie, d.h. eine Gesamtheit von Individuen, die bestimmte Statusmerkmale, hier: die Unternehmereigenschaft, den Unternehmerstatus (→Unternehmer) gemeinsam haben[1] (demographische Perspektive).

Die *Unternehmerschaft* wird durch die Weiterentwicklung und Darstellung des Ut. normativ in die Gesamtgesellschaft (→Gesellschaft) eingegliedert. Im Vordergrund steht hierbei die gesellschaftspolitische (→Gesellschaftspolitik) Legitimation der Unternehmerfunktion.

Vgl. Literatur in den Anmerkungen zu „Unternehmerverbände".

[1] Vgl. Heinz Hartmann, zitiert bei Benno Biermann, in: Die soziale Struktur der Unternehmerschaft, Stuttgart 1971, S. 8f.

Unternehmerverbände (vgl. auch →Arbeitgeberverbände, →Verbände).

Unternehmerverbände sind durch Zusammenschlüsse von →Unternehmern gebildete Vereinigungen mit verschiedenen Zielsetzungen[1]. Neben (1) den *Berufsverbänden* zur Pflege beruflicher Interessen und Weiterbildung der Mitglieder gibt es (2) die *Fach-* und *Unternehmungsverbände* zur Förderung der Zusammenarbeit zwischen Unternehmungen eines Wirtschaftszweiges und der geschlossenen Vertretung ihrer fachlichen und wirtschaftspolitischen Ziele nach außen. Von sozial- und gesellschaftspolitisch (→Sozialpolitik, →Gesellschaftspolitik) größerer Bedeutung sind hingegen (3) die →Arbeitgeberverbände zur Wahrnehmung der Unternehmensinteressen auf der Tarifebene (vgl. Tarifverträge), ferner (4) die gesellschaftspolitisch (→Gesellschaftspolitik) ausgerichteten *Unternehmervereinigungen,* deren Mitglieder sich aus allen Fachbereichen rekrutieren und die in ihrer Eigenschaft als →Unternehmer auch außerökonomische Zielsetzungen verfolgen. Hier sind insbesondere zu nennen[2]:

- die Arbeitsgemeinschaft Selbständiger Unternehmer (ASU.), mit der Zielsetzung, den Selbständigkeitsgedanken des *Eigentumsunternehmers* (vgl. Unternehmer) in der Öffentlichkeit zu fördern,
- die Vereinigung der Unternehmerinnen, mit dem Primärziel, die berufliche Emanzipation der Frau in die Unternehmerschaft hineinzutragen,

sowie die weltanschaulich gebundenen Unternehmervereinigungen:

- Bund Katholischer Unternehmer (BKU.),
- Arbeitskreis Evangelischer Unternehmer (AEU.).

Diese haben das Ziel, aus den konfessionellen Werten eine praktikable *Unternehmerethik* als Grundlage eigener gesellschaftspolitischer (→Gesellschaftspolitik) Stellungnahmen und Initiativen zu entwickeln. Den *Unternehmervereinigungen* (4) ist das Streben gemeinsam, durch die Entwicklung und Darstellung von unternehmerspezifischen →Leitbildern und gesellschaftsbezogenen (→Gesellschaft) Verhaltensnormen die Institution →Unternehmertum auszubauen und gegenüber konkurrierenden gesellschaftlichen (→Gesellschaft) Einflüssen abzusichern.

Unterstützungsdarlehen →Soziale Sicherung der Heimkehrer.

Unterstützung, -skassen →Betriebliche Sozialpolitik, →Betriebliche Altersversorgung.

[1] Vgl. Dr. Gablers Wirtschaftslexikon, Bd. II, 6. Aufl., Wiesbaden 1965, S. 1518.
[2] Taschenbuch des öffentlichen Lebens, 1970, BRD, hrsg. von Albert Oeckl, 20. Jg., München 1970.

Uralte Last →Rentenversicherung der Arbeiter und Angestellten, gesetzliche.

Urlaub, -sgeld.

1. Entwicklung

Während →Angestellte schon seit dem Ersten Weltkrieg einen tarifvertraglich (→Tarifvertrag) festgesetzten Urlaub (U.) beanspruchen können, sind die →Arbeiter erst nach dem Zweiten Weltkrieg in den Genuß dieses Rechts gekommen.

2. Gegenwärtige Regelung

Die Urlaubsfrage ist nicht nur in zahllosen →Tarifverträgen und Betriebsvereinbarungen (→Betrieb) (→Betriebliche Sozialpolitik), sondern auch durch das *Bundesurlaubsgesetz von 1963* geregelt worden (Mindesturlaubsgesetz).
Aufgrund des *Jugendarbeitsschutzgesetzes von 1960* erhalten 14- bis 18jährige →Arbeitnehmer schon nach dreimonatiger Betriebszugehörigkeit (→Betrieb) bezahlten U.
Vielfach gibt der →Arbeitgeber dem →Arbeitnehmer zusätzlich zum →Lohn ein U.-sgeld, so daß der →Arbeitnehmer einen sogenannten bezahlten U. antreten kann.
Vgl. u.a. Ludwig Heyde, Abriß der Sozialpolitik, a.a.O., S. 134.

V

Verbänd(e) (vgl. auch Gruppen).

1. Begriff

Synonym mit dem Begriff Verband (V.) benutzt man häufig Ausdrücke wie Interessen- oder Interessentengruppe (→Gruppe), pressure group, Organisation, Lobby und andere mehr. Allen diesen Begriffen wird aber in der Regel der Begriff V. vorgezogen, weil er umfassender und wertneutraler ist.

Die Definitionen, die von den einzelnen V.-forschern gegeben werden, sind recht unterschiedlich, da die einen z. B. nur die freien V. eingeschlossen wissen wollen, andere ihre Definition auch auf die V. in totalitären Systemen ausdehnen, noch andere sogar Parteien oder Kirchen einbeziehen. So definiert ALFRED ALBRECHT die V. als „spezifische politische Gruppenbildungen innerhalb der demokratischen Staaten: organisatorische Zusammenschlüsse, die auf freier Initiative der Interessenten beruhen und die den verschiedensten ideellen und materiellen Gruppen Interesseneinfluß auf die staatlichen Entscheidungen, am Markt oder in sonstigen ökonomischen, sozialen oder kulturellen Prozessen verschaffen sollen, ohne daß sie bereit sind, sich unmittelbar durch Übernahme von Regierungs-Verantwortung am politischen Prozeß zu beteiligen“. Er zählt also weder die V. in totalitären Staaten dazu noch die Zwangsverbände (Berufskammern, auch →Ärzteverbände, -vereine) in den demokratischen Staatsformen, aber auch nicht z. B. die politischen Parteien oder die Kirchen.

Wie die hier beispielhaft angeführte Definition von ALBRECHT sind alle Definitionen zweckbestimmt und sind daher nur für eine bestimmte Gruppe von V. gültig.

Die V. beruhen in der Mehrzahl auf dem Prinzip der Integration und der Differenzierung des wirtschaftlichen Prozesses als Gegenbewegung zu der immer spezieller werdenden Arbeitsteilung, die dem einzelnen den Einblick in den sozialen Entwicklungsprozeß der →Gesellschaft erschwert.

2. Geschichtliche Entwicklung

Historische Vorläufer für die V.-bildung der Gegenwart waren die *mittelalterlichen Zünfte und Gilden* sowie die „historischen" →Genossenschaften, die jedoch vorwiegend allgemein wirtschaftliche Interessen vertraten.
Auf sozialpolitischem (→Sozialpolitik) Gebiet kommt seit 1840 den →Gewerkschaften und den seit 1869 bestehenden →Arbeitgeberverbänden besondere Bedeutung zu, die noch heute auf dem →Arbeitsmarkt die Interessen der →Arbeitnehmer und der →Arbeitgeber vertreten.

3. Gegenwärtige Funktionen

Während die →Arbeitgeber- und →Arbeitnehmer-Organisationen in ihrer Anfangsphase hauptsächlich sozialpolitische (→Sozialpolitik) Ziele verfolgten (Verbesserung des →Lohnes und der *Arbeitsbedingungen*), streben sie heute wie die Berufs-, Unternehmens- und Wirtschaftsverbände wirtschaftspolitische und allgemein gesellschaftspolitische (→Gesellschaftspolitik) *Ziele* an (Lobby).

4. Konzertierte Aktion

Eine besondere Bedeutung kommt seit 1966 dem schon unter Ludwig Erhard und dann unter Karl Schiller geprägten Begriff der „Konzertierten Aktion" zu, die eine enge Zusammenarbeit aller am Wirtschaftsleben beteiligten →Gruppen und V. in Form einer auf Dauer eingerichteten Gesprächsrunde bezweckt. Dazu gehören die politischen Parteien, die →Gewerkschaften, die →Arbeitgeberverhände, die Bundesbank, der Wirtschaftsminister und der Ernährungsminister. Während in der 1. Phase der Konzertierten Aktion die mittelfristige Finanzplanung und Pläne zur Einkommens- und Vermögensbildung (→Einkommen, →Vermögen) im Vordergrund standen, war es in der 2. Phase die Verabschiedung des *Stabilitätsgesetzes* und in der 3. Phase die expansive →Lohnpolitik. Die Bewährungsprobe während der 4. Phase wird darin bestehen, die Spannungen zwischen einer *orientierenden* →Einkommenspolitik einerseits und der *Autonomie der Tarifparteien* andererseits zu überwinden.

Vgl. u. a. Alfred Albrecht, „Verbände", in: Staatslexikon, Bd. VIII, Freiburg 1963, Sp. 1 und Jürgen Niggemann, Verbändelehre bei Goetz Briefs, Ein Beitrag zu einer allgemeinen Theorie der Verbände, Berlin 1971.

Verband der Ärzte Deutschlands (Hartmannbund) e. V. →Ärzteverbände, -vereine.

Verband der Angestellten im öffentlichen Dienst (VAÖD) →Angestellte(r).

Verband der angestellten und beamteten Ärzte Deutschlands e. V. (Marburger Bund) →Ärzteverbände, -vereine.

Verband der Arbeiter- und der Angestellten-Krankenkassen e. V. →Krankenversicherung, gesetzliche.

Verband der leitenden Krankenhausärzte e. V. (Chefärzteverband) →Ärzteverbände, -vereine.

Verband der niedergelassenen Ärzte e. V. (NAV) →Ärzteverbände, -vereine.

Verband der privaten Krankenversicherung e. V. →Krankenversicherung, private–gesetzliche, ein Vergleich.

Verband Deutscher Rentenversicherungsträger e. V. →Rentenversicherung der Arbeiter und Angestellten, gesetzliche.

Verband für Arbeitsstudien (Refa) e. V. →Arbeitswissenschaft.

Verdienstausfall →Einkommenssicherung, Krankenversicherung und Mutterschutz, gesetzliche(r).

Verein für Socialpolitik (vgl. auch Sozialpolitik, Geschichte).
Die *Gesellschaft für Wirtschafts- und Sozialwissenschaften,* Verein für Socialpolitik wurde 1872 u.a. von GUSTAV SCHMOLLER (Kathedersozialisten) ursprünglich als Verein für Socialpolitik gegründet.
Er bezweckt heute die Vereinigung von Wirtschaftswissenschaftlern und Praktikern des Wirtschaftslebens mit dem Ziel der Erörterung wirtschaftlicher und sozialer Probleme in Wort und Schrift (vgl. Schriften des Vereins für Socialpolitik), der Klärung von Fach- und Studienfragen der Volks- und Betriebswirtschaftslehre und der Pflege der Beziehungen zur ausländischen Fachwelt. Aus diesem Grund unterhält er sieben Ausschüsse, die sich wirtschaftswissenschaftlichen Problemen widmen, ferner einen sozialwissenschaftlichen Ausschuß und einen sozialpolitischen (→Sozialpolitik) Ausschuß. Gegenwärtiger Sitz der Gesellschaft ist Köln.
Vgl. u.a. Der Große Brockhaus, 16. Aufl., Bd. XIII, Wiesbaden 1957, S. 99.

Vereinigung der Unternehmerinnen →Unternehmerverbände.

Verletztengeld, -rente →Unfallversicherung, gesetzliche.

Vermögensabgabe →Lastenausgleich, gesetzlicher.

Vermögen, -spolitik.

1. Begriff

Unter Vermögen (V.) im Sinne der *Vermögenspolitik* (VP.) versteht man den persönlichen Besitz von *Sach-* und *Gebrauchs-* oder *Produktiv-V.* (z. B. Häuser, Fabriken, Anteile am Produktiv-V. in Form von Aktien, Investmentzertifikaten, Grund und →Boden usw.) und von Geld-V. (z. B. Sparkonten, Obligationen, Pfandbriefe und Lebensversicherungsverträge). Es ist umstritten, ob das Sozialvermögen – V., das der *materiellen Sicherheit* bei Einkommensausfall (→Einkommenssicherung) dient – in Form von Renten- und Pensionsansprüchen zum V. der →Arbeitnehmer zu rechnen ist, denn es erfüllt lediglich die Funktion der →Einkommenssicherung (vgl. *Sicherheitsfunktion* s. u.).

2. Funktionen

Während in der vorindustriellen Zeit V. vorwiegend in Form des Bodenbesitzes (→Boden) existierte, ist für die V.-bildung des gegenwärtigen Industriezeitalters der Besitz und die Verteilung von *Produktiv-V.* von Bedeutung. Da der einzelne →Arbeitnehmer heute vorwiegend auf das →Einkommen aus abhängiger →Arbeit angewiesen ist (Arbeitseinkommen), ist die Beteiligung einer breiten Bevölkerungsschicht (→Bevölkerung) am Volks-V. zum Hauptanliegen der gegenwärtigen *vermögenspolitischen Diskussion* geworden.
Nach Emil Küng verschafft →Eigentum und V. dem einzelnen *Prestige:* (vgl. das gesellschaftliche Ansehen der „Kapitalisten" in den USA), *Macht:* politisch, besonders aber auch im wirtschaftlichen Bereich (V.-besitz ermöglicht daher einen langfristigen Weg zur →Mitbestimmung), *Sicherheit:* z. B. gegenüber unerwarteten Einkommensausfällen (→Einkommenssicherung) und *Ertrag:* Erlangung eines Besitzeinkommens. Dabei ist jedoch zu berücksichtigen, daß die Bedeutung der *Sicherheitsfunktion* des V. zurückgegangen ist, weil der →Arbeitnehmer heute ein hohes Maß an →sozialer Sicherheit durch die →Einrichtungen der sozialen Sicherung genießt. Auch die *Ertragsfunktion* des V., die auf 18% vom →Volkseinkommen geschätzt wird, dürfte an Attraktivität verloren haben, wenn man bedenkt, daß diese Verzinsung derjenigen eines durchschnittlichen Arbeitnehmereinkommens in 3 Jahren entspricht (vgl. 3e, S. 312).
Wilfrid Schreiber sieht jedoch im V.-besitz noch eine *zusätzliche Funktion,* nämlich die Funktion des *Familienlebens;* es kann dazu die-

nen, das *Phänomen der Vermögenslosigkeit,* nahezu das einzige noch nicht überwundene Proletaritätsmerkmal, abzubauen.

3. *Gegenwärtige Vermögensstruktur in der BRD*

a) Die *gesamtwirtschaftliche V.-bildung* in der BRD betrug zwischen 1950 und 1969 ca. 1033 Mrd. DM (981 Mrd. DM Sach-V. und 52 Mrd. DM Netto-Kapitalforderungen gegenüber dem Ausland). Sie wurde durch die Ersparnis aller Wirtschaftssektoren finanziert, daran waren die drei großen Sektoren der *Volkswirtschaft* wie folgt beteiligt: die Unternehmungen mit 406 Mrd. DM oder 39%; die öffentliche Hand mit 280 Mrd. DM oder 28%; die *privaten Haushalte* mit 339 Mrd. DM oder 33%. Während sich im Durchschnitt der Jahre 1950–1969 der Ersparnisanteil der Unternehmungen relativ konstant entwickelte, erhöhte sich der der privaten Haushalte zu Lasten der öffentlichen von 23% in den fünfziger Jahren auf 37% in den sechziger Jahren.

b) Ordnet man die *Ersparnisbildung der privaten Haushalte* nach *sozialen* →Gruppen, so entfallen auf die Zeit von 1960 bis 1967 rd. $^2/_3$ auf →Arbeitnehmer und *Rentner* und $^1/_3$ auf →Selbständige. Die Struktur der *Geldbildung* innerhalb dieser *sozialen* →Gruppen zeigt – im Durchschnitt je Haushalt und Jahr von 1960 bis 1967 – folgendes Bild:

	Spar-anlagen	Bausparen + Lebensvers.	Wertpapiere
Arbeitnehmer-haushalte	45%	31%	14%
Rentner-haushalte	84%	2%	17%
Selbständigen-haushalte	44%	31%	22%

Vgl. Monatsberichte der Deutschen Bundesbank, Juli 1968, S. 7.

Der Anteil der Spareinlagen sowie des Bau- und Versicherungssparens an der gesamten Geld-V.-bildung besaß mit rd. 75% bei den →Selbständigen den gleichen Umfang wie bei den →Arbeitnehmern. Auffallend ist ferner der relativ hohe Anteil der Rentnerhaushalte am Wertpapiersparen mit 17% im Vergleich zu 14% bei den Arbeitnehmerhaushalten.

c) Aufgrund einer Untersuchung von HANS WILLGERODT u.a. von 1971 besitzt jeder Arbeitnehmerhaushalt (→Arbeitnehmer) im Durchschnitt ein Sparguthaben von 4000 DM, einen Bausparvertrag mit einer Vertragssumme von 6000 DM, einen Lebensversicherungsvertrag über 9000 DM, Wertpapiere zum Kurswert von über 1000 DM und vor allem Grundbesitz mit einem Einheitswert von 2500 DM, das einem Verkehrswert von rd. 10000 DM gleichkommt (nicht eingerechnet die hypothekarischen Belastungen). In dieser Studie wird weiterhin nachgewiesen, daß jeder dritte Arbeitnehmerhaushalt (→Arbeitnehmer) über Haus- und Grundbesitz verfügt (→Arbeiter 37%, →Angestellte 35%, →Beamte 39%). Grundbesitz und Geld-V. (ohne Lebensversicherungen) machen durchschnittlich pro Arbeitnehmerhaushalt 17800 DM aus (ohne die Ansprüche der →Arbeitnehmer an die gesetzliche →Rentenversicherung oder die Pensionsansprüche der →Beamten oder das Hausrats- und Gebrauchs-V.).
d) Im Anschluß an WILHELM KRELLE (1968) hat JÜRGEN SIEBKE 1971 nachgewiesen, daß aufgrund von Schätzungen zum 1. 1. 1966 73,5% des Eigentums am Produktiv-V. (= →Eigentum an gewerblichen Unternehmen, bestehend aus Betriebs-V. und Kapitalbeteiligungen) der Wirtschaft in Händen von nur 1,7% der privaten Haushalte liegt, die nach der Vermögensteuerstatistik ein V. von 100000 DM und mehr aufweisen. Zieht man von diesen 73,5% jedoch die Schulden der Industrie, d.h. die Fremdkapitalmittel (V. der übrigen Sektoren) ab und addiert das produktiv genutzte V. der Landwirtschaft (Grundbesitz), so entfallen auf die 1,7% der privaten Haushalte wesentlich weniger als 73,5% des Produktiv-V.; eine ähnliche Modifikation der oben angegebenen Schätzungen wird auch von WILLGERODT gefordert.
e) Während der Anteil, den die 1,7% der oben genannten Haushalte am Gesamt-V. besaßen, von WILHELM KRELLE für 1960 auf 35% geschätzt wurde, ermittelte JÜRGEN SIEBKE für 1966 einen Rückgang auf 31% und damit die „Tendenz zu einer etwas gleichmäßigeren und breiteren Streuung des privaten Gesamt-V. in der BRD“. Würde man jedoch eine sehr gleichmäßige V.-verteilung erzielen, so würde der auf die Rendite eines Durchschnitts-V. entfallende Einkommenszuwachs (→Einkommen) etwa 18% des bisherigen reinen Arbeitseinkommens betragen. Das entspricht einem Arbeits-Einkommens*zuwachs*, der sich automatisch bei mittlerer Konjunkturlage in 3 Jahren einstellen würde.

4. Motivationen

Auf dem Hintergrund des gesetzgeberischen Zieles zukünftiger VP. in Form einer breiten Streuung von Produktiv-V. erweisen sich die ver-

schiedenen Begründungen der gesellschaftspolitisch (→Gesellschaftspolitik) tätigen →Gruppen von Bedeutung:
Die *Liberalen* vertreten den Standpunkt, V.-bildung sei ein notwendiges und gutes *Äquivalent* zur sozialen Sicherung und könne dazu beitragen, das Ausmaß dieser Einrichtungen in Grenzen zu halten. Die *Christlich-Sozialen* sehen demgegenüber →Eigentum und V. als notwendige Voraussetzung der *Selbstentfaltung* der Person und der →sozialen Gerechtigkeit an. Die *Sozialisten* hingegen vertreten die Meinung, →Arbeit und Kapital müßten gleichberechtigt sein, und folglich müsse der →Unternehmergewinn zwangsweise auf beide Faktoren verteilt werden*. Während von den Sozialpartnern die →Gewerkschaften dieses Ziel verfolgen, wollen die →Arbeitgeber eine V.-bildung auf freiwilliger Basis erreichen; die durch →Sparen und Konsumverzicht besonders in den unteren Einkommensschichten (→Einkommen, -sverteilung) mit Hilfe von finanziellen Anreizen (Prämien) gefördert werden soll.

5. Die verschiedenen Vermögensbildungs-Pläne seit 1952

In den BRD ist die soziale Marktwirtschaft (→Gesellschaftssysteme) die herrschende →Gesellschaftsordnung; sie erkennt →Eigentum als →soziales Grundrecht in Art. 14 in Verbindung mit Art. 20 und 28 GG (Sozialstaatsprinzip) an. Daher ist sie auch Grundlage der vermögenspolitischen Diskussion, folglich sind für die weitere Erörterung nur die Pläne von Interesse, die auf freiwilliger oder gesetzlicher Basis die *Neuverteilung des V.-zuwachses* anstreben. Eine Umverteilung des V.-bestandes steht in einer freiheitlichen →Gesellschaftsordnung nicht zur Diskussion.

a) Zur *1. Gruppe* sollen die lohnbezogenen (→Lohn) V.-bildungspläne in Form des →Investivlohns, der →tarifvertraglichen V.-bildung und des gesetzlichen →Beteiligungslohnes (Vorschlag von BURGBACHER, CDU) zählen.

Bei diesen Plänen werden *Lohnanteile* (→Lohn) *über den Barlohn* (→Lohn) *hinaus* der konsumtiven Verwendung entzogen und im eigenen oder fremden Unternehmen investiert. Der →Investivlohn (fußend auf dem HÄUSSLER-*Plan*) bzw. die *freiwilligen tarifvertraglichen* (→Tarifvertrag) *Formen der V.-bildung* z.B. in der *Bau- und Metallindustrie* sind bereits seit 1966–1970 verwirklicht, während der gesetzliche →Beteiligungslohn bisher nur in der politischen Diskussion ist (BURGBACHER-*Plan*).

b) Die *2. Gruppe* von V.-bildungsplänen setzt am *Gewinn* der Unter-

* Inzwischen bekennen sich auch Kreise der Christlich-Sozialen zur gesetzlichen Gewinnbeteiligung.

nehmungen an, der durch (*betriebliche* oder) *überbetriebliche Institutionen* auf *freiwilliger* oder *gesetzlicher Basis* verteilt werden soll (KRELLE-Plan, PLAN DER VIER STAATSSEKRETÄRE und SCHWARZ-SCHILLING-PLAN, die dem in Vorbereitung befindlichen *Gesetz über die Beteiligung der Arbeitnehmer am Vermögenszuwachs der Wirtschaft* zugrunde liegen).

Nach diesen Plänen sollen Teile des →Unternehmergewinns auf die →Arbeitnehmer umgeschichtet werden, indem die →Arbeitgeber einen *bestimmten Prozentsatz vom Gewinn* meist an einen *überbetrieblichen Fonds* abführen sollen, aus dem die →Arbeitnehmer dann entweder Anteile zu einem Vorzugspreis mit Eigenleistung oder ohne eine solche erwerben können (vgl. KRELLE-*Plan,* den die SPD vertritt).

Die *betriebsindividuellen* Ertragsbeteiligungspläne spielen demgegenüber keine besondere Rolle und kommen bis jetzt nur in einzelnen Unternehmen vor, so bei PHILIPP ROSENTHAL, ELMAR PIEROTH, OTTO FUCHS u.a.m. (vgl. Gewinnbeteiligung).

c) Zur *3. Gruppe* zählen die Prämienspar-Pläne (→Prämiensparen), die mit dem *Wohnungsbau-Prämiengesetz von 1952* und dem *Spar-Prämiengesetz von 1959* eingeleitet wurden und durch die *Vermögensbildungsgesetze (VermBG.) von 1961/1965/1970* fortgesetzt wurden.

Das *1. und 2. VermBG.* oder 312-DM-Gesetz von 1961 und 1965 besagte, daß ledige und verheiratete →Arbeitnehmer mit bis zu 2 Kindern 312 DM/Jahr als Spar- oder Wertpapieranlage bei einer Sperrfrist von 6 Jahren sparen konnten, ohne daß diese Beiträge zur Steuer und zur →Sozialversicherung herangezogen wurden.

Im *3. VermBG. oder 624-DM-Gesetz von 1970* wurde der Betrag auf 624 DM verdoppelt und auf den Kreis aller →Arbeitnehmer erweitert. Ab 1. 1. 71 ist die Steuer- und Sozialversicherungsfreiheit (→Sozialversicherung) weggefallen zugunsten einer Arbeitnehmersparzulage von 30–40% zuzüglich zum →Lohn und Gehalt, sie wird über den →Arbeitgeber ausbezahlt. Diese wird bis zu einer Einkommensgrenze von jährlich 24000 DM bei Ledigen, bis zu 48000 DM/Jahr bei Verheirateten gezahlt.

Für 1971 wird angenommen, daß etwa 17 Mio. →Arbeitnehmer von diesem Gesetz Gebrauch gemacht haben, 3 Mio. werden als unentschlossen eingestuft, und 3 Mio. nutzen das Gesetz nicht aus. Die verschiedenen Prämienspar-Gesetze, das *Wohnungsbau-Prämiengesetz* von 1952, das *Gesetz über die Gewährung von Sparprämien von 1959* und das *3. Vermögensbildungsgesetz von 1970,* auch 624-DM-Gesetz genannt, sollen durch ein einheitliches Gesetz zusammengefaßt werden (Steuerreform).

Für Bundesbeamte, Berufssoldaten und Soldaten auf Zeit zahlt der Bund

monatlich 13 DM aufgrund des *Gesetzes über vermögenswirksame Leistungen für Bundesbeamte, Berufssoldaten und Soldaten auf Zeit* von 1970. Entsprechende Regelungen gelten in den Ländern.*
d) Als *4. Gruppe* sind die *steuerbegünstigten V.-bildungspläne* zu erwähnen, besonders der STÜTZEL-ENGELS-*Plan* von 1966/68, wonach die Körperschaft- und Kapitalertragsteuer zugunsten einer höheren Rendite der Aktien abgeschafft werden sollen. Eine Verwirklichung dieses Plans ist jedoch mittlerweile nicht mehr so aktuell (F.D.P.-Vorschlag).
Zu dieser Gruppe von Plänen gehören auch die in der Vergangenheit bereits durchgeführten *Reprivatisierungsaktionen des Bundes-V.*, wie die *Reprivatisierung der* PREUSSAG im Jahre 1959, der *Verkauf der Aktien des* VOLKSWAGENWERKES mit Sozialrabatt im Jahre 1961 und die *Teilreprivatisierung der* VEREINIGTEN ELEKTRIZITÄTS- UND BERGWERKS AG (VEBA) aus dem Jahre 1965.
Das Schema auf den Seiten 316/17 soll noch einmal eine Übersicht über die Vielzahl von V.-bildungsplänen der Vergangenheit und Gegenwart geben.

6. Die volkswirtschaftlichen Auswirkungen der Vermögensbildungspläne

a) Bei der *1. Gruppe*, den Investivlohn*plänen* (→Investivlohn), besteht die Gefahr, daß sie *zu Lasten der Selbstfinanzierungsrate* der →Unternehmer erfolgen oder *auf die Preise abgewälzt* werden, wenn die Investivlöhne *über* dem Produktivitätsfortschritt der Wirtschaft oder der einzelnen Unternehmung liegen.
b) Bei der *2. Gruppe*, den Gewinnbeteiligungs*plänen* (→Gewinnbeteiligung), würde der gleiche Effekt eintreten, wenn die Gewinnabführung den Produktivitätsfortschritt überschreiten sollte.
c) Bei der *3. Gruppe*, den Prämienspar-*Plänen* (→Prämiensparen), können die Konjunkturzyklen kurzfristig noch verstärkt werden; denn in der Phase des Konjunkturabschwungs ist eine Verstärkung der privaten Sparneigung zu beobachten und umgekehrt in der Phase des Konjunkturaufschwungs und in der Hochkonjunktur eine verstärkte Ausgabenneigung.
d) Da die *4. Gruppe*, die steuerbegünstigten *V.-bildungspläne*, keine nennenswerte Bedeutung haben, sind die volkswirtschaftlichen Auswirkungen ebenfalls unbedeutend.
e) Es kommt also darauf an, daß die Umverteilung *der zusätzlichen Lohnanteile* (→Lohn) oder der →Unternehmergewinnsumme auf die

* Diese gesetzliche Bestimmung ist eigentlich Ausdruck der →tarifvertraglichen Vb. (vgl. 5 a) oben S. 313), die jedoch im Rahmen des 3. VermGB. praktiziert werden soll.

Pläne und Gesetze zur Beeinflussung der Einkommensverteilung und Vermögensbildung

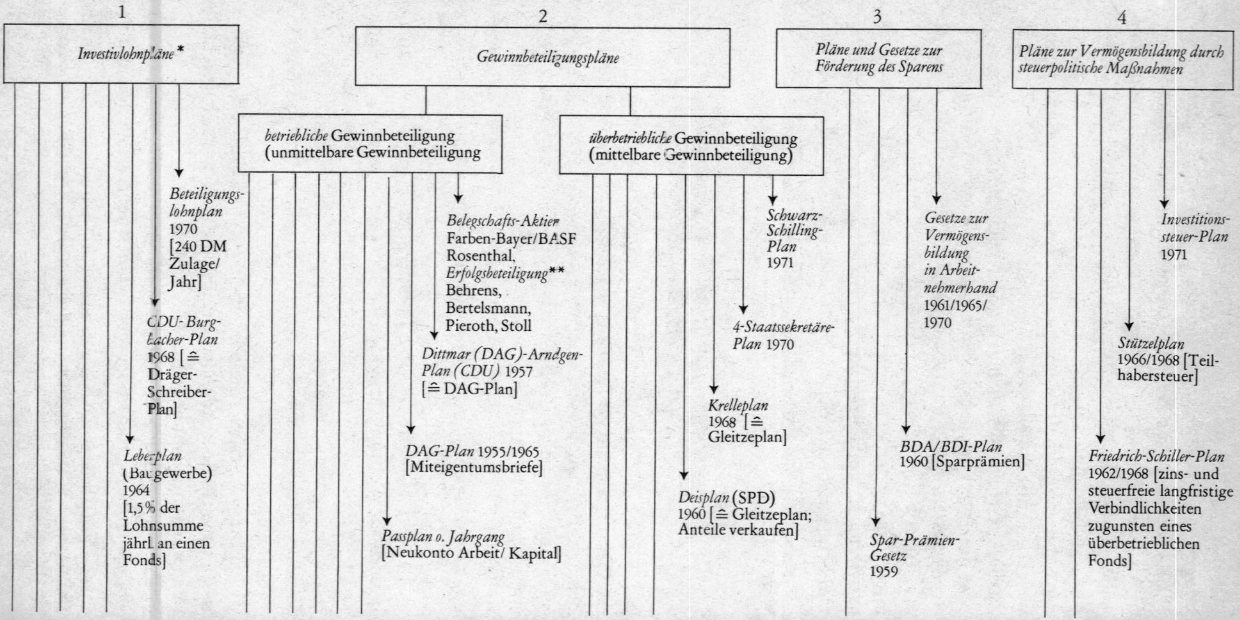

Dräger-Schreiber-Plan 1962 [0,5 % v. jeder Bruttolohnerhöhung]

v. Nell-Breuning-Plan 1955 [Lohnerhöhung v. 15–20 % z. G. Arbeit z. L. Kapital]

Häusslerplan (CDU) 1954/1962 [Konsumlohnrate/Investivlohnrate]

Hinkelplan (DAG) 1953/57 [Investitionslohn]

Arnoldplan 1952 [2-Pfennig-Plan]

Schleussnerplan 1953 [Bank der Unternehmen]

Schayerplan (DGB) 1953 [Werkspensionskassen]

Stegnerplan (bis 1954 FDP) 1953 [Unt. = AG o. KG a. A.⇒Aktienbeteiligung]

CDU-Sozialausschüsse 1953/1957 [Werksgenossenschaften]

KAB-Plan (Even) 1953/1957 [Aktienbeteiligung]

Bachmannplan (DGB) 1953 [Aktienbeteiligung m. d. Ziel: Überführung des Eigentums in Arbeitnehmerhand]

SPD-Plan 1960 [„Nationalstiftung"]

Büttnerplan DGB) 1958 [≙ Gleitzeplan; soz. Kapitalbildung in allen Unternehmen keine Sperrfristen]

Gleitzeplan (WWI) 1957/1963 [Sozialfonds; Anteile verschenken; Sozialkapitalbildung nur in Großunternehmungen; Sperrfristen]

Aufhäuserplan (DGB) 1954 [Sozialgenossenschaften]

Wo-Prämien-Gesetz 1952

Fölkplan [1953] 1964/1966 [Progressive Besteuerung des Gewinn/Umsatzverhältnisses oder des Gewinn/Kapitalverhältnisses]

Schmückerplan [der für Investitionen einbeh. Gewinn soll einer geringeren Einkommensteuerprogression unterworfen werden.]

*Die lohnbezogenen vermögenswirksamen Leistungen aufgrund von Tarifverträgen sollen hier unberücksichtigt bleiben.

** Unter diesem Begriff werden Ertrags-, Gewinn- und Leistungsbeteiligung verstanden. Weitere betriebsindividuelle Gewinnbeteiligungspläne sollen hier unberücksichtigt bleiben.

Abkürzungen:

BASF = Badische Anilin- und Soda-Fabrik
BDA = Bundesvereinigung der Deutschen Arbeitgeberverbände
BDI = Bundesverband der Deutschen Industrie
DAG = Deutsche Angestellten-Gewerkschaft
DGB = Deutscher Gewerkschaftsbund
KAB = Katholische Arbeiterbewegung
WWI = Wirtschaftswissenschaftliches Institut der Gewerkschaften

Arbeitnehmerhaushalte (→Arbeitnehmer) dem Produktivitätsfortschritt der *Volkswirtschaft* entspricht.

7. Die Vermögenspolitik der Zukunft

Nach den Empfehlungen der SPD, die auch in einem *Vermögensbildungsbericht* veröffentlicht werden sollen, soll der Staat ein „Bündel" von vermögenspolitischen Maßnahmen in einer bestimmten Kombination unter Berücksichtigung folgender Punkte konzipieren:

a) Als *Mindestdauer* für die Bemessung der *Sperrfristen* wird ein *Zehnjahreszeitraum* vorgeschlagen, in dem die Bildung eines Privat-V. in der Größenordnung eines durchschnittlichen Arbeitnehmerjahresarbeitseinkommens (→Arbeitnehmer, →Einkommen) (Mindesthöhe) verwirklicht werden soll. (Dabei ist die Frage des *Breaking-point* oder *Schwellwerts* von Bedeutung, ab dem es sich in den Augen eines →Arbeitnehmers lohnt, V. zu halten und zu mehren.)

b) Der Ausbau der V.-bildungspläne hängt von der *Sparfähigkeit*, insbesondere bei den Prämienspar-Plänen (→Prämiensparen) ab. Dies setzt eine entsprechend günstige Entwicklung der Arbeitnehmereinkommen, also Lohnsteigerungen (→Lohn) voraus.

Die Förderung der V.-bildung wird aber auch wesentlich von der *Sparbereitschaft* der bisher Vermögenslosen beeinflußt, die durch Prämienanhebung durch den Gesetzgeber verstärkt werden könnte. Die Sparbereitschaft wird daneben auch von der *Mentalität* und vom *Bildungsgrad* beeinflußt, weshalb an Zwangsmaßnahmen bei der Durchführung von V.-bildungsplänen gedacht wird (→Zwang).

Die *Sparanreize* sollen vor allem bei denen wirken, die überhaupt noch nicht gespart haben; das hat sich jüngeren Untersuchungen zufolge jedoch als schwierig erwiesen.

c) Zunächst ist jedoch die Ausarbeitung einer aussagefähigen Einkommen- und Vermögensteuer*statistik* (→Einkommen-, →Vermögensteuer) dringend notwendig, um exakte Aussagen über die *V.-struktur* und -verteilung auf die einzelnen Sektoren der *Volkswirtschaft* machen zu können.

d) Die Förderung der VP. ist sinnvoll, wenn sie die *Investitionstätigkeit der Volkswirtschaft* fördert und damit die Voraussetzungen für eine effiziente →Einkommenspolitik schafft.

Vgl. Fritz Rittner, „Vermögen", in: Staatslexikon, Bd. VIII, a. a. O., Sp. 170ff.; Gerhard Weisser, „Vermögen und Vermögenspolitik", in: HdSW, Bd. XI, Stuttgart – Tübingen – Göttingen 1961, S. 163ff.; Norbert Arndt, Das Volksvermögen in der BRD, Entwicklung und Verteilung seit 1950, Diss. Köln 1971; Oskar de la Chevallerie, Die Verteilung des Vermögenszuwachses in der BRD seit 1950, Deutsches Institut für Wirtschaftsforschung, Sonderheft 80, Berlin 1968; Klaus Stolberg, Verteilungstheoretische Konzeptionen als Grundlage und Ansatzpunkte der Vermögenspolitik, Diss. Köln 1970; Günter Apel und Roland Issen, Miteigentum. Probleme und Lösungen, in: Sammlung Dialog, Bd. 42, München 1970; Wilhelm Krelle; Johann Schunck; Jürgen Siebke (Hrsg.), Überbetriebliche Ertragsbeteiligung der Arbeitnehmer mit einer Untersuchung über die Vermögensstruktur der BRD, Bd. I/II, Tübingen 1968; Hans Willgerodt u.a., Vermögen für alle. Probleme der Bildung, Verteilung und Werterhaltung des Vermögens in der Marktwirtschaft, Düsseldorf – Wien 1971.

Vermögensteuer (vgl. auch Besteuerung).
Die Vermögensteuer (VSt.) ist neben der →Einkommensteuer die zweite Form der direkten Steuer, die an die wirtschaftliche Leistungsfähigkeit des Besteuerten anknüpft. Im Gegensatz zur Stromgröße →Einkommen als der Bemessungsgrundlage der →Einkommensteuer ist der Besteuerungsgegenstand der VSt. eine Bestandsgröße, nämlich die Summe der in Geldeinheiten bewerteten Wirtschaftsgüter, die zum Zeitpunkt der Besteuerung im →Vermögen einer natürlichen juristischen Person stehen. Wie die →Einkommensteuer ist auch die VSt. *subjektbezogen*, da bei der Feststellung der Steuerschuld die persönlichen Umstände, z.B. Familienstand (→Familie), *Kinder*zahl, →Alter, Schulden des Steuerschuldners, im hohen Maße mit herangezogen werden.
Unter sozialpolitischem (→Sozialpolitik) Aspekt ist die VSt. relevant, da eines der anerkannten Ziele dieser Steuer die *Vermögensumverteilung* ist, ob sie allerdings ein hierzu geeignetes Mittel ist, wird häufig stark angezweifelt; denn soweit sie sich auf das betriebliche →Vermögen bezieht – und dies stellt den größten Teil des steuerlichen →Volksvermögens dar –, ist sie kalkulierbar und kann daher leicht in die Preise einberechnet werden. Daher kann sie insbesondere von größeren Unternehmen mit entsprechender Marktmacht auf die Masse der Konsumenten überwälzt werden. Es ist daher unsicher, ob und in welchem Umfang die VSt. überhaupt vom Steuerpflichtigen und nicht über den Preis von der Allgemeinheit der Konsumenten getragen wird. Dieser Umstand sollte bei einer möglicherweise sozialpolitisch, im Sinne von umverteilungspolitisch motivierter VSt.-erhöhung nicht unberücksichtigt bleiben.
Vgl. Literatur in den Anmerkungen zu „Besteuerung".

Versicherung, -seinrichtung(en), -schutz →Versicherungsprinzip, -wesen, -wissenschaft.

Versicherungsberechtigung, -freiheit →Krankenversicherung, gesetzliche.

Versicherungspflicht, -grenze →Einrichtungen der sozialen Sicherung, →Sozialversicherung.

Versicherungsprinzip, -wesen, -wissenschaft.

1. Geschichtliche Entwicklung

a) Das Bedürfnis nach →sozialer Sicherheit, insbesondere die Notwendigkeit, sich gegen die →Risiken *Krankheit, Unfall, Invalidität* und →Alter sowie →Arbeitslosigkeit abzusichern, ist seit der →industriellen Revolution zum Grundanliegen der →Sozialpolitik geworden. Allerdings gab es auch schon in der griechischen und römischen Antike private *Solidargemeinschaften* mit Versicherungscharakter[1].
b) Die ersten staatlichen Maßnahmen wurden, von den Arbeiterschutzgesetzen (→Arbeitsschutz) abgesehen, unter BISMARCK mit Gründung der gesetzlichen Sozialversicherungseinrichtungen (→Sozialversicherung) ab 1883 ergriffen. Weitere *zusätzliche Sicherungs*formen wurden durch die →betriebliche Altersversorgung und durch zahlreiche private Versicherungen geschaffen, die den Charakter einer *Zusatzversicherung* tragen (z.B. die private →Krankenversicherung). Die private →Alterssicherung, etwa in Form der Lebensversicherung, wird besonders von den →Selbständigen praktiziert.

2. Begriff

a) Nach ALFRED MANES ist Versicherung (Vs.) die „gegenseitige Deckung zufälligen, schätzbaren Geldbedarfs zahlreicher, gleichartig bedrohter Wirtschaften" (→Versicherungsprinzip [VPr.]). Dabei ist die *Gegenseitigkeit* das Hauptkriterium, da die Leistungen jedes Teilnehmers (→Prämien, Beiträge) wechselseitig jedem anderen zugute kommen. Die Gegenseitigkeit in einer Gefahrengemeinschaft ist jedoch lediglich ein ökonomisch-organisatorisches Prinzip und enthält keine soziologische Wertung. Wichtig sind auch die gegensätzlich erscheinenden Merkmale *Zufälligkeit* und *Schätzbarkeit;* denn es ist gerade das Wesen des Versicherungsprinzips (VPr.), daß aufgrund des *Gesetzes der großen Zahl* der Zufall kalkulierbar wird.
b) Nach dem *versicherungstechnischen* →Äquivalenzprinzip stehen den Leistungen der Versicherten (Prämien) versicherungsmathematisch *gleichwertige Gegenleistungen* der Versicherer gegenüber. Die risikoproportional bemessenen Versicherungs-Prämien werden entweder nach dem Kapitaldeckungs-, nach dem Anwartschaftsdeckungs- oder nach dem Umlageverfahren angesammelt.

[1] Vgl. Marina Elisabeth Pfeffer, Einrichtungen der sozialen Sicherung in der griechischen und römischen Antike unter besonderer Berücksichtigung der Sicherung bei Krankheit, Berlin 1969, passim.

In der Lebensversicherung ist das VPr. noch mit der Sicherung durch →Sparen verbunden, indem im *Deckungsstock* der Vs. nicht nur Risiko*teile* (→Risiko), sondern auch Vermögens*teile* (→Vermögen) (Kapitalbildung) angesammelt werden, die später wieder verzehrt werden können.

3. Anwendung

Das VPr. kommt in reiner Form nur in der *Individual*-Vs. *(Sach-, Vermögens-* und *Personenversicherung)* zum Ausdruck, während es in der →Sozialversicherung durch →Einkommensumverteilungsprozesse eingeschränkt wird (*Prinzip des* →sozialen Ausgleichs).

4. Versicherungswissenschaft

In der *Versicherungswissenschaft* werden Grundlagen und Probleme des →Versicherungswesens systematisch erforscht.
Von den verschiedenen Interessenverbänden ist im Hinblick auf die →Sozialversicherung nur die 1947 gegründete *Gesellschaft für Versicherungswissenschaft und -gestaltung e. V.* mit Sitz in Köln zu erwähnen, in der die verschiedenen Träger der →Sozialversicherung und auch der Privatversicherung zusammengeschlossen sind. Die Gesellschaft verfolgt den Zweck, die wissenschaftliche Forschung auf dem Gebiet der Sozial- und Privatversicherung des In- und Auslandes allen Mitgliedern bekanntzumachen und selbst wissenschaftliche Aktivitäten zu entfalten.
Vgl. Paul Braeß, „Versicherungswesen", in: HdSW, Bd. XI, a.a.O., S. 239ff. u.a.

Versicherungs- und Versorgungswerke →Berufsständische Versicherungs- und Versorgungswerke, →Soziale Sicherung der freien Berufe.

Versicherungszwang →Sozialversicherung, →Zwangsprinzip.

Versorgungsämt(er) →Kriegsopferversorgung, gesetzliche.

Versorgungsanstalt der Deutschen Bühnen →Zusatzversorgung.

Versorgungsanstalt der Deutschen Bundespost →Zusatzversorgung.

Versorgungsanstalt der Deutschen Kulturorchester →Zusatzversorgung.

Versorgungsanstalt des Bundes und der Länder (VBL) →Beamte(nversorgung).

Versorgungsgesetz →Kriegsopferversorgung, gesetzliche.

Versorgung, -seinrichtung(en), -sprinzip (vgl. auch Einrichtungen der sozialen Sicherung).

1. Begriff und Funktionen

a) Nach dem Versorgungsprinzip (VPr.) im engeren Sinne werden gesetzlich bestimmte Versorgungsberechtigte aufgrund eines Rechtsanspruchs aus öffentlichen Mitteln entschädigt. Durch diese Einrichtung sollen nach dem Prinzip der →Fremdhilfe materielle Leistungen in der Gegenwart materielle und immaterielle Schäden der Vergangenheit ausgleichen (vgl. gesetzliche →Kriegsopferversorgung).
b) Ausdruck des VPr. sind auch die Leistungen der Staatsbürgerversorgung, die nach dem Finalprinzip ohne Vorleistungen gewährt werden (vgl. auch →Versorgungsstaat), wie der Familienlastenausgleich, die →Ausbildungsförderung und das →Wohngeld.
c) Nach Walter Bogs gehört zum VPr. im weiteren Sinne auch die Zuständigkeit und Pflicht des Staates (Sozialstaatsprinzip), zum Zwecke der sozialen Sicherung zu intervenieren, d. h. staatliche Zuschüsse zu leisten, wo die →Einrichtungen der sozialen Sicherung mit den Beitragsleistungen nicht auskommen (vgl. den Bundeszuschuß zur gesetzlichen Arbeiterrentenversicherung).

2. Empfänger

Empfänger von Versorgungsleistungen sind die, deren in der Vergangenheit dargebrachtes Opfer (z. B. im Krieg) nachträglich in einen vermögenswerten Anspruch umgewandelt wird.
Empfänger der übrigen Versorgungsleistungen sind bestimmte Bevölkerungsgruppen, die nach Einkommensgrenzen festgelegt werden.

3. Finanzierung

Da die finanziellen Mittel für diese Versorgungsleistungen nicht durch Versicherungsbeiträge, sondern aus Steuermitteln bereitgestellt werden, wird mit Hilfe der Gesamtbevölkerung eine →Einkommensumverteilung zugunsten einer kleinen →Gruppe herbeigeführt.

4. Abgrenzung

Das VPr. ist nicht mit dem →Fürsorgeprinzip zu verwechseln, obgleich auch hier eine Finanzierung aus öffentlichen Mitteln vorliegt.

5. Übersicht

Nachfolgende Tabelle gibt eine Übersicht über alle Versorgungseinrichtungen der BRD.

Vgl. Literatur in den Anmerkungen zu „Einrichtungen der sozialen Sicherung" und u.a. Walter Bogs, Rechtsprinzipien sozialer Sicherung, a.a.O., S. 6.

Versorgungsstaat (vgl. auch Wohlfahrtsstaat, Versorgungsprinzip und Sozialleistungen).

1. Begriff und Funktionen

Der Versorgungsstaat (VSt.) ist nach dem Leitbild des freiheitlichen →Sozialismus der Staat, der seinen Bürgern einen Teil ihrer wirtschaftlichen Verantwortung abnimmt. Er sichert ihnen *Existenzsicherheit,* d.h. Einkommenstetigkeit (→Einkommen, -ssicherung), während aller Lebensphasen zu und stellt ihnen Güter und Dienste zur Befriedigung ihrer individuellen Bedürfnisse in Naturalform, d.h. kostenlos oder zu nicht kostendeckenden Preisen, zur Verfügung (z.B. Wohnungen, Altersheime, Krankenhäuser). Der VSt. gewährt seinen Bürgern Leistungen der sozialen Sicherung *ohne* erkennbare Gegenleistungen. Jeder Bürger erhält ohne Ansehen der Person oder des →Einkommens Anteil an der *kollektiven Daseinsvorsorge* des Staates, indem er ihm ein perfekt ausgestaltetes System der sozialen Sicherung von der Kindheit bis zum →Alter gewährt. Die →Sozialleistungen werden nach dem *Bedarfsprinzip* in Verbindung mit dem *Gleichheitsgrundsatz* ohne Berücksichtigung der graduellen materiellen Abhängigkeit gewährt (vierte Konzeption der Sozialenquête-Kommission).

2. Finanzierung

Die Leistungen des VSt. werden durch die Steuer, durch die Sozialabgaben (Arbeitgeber- und Arbeitnehmeranteil) oder auch durch indirekten →Zwang zu zusätzlichen →Sozialleistungen gedeckt.

3. Kritik

a) Der VSt. entlastet den Bürger von allen Dispositionen des „Wirtschaftens auf Zeit" und erlaubt es, daß er seine wirtschaftlichen Dispositionen allein auf das „Wirtschaften in kurzer Periode" beschränkt, also auf die Konsumsphäre. Die Aufgaben der →Vorsorge, der Nachsorge und des →Sparens übernimmt der Staat. Damit wird das für eine freiheitliche →Gesellschaftsordnung grundlegende Ordnungselement, das Lei-

*Die gegenwärtig in der BRD bestehenden Versorgungseinrichtungen**. *Stand:* 15. 12. 71

Institution	*Familienlastenausgleich*	*Ausbildungsförderung*	*Wohngeld*	*Kriegsopferversorgung*	*Vermögenslasten-ausgleich*	*Wiedergutmachung*
Prinzipien	Fremdhilfe	Fremdhilfe	Fremdhilfe	Versorgungsprinzip Entschädigung	Versorgungsprinzip Entschädigung	Versorgungsprinzip Entschädigung
Organisation	Bundesanstalt für Arbeit als Beauftragte des Bundes	Örtliche Ämter für Ausbildungsförderung	Von der Landesregierung bestimmte Stellen	Landesversorgungsämter	Bundesausgleichsamt + örtliche Ausgleichsämter	Örtliche Wiedergutmachungsämter
Verwaltumg	Selbstverwaltung drittelparitätisch, (Arbeitgeber, Arbeitnehmer, Staat) (wie in der Arbeitslosenversicherung)	Aufsicht der Gebietskörperschaften	unterschiedliche landesgesetzliche Regelungen	Aufsicht des Arbeitsministers der Länder	Kontrollausschuß und Beirat des Bundesausgleichsamtes + Präsident	Aufsicht der Gebietskörperschaften

* Vgl. auch Tabelle auf S. 95 f.

Leistungsempfänger	erst ab 3. Kind, dann aber auch für das 2. Kind; auch Zweitkindergeld bis zur Einkommensgrenze von 13 200 DM/Jahr*	Alle Personen ab 10. Klasse oder mit Beginn der Ausbildung bis zum Ende der Ausbildung	Alle Haushalte unterhalb einer Einkommensgrenze, die ständig angehoben wird.** Weitere Bezugsgrundlage: Wohnfläche und tragbare Belastung	Geschädigte + Hinterbliebene (Witwen- und Waisenrenten)	Geschädigte (+ Hinterbliebene)	Geschädigte (+ Hinterbliebene)
Finanzierung	Staat (Bund)	Staat (Bund + Länder)	Länder (+ Erstattung vom Bund zur Hälfte)	Staat (Bund + Länder)	Nichtgeschädigte + Staat (Bund + Länder)	Staat (Bund)
Leistungen	Barleistungen als Zuschuß zum Familieneinkommen je nach Kinderzahl zwischen 25 - 70 DM	Barleistungen Förderungssätze von 160 - 420 DM als Zuschuß zu den Ausbildungskosten	Miet- oder Lastenzuschuß von 5 - 452 DM	Heil- und Krankenbehandlung (Sachleistungen) Kriegsopferfürsorge Beschädigten- und Hinterbliebenenrenten für Witwen + Waisen Sterbegeld	Kriegsschadenrente Unterhaltshilfe Krankenversorgung Sterbevorsorge Entschädigungsrente Beihilfen	Barleistungen oder Rente

*Ab 1. 1. 72: 15 000 DM **z. Zt. 15 000 DM

stungsprinzip, außer Kraft gesetzt und dem →Subsidiaritätsprinzip sowie dem Prinzip der →sozialen Gerechtigkeit widersprochen.
b) Da die Leistungen des VSt. ständig zunehmen und sich auf immer breitere Bevölkerungskreise erstrecken, nimmt die Steuerbelastung und der Umfang an Abgaben für diese →Sozialleistungen immer mehr zu, ohne daß die Zufriedenheit der Bürger jemals erreicht werden könnte. Wenn der VSt. einmal eingeführt ist, verstärkt sich die Neigung breiter Bevölkerungskreise, steigende soziale Leistungen vom Staat zu fordern (vgl. auch Sozialer Besitzstand).
Der VSt. ist nicht nur in Diktaturen und totalitären Staaten ausgeprägt, sondern auch in einzelnen Demokratien der westlichen Länder, z. B. in Großbritannien und Schweden.

4. Die Situation in der BRD

In der BRD haben die Versorgungsleistungen (→Kriegsopferversorgung) Entschädigungscharakter, so daß die Eigenverantwortung und Selbsthilfe der Bürger weniger beeinträchtigt werden.
Anders dagegen verhält es sich mit dem *Familienlastenausgleich,* der →Ausbildungsförderung und dem →Wohngeld, die in der BRD als reine Versorgungsleistungen konzipiert sind.
Vgl. u. a. A. Beckel, „Versorgungsstaat", in: Katholisches Soziallexikon, a. a. O., S. 1262 ff., und Harald Wölfel, Der Trend zum Versorgungsstaat, Diss. Köln 1970, passim.

Vertrauensärztlicher Dienst →Krankenversicherung, gesetzliche.

Vertriebene, -ngesetz →Kriegsschadenausgleich, gesetzlicher.

Vertriebenen- und Flüchtlingsämter →Soziale Sicherung der Flüchtlinge.

Verweildauer →Krankenhauswesen.

Volkseinkommen (vgl. auch Sozialprodukt).

1. Begriff

Unter dem Begriff Volkseinkommen (VE.) wird in der Wirtschaftstheorie der in Geld ausgedrückte Gegenwert der Güterseite, d. h. des →Sozialprodukts zu Faktorkosten, verstanden. Es besteht aus der Summe der →Einkommen aus den Produktionsfaktoren, also aus der Summe der →Löhne und Gehälter, der Grundrenten, der Zinsen und der →Unternehmergewinne.

2. *Umfang und Verteilung*

a) 1971 betrug das VE. 579,9 Mrd. DM, die Zuwachsrate lag bei 10% gegenüber dem Vorjahr. Der Anteil aus unselbständiger →Arbeit belief sich auf 400,0 Mrd. DM (oder 13,3% Zuwachs); der Anteil aus Unternehmertätigkeit und Vermögen machte 179,9 Mrd. DM aus (oder 3,9% mehr als im Vorjahr). Der Anteil →Einkommen aus abhängiger →Arbeit betrug demnach 68,9% vom VE. gegenüber 31,1% →Einkommen aus Unternehmertätigkeit und Vermögen (vgl. auch Einkommen, -sverteilung).

b) Es ist seit jeher Anliegen der →Gewerkschaften gewesen, die Höhe des Arbeitseinkommens auf Kosten des Besitzeinkommens zu verändern, also die Restgröße →Unternehmergewinn (nach Abzug des *Unternehmerlohns* und der *Eigenkapitalverzinsung*) unabhängig vom Arbeitseinkommen dem →Arbeitnehmer zukommen zu lassen.

c) Über die endgültige Verteilung des VE. entscheiden jedoch nicht die →Tarifverträge, sondern letztlich die Verwendung der →Einkommen. Je nachdem, ob sie konsumtiv (nachfragewirksam) oder investiv verwandt werden, wird der →Unternehmergewinn geschmälert oder nicht.

d) Angesichts der heutigen Größenordnung der Umverteilung fragt es sich, ob es gerechtfertigt erscheint, das gesamte im Marktprozeß erzielte →Einkommen aller Produktionsfaktoren, also vor allem das Rest-Besitzeinkommen von 15% des →Volkseinkommens (Grundrente, Zins und →Unternehmergewinn), allein dem Faktor →Arbeit zuzurechnen. Dies ist vor allem deshalb bedenklich, weil der →Unternehmergewinn über Neuinvestitionen *einkommenswirksam* ist und daher im Multiplikatoreffekt wieder *vermögenswirksam* werden kann.

Vgl. u.a. Ernst Schuster, „Volkseinkommen", in: HdSW, Bd. XI, a.a.O., S. 365ff., und Wirtschaft und Statistik, 1972, Heft 2, S. 78f.

Volksgesundheit →Gesundheitspolitik, -wesen.

Volkspension, -rente, -versicherung (vgl. auch Rentenversicherung der Arbeiter und Angestellten, gesetzliche).

Der Gedanke der Volksrente, der in England nach dem *Kopfpauschalprinzip* (flat rate principle) praktiziert wird und vor allem in Schweden besonders ausgeprägt ist, basiert auf dem Prinzip der Finanzierung aus Steuermitteln (vgl. Versorgungsstaat).

Eine solche Konzeption, bei der jeder Bürger „gleich" behandelt wird, widerspricht im Grundsatz dem gegenwärtigen System der individuell gestalteten gesetzlichen →Rentenversicherung in der BRD, wonach jeder Rentner diejenige Rente bezieht, die er sich aufgrund seiner Beitragsleistungen im Verhältnis zum →Lohn und Gehalt „erdient" hat.

Vgl. Literatur in den Anmerkungen zu „Rentenversicherung der Arbeiter und Angestellten, gesetzliche".

Volksvermögen →Vermögen, -spolitik.

Vollbeschäftigung (vgl. auch Gewerkschaften und Arbeitslosigkeit).

1. Begriff und Entwicklung

a) Während vor John Maynard Keynes in England unter Vollbeschäftigung (V.) die volle Ausnutzung des vorhandenen Arbeitskräftepotentials und der Anlagen (Kapazitäten) verstanden wurde, wird heute unter V. – wenigstens im politischen Raum – vorwiegend die konstante oder steigende Zahl der Beschäftigten verstanden. Mit einer *Arbeitslosenquote* (Verhältnis der Arbeitslosen zur Erwerbsbevölkerung) von z.Z. 1,7% (Januar 1972) dürfte das Ziel der V. noch nicht gefährdet sein.
b) Seit der *Weltwirtschaftskrise (1929)* lebt die westliche Welt in Sorge vor der →Arbeitslosigkeit. Insbesondere in Deutschland haben die Erfahrungen in der *Weimarer Zeit* dazu geführt, daß V. das vorrangige Ziel der Wirtschaftspolitik der Regierung ist. Sie ist deshalb im sog. magischen Drei- bzw. Viereck, das durch die Punkte V., *Geldwertstabilität, stabiles Preisniveau und Zahlungsbilanzgleichgewicht* charakterisiert ist, der markanteste Punkt.

2. Volkswirtschaftliche Auswirkungen

a) Da die V. nicht nur eine beschäftigungspolitische, sondern auch eine gesellschaftspolitische (→Gesellschaftspolitik) *Stabilisierung* der *Volkswirtschaft* zur Folge hat, haben sich besonders die →Gewerkschaften dem Ziel der V. angenommen.
b) Eng mit diesem Ziel verbunden ist jedoch auch die Politik der immer steigenden →Löhne; da →Unternehmer und →Arbeitnehmer sich von der Idealvorstellung leiten lassen, daß der *Produktivitätsfortschritt* nur über steigende →Löhne verteilt werden kann, nicht aber dagegen über sinkende Preise.
c) Dabei wird jedoch oft übersehen, daß die →Lohnpolitik der →Gewerkschaften nicht nur einkommenswirksam (→Einkommen), sondern auch *wachstums*bezogen zu beurteilen ist.

Vgl. Wilhelm Weber (Wien), „Beschäftigung", in: Katholisches Soziallexikon, a.a.O., S. 84, und Theodor Wessels, „Vollbeschäftigung", in: HdSW, Bd. XI, Stuttgart–Tübingen–Göttingen 1961, S. 416ff.

Vollkostendeckung →Krankenhauswesen.

Vorsorge (vgl. auch Einrichtungen der sozialen Sicherung).
Mit dem Umbruch der gesellschaftlichen (→Gesellschaft) Entwicklung von der *mittelalterlichen Feudalwirtschaft* zur *arbeitsteiligen Industriegesellschaft* wurde das Bedürfnis nach Vorsorge (V.) neben dem Erwerbsmotiv zum wichtigsten Existenzmerkmal. Da der →Arbeiter jedoch im 19. Jh. wegen des relativ und absolut niedrigen →Lohnniveaus freiwillig keine V. für die Zukunft treffen konnte, war die Gründung der Zwangsversicherungseinrichtungen (→Zwang, -sprinzip, -versicherung) unter BISMARCK ab 1883 Ausdruck der staatlichen V., an der die →Arbeiter nur zu $^1/_3$ mit Beitragszahlungen beteiligt waren (vgl. Rentenversicherung, gesetzliche).
Mit zunehmendem technischem Fortschritt im 20. Jh. und steigendem Lohnniveau änderte sich die V.-Möglichkeit der Versicherten, so daß sie nach und nach die Hälfte des Sozialversicherungsbeitrags (→Sozialversicherung) übernehmen konnten.
Nachdem der →Lohnsatz heute derart angestiegen ist, daß der →Arbeitnehmer wählen kann, ob er den technischen Fortschritt durch höheren →Lohn oder durch Muße genießen will, stellt sich die Frage, ob es nicht möglich ist, den Selbsthilfegedanken, d.h. das V.-Motiv auf freiwilliger Basis, zu fördern, indem nur das →Existenzminimum durch eine Pflichtversicherung gedeckt wird und alle weiteren Ansprüche freiwillig erworben werden (→Einrichtungen der sozialen Sicherung, zweite Konzeption der Sozialenquête-Kommission).

Vgl. Literatur unter dem Stichwort „Einrichtungen der sozialen Sicherung".

W

Währungsausgleichsgesetz →Lastenausgleich, gesetzlicher.

Wahlrecht →Sozialpolitik, Geschichte.

Waisenrente →Kriegsopferversorgung, →Renten- und Unfallversicherung, gesetzliche.

Wanderarbeiter →Sozialpolitik, internationale.

Wegeunfälle →Unfallversicherung, gesetzliche.

Weihnachtsgratifikation →Betriebliche Sozialleistungen.

Weiterbildung →Arbeitsförderungsgesetz, →Arbeitslosigkeit und Ausbildungsförderung.

Weiterversicherung →Krankenversicherung, gesetzliche.

Weltgesundheitsorganisation (WHO) →Sozialpolitik, internationale, →Gesundheitspolitik, -wesen.

Werksarzt →Arbeitsschutz, gesetzlicher.

Westeuropäische Union (WEU) →Sozialpolitik, internationale.

Wiedereingliederung →Parteiprogramme.

Wiedergutmachung.

1. Begriff

Zur Wiedergutmachung (W.) gehört ein Teil der Leistungen, die nach dem *Bundesentschädigungsgesetz von 1956* an Personen (und ihre Hinterbliebenen) gewährt werden, die aus Gründen der Rasse, des Glaubens oder der Weltanschauung durch das nationalsozialistische Regime politisch verfolgt wurden.

2. Umfang und Finanzierung

Die →Entschädigungsleistungen bestehen aus *Kapitalsummen* und *Renten.*

Die Finanzierung wird aus öffentlichen Mitteln bestritten und betrug 1970 1,9 Mrd. DM; 1975 sollen es 2,7 Mrd. DM sein. Bis 1975 werden sich die Leistungen insgesamt auf 30 Mrd. belaufen.

W.-Leistungen werden auch aus einer 1969 gegründeten *Stiftung für ehemalige politische Häftlinge* gewährt.

Vgl. Übersicht über die soziale Sicherung, a. a. O., S. 251 f., und Sozialbericht 1971, S. 178 ff., Schaubild 48 f. und Tabelle II–31 auf S. 279.

Winterbauförderung →Arbeitslosigkeit.

Wirtschaftsausschuß →Mitbestimmung.

Wirtschaftsdemokratie →Gewerkschaften.

Wirtschafts- und Sozialrat →Mitbestimmung.

Witwen-, Witwerrente →Kriegsopferversorgung, Renten- und Unfallversicherung, gesetzliche.

Wochengeld, -hilfe →Mutterschutz, gesetzlicher.

Wohlfahrtspflege, -verbände →Sozialhilfe, gesetzliche.

1. Träger

Die private Hilfstätigkeit oder Wohlfahrtspflege wird in der BRD von sechs *Spitzenverbänden der Freien Wohlfahrtspflege* und ihren Fachorganisationen ausgeführt. Es sind dies die *Arbeiterwohlfahrt;* der *Deutsche Caritasverband e. V.;* das *Deutsche Rote Kreuz e. V.;* das *Diakonische Werk* der Evangelischen Kirche in Deutschland (Innere Mission); der *Deutsche Paritätische Wohlfahrtsverband e. V.* und die *Zentralwohlfahrtsstelle der Juden in Deutschland e. V.,* die in der *Bundesarbeitsgemeinschaft der Freien Wohlfahrtspflege* zusammengeschlossen sind und vom *Deutschen Verein für öffentliche und private Fürsorge* in Frankfurt wissenschaftlich beraten werden.

2. Finanzierung

Bund, Länder und Gemeinden unterstützen diese Tätigkeit durch erhebliche finanzielle Beiträge aus öffentlichen Mitteln. Sie gewähren

Zuschüsse und Darlehnen zu Bauvorhaben und laufenden Sach- und Personalkosten.
Die private Hilfstätigkeit der →Verbände wird ferner durch Steuerfreiheit von Spenden für diese Organisationen gefördert. Durch das *Gesetz zur Förderung eines freiwilligen sozialen Jahres* (Jugendförderungsgesetz) von 1964 (vgl. Pflichtjahr) schafft der Staat außerdem Erleichterungen zur Behebung des Personalmangels in den sozialen Einrichtungen. Auch die Zahlung von Geldbußen an diese Organisationen oder die Durchführung von öffentlichen Sammlungen zu ihren Gunsten wird vom Staat gefördert.

Vgl. Übersicht über die soziale Sicherung a.a.O., S. 249, auch Hans Hermann Emmelius, „Fürsorge und Wohlfahrtspflege“, in: Staatslexikon, Bd. XI, a.a.O., Sp. 86ff.

Wohlfahrt, -sstaat (vgl. auch Versorgungsstaat).

1. Begriff und Entwicklung

Der Begriff Wohlfahrtsstaat (WSt.) hat sich im Absolutismus (17. Jh.) entwickelt; man versteht darunter einen *Verwaltungsstaat*, dessen Regierung auf dem →Zwangsprinzip aufgebaut ist und sich für das „allgemeine Wohl“ des einzelnen einsetzt.
Als WSt. oder Sozialstaat wird in der katholischen →Soziallehre jeder gerechte Staat bezeichnet, der Sorge für das *materielle Wohl* der Bürger und der *Gesamt*gesellschaft (→Gesellschaft) trägt.
Dazu gehört auch die Sorge für die sozial Schwachen und der Ausgleich zwischen verschiedenen gesellschaftlichen Schichten und →Gruppen im Sinne der →sozialen Gerechtigkeit; die summierten Kräfte der vereinigten Solidargemeinschaften werden genutzt, das →Solidaritätsprinzip wird nicht verleugnet. Bei der Erfüllung der Pflichten muß sich der WSt. jedoch nach dem →Subsidiaritätsprinzip richten und das vorrangige Selbstentfaltungsrecht des einzelnen und der nächst benachbarten →Gesellschaft oder Gemeinschaft berücksichtigen. Der Staat hat die *materielle* Wohlfahrt „zu überwachen, zu fördern und zu ordnen“.

2. Abgrenzung

Der WSt. ist einerseits vom →Versorgungsstaat abzugrenzen, der die Wohlfahrt der Bürger selbst übernimmt, andererseits vom „*Nachtwächterstaat*“, der die *Sicherung der Wohlfahrt* einer autonomen →Gesellschaft überläßt.
Eine Gleichsetzung von WSt. und Versorgungsstaat ist nach der →katholischen Soziallehre nicht korrekt.

Vgl. u.a. A. Beckel, „Wohlfahrtsstaat“, in: Katholisches Soziallexikon, a.a.O., S. 1350ff.

Wohngeld, gesetzliches.

1. Begriff

Unter dem Begriff Wohngeld (WG.) wird nach dem *2. Wohngeldgesetz* von 1970, mit dem die seit 1956 bestehenden vereinzelten Mietzuschüsse (vgl. auch *Gesetz über Mietbeihilfen* von 1963 und *Wohngeldgesetz* von 1965) abgelöst wurden, ein „Zuschuß zu den Aufwendungen für den Wohnraum“ verstanden, der aus öffentlichen Mitteln geleistet wird, um jedem Inhaber von Wohnraum ein angemessenes und familiengerechtes Wohnen wirtschaftlich zu sichern.
Den Mietern wird das WG. in Form eines Mietzuschusses gezahlt, während das einzelnen Eigentümern gezahlte WG. als Lastenzuschuß bezeichnet wird.

2. Empfänger

Zu den Empfängern des WG. gehören vor allem *Alleinstehende* und →Familien *mit Kindern,* wenn deren Brutto-*Familieneinkommen* einen bestimmten Betrag nicht überschreitet (ab 1.1.1972: 15000 DM).
Nach dem 2. WG.-gesetz gehören zu diesen Empfängern auch *Sozialhilfe*-Empfänger, die das WG. im Unterschied zur *Sozialhilfe* nicht zurückzahlen müssen. 1970 waren 69% der Mietzuschußempfänger *Rentner* und 59% der Lastenzuschußempfänger →Arbeiter.
Außer dem *Familieneinkommen* ist auch die Wohnfläche und die tragbare Belastung eine Bezugsgrundlage für das WG.
Entsprechend dem von Jahr zu Jahr zunehmenden Bestand an Neubauwohnungen wohnten Ende 1970 fast 71% der Mietzuschußempfänger in Wohnungen, die nach 1948 gebaut worden sind. Am 31.12.1970 war der Anteil der Einpersonenhaushalte mit 58% der größte unter allen mietzuschußempfangenden Haushalten, während bei den lastenzuschußempfangenden Haushalten die Haushalte mit 5 und mehr Familienmitgliedern mit 63% am stärksten vertreten waren.

3. Umfang

Am 31. 12. 1970 betrug die Gesamtzahl der WG.-Empfänger in der BRD 908335, die einen durchschnittlichen WG.-Betrag von 48,05 DM (je Fall und Monat) erhielten.
Über 90% erhielten einen Mietzuschuß und weniger als 10% einen Lastenzuschuß. Im Jahr 1970 betrug der durchschnittliche Mietzuschuß je Fall und Monat 45,87 DM, der Lastenzuschuß 75,28 DM.
Die WG.-Sätze liegen zwischen 5 und 452 DM.

4. Finanzierung

Die WG.-Zahlungen betrugen 1970 580,6 Mio. DM, für 1975 sind vom Bund 1,8 Mrd. DM angesetzt worden. Die Mittel werden von Bund und Ländern gemeinsam aufgebracht, die Verwaltungskosten tragen die Länder und Gemeinden.

5. Zukünftige Entwicklung

Das Anwachsen der Anzahl der WG.-Empfänger ist auf verschiedene Gründe zurückzuführen: auf die Steigerung der Mieten und Lasten durch die verbesserte Ausstattung der Wohnungen, die gestiegenen Baukosten und die Fehlbelegung von Sozialwohnungen (vgl. Sozialer Wohnungsbau).

Vgl. Manfred Hönisch, Lexikon der Wohnungswirtschaft a.a.O., S. 353; Übersicht über die soziale Sicherung, a.a.O., S. 231ff. und Sozialbericht 1971, S. 195ff. (Schaubild 56f.) Tabelle II–37 auf S. 285 sowie Wirtschaft und Statistik, 1971, Heft 8, August, S. 496ff.

Wohn(bei)hilfe →Soziale Sicherung der Soldaten.

Wohnungsbau, -markt →Boden-, Bodenrente, -politik und Sozialer Wohnungsbau.

Wohnungsbauprämien, -gesetz →Prämiensparen, →Vermögen, -politik.

Z

Zeitlohn →Lohnformen.

Zentralstelle für Arbeitsvermittlung →Arbeitslosigkeit.

Zentralwohlfahrtsstelle der Juden in Deutschland e. V. →Wohlfahrtspflege, →Sozialhilfe, gesetzliche.

Zugangsrente →Rentenversicherung der Arbeiter und Angestellten, gesetzliche.

Zurechnungszeiten →Rentenversicherung der Arbeiter und Angestellten, gesetzliche.

Zusatzversicherung →Krankenversicherung, private, →Versicherung, -seinrichtung(en), -wesen.

Zusatzversorgung (vgl. auch Beamte [-nversorgung]).

1. Einführung

Als Zusatzversorgung (ZVg.) werden alle öffentlich-rechtlichen Einrichtungen verstanden, die →Angestellten und →Arbeitern *im öffentlichen Dienst* eine zusätzliche Alters-, Invaliden- und Hinterbliebenenrente vermitteln, wenn der Anspruch auf diese zusätzliche *Sicherung gesetzlich* oder tarifvertraglich (→Tarifvertrag) geregelt ist. Hierhin gehört auch die Einrichtung *betrieblicher Pensionskassen* (vgl. betriebliche Altersversorgung).

Es ist der Sinn der ZVg., die Lücke zwischen dem Altersruhegeld aus den gesetzlichen →Versorgungs- und →Versicherungseinrichtungen und dem erwünschten Versorgungsniveau zu schließen.

2. Gesetzliche Grundlage

Die Zusatzversorgungen beruhen teils auf *Bundesgesetzen*, teils noch auf

Tarifordnungen des Reiches, teils auf →Tarifverträgen oder auf *Landesrecht.*

3. Die verschiedenen Träger

Die wichtigsten Träger sind:
a) die Versorgungsanstalt des Bundes und der Länder (VBL) für rd. 1 Mio. Arbeiter und Angestellte;
b) die Bundesbahn-Versicherungsanstalt für rd. 190000 Arbeiter und Angestellte;
c) die Versorgungsanstalt der Deutschen Bundespost für rd. 180000 Arbeiter und Angestellte;
d) die Pensionskasse Deutsche Eisen- und Straßenbahnen für rd. 5000 Versicherte;
e) die Versorgungsanstalt der Deutschen Bühnen für rd. 21000 Bühnenangehörige an Theatern und Opernhäusern, auch an Privattheatern;
f) die Versorgungsanstalt der Deutschen Kulturorchester für rd. 5000 Musiker in Kulturorchestern der öffentlichen Hand.
Darüber hinaus gibt es noch weitere *Versorgungskassen* der Länder und Gemeinden.

4. Umfang und Finanzierung

Insgesamt werden von den öffentlich-rechtlichen ZVg. schätzungsweise 2 Mio. →Arbeitnehmer erfaßt. Für alle ZVg.-Einrichtungen besteht Versicherungspflicht.
Die Finanzierung erfolgt durch →Arbeitgeber und →Arbeinehmer, so daß es sich eigentlich um Zusatzversicherungseinrichtungen im öffentlichen Dienst handelt. Der Bund leistet nur in einigen Fällen Hilfe.
Eine Übersicht gibt nebenstehende Tabelle:
Für die ZVg. im öffentlichen Dienst wurde 1970 1 Mrd. DM an Leistungen ausgegeben; 1975 sollen es 1,6 Mrd. DM sein. Die organisatorische Durchführung entspricht derjenigen der gesetzlichen →Rentenversicherung der Arbeitnehmer.

Vgl. Übersicht über die soziale Sicherung, a.a.O., S. 117ff., und Sozialbericht 1971, S. 161ff., Schaubild 37 und Tabelle II–26 auf S. 274.

Zwang, -sprinzip, -versicherung (vgl. auch Sozialversicherung).

1. Begriff

Unter dem Zwangsprinzip (Zpr.) wird die Tatsache verstanden, daß ein genau festgelegter Personenkreis innerhalb der Bevölkerung, nämlich die in einem abhängigen Arbeits- oder Angestellten-Verhältnis Stehenden, kraft Gesetzes Mitglieder der →Sozialversicherung sein müssen.

*Öffentlich-rechtliche Zusatzversorgungen**

Einrichtung	Erfassungsjahr	Versicherte in 1000	Zahl der Renten in 1000	Einnahmen in Mio. DM	Ausgaben in Mio. DM	Vermögen in Mio. DM
Versorgungsanstalt des Bundes und der Länder	1969	986	216		310	
Bundesbahn-Versicherungsanstalt – Abt. B –	1966	190	170		150	
Versorgungsanstalt der Deutschen Bundespost	1968	180	56		85	
Pensionskasse deutscher Eisenbahner	1961	9	7	36	29	20
Versorgungsanstalt der deutschen Bühnen	1962	21	4	12	7	
Versorgungsanstalt der deutschen Kulturorchester	1962	5		5	1	

* Vgl. Übersicht, a.a.O., S. 118.

Das ZPr. soll jedoch die freiwillige individuelle Selbsthilfe des einzelnen nicht einschränken, sondern nur durch eine zwangsweise gemeinschaftliche Selbsthilfe eine *Grundsicherung* gewährleisten. Es ist in allen Bereichen der →Sozialversicherung wirksam und soll auch zur Durchführung von Vermögensbildungsplänen angewandt werden (vgl. Vermögen, -spolitik).

2. Beurteilung

In der heutigen *Wohlstandsgesellschaft* erhebt sich die Frage, ob dieses Prinzip noch gerechtfertigt ist, ob nicht vielmehr in der Idealvorstellung jeder Normalverdiener infolge des relativ hohen Lohnniveaus (→Lohn) in der Lage wäre, →Vorsorge aus privater Initiative zu treffen, wenigstens ab einer gewissen Grenze unter der Voraussetzung einer gesetzlich garantierten Grundsicherung (zweite Konzeption der Sozialenquête).

Vgl. u.a. Leopold v. Wiese, „Sozialer Zwang“, in: HdSW, Bd. IX, a.a.O., S. 417ff.

Die wichtigsten Daten zur Sozialpolitik

Stand: 15. 12. 1971

I. Die Entwicklung mit Beginn der industriellen Revolution und früher (ab 1700ff.)

1717	Verkündung eines Generaledictes, betreffend die Schulpflicht für die Königlichen Domänen (Beginn der Schulpflicht in Deutschland).
1729	Gründung der Vereinigung der Handlungsgehilfen.
ab 1750	Beginn der industriellen Revolution in England (mechanischer Webstuhl und Dampfmaschine werden zur bahnbrechenden technischen Erfindung).
1763	Verkündung eines General-Landschul-Reglements für ganz Preußen über die Domänen hinausgehend.
1776	Herausgabe der ersten wirtschaftstheoretischen Abhandlung von Adam Smith „Wealth of Nations" (erläutert am Beispiel der „Arbeitsteilung").
1791	Gründung von gewerblichen Sonntagsschulen.
1794	Begründung der allgemeinen Schulpflicht in Preußen durch die Aufnahme schulrechtlicher Vorschriften in das Allgemeine Landrecht für die preußischen Staaten.
1802	Verkündung des 1. Arbeiterschutzgesetzes durch Robert Peel in England.
1813	Einführung des freien Arbeitsvertrages in England mit Aufhebung der Elisabethanischen Gesetze.
1819	Verkündung des 1. Kinderschutzgesetzes (Gesetz über das Beschäftigungsverbot von Kindern unter 9 Jahren und Einführung des Zwölfstundentages für Kinder von 9 bis 16 Jahren) durch Robert Owen in England.
1833	Beginn der Gewerbeaufsicht in England.
1834	Verkündung der Armengesetze in England.
1839	Einführung des Kinderarbeitsverbots in Preußen.
1840	Verkündung eines Kinderschutzgesetzes in Bayern.
1840	Weberaufstand in Schlesien.
ab 1840	Gründung der ersten Arbeitervereinigungen.

1847 Einführung einer allgemeinen Arbeiterschutzgesetzgebung in England (Zehnstundentag für Frauen und Jugendliche).
1848 Gründung von Arbeiterverbrüderungen unter Stephan Born in Deutschland.
1850 Gründung von gewerblichen Fortbildungsschulen in Preußen.
1854 Fortentwicklung des Kinderschutzes in Bayern.
1854 Verkündung des Koalitionsverbotes in Preußen.
1855 Verkündung eines Kinderschutzgesetzes in Preußen (Gesetz über das Beschäftigungsverbot für Kinder unter 12 Jahren und den Sechsstundentag für Kinder unter 14 Jahren).
1861 Beginn des Kinderschutzes in Sachsen und Württemberg.
1861 Aufhebung des Koalitionsverbotes in Sachsen.
1862 Aufhebung des Koalitionsverbotes in Baden.
1863 Gründung des Allgemeinen Deutschen Arbeitervereins von Ferdinand Lassalle (Lassalleaner).
1867 Einführung des allgemeinen gleichen Wahlrechts im Norddeutschen Bund.
1868 Gründung der Hirsch-Duncker'schen Gewerkvereine.
1869 Gründung des Verbandes Deutscher Arbeitervereine von August Bebel und Karl Liebknecht in Eisenach (Eisenacher).

1869 Gründung des 1. Arbeitgeberverbandes der Deutschen Buchdrucker.
1869 Verkündung der Gewerbeordnung des Norddeutschen Bundes.
1869 Aufhebung des Koalitionsverbotes in Preußen.

II. Die Entwicklung seit Gründung des Deutschen Reiches (1871)

1872 Gründung des Vereins für Socialpolitik (Kathedersozialisten).
1873 Gründung des Deutschen Ärztevereinsbundes.
1873 Abschluß des 1. Tarifvertrages (Buchdruckertarif).
1875 Vereinigung der „Lassalleaner" und „Eisenacher" zur Sozialistischen Arbeiterpartei Deutschlands in Gotha (Gothaer Programm).
1878 Erweiterung des Truckverbotes (Entlohnung in Naturalien) für das Deutsche Reich.
1878 Beginn der Gewerbeaufsicht (obligatorische Fabrikinspektion) in Preußen.
1878 Verkündung des Sozialistengesetzes gegen die Gewerkschaften unter Bismarck.

1881 Verkündung der Kaiserlichen Botschaft und damit Einleitung sozialer Maßnahmen (Sozialversicherung).

1883 Gründung der gesetzlichen Krankenversicherung für das Deutsche Reich unter Bismarck.

1884 Gründung der gesetzlichen Unfallversicherung für das Deutsche Reich unter Bismarck.

1889 Gründung der gesetzlichen Invaliden- und Altersversicherung für das Deutsche Reich unter Bismarck.

1889 Gründung eines internationalen ständigen Komitees für Arbeitsunfälle und Sozialversicherung.

1890 Aufhebung des Sozialistengesetzes.

1890 Gründung der „Generalkommission der Gewerkschaften Deutschlands" unter Carl Legien in Berlin.

1890 1. Internationale Arbeiterschutzkonferenz in Berlin.

1890 Entwicklung des Revisionismus als Sonderform des Sozialismus unter Eduard Bernstein.

1891 Verkündung der 1. Sozialenzyklika „Rerum novarum" von Leo XIII.

1891 Regelung des Wöchnerinnenschutzes in der Novelle zur Gewerbeordnung.

1893 Gründung des Deutschnationalen Handlungsgehilfenverbandes (DHV).

1894 Gründung der Christlichen Gewerkschaften.

1900 Gründung der Internationalen Vereinigung für gesetzlichen Arbeiterschutz.

1900 Große Novelle zur Gewerbeordnung.

1900 Gründung des Leipziger Verbandes von Hermann Hartmann (Verband der Ärzte Deutschlands zur Wahrung ihrer wirtschaftlichen Interessen).

1901 Gründung der Deutschen Sektion der Internationalen Vereinigung für gesetzlichen Arbeiterschutz mit dem Namen „Gesellschaft für Soziale Reform".

1902 Verkündung der Seemannsordnung.

1903/06 Regelung der internationalen Arbeiterschutzgesetzgebung durch die Berner Konvention.

1903 Verkündung eines neuen Kinderschutzgesetzes für das Deutsche Reich.

1904 Gründung des Hartmannbundes durch Vereinigung des Leipziger Verbandes (Verband der Ärzte Deutschlands zur Wahrung ihrer wirtschaftlichen Interessen) mit dem Deutschen Ärztevereinsbund.

1910 Abschluß des Bauarbeitertarifs.

1910 Einführung des Zehnstundentages für weibliche Arbeiter.

1911 Beginn der ersten familienpolitischen Maßnahmen im Deutschen Reich.

1911 Kodifikation der drei Sozialversicherungsgesetze (der Kranken-, Unfall-, Invaliden- bzw. Altersversicherung) in der Reichsversicherungsordnung.

1911 Gründung der gesetzlichen Angestelltenversicherung.

1911 Verkündung des Hausarbeitsgesetzes betreffend den Schutz der Heimarbeiter.

1914 Regelung der Wochenhilfe für werdende Mütter.

1915 Verkündung des Nachtbackverbots.

1916 Verkündung des Hilfsdienstgesetzes.

III. Die Entwicklung in Deutschland seit 1918 (d. h. nach Kriegsende)

1918 Abschaffung des Dreiklassenwahlrechts in Preußen.

1918 Staatliche Anerkennung des Tarifvertrages und des Achtstundentages durch die Tarifordnung.

1918 Gründung der Vereinigung der leitenden Angestellten in Handel und Industrie (VELA).

1919 Abschluß des Berliner Abkommens zwischen Ärzten und Krankenkassen über das Mitspracherecht der Ärzte bei den Honorarverhandlungen (unter Mitwirkung des Hartmannbundes).

1919 Verkündung der vorläufigen Landarbeitsordnung.

1919 Gründung des Allgemeinen Deutschen Gewerkschaftsbundes in Nürnberg (ADGB).

1919 Gründung der Internationalen Arbeitsorganisation (Internationales Arbeitsamt mit Sitz in Genf und Internationale Arbeitskonferenz mit Sitz in Washington) (IAO – ILO).

1920 Generalstreik der Gewerkschaften als Antwort auf den Kapp-Putsch.

1920 Verkündung des Betriebsrätegesetzes.

1921 Ablösung der Fortbildungsschulen durch Berufsschulen.

1922 Verkündung des Jugendwohlfahrtsgesetzes.

1923 Verkündung der Arbeitszeitverordnung.

1923/26 Verkündung des Reichsknappschaftsgesetzes.

1924 Verkündung der Fürsorgepflichtverordnung.

1925 Gründung der Internationalen Vereinigung für Sozialen Fortschritt.

1926 Verkündung des Arbeitsgerichtsgesetzes.

1926 Verkündung des Kündigungsschutzgesetzes für Angestellte.

1927 Gründung der Arbeitslosenversicherung.

1927 Gründung der Internationalen Vereinigung für Soziale Sicherheit (IVSS).

1931 Verkündung der 2. Sozialenzyklika „Quadragesimo anno" von Pius XI.

1931 Verordnung über den freiwilligen Arbeitsdienst.

1932 Gründung der ersten Kassenärztlichen Vereinigungen.

1933 Gründung der Nationalsozialistischen Deutschen Arbeitsfront (DAF).

1934 Verkündung des Gesetzes zur Ordnung der nationalen Arbeit.

1935 Verkündung des Social Security Act.

1938 Verkündung des Gesetzes über die Altersversicherung für das Deutsche Handwerk.

1938 Verkündung des Jugendschutzgesetzes.

1938 Verkündung einer allgemeinen Arbeitsverpflichtung (Arbeitsdienst).

1938 Neufassung der Arbeitszeitordnung.

1941 Verkündung der Atlantik-Charta.

1942 Verkündung des Beveridge-Plans in England.

1944 Erklärung von Philadelphia zur internationalen Regelung der Arbeitsverhältnisse.

1946 Gründung des Freien Deutschen Gewerkschaftsbundes in der sowjetisch besetzen Zone Deutschlands (FDGB).

1948 Allgemeine Erklärung der Menschenrechte.

IV. Die Entwicklung in der Bundesrepublik Deutschland nach 1945

1949 Gründung der Deutschen Angestellten-Gewerkschaft (DAG).

1949 Gründung des Deutschen Gewerkschaftsbundes (DGB).

1949 Verkündung des Soforthilfegesetzes (Gesetz über die Versorgung der Vertriebenen und Flüchtlinge).

1949 Verkündung des Sozialversicherungs-Anpassungs-Gesetzes.

1949 Verkündung des Tarifvertragsgesetzes.

1950 Gründung des Deutschen Beamtenbundes (DBB).

1950 Verkündung des Bundesversorgungsgesetzes.

1950 Verkündung des Heimkehrergesetzes.

1950 Verkündung des Kriegsgefangenen-Unterhaltsbeihilfen-Gesetzes.

1951 Gründung der Union der leitenden Angestellten (ULA).

1951 Verkündung des Heimarbeitsgesetzes.

1951 Verkündung des Kündigungsschutzgesetzes.
1951 Verkündung des Montan-Mitbestimmungsgesetzes.
1951 Verkündung des Selbstverwaltungsgesetzes.
1952 Verkündung des Betriebsverfassungsgesetzes.
1952 Verkündung des Feststellungsgesetzes.
1952 Verkündung des Lastenausgleichsgesetzes.
1952 Verkündung des Mindestarbeitsbedingungengesetzes.
1952 Verkündung des Mutterschutzgesetzes.
1952 Verkündung des Währungsausgleichsgesetzes.
1952 Verkündung des Wohnungsbau-Prämiengesetzes.
1952 Verkündung von Mindestnormen der sozialen Sicherheit durch die Internationale Arbeitskonferenz.
1952 Verkündung von Richtlinien für die Regelung der Arbeitsbedingungen von Hausgehilfen im Bundesgebiet.
1952 Veröffentlichung des Reformplans „Die Reform der Sozialpolitik durch einen deutschen Sozialplan" von Gerhard Mackenroth.
1953 Verkündung des Altsparergesetzes.
1953 Verkündung des neuen Arbeitsgerichtsgesetzes.
1953 Verkündung des Bundesbeamtengesetzes.
1953 Verkündung des Bundesevakuiertengesetzes.
1953 Verkündung des Bundesvertriebenengesetzes.
1953 Verkündung des Gesetzes über die Verbreitung jugendgefährdender Schriften.
1953 Verkündung des Jugendgerichtsgesetzes.
1953 Verkündung des Sozialgerichtsgesetzes.
1953 Verkündung des Schwerbeschädigtengesetzes.
1953 Ansiedlung des Zweigamtes des Internationalen Arbeitsamtes in Bonn.
1954 Verkündung der Bundespflegesatzverordnung.
1954 Verkündung des Gesetzes über die Kindergeldkassen.
1954 Verkündung des Kriegsgefangenenentschädigungsgesetzes.
1955 Verkündung des Besatzungsschädengesetzes.
1955 Verkündung des Gesetzes über Kassenarztrecht.
1955 Verkündung des Häftlingshilfegesetzes.
1955 Verkündung des Personalvertretungsgesetzes.
1955 Gründung des Christlichen Gewerkschaftsbundes (CGB).
1955 Veröffentlichung der „Rothenfelser Denkschrift" mit dem Titel „Neuordnung der sozialen Leistungen" von Hans Achinger – Joseph Höffner – Hans Muthesius – Ludwig Neundörfer.
1955 Veröffentlichung des Reformplans „Existenzsicherheit in der

industriellen Gesellschaft“ von Wilfrid Schreiber als Grundlage der 1957 verkündeten dynamischen Rentenreform.

1956 Verkündung des Bundesentschädigungsgesetzes.

1956 Verkündung des Krankenversicherungsgesetzes der Rentner.

1957 Verkündung des Gesetzes über eine Altershilfe für Landwirte.

1957 Verkündung des Bundesbesoldungsgesetzes.

1957 Verkündung des Jugendschutzgesetzes.

1957 Verkündung des 1. Lohnfortzahlungsgesetzes.

1957 Verkündung der Rentenreform (Einführung des dynamischen Rentenprinzips von Wilfrid Schreiber) durch drei Rentenversicherungs-Neuregelungsgesetze.

1957 Verkündung des Seemannsgesetzes.

1957 Verkündung des Soldatenversorgungsgesetzes.

1957 Verkündung des Unterhaltssicherungsgesetzes.

1957 Verkündung der Zulassungsordnung für Kassenärzte.

1957 Veröffentlichung des „Sozialplans für Deutschland“ von Walther Auerbach und Ludwig Preller.

1958 Beginn der Harmonisierungsbestrebungen in der Europäischen Wirtschaftsgemeinschaft in bezug auf die Sozialpolitik.

1959 Verkündung des Spar-Prämiengesetzes.

1959 Verkündung des Godesberger Programms der SPD.

1960 Verkündung des Bundesbaugesetzes.

1960 Verkündung des Fremdrenten- und Auslandsrenten-Neuregelungs-Gesetzes.

1960 Verkündung des Handwerkerversicherungsgesetzes.

1960 Verkündung des Jugendarbeitsschutzgesetzes.

1961 Abschluß des Bundesangestelltentarifs.

1961 Verkündung der Bundesärzteordnung.

1961 Verkündung des Bundes-Seuchengesetzes.

1961 Verkündung des Bundessozialhilfegesetzes.

1961 Verkündung des Jugendwohlfahrtsgesetzes.

1961 Verkündung der Kriegsopferfürsorgeverordnung.

1961 Verkündung des 1. Vermögensbildungsgesetzes (312-DM-Gesetz).

1963 Verkündung des Bundesurlaubsgesetzes.

1963 Verkündung des Unfallversicherungs-Neuregelungs-Gesetzes.

1963 Verkündung des Gesetzes über Wohnbeihilfen.

1964 Verkündung des Bundeskindergeldgesetzes.

1964 Verkündung des Jugendförderungsgesetzes (Gesetz zur Förderung eines freiwilligen sozialen Jahres).

1965 Verkündung der Europäischen Sozialcharta (für die BRD).

1965 Verkündung der Gebührenordnung für Ärzte.
1965 Verkündung des Flüchtlingshilfegesetzes.
1965 Verkündung des 2. Vermögensbildungsgesetzes (624-DM-Gesetz).
1965 Verkündung des (1.) Wohngeldgesetzes (früheres Gesetz über Wohnbeihilfen von 1963).
1965 Verkündung des Wohnungsbindungsgesetzes.
1966 Abschluß eines Tarifvertrages über vermögenswirksame Leistungen in der Bauindustrie.
1966 Abschluß eines Tarifvertrages über die Versorgung der Arbeiter und Angestellten im öffentlichen Dienst.
1967 Verkündung des Finanzänderungsgesetzes.
1967 Verkündung des Stabilitätsgesetzes.
1968 Verkündung der 7. Berufskrankheitenverordnung.
1968 Verkündung des Berliner Programms der CDU.
1969 Verkündung des Arbeitsförderungsgesetzes.
1969 Verkündung des 1. Arbeitsrechtsbereinigungsgesetzes.
1969 Verkündung des Berufsbildungsgesetzes.
1969 Verkündung des [1.] Krankenversicherungs-Änderungsgesetzes (= 2. Lohnfortzahlungsgesetz).
1969 Verkündung des Reparationsschädengesetzes.
1969 Vereinigung der einzelnen Knappschaften in der Bundesknappschaft als zentralem Träger der knappschaftlichen Rentenversicherung.
1970 Verkündung des 2. Krankenversicherungs-Änderungsgesetzes.
1970 Abschluß eines Tarifvertrages über vermögenswirksame Leistungen in der Metallindustrie.
1970 Verkündung des 3. Vermögensbildungsgesetzes (624-DM-Gesetz).
1970 Verkündung des Gesetzes über vermögenswirksame Leistungen für Bundesbeamte, Berufssoldaten und Soldaten auf Zeit.
1970 Verkündung des 2. Wohngeldgesetzes.
1971 Verkündung des 1. Besoldungsvereinheitlichungs- und Neuregelungsgesetzes (für Beamte).
1971 Verkündung des Bundesausbildungsförderungsgesetzes.
1971 Verkündung der Freiburger Thesen zur Gesellschaftspolitik der F.D.P.
1971 Verkündung des Graduiertenförderungsgesetzes.
1971 Verkündung des Unfallversicherungsgesetzes für Schüler, Studenten sowie Kinder in Kindergärten.
1971 Verkündung des Wohnungsbauänderungsgesetzes von 1971.

Im Gesetzgebungsverfahren	Gesetz über die wirtschaftliche Sicherung der Krankenhäuser und Regelung der Pflegesätze (Krankenhausfinanzierungsgesetz). Gesetz über die Krankenversicherung der Landwirte. Zweite Rentenreform.

Sozialpolitische und sozialpolitisch bedeutsame Institutionen der Bundesrepublik Deutschland ohne Forschungseinrichtungen[1]

Stand: 15. 4. 72

[1] Jedoch ohne historische Vorläufer. Forschungseinrichtungen vgl. S. 355 ff.

Sozialpolitische Auskunfts- und Beratungsstellen[1]

Stand: 15. 12. 1971
(geordnet nach der Dringlichkeit)

1. Rentenversicherung der Arbeiter und Angestellten

a) Arbeiterrentenversicherung
Auskunftsstellen bei den 18 Landesversicherungsanstalten und besondere Überwachungsbeamte mit Auskunfts- und Beratungspflicht.

b) Angestelltenversicherung
Auskunfts- und Beratungsstellen in 14 Großstädten
100 weitere Auskunfts- und Beratungsstellen.
1400 ehrenamtlich tätige Versicherungsälteste

c) Knappschaftliche Rentenversicherung
1300 Knappschaftsälteste mit einer Auskunfts- und Beratungspflicht

2. Rentenversicherung der Landwirte

Die meisten landwirtschaftlichen Alterskassen Gesamtverband der landwirtschaftlichen Alterskassen Gemeinden Landwirtschaftskammern Kreislandwirtschaftsämter	haben eine Aufklärungspflicht

3. Krankenversicherung der Arbeiter und Angestellten

Die 1789 Einzelkassen (1971) und Betriebsprüfer haben eine Beratungs- und Auskunftspflicht in Fragen der Sozialversicherung.

4. Unfallversicherung

Die technischen Aufsichtsbeamten der Träger der Unfallversicherung haben eine Überwachungspflicht bei der Befolgung der Unfallverhütungsvorschriften.
Die Sicherheitsbeauftragten des Betriebes üben Beratungsfunktionen aus.

[1] Vgl. zu näheren Einzelheiten Übersicht über die soziale Sicherung, a.a.O., S. 267ff.
[2] Vgl. auch verschiedene Renten-Ratgeber im Literaturverzeichnis dieser Schrift.

5. Arbeitsverwaltung

Die Arbeitsämter haben eine Beratungs- und Auskunftspflicht in Fragen der
Förderung der beruflichen Ausbildung, Fortbildung, Umschulung und Rehabilitation,
Berufsberatung für Schulabgänger,
Arbeitsvermittlung.

6. Lastenausgleich

Eine Auskunfts- und Beratungspflicht haben die Gemeinden und die Heimatauskunftsstellen bei bestimmten Landesausgleichsämtern.

7. Sozialhilfe

Die Träger der Sozialhilfe haben eine Verpflichtung, Rat und Hilfe zu erteilen, auch in sonstigen sozialen Angelegenheiten, falls nicht die Verbände der freien Wohlfahrtspflege dies tun.

8. Sonstige Informationsmöglichkeiten in allen Fragen der sozialen Sicherheit

Gewerkschaften
Arbeitnehmervertretungen mit sozial- und berufspolitischer Zielsetzung
Arbeitgebervereinigungen
Kriegsopfervereinigungen
private Rentenberater
Anwälte
die alle bei Prozessen vor den Sozialgerichten (Landes- und Bundessozialgericht) vertretungsberechtigt sind.

Sozialpolitik und Sozialrecht in Forschung und Lehre in der BRD und im deutschsprachigen Ausland

Stand: 15. 12. 1971 (geordnet in alphabetischer Reihenfolge)

I. Institute[1], Seminare oder Lehrstühle für Sozialpolitik in der BRD (ohne Volkswirtschaftslehre)

Forschungs-Abteilung Sozialpolitik des Wirtschaftswissenschaftlichen Seminars der Universität Tübingen
Professor Dr. Erich Arndt
74 Tübingen, Brunnenstraße 27

Forschungsinstitut für Einkommenspolitik und Soziale Sicherung an der Universität zu Köln

Forschungsinstitut für Gesellschaftspolitik und beratende Sozialwissenschaft e. V.
Professor Dr. Gerhard Weisser
34 Göttingen, Benfeyweg 8

Forschungsinstitut für Sozialpolitik der Universität zu Köln
Professor Dr. Heinz Lampert
5 Köln 41 – Lindenthal, Lindenthalgürtel 15

Institut für Arbeitssoziologie und Arbeitspolitik der Ruhr-Universität Bochum
Professor Dr. Philipp Herder-Dorneich
Professor Dr. Bernhard Külp u. a.
463 Bochum-Querenburg, Oberbergstraße 15

Institut für Sozialforschung der Universität Stuttgart
Professor Dr. Albrecht Kruse-Rodenacker
Professor Dr. Rolf E. Vente
7 Stuttgart, Friedrichstraße 10

[1] Auch nicht universitäre Institute (mit dem Zusatz e. V.) sind mit einbezogen worden.

Institut für Sozialforschung und Gesellschaftspolitik e.V.
Professor Dr. Otto Blume
5 Köln 1, Sachsenring 41

Institut für Sozialpolitik und Arbeitsrecht e.V.
8 München 2, Altheimer Eck 3/II

Institut für sozialpolitische Forschung der Freien Universität Berlin
Professor Dr. J. Zerche
1 Berlin 33, Altensteinstraße 55

Institut für Sozialpolitik und Sozialrecht der Universität Göttingen, Sozialpolitische Abteilung:
Professor Dr. Hans-Günther Schlotter
Universitätsdozent Dr. Ingeborg Nahnsen
Sozialrechtliche Abteilung: Professor Dr. Horst Neumann-Duesberg
Privatdozent Dr. Stella Seeberg
34 Göttingen, Nikolausberger Weg 5

Institut für betriebliche Sozialpraxis der Universität München
Professor Dr. Guido Fischer
8 München, Ludwigstraße 28

Institut für Sozial- und Wirtschaftspolitik der Universität Saarbrücken
Professor Dr. Elisabeth Liefmann-Keil
66 Saarbrücken, Universität, Bau 16, 2. OG.

Institut für sozialwissenschaftliche Forschung e.V.
Professor Dr. Burkart
8 München 13, Jakob-Klar-Straße 9

Institut für Verteilungs- und Sozialpolitik der Universität Würzburg
Professor Dr. Bruno Molitor
87 Würzburg, Plattnerstraße 3

Sektion Sozialpolitik des Zentralen Sozialwissenschaftlichen Seminars
Lehrstuhl für Sozialpolitik der Ruhr-Universität Bochum
Professor Dr. Bernhard Külp
463 Bochum-Querenburg, Universität, Gebäude GC/311, Postfach 2148

Sektion Sozialpolitik des Zentralen Sozialwissenschaftlichen Seminars

Lehrstuhl für Sozialpolitik und Sozialökonomik der Ruhr-Universität Bochum
Professor Dr. Philipp Herder-Dorneich
463 Bochum-Querenburg, Universität, Gebäude GC/311, Postfach 2148

Lehrstuhl für Volkswirtschaftslehre, insbesondere Wirtschafts- und Sozialpolitik der Technischen Universität Berlin
Professor Dr. Detlef Marx
1 Berlin 12, Straße des 17. Juni 135

Seminar für Fürsorgewesen und Sozialpädagogik der Universität Frankfurt
Professor Dr. Hans Achinger (komm.)
6 Frankfurt/M., Bockenheimer Landstraße 133

Seminar für Sozialökonomie und Wirtschaftsstatistik der Universität Nürnberg
Professor Dr. Ulrich Pagenstecher
85 Nürnberg, Hauptmarkt 2
Privatdozent Dr. Horst Winterstein

Seminar für Sozialpolitik der Universität Frankfurt
Professor Dr. Hans-Jürgen Krupp
6 Frankfurt/M., Jügelstraße 15

Seminar für Sozialpolitik der Universität zu Köln
Professor Dr. Heinz Lampert
Professor Dr. Wilfrid Schreiber
Professor Dr. Otto Blume
Professor Dr. Werner Wilhelm Engelhardt
5 Köln 41 – Lindenthal, Albertus-Magnus-Platz 1

Seminar für Wirtschafts- und Sozialpolitik der Universität Frankfurt
Professor Dr. Helmut Meinhold
6 Frankfurt/M., Jügelstraße 15

Soziographisches Institut an der Universität Frankfurt
Professor Dr. Ludwig Neundörfer
6 Frankfurt/M., Schaumainkai 35

II. Institute, Seminare oder Lehrstühle für Sozialrecht in der BRD

Forschungsinstitut für Sozialrecht der Universität zu Köln
Professor Dr. Herbert Wiedemann
5 Köln 41, Wilhelm-Waldeyer-Straße 14

Institut für Arbeitsrecht und Recht der Sozialen Sicherheit der Universität Bonn
Professor Dr. Viktor Weidner
Professor Dr. Kurt Ballerstedt
53 Bonn, Adenauerallee 44

Institut für Arbeits- und Sozialrecht der Universität Saarbrücken
Sozialrechtliche Abteilung: NN
66 Saarbrücken, Universität

Institut für Arbeits- und Sozialrecht der Universität Tübingen
Professor Dr. Wolfgang Zöllner
74 Tübingen, Universität

Institut für Sozialrecht der Ruhr-Universität Bochum
Professor Dr. Bernhard Külp u.a.
463 Bochum-Querenburg, Universität, Gebäude NB

Institut für Wirtschaftsrecht, Arbeits- und Sozialversicherungsrecht der Universität Freiburg
Arbeits- und Sozialversicherungsrechtliche Abteilung:
Professor Dr. Manfred Lönrich
78 Freiburg i. Br., Universität, Kollegiengebäude II

III. Institute für Sozialpolitik (und Soziologie) in Österreich

Institut für Wirtschafts- und Sozialpolitik
Innsbruck, Maria-Theresien-Straße 53

Institut für Wirtschafts- und Sozialpolitik
Professor Dr. Th. Pütz
Wien III, Am Modenápark 13, Universitätshauptgebäude

Institut für Soziologie[1]
Hochschule für Welthandel
Professor Dr. A. Burghardt
Wien IX, Franz-Klein-Gasse 1

Institute für Arbeits- und Sozialrecht in Österreich

Institut für Arbeits- und Sozialrecht
Professor Dr. Schnorr
Innsbruck, Hormaystraße 5

Institut für Arbeits- und Sozialrecht
Professor Dr. H. Floretta
Salzburg, Universität

Institut für Arbeits- und Sozialrecht
Professor Dr. Th. Thomadl
Wien I, Rathausstraße 19 und 21

Institut für Arbeits- und Sozialrecht
Hochschule für Welthandel
Professor Dr. A. Nowak
Wien IX, Franz-Klein-Gasse 1

Schweiz

Institut für Europäisches und Internationales Wirtschafts- und Sozialrecht
Professor Dr. Bürgi
St. Gallen, Dufourstraße 40a, Institutsgebäude II

[1] Betrifft auch Sozialpolitik.

Sozialpolitisch bedeutsame, gegenwärtig gültige Abkommen, Erklärungen, Gesetze, Richtlinien, Tarife, Verordnungen und Verträge in der BRD[1] Stand: 15.3.1972

Kurzbezeichnung	*Volle Bezeichnung*	*Verweis auf den Text*
Allgemeine Erklärung der Menschenrechte von 1948	Universal Declaration of Human Rights, in: United Nations Bulletin, Sammelband VIII, Nr. 8, New York 1950 (1. Januar 1949), S. 6ff.	vgl. Sozialpolitik, internationale
Altershilfe-Gesetz für Landwirte (GAL) von 1957	Gesetz über eine Altershilfe für Landwirte von 1957, in der Fassung der Bekanntmachung vom 14.9.1965, BGBl I, 1448; zuletzt geändert durch Gesetz vom 21. 12. 1970, BGBl I, 1774.	vgl. Soziale Sicherung in der Landwirtschaft
Altsparergesetz (AsparG) von 1953	Gesetz zur Milderung von Härten der Währungsreform vom 14. 7. 1953, in der Fassung der Bekanntmachung vom 1. 4. 1959, BGBl I, 169; zuletzt geändert durch Gesetz vom 18. 5. 1965, BGBl I, 419.	vgl. Lastenausgleich, gesetzlicher
Angestelltenversicherungsgesetz (AngVG) von 1911	Angestelltenversicherungsgesetz von 1911, in der Fassung der Bekanntmachung vom 28. 5. 1924, RGBl I, 563; zuletzt geändert durch Gesetz vom 18. 12. 1970, BGBl I, 1751.	vgl. Rentenversicherung der (Arbeiter und) Angestellten (und der Berglaute), gesetzliche
Angestelltenversicherungs-Neuregelungsgesetz (AnVNG) von 1957	Gesetz zur Neuregelung des Rechts der Rentenversicherung der Angestellten (Angestelltenversicherungs-Neu-	vgl. Rentenversicherung, der (Arbeiter und) Angestellten

[1] Anpassungsgesetze und Durchführungsverordnungen sollen hier unberücksichtigt bleiben, ebenso historisch bedeutsame Gesetze der Vergangenheit.

	regelungsgesetz-AnVNG) vom 23. 2. 1957, BGBl I, 88; geändert durch Gesetz vom 22. 12. 1970, BGBl I, 1846.	(und der Bergleute), gesetzliche
Arbeiterrentenversicherungs-Gesetz (ArVG) von 1889	vgl. Reichsversicherungsordnung von 1911, 4. Buch: Rentenversicherung der Arbeiter.	vgl. Rentenversicherung der (Arbeiter und) Angestellten (und Bergleute), gesetzliche
Arbeiterrentenversicherungs-Neuregelungsgesetz (ArVNG) von 1957	Gesetz zur Neuregelung des Rechts der Rentenversicherung der Arbeiter (Arbeiterrentenversicherungs-Neuregelungsgesetz – ArVNG) vom 23.2.1957, BGBl I, 45; zuletzt geändert durch Gesetz vom 21. 12. 1970, BGBl I, 1174.	vgl. Rentenversicherung, der Arbeiter (und Angestellten und der Bergleute), gesetzliche
Arbeitsförderungsgesetz (AFG) von 1969	Arbeitsförderungsgesetz (AFG) vom 25. 6. 1969, BGBl I, 582; zuletzt geändert durch Gesetz vom 24. 12. 1969, BGBl I, 2428.	vgl. Arbeitslosigkeit
Arbeitsgerichtsgesetz (ArbGG) von 1953	Arbeitsgerichtsgesetz vom 3. 9. 1953, BGBl I, 1267; zuletzt geändert durch Gesetz vom 14. 8. 1969, BGBl I, 1112.	vgl. Arbeitsgerichtsbarkeit
Erstes Arbeitsrechtsbereinigungsgesetz von 1969	Gesetz zur Änderung des Kündigungsrechts und anderer arbeitsrechtlicher Vorschriften (Erstes Arbeitsrechtsbereinigungsgesetz) vom 14. 8. 1969, BGBl I, 1106.	vgl. Kündigungsschutz, gesetzlicher
Arbeitszeitordnung (AZO) von 1938	Arbeitszeitordnung vom 30. 4. 1938, RGBl I, 447; geändert durch Gesetz vom 24. 5. 1968, BGBl I, 503.	vgl. Arbeitsschutz, gesetzlicher
Atlantik-Charta von 1941	Atlantik-Charta vom 14. 8. 1941, in: Department of State Bulletin, Bd. V, Washington 1941, Nr. 112, S. 125.	vgl. Sozialpolitik, internationale

Kurzbezeichnung	*Volle Bezeichnung*	*Verweis auf den Text*
Behinderte-Kinder-Gesetz von 1971	Gesetz über die Errichtung einer Stiftung „Hilfswerk für das behinderte Kind" vom 17. 12. 1971, BGBl I, 2018.	vgl. Behinderte Kinder
Berufsbildungsgesetz (BBiG) von 1969	Berufsbildungsgesetz vom 14. 8. 1969, BGBl I, 1112.	vgl. Berufsausbildung
Siebente Berufskrankheitenverordnung von 1968	Siebente Berufskrankheitenverordnung vom 20. 6. 1968, BGBl I, 721.	vgl. Unfallversicherung, gesetzliche
Besatzungsschädengesetz von 1955	Gesetz über die Abgeltung von Besatzungsschäden vom 1. 12. 1955, BGBl I, 734.	vgl. Kriegsschadenausgleich, gesetzlicher
Erstes Besoldungsvereinheitlichungs- und Neuregelungsgesetz (1. BesVNG) von 1971	Erstes Gesetz zur Vereinheitlichung und Neuregelung des Besoldungsrechts in Bund und Ländern vom 18. 3. 1971, BGBl I, 208.	vgl. Beamte
Betriebsverfassungsgesetz (BetrVG) von 1952	Betriebsverfassungsgesetz von 1952, Neufassung in der Bekanntmachung vom 15. 1. 1972, BGBl I, 13.	vgl. Betriebsverfassung, -sgesetz und Mitbestimmung
Bundesärzteordnung (BÄO) von 1961	Bundesärzteordnung von 1961, in der Fassung der Bekanntmachung vom 4. 2. 1970, BGBl I, 237.	vgl. Ärztekammern
Bundesangestelltentarif (BAT) von 1961	Bundes-Angestelltentarifvertrag (Bund, Länder, Gemeinden) (BAT) vom 23. 2. 1961 in: GMBl 1961, 138.	vgl. Angestellte(r)
Bundesausbildungsförderungsgesetz (BAföG) von 1971	Bundesgesetz über individuelle Förderung der Ausbildung (Bundesausbildungsförderungsgesetz – BAföG) vom 26. 8. 1971, BGBl I, 1409.	vgl. Ausbildungsförderung

Bundesbaugesetz (BuBauG) von 1960	Bundesbaugesetz vom 23. 6. 1960, BGBl I, 341; zuletzt geändert durch das Wohnungsbauänderungsgesetz 1971, BGBl I, 1993.	vgl. Boden, Bodenrente, -politik
Bundesbeamtengesetz (BBG) von 1953	Bundesbeamtengesetz von 1953, in der Fassung der Bekanntmachung vom 22. 10. 1965, BGBl I, 1776, zuletzt geändert durch Gesetz vom 17. 7. 1971, BGBl I, 1181.	vgl. Beamte(r)
Bundesbesoldungsgesetz (BBesG) von 1957	Bundesbesoldungsgesetz von 1957, in der Fassung der Bekanntmachung vom 14. 12. 1969, BGBl I, 2201, zuletzt geändert durch Gesetz vom 5. 8. 1971, BGBl I, 1281 (vgl. auch 1. Besoldungsvereinheitlichungs- und Neuregelungsgesetz von 1971.	vgl. Beamte(r)
Bundesentschädigungsgesetz (BEG) von 1956	Bundesgesetz zur Entschädigung für Opfer der nationalsozialistischen Verfolgung (Bundesentschädigungsgesetz – BEG) in der Fassung vom 29. 6. 1956, BGBl I, 559, 562; zuletzt geändert durch Gesetz vom 22. 12. 1970, BGBl I, 1846.	vgl. Wiedergutmachung und Soziale Sicherung der Politischen Häftlinge
Bundesevakuiertengesetz (BEvakG) von 1953	Bundesevakuiertengesetz von 1953, in der Fassung der Bekanntmachung vom 13. 10. 1961, BGBl I, 1865; zuletzt geändert durch Gesetz vom 14. 8. 1969, BGBl I, 1153.	vgl. Kriegsschadenausgleich, gesetzlicher
Bundeskindergeldgesetz (BKGG) von 1964	Bundeskindergeldgesetz (BKGG) in der Fassung vom 14. 4. 1964, BGBl I, 265; zuletzt geändert durch das 3. Gesetz zur Änderung des BKGG vom 13. 12. 1971, BGBl I, 1969.	vgl. Familienpolitik

Kurzbezeichnung	*Volle Bezeichnung*	*Verweis auf den Text*
Bundesknappschafts-Errichtungsgesetz (BKnEG) von 1969	Gesetz zur Errichtung der Bundesknappschaft (Bundesknappschafts-Errichtungsgesetz – BKnEG) vom 28. 7. 1969, BGBl I, 974.	vgl. Rentenversicherung (der Arbeiter und Angestellten und) der Bergleute, gesetzliche
Bundespflegesatzverordnung von 1954	Verordnung Pr Nr. 7/54 über Pflegesätze von Krankenanstalten vom 31. 8. 1954, in: BAnz vom 9. 9. 1954, Nr. 173.	vgl. Krankenhauswesen
Bundesschwerbeschädigtengesetz (BSchwBeschG) von 1953	Gesetz über die Beschäftigung Schwerbeschädigter (Schwerbeschädigtengesetz) von 1953, in der Fassung der Bekanntmachung vom 14. 8. 1961, BGBl I, 1233, 1348, 1652; zuletzt geändert durch Gesetz vom 24. 5. 1968, BGBl I, 50.	vgl. Kriegsopferversorgung, gesetzliche, und Rehabilitation
Bundes-Seuchengesetz (SeuchenG) von 1961	Gesetz zur Verhütung und Bekämpfung übertragbarer Krankheiten beim Menschen (Bundes-Seuchengesetz) vom 18. 7. 1961, BGBl I, 1012, zuletzt geändert durch das Zweite Änderungs-Gesetz vom 25. 8. 1971, BGBl I, 1401.	vgl. Gesundheitspolitik, -wesen und Rehabilitation
Bundessozialhilfegesetz (BSHG) von 1961	Bundessozialhilfegesetz (BSHG) von 1961, in der Fassung der Bekanntmachung vom 18. 9. 1969, BGBl I, 1688.	vgl. Sozialhilfe, gesetzliche
Bundesurlaubsgesetz (BUrlG) von 1963	Mindesturlaubsgesetz für Arbeitnehmer (Bundesurlaubsgesetz) vom 8. 1. 1963, BGBl I, 2; geändert durch Gesetz vom 27. 7. 1969, BGBl I, 946.	vgl. Urlaub

Bundesversorgungsgesetz (BVG) von 1950	Gesetz über die Versorgung der Opfer des Krieges (Bundesversorgungsgesetz) von 1960, Neufassung des Gesetzes von 1950, in der Fassung der Bekanntmachung vom 20. 1. 1967, BGBl I, 141, ber. 180; zuletzt geändert durch Entscheidung des Bundesverfassungsgerichts vom 14. 7. 1970, BGBl I, 1364.	vgl. Kriegsopferversorgung, gesetzliche; Rehabilitation, auch Unfallversicherung, gesetzliche
Bundesvertriebenengesetz (BVFG) von 1953	Gesetz über die Angelegenheiten der Vertriebenen und Flüchtlinge (Bundesvertriebenengesetz – BVFG) von 1953, in der Fassung der Bekanntmachung vom 23. 10. 1961, BGBl I, 1882; zuletzt geändert durch Gesetz vom 14. 8. 1969, BGBl I, 1153.	vgl. Kriegsschadenausgleich, gesetzlicher
Erklärung von Philadelphia von 1944	Declaration Adopted by the International Labour Conference at its Twenty-sixth Session in Philadelphia vom 10. 5. 1944, in: Official Bulletin, Bd. XXVI, Genf 1944, Nr. 1, S. 1ff.	vgl. Sozialpolitik, internationale
Europäische Sozialcharta von 1961	Europäische Sozialcharta vom 18.10.1961, in der Fassung der Bekanntmachung für die BRD vom 9. 8. 1965, BGBl II, 1122.	vgl. Sozialpolitik, internationale
Feststellungsgesetz (FeststG) von 1952	Gesetz über die Feststellung von Vertreibungsschäden und Kriegssachschäden (Feststellungsgesetz) von 1952, in der Fassung der Bekanntmachung vom 1. 10. 1969, BGBl I, 1885; zuletzt geändert durch Gesetz vom 23. 12. 1970, BGBl I, 1870.	vgl. Lastenausgleich, gesetzlicher

Kurzbezeichnung	*Volle Bezeichnung*	*Verweis auf den Text*
Flüchtlingshilfegesetz von 1965	Gesetz über Hilfsmaßnahmen für Deutsche aus der sowjetisch besetzten Zone Deutschlands und dem sowjetisch besetzten Sektor von Berlin von 1965, in der Fassung der Bekanntmachung vom 15. 5. 1971, BGBl I, 681.	vgl. Soziale Sicherung der Flüchtlinge
Gebührenordnung für Ärzte (GOÄ) von 1965	Gebührenordnung für Ärzte vom 18. 3. 1965, BGBl I, 89.	vgl. Arzthonorierung
Gewerbeordnung (GewO) von 1869	Gewerbeordnung von 1869, Neufassung in der Bekanntmachung vom 26. 7. 1900, RGBl I, 871; zuletzt geändert durch Gesetz vom 23. 6. 1970, BGBl I, 805.	vgl. Gewerbefreiheit, -ordnung, -politik und Arbeitsschutz, gesetzlicher
Graduiertenförderungsgesetz (GFG) von 1971	Gesetz über die Förderung des wissenschaftlichen Nachwuchses an den Hochschulen (Graduiertenförderungsgesetz – GFG) vom 2.9.1971, BGBl I, 1465.	vgl. Graduiertenförderung
Grundgesetz (GG) von 1949	Grundgesetz für die Bundesrepublik Deutschland vom 23. 5. 1949, BGBl, S. 1.	vgl. passim
Häftlingshilfegesetz (HHG) von 1955	Gesetz über Hilfsmaßnahmen für Personen, die aus politischen Gründen außerhalb der Bundesrepublik Deutschland und Berlins (West) in Gewahrsam genommen wurden von 1955, in der Fassung der Bekanntmachung vom 29. 9. 1969, BGBl I, 1793; zuletzt geändert durch das 5. Häftlingshilfe-Änderungsgesetz vom 29. 7. 1971, BGBl I, 1173	vgl. Soziale Sicherung der Politischen Häftlinge und Rehabilitation

Handwerkerversicherungsgesetz (HwVG) von 1960	Gesetz über eine Rentenversicherung der Handwerker (Handwerkerversicherungsgesetz – HwVG) vom 8. 9. 1960, BGBl I, 737; zuletzt geändert durch Gesetz vom 18.12.1970, BGBl I, 1751.	vgl. Soziale Sicherung der Handwerker
Hausgehilfen-(Arbeitsschutz)-Richtlinien von 1952	Richtlinien für die Regelung der Arbeitsbedingungen (ohne Löhne) von Hausgehilfen im Bundesgebiet von 1952, BABl 1952, 289.	vgl. Soziale Sicherung der Hausgehilfen und Arbeitsrecht
Heimarbeitsgesetz (HArbG) von 1951	Heimarbeitsgesetz vom 14. 3. 1951, BGBl I, 191; zuletzt geändert durch Gesetz vom 26. 11. 1964, BGBl I, 921.	vgl. Soziale Sicherung der Hausgewerbetreibenden und Heimarbeiter u. Arbeitsrecht
Heimkehrergesetz (HeimkehrG) von 1950	Gesetz über Hilfsmaßnahmen für Heimkehrer (Heimkehrergesetz) vom 19. 6. 1950, BGBl I, 221; zuletzt geändert durch Gesetz vom 30. 5. 1969.	vgl. Soziale Sicherung der Politischen Häftlinge u. Kriegsschadenausgleich, gesetzl.
Jugendarbeitsschutzgesetz (JArbSchG) von 1960	Gesetz zum Schutze der arbeitenden Jugend (Jugendarbeitsschutzgesetz) vom 9. 8. 1960, BGBl I, 665; zuletzt geändert durch Gesetz vom 25. 6. 1969, BGBl I, 645.	vgl. Arbeitsschutz, gesetzlicher
Jugendförderungsgesetz (JföG) von 1964	Gesetz zur Förderung eines freiwilligen sozialen Jahres vom 17. 8. 1964, BGBl I, 640; zuletzt geändert durch Gesetz vom 12. 7. 1968, BGBl I, 805.	vgl. Pflichtjahr und Wohlfahrtspflege
Jugendgerichtsgesetz (JGG) von 1953	Jugendgerichtsgesetz vom 4. 8. 1953, BGBl I, 751; zuletzt geändert durch Gesetz vom 8. 9. 1969, BGBl I, 1582.	vgl. Sozialpädagogik
Jugendgefährdende Schriften-Gesetz (Schund-LitG) von 1953	Gesetz über die Verbreitung jugendgefährdender Schriften von 1953, in der Fassung der Bekanntmachung vom 29. 4. 1961, BGBl I, 497; zuletzt geändert durch Gesetz vom 24. 5. 1968, BGBl I, 503.	vgl. Jugendfürsorge, -hilfe, -schutz, -wohlfahrt

Kurzbezeichnung	*Volle Bezeichnung*	*Verweis auf den Text*
Jugendschutzgesetz (JugSchG) von 1957	Gesetz zum Schutze der Jugend in der Öffentlichkeit vom 27. 7. 1957, BGBl I, 1058; zuletzt geändert durch Gesetz vom 24. 5. 1968, BGBl I, 503.	vgl. Sozialpädagogik
Jugendwohlfahrtsgesetz (JWG) von 1922	Gesetz für Jugendwohlfahrt (JWG) von 1961; (Neufassung des Reichsgesetzes für Jugendwohlfahrt von 1922); in der Fassung der Bekanntmachung vom 6. 8. 1970, BGBl I, 1197.	vgl. Jugendfürsorge, -hilfe, -schutz, -wohlfahrt Sozialpädagogik
Kassenarztgesetz (GKAG) von 1955	Gesetz über Änderungen von Vorschriften des zweiten Buches der Reichsversicherungsordnung und zur Ergänzung des Sozialgerichtsgesetzes (Gesetz über Kassenarztrecht – GKAG) vom 17. 8. 1955, BGBl I, 513.	vgl. Arzthonorierung
Knappschaftsrentenversicherungs-Neuregelungsgesetz (KnVNG) von 1957	Gesetz zur Neuregelung der knappschaftlichen Rentenversicherung (Knappschaftsrentenversicherungs-Neuregelungsgesetz – KnVNG) vom 21. 5. 1957, BGBl I, 533; zuletzt geändert durch das Gesetz zur Änderung des Reichsknappschaftsgesetzes und zur Änderung des Knappschaftsrentenversicherungs-Neuregelungsgesetzes vom 20. 1. 1971, BGBl I, 57.	vgl. Rentenversicherung (der Arbeiter und Angestellten und) der Bergleute, gesetzliche
Krankenhausfinanzierungsgesetz (KFG) (von 1972)	Gesetz über die wirtschaftliche Sicherung der Krankenhäuser und Regelung der Pflegesätze (Krankenhausfinanzierungsgesetz – KFG) (im Gesetzgebungsverfahren).	vgl. Krankenhauswesen
Krankenkassen-Verbände-Gesetz von 1955	Gesetz über die Verbände der gesetzlichen Krankenkassen und der Ersatzkassen vom 17. 8. 1955, BGBl I, 524.	vgl. Krankenversicherung, gesetzliche

Krankenversicherungsgesetz von 1883	vgl. Reichsversicherungsordnung von 1911, 2. Buch; Krankenversicherung.	vgl. Krankenversicherung, gesetzliche
(Erstes) Krankenversicherungsänderungsgesetz ([1.]KVÄG) von 1969	vgl. Zweites Lohnfortzahlungsgesetz.	vgl. Krankenversicherung, gesetzliche
Zweites Krankenversicherungsänderungsgesetz (2. KVÄG) von 1970	Gesetz zur Weiterentwicklung des Rechts der gesetzlichen Krankenversicherung (Zweites Krankenversicherungsänderungsgesetz – 2. KVÄG) vom 21. 12. 1970, BGBl I, 1770.	vgl. Krankenversicherung, gesetzliche
Krankenversicherungsgesetz für Landwirte (von 1972)	Gesetz über eine Krankenversicherung der Landwirte (KVdL) (im Gesetzgebungsverfahren).	vgl. Soziale Sicherung in der Landwirtschaft
Krankenversicherungsgesetz der Rentner (RentnKrVersG) von 1956	Drittes Gesetz über Änderungen und Ergänzungen von Vorschriften des zweiten Buches der Reichsversicherungsordnung (Gesetz über die Krankenversicherung der Rentner – KVdR) vom 12. 6. 1956, BGBl I, 500; zuletzt geändert durch Gesetz über die Rückzahlung der einbehaltenen Beiträge zur Krankenversicherung d. Rentner (Beiträge-Rückzahlungsgesetz v. 15. 3. 1972, BGBl I, 433.	vgl. Krankenversicherung der Rentner
Kriegsgefangenenentschädigungsgesetz (KGfEG) von 1954	Gesetz über die Entschädigung ehemaliger deutscher Kriegsgefangener (Kriegsgefangenenentschädigungsgesetz – KGfEG) von 1954, in der Fassung der Bekanntmachung vom 29. 9. 1969, BGBl I, 1800, ber. 2035; zuletzt geändert durch das 5. Änderungsgesetz vom 23. 7. 1971, BGBl I, 1049.	vgl. Kriegsschadenausgleich, gesetzlicher
Kriegsgefangenen-Unterhaltsbeihilfen-Gesetz von 1950	Gesetz über die Unterhaltsbeihilfe für Angehörige von Kriegsgefangenen von 1950, in der Fassung der Bekanntmachung vom 18. 3. 1964, BGBl I, 218.	vgl. Kriegsopferversorgung, gesetzliche

Kurzbezeichnung	*Volle Bezeichnung*	*Verweis auf den Text*
Kriegsopferfürsorgeverordnung von 1961	Verordnung zur Kriegsopferfürsorge von 1961, in der Fassung der Bekanntmachung vom 27. 8. 1965, BGBl I, 1031.	vgl. Kriegsopferversorgung, gesetzliche
Kündigungsschutzgesetz für Angestellte von 1926	Gesetz über die Fristen für die Kündigung von Angestellten vom 9. 7. 1926, RGBl I, 339.	vgl. Kündigungsschutz, gesetzlicher
Kündigungsschutzgesetz (KSchG) von 1951	Kündigungsschutzgesetz (KSchG) von 1951, in der Fassung der Bekanntmachung vom 25. 8. 1969, BGBl I, 1317 (in Verbindung mit dem 1. Arbeitsrechtsbereinigungsgesetz von 1969).	vgl. Kündigungsschutz, gesetzlicher
Lastenausgleichsgesetz (LAG) von 1952	Gesetz über den Lastenausgleich (Lastenausgleichsgesetz – LAG) von 1952, in der Fassung der Bekanntmachung vom 1. 10. 1969, BGBl I, 1909; zuletzt geändert durch Gesetz vom 22. 2. 1972 (24. Änd. G. LAG), BGBl I, 189.	vgl. Lastenausgleich, gesetzlicher, und Rehabilitation
Zweites Lohnfortzahlungsgesetz (LFG) von 1969 (7.[1.]KVÄG)	Gesetz über die Fortzahlung des Arbeitsentgelts im Krankheitsfalle und über Änderungen des Rechts der gesetzlichen Krankenversicherung vom 27. 7. 1969, BGBl I, 946.	vgl. Krankenversicherung, gesetzliche
Mindestarbeitsbedingungen-Gesetz von 1952 (MindArbBedG)	Gesetz über die Festsetzung von Mindestarbeitsbedingungen vom 11. 1. 1952, BGBl I, 17.	vgl. Arbeitsschutz, gesetzlicher, und Tarifvertrag
(Montan)-Mitbestimmungsgesetz für Arbeitnehmer (An-Mitbest-G) von 1951	Gesetz über die Mitbestimmung der Arbeitnehmer in den Aufsichtsräten und Vorständen der Unternehmen des Bergbaus und der Eisen und Stahl erzeugenden Industrie	vgl. Mitbestimmung

	vom 21. 5. 1951; geändert durch Gesetz vom 6. 9. 1965, BGBl I, 1185.	
Mutterschutzgesetz (MuttSchG) von 1952	Gesetz zum Schutze der erwerbstätigen Mutter von 1952, in der Fassung der Bekanntmachung vom 18. 4. 1968, BGBl I, 315; zuletzt geändert durch Gesetz vom 24. 5. 1968, BGBl I, 503.	vgl. Mutterschutz, gesetzlicher
Personalvertretungsgesetz (PersVertrG) von 1955	Personalvertretungsgesetz vom 5. 8. 1955, BGBl I, 477; zuletzt geändert durch Gesetz vom 25. 6. 1969, BGBl I, 645.	vgl. Mitbestimmung
Reichsknappschaftsgesetz (RKnappschG) von 1923	Reichsknappschaftsgesetz von 1923, in der Fassung der Bekanntmachung vom 1. 7. 1926, RGBl I, 369; zuletzt geändert durch Gesetz vom 22. 12. 1971, BGBl I, 2110, vgl. auch Knappschaftsrentenversicherungs-Neuregelungsgesetz von 1957;	vgl. Rentenversicherung (der Arbeiter und Angestellten und) der Berglaute, gesetzliche
Reichsversicherungsordnung (RVO) von 1911	Reichsversicherungsordnung von 1911, in der Fassung der Bekanntmachung vom 15. 12. 1924, RGBl, I, 779; zuletzt geändert durch das Gesetz zur Änderung und Ergänzung der Vorschriften über Wiedergutmachung nationalsozialistischen Unrechts in der Sozialversicherung vom 22. 12. 1970, BGBl I, 1846, 1. Buch: Gemeinsame Vorschriften; 2. Buch: Krankenversicherung + Krankenversicherungs-Änderungsgesetze von 1969 und 1970. 3. Buch: Unfallversicherung + Unfallversicherungs-Neuregelungsgesetz von 1963 + Unfallversicherungsgesetz für Schüler, Studenten sowie Kinder in Kindergärten von 1971.	vgl. Kranken-, Renten- und Unfallversicherung, gesetzliche

Kurzbezeichnung	*Volle Bezeichnung*	*Verweis auf den Text*
	4. Buch: Rentenversicherung der Arbeiter + Arbeiterrentenversicherungs-Neuregelungsgesetz von 1957. 5. Buch: Beziehungen der Versicherungsträger zueinander und zu anderen Verpflichteten, Wanderversicherung. 6. Buch: Verfahren.	
Reparationsschädengesetz (RepG) von 1969	Gesetz zur Abgeltung von Reparations-, Restitutions-, Zerstörungs- und Rückerstattungsschäden (Reparationsschädengesetz – RepG) vom 12. 2. 1969, BGBl I, 105; zuletzt geändert durch Gesetz vom 23.12.1970, BGBl I, 1870.	vgl. Kriegsschadenausgleich, gesetzlicher
Seemannsgesetz (SeemG) von 1957	Seemannsgesetz vom 26. 7. 1957, BGBl II, 713; zuletzt geändert durch Gesetz vom 23. 6. 1970, BGBl I, 805.	vgl. Arbeitsrecht
Selbstverwaltungsgesetz (SVwG) von 1951	Gesetz über die Selbstverwaltung und über Änderungen von Vorschriften auf dem Gebiet der Sozialversicherung (Selbstverwaltungsgesetz) von 1951; Neufassung als Gesetz über die Selbstverwaltung auf dem Gebiet der Sozialversicherung (Selbstverwaltungsgesetz – SVwG) vom 23. 8. 1967, BGBl I, 917; zuletzt geändert durch Gesetz vom 28. 7. 1969, BGBl I, 974.	vgl. Sozialversicherung, Einrichtungen der sozialen Sicherung
Soldatenversorgungsgesetz (SVG) von 1957	Gesetz über die Versorgung der ehemaligen Soldaten der Bundeswehr und ihre Hinterbliebenen (Soldatenversorgungsgesetz – SVG) von 1957, in der Fassung der Bekanntmachung vom 20. 2. 1967; BGBl I, 201; zuletzt geändert durch Gesetz vom 1. 9. 1971, BGBl I, 1481.	vgl. Soziale Sicherung der Soldaten

Sozialgerichtsgesetz (SGG) von 1953	Sozialgerichtsgesetz (SGG) von 1953, in der Fassung der Bekanntmachung vom 23. 8. 1958, BGBl I, 613; zuletzt geändert durch Gesetz vom 27. 7. 1969, BGBl I, 946.	vgl. Einrichtungen der sozialen Sicherung
Spar-Prämiengesetz (Spar PrämG) von 1959	Spar-Prämiengesetz (SparPG 1963), Neufassung des Gesetzes von 1959, in der Fassung der Bekanntmachung „(SparPG 1970)" vom 5. 8. 1970, BGBl I, 1213.	vgl. Prämiensparen, Sparen und Vermögen, -spolitik
Stabilitätsgesetz (StabG) von 1967	Gesetz zur Förderung der Stabilität und des Wachstums der Wirtschaft vom 8. 6. 1967, BGBl I, 582.	vgl. Finanzpolitik
Tarifvertrag über die Versorgung der Arbeitnehmer der öffentlichen Hand von 1966	Tarifvertrag über die Versorgung der Arbeitnehmer des Bundes und der Länder sowie von Arbeitnehmern kommunaler Verwaltungen und Betriebe vom 4. 11. 1966, in: GMBl, 627.	vgl. Zusatzversorgung
Tarifvertragsgesetz (TVG) von 1949	Tarifvertragsgesetz (TVG) von 1949, in der Fassung der Bekanntmachung vom 25. 8. 1969, BGBl I, 1323.	vgl. Tarifvertrag
Unfallversicherungsgesetz von 1884	Vgl. Reichsversicherungsordnung von 1911, 3. Buch: Unfallversicherung,	vgl. Unfallversicherung, gesetzliche
Unfallversicherungs-Neuregelungsgesetz (UVNG) von 1963	Gesetz zur Neuregelung des Rechts der gesetzlichen Unfallversicherung (Unfallversicherungs-Neuregelungsgesetz – UVNG) vom 30. 4. 1963, BGBl I, 241; zuletzt geändert durch Gesetz vom 28. 7. 1969, BGBl I, 956.	vgl. Unfallversicherung gesetzliche
Unfallversicherungsgesetz für Schüler, Studenten und Kinder in Kindergärten von 1971	Gesetz über Unfallversicherung für Schüler und Studenten sowie Kinder in Kindergärten vom 18. 3. 1971, BGBl I, 237.	vgl. Unfallversicherung, gesetzliche

Kurzbezeichnung	*Volle Bezeichnung*	*Verweis auf den Text*
Unterhaltssicherungsgesetz (USG) von 1957	Gesetz über die Sicherung des Unterhalts der zum Wehrdienst einberufenen Wehrpflichtigen und ihrer Angehörigen (Unterhaltssicherungsgesetz – USG) von 1957, in der Fassung der Bekanntmachung vom 31. 5. 1961, BGBl I, 661, ber. 1079, zuletzt geändert durch das Dritte Änderungs-Gesetz vom 30. 4. 1971, BGBl I, 385.	vgl. Soziale Sicherung der Soldaten
Vermögensbildungsgesetze für Arbeitnehmer (ANVermBG) von 1965 und 1970	Zweites Gesetz zur Förderung der Vermögensbildung der Arbeitnehmer (Zweites Vermögensbildungsgesetz – 2. VermBG) vom 1. 7. 1965, BGBl I, 585 in der Fassung der Bekanntmachung des Dritten Gesetzes zur Förderung der Vermögensbildung der Arbeitnehmer (Drittes Vermögensbildungsgesetz – 3. VermBG) vom 27. 6. 1970, BGBl I, 930.	vgl. Vermögen, -spolitik
Vermögensbildungsgesetz für Beamte von 1970	Gesetz über vermögenswirksame Leistungen für Bundesbeamte, Berufssoldaten und Soldaten auf Zeit vom 17. 7. 1970, BGBl I, 1097.	vgl. Vermögen, -spolitik
Währungsausgleichsgesetz (WährAusglG) von 1952	Gesetz über einen Währungsausgleich für Sparguthaben Vertriebener von 1952, in der Fassung der Bekanntmachung „(Währungsausgleichsgesetz – WAG)“ vom 1. 12. 1965, BGBl I, 2059; zuletzt geändert durch Gesetz vom 15. 7. 1968, BGBl I, 806.	vgl. Lastenausgleich, gesetzlicher

[1] Tarifverträge über vermögenswirksame Leistungen in der Bau- und Metallindustrie bleiben hier unberücksichtigt.

Wahlordnung für die Sozialversicherung (WoSV) von 1958	Wahlordnung für die Sozialversicherung (Wo-Sozialversicherung) vom 9. 1. 1958, in der Fassung der Bekanntmachung vom 6. 11. 1967, BGBl I, 1062.	vgl. Einrichtungen der sozialen Sicherung
Zweites Wohngeldgesetz (WohngeldG) von 1970	Zweites Wohngeldgesetz vom 14. 12. 1970, BGBl I, 1637, zuletzt geändert durch das Zweite Gesetz zur Änderung des zweiten Wohngeldgesetzes vom 24. 11. 1971, BGBl I, 1837.	vgl. Wohngeld, gesetzliches
Wohnungsbauänderungsgesetz (WobauÄndG) von 1971	Gesetz zur Durchführung des langfristigen Wohnungsbauprogramms (Wohnungsbauänderungsgesetz 1971 – WoBauÄndG 1971) vom 17. 12. 1971, BGBl I, 1993.	vgl. Sozialer Wohnungsbau
Wohnungsbau-Prämiengesetz (WoPräG) von 1952	Gesetz über die Gewährung von Prämien für Wohnbausparer (Wohnungsbau-Prämiengesetz) von 1952, in der Fassung der Bekanntmachung „(WoPG 1969)" vom 18. 9. 1969, BGBl I, 1677, zuletzt geändert durch Gesetz vom 27. 6. 1970, BGBl I, 925.	vgl. Prämiensparen, Sparen und Vermögen, -spolitik
Wohnungsbindungsgesetz (WohnBindG) von 1965	Gesetz zur Sicherung der Zweckbestimmung von Sozialwohnungen (Wohnungsbindungsgesetz 1965 – WoBindG 1965), Neufassung vom 28. 1. 1972, BGBl I, 93.	vgl. Sozialer Wohnungsbau
Zulassungsordnung für Kassenärzte	Zulassungsordnung für Kassenärzte vom 28. 5. 1957, BGBl I, 572, ber. 608. (ZO-Ärzte) von 1957.	vgl. Arzthonorierung

BABl = Bundesarbeitsblatt
BAnz = Bundesanzeiger
BGBl = Bundesgesetzblatt
GMBl = Gemeinsames Ministerialblatt
RGBl = Reichsgesetzblatt

unter Mitarbeit von H. K.

Literatur zum Studium der Sozialpolitik

Stand: 15. 4. 1972

Achinger, Hans, Soziale Sicherheit, Stuttgart 1953.

–, Sozialpolitik als Gesellschaftspolitik, Hamburg 1953.

–, „Soziale Sicherheit", in: Staatslexikon, Bd. VII, Freiburg 1962, Sp. 262ff.

–, Vertikale oder horizontale Umverteilung?, in: Normen der Gesellschaft, Festschrift für O. v. Nell-Breuning, Mannheim 1965, S. 232ff.

Achinger, Hans, Höffner, Joseph, Muthesius, Hans, Neundörfer, Ludwig, Neuordnung der sozialen Leistungen, Köln 1955.

Albers, Willi, u.a., Sozialprodukt, öffentliche Haushalte und Bildungsausgaben in der Bundesrepublik Deutschland. Eine Projektion bis 1975, Stuttgart 1969.

Albrecht, Gerhard, Sozialpolitik, Göttingen 1955.

Auerbach, Walter, Beiträge zur Sozialpolitik, Neuwied – Berlin 1971.

Bauer, Clemens, Braun, Hans, „Gesellschaftspolitik", in: Staatslexikon, Bd. XI, Freiburg 1970, Sp. 129ff.

Bethusy-Huc, Viola Gräfin von, Das Sozialleistungssystem der Bundesrepublik Deutschland, Tübingen 1965.

–, Sozialpolitische Alternativen, Pfullingen 1968.

Blume, Otto, Weisser, Gerhard, Thiemeyer, Theo, Eigentum in der industriellen Gesellschaft, Göttingen 1958.

Blume, Otto, Möglichkeiten und Grenzen der Altenhilfe, Tübingen 1968.

–, Normen und Wirklichkeit einer Betriebsverfassung, hrsg. von der Hans-Böckler-Gesellschaft, Tübingen 1964.

Boettcher, Erik, Sozialpolitik und Sozialreform, Tübingen 1957.

Bogs, Walter, Grundfragen des Rechts der sozialen Sicherheit und seiner Reform, Berlin 1955.

Bogs, Walter, Achinger, Hans, Meinhold, Helmut, Neundörfer, Ludwig, Schreiber, Wilfrid, Soziale Sicherung, Sozialenquête in der Bundesrepublik Deutschland, Stuttgart, Berlin, Köln, Mainz 1966.

Born, Karl Erich, Staat und Sozialpolitik seit Bismarcks Sturz, Wiesbaden 1957.

Bundesministerium für Arbeit und Sozialordnung (Hrsg.), Übersicht

über die Soziale Sicherung (in der Bundesrepublik Deutschland), 8. Aufl., Bonn 1970.
–, Sozialpolitik in Deutschland, Überblick in Einzeldarstellungen, 50 Hefte, Stuttgart seit 1962 (teilweise veraltet).
Burghardt, Anton, Lehrbuch der Allgemeinen Sozialpolitik, Berlin, München 1966.
Claussen, Wilhelm, Kein Verlaß auf Vater Staat, Soziale Sicherheit heute und morgen, Oldenburg, Hamburg 1967.
Erdmann, Gerhard, Die Entwicklung der deutschen Sozialgesetzgebung, Göttingen 1956.
Ferber, Christian v., Sozialpolitik in der Wohlstandsgesellschaft, Hamburg 1967.
Friedl, Gerhard A., Gesellschaftspolitik in Deutschland, Analyse und Ausblick, München, Wien 1967.
Friedrich, Rudolf, Hexeneinmaleins der Sozialversicherung, Tips – Tricks – Kniffe für 21 Millionen Sozialversicherte und ihre Angehörigen, erw. Aufl., Miesbach 1964.
Gesellschaft für Versicherungswissenschaft und -gestaltung e.V. (Hrsg.), Sozialer Ordnungsauftrag im letzten Drittel unseres Jahrhunderts – Optimale Sicherung der Gesellschaft, Tagungsbericht 1966, Berlin, Bielefeld, München 1967.
Gerling-Konzern (Hrsg.), Sozialversicherung im Ausland. Ein Ratgeber in ausländischen Sozialversicherungsfragen, Schriftenreihe des Gerling-Konzerns, Heft 6, Ausgabe 1965.
Herder-Dorneich, Philipp, Sozialökonomischer Grundriß der gesetzlichen Krankenversicherung, Stuttgart, Berlin, Köln, Mainz 1966.
–, „Systeme sozialer Sicherung“, in: Staatslexikon, Bd. XI, Freiburg 1970, Sp. 435ff.
Heyde, Ludwig, „Sozialpolitik“, in: Internationales Handwörterbuch des Gewerkschaftswesens, Bd. II, Berlin 1938, S. 1536.
–, „Sozialpolitik (II)“, in: Handwörterbuch der Sozialwissenschaften, Bd. IX, Stuttgart, Tübingen, Göttingen 1956, S. 539ff.
–, Abriß der Sozialpolitik, 12. Aufl., hrsg. von Stephanie Münke und Peter Heyde, Heidelberg 1966.
Heyde, Peter, Internationale Sozialpolitik, Heidelberg 1960.
Höffner, Joseph, „Sozialpolitik“, in: Staatslexikon, 6. Aufl., Bd. VII, Freiburg i. Br. 1962, Sp. 347ff.
–, „Sozialreform“, in: ebd., Sp. 387ff.
Institut Finanzen und Steuern (Hrsg.), Der Fiskus als Sozialpolitiker, Heft 77, Bonn (1965).
–, Die Soziale Sicherheit in der Bundesrepublik Deutschland – bisherige und künftige Entwicklung, Heft 86, Bonn 1967.

Jahn, Kurt, Allgemeine Sozialversicherungslehre, Stuttgart 1965.
Kleinhenz, Gerhard, Probleme wissenschaftlicher Beschäftigung mit der Sozialpolitik, Berlin 1970.
–, und Lampert, Heinz, Zwei Jahrzehnte Sozialpolitik in der BRD. Eine kritische Analyse in: Ordo, Jahrbuch für die Ordnung von Wirtschaft und Gesellschaft, Bd. 22, Düsseldorf, München 1971, S. 103ff.
Kohlheiss, Anneliese, Ist das sozial? Stuttgart 1967.
Kommission für dringliche sozialpolitische Fragen der Deutschen Forschungsgemeinschaft (Hrsg.), Soziale Umverteilung, Wiesbaden 1965.
Krupp, Hans-Jürgen, Theorie der personellen Einkommensverteilung. Allgemeine Grundzüge und verteilungspolitische Simulationen, Volkswirtschaftliche Schriften, Heft 127, Berlin 1968.
Külp, Bernhard, „Sozialpolitik", in: Staatslexikon, Bd. XI, Erg. Bd. 3, Freiburg 1970, Sp. 250ff.
–, Lohnbildung im Wechselspiel zwischen politischen und wirtschaftlichen Kräften. Volkswirtschaftliche Schriften, Heft 84, Berlin 1965.
Külp, Bernhard (Hrsg.), und Schreiber, Wilfrid, Soziale Sicherheit, Neue Wissenschaftliche Bibliothek, Bd. 40, Berlin, Köln 1971.
Lampert, Heinz, Die Lohnstruktur der Industrie. Ein Beitrag zu einer Theorie der Lohnstruktur, Berlin 1963.
–, „Sozialpolitik", in: Evangelisches Staatslexikon, Stuttgart 1966, Sp. 2078ff.
–, Die Wirtschafts- und Sozialordnung der Bundesrepublik Deutschland, 3. Aufl., München, Wien 1970.
Liefmann-Keil, Elisabeth, Ökonomische Theorie der Sozialpolitik, Berlin, Göttingen, Heidelberg 1961.
–, Gegenwart und Zukunft der sozialen Altersvorsorge, Göttingen 1967.
Mackenroth, Gerhard, Die Reform der Sozialpolitik durch einen deutschen Sozialplan, Schriften des Vereins für Socialpolitik, Bd. 4, N. F., Berlin 1952.
Maunz, Theodor, Schraft, Hans, Die sozialpolitische Gesetzgebung der Bundesrepublik auf dem Gebiet der Sozialversicherung, 1950–1960, Berlin 1961.
Messner, Johannes, Die Soziale Frage, Innsbruck 1956.
Molitor, Bruno, Vermögensverteilung als wirtschaftspolitisches Problem, Veröffentlichung der Akademie für Wirtschaft und Politik, Hamburg, Tübingen 1965.
Münke, Stephanie, Die Armut in der heutigen Gesellschaft, Berlin 1956.

–, Vorzeitige Invalidität? Untersuchungen ihrer Gründe und ihrer Folgen für die Lebenslage der Rentner, Stuttgart 1964.
v. Nell-Breuning, Oswald, Wirtschaft und Gesellschaft heute, 3 Bde., Freiburg 1956–60.
–, Aktuelle Fragen der Gesellschaftspolitik, Köln 1970.
Neundörfer, Ludwig, Die Sozialreform, Freiburg 1957.
–, Selbstverständliche und neue Aufträge an Staat und Gesellschaft, in: Sozialer Ordnungsauftrag im letzten Drittel unseres Jahrhunderts, Optimale Sicherung der Gesellschaft, Tagungsbericht 1966 der Gesellschaft für Versicherungswissenschaft und -gestaltung e.V. (Hrsg.), Berlin, Bielefeld, München 1967.
Peters, Horst, Die Geschichte der Sozialversicherung, Fortbildung und Praxis, Heft 39, Bad Godesberg 1959.
Politische Akademie Eichholz (Hrsg.), (Wingen, Max, Neundörfer, Ludwig, Schreiber, Wilfrid), Familienpolitik in der Industriegesellschaft, Bonn 1964.
Preller, Ludwig, Sozialpolitik, Theoretische Ortung, Zürich, Tübingen 1962.
–, Praxis und Probleme der Sozialpolitik, Bd. I/II, Tübingen, Zürich 1970.
Walter-Raymond-Stiftung (Hrsg.), Leistungsbereitschaft, Soziale Sicherheit, Politische Verantwortung, Veröffentlichungen der Walter-Raymond-Stiftung, Bd. 8, Köln, Opladen 1967.
Schieckel, Horst, Deutsche Sozialpolitik, München 1955.
Schiefer, Albert, Grundfragen der Sozialordnung, Hefte zum Wirtschafts- und Sozialgeschehen, Heft 1, Hannover 1966.
Schmucker, Helga, Die ökonomische Lage der Familie in der Bundesrepublik Deutschland, Stuttgart 1961.
Schönwiese, Alex, Der praktische Renten-Ratgeber, o.O. 1967.
Schreiber, Wilfrid, Die Einrichtungen der sozialen Sicherheit und ihre gesellschaftliche Funktion, in: Soziale Sicherheit, hrsg. von Bernhard Külp und Wilfrid Schreiber, Berlin, Köln 1971, S. 227ff.
–, Die zwei Dimensionen der Einkommensumverteilung, in: Zum System sozialer Sicherung, hrsg. von Heinz Allekotte, Köln 1971, S. 37ff.
–, Der Schreiber-Plan, in: ebd., S. 13ff.
–, Existenzsicherheit in der industriellen Gesellschaft, in: Soziale Sicherheit, ebd., S. 276ff.
–, Kindergeld im sozio-ökonomischen Prozeß, Familienlastenausgleich als Prozeß zeitlicher Kaufkraftumschichtung im Individualbereich, Köln, Stuttgart 1964, in: Sozialpolitische Perspektiven, hrsg. von Heinz Allekotte, Köln 1972, S. 52ff.

–, „Sozialpolitik", in: Handbuch der Wirtschaftswissenschaften, Bd. II, Köln, Opladen 1966, S. 269ff.
–, Zum System sozialer Sicherung, hrsg. von Heinz Allekotte, Köln 1971.
–, Sozialpolitische Perspektiven, hrsg. von Heinz Allekotte, Köln 1972.
Seidel, Bruno, „Sozialpolitik (I)", in: Handwörterbuch der Sozialwissenschaften, Bd. IX, Stuttgart, Tübingen, Göttingen 1956, S. 532ff.
Sozialdemokratische Partei Deutschlands (Hrsg.), Sozialplan für Deutschland, Berlin, Hannover 1957.
Syrup, Friedrich, Neuloh, Otto (Hrsg), Hundert Jahre staatliche Sozialpolitik, Stuttgart 1957.
Wannagat, Georg, Lehrbuch des Sozialversicherungsrechts, Bd. I, Tübingen 1965.
Weddigen, Walter, Grundzüge der Sozialpolitik und Wohlfahrtspflege, Stuttgart 1957.
–, „Sozialpolitik", in: Gablers Wirtschaftslexikon, 6. Aufl., Wiesbaden 1965, S. 1107ff.
–, „Sozialversicherung (I)", in: Handwörterbuch der Sozialwissenschaften, Bd. IX, Stuttgart, Tübingen, Göttingen 1956, S. 594ff.
Weisser, Gerhard, Die zunehmende Organisierungsbedürftigkeit der Gesellschaft und ihre Probleme, in: Normen der Gesellschaft, Festschrift für Oswald v. Nell-Breuning, hrsg. von Hans Achinger u.a., Mannheim 1965, S. 173ff.
–, Das Postulat „verantwortliche Gesellschaft", erkenntniskritisch und sozialwissenschaftlich erörtert, in: Festschrift für Friedrich Karrenberg, hrsg. von Joachim Beckmann und Gerhard Weisser, Berlin 1964, S. 70ff.
–, Probleme beratender Sozialwissenschaft, in: Wirtschaft, Gesellschaft und Kultur, Festgabe für Alfred Müller-Armack, hrsg. von Franz Greiß und Ferdinand Meyer, Berlin 1961, S. 83ff.
–, „Soziale Sicherheit", in: Handwörterbuch der Sozialwissenschaften, Bd. IX, Göttingen, Stuttgart, Tübingen 1956, S. 396ff.
–, „Normative Sozialwissenschaft", in: Evangelisches Soziallexikon, 4. Aufl., Stuttgart 1963, Sp. 1167ff.
–, „Sozialpolitik", in: Wörterbuch der Soziologie, 2. Aufl., Stuttgart 1969, S. 1039ff.
v. Wiese, Leopold, „Sozialpolitik (III), Sozialpolitik als Wissenschaft", in: Handwörterbuch der Sozialwissenschaften, Bd. IX, Stuttgart, Tübingen, Göttingen 1956, S. 547ff.
Willgerodt, Hans u. a., Vermögen für alle. Probleme der Bildung, Verteilung und Unterhaltung des Vermögens in der Marktwirtschaft, Düsseldorf, 1971.

Wingen, Max, Familienpolitik – Konzession oder Konzeption? Köln 1966.
–, Familienpolitik, Ziele, Wege und Wirkungen, Paderborn 1964.
Winterstein, Helmut, Sozialpolitik mit anderen Vorzeichen, Sozialpolitische Schriften, Heft 22, Berlin 1969.
Zöllner, Detlev, Sozialpolitik heute, Bad Godesberg 1955.
–, Die soziale Gesetzgebung in der Bundesrepublik Deutschland, Bad Godesberg 1961.
–, Öffentliche Sozialleistungen und wirtschaftliche Entwicklung, Berlin 1963.

Sachregister

Die Hauptartikel sind durch **Fettdruck** gekennzeichnet

Personenregister

(Register der Autoren, Herausgeber und historischen Persönlichkeiten)

Gesicht in der Menge

Aus der Werkstatt der Herderbücherei

Keine Routine, kein vergrößertes Programm, monatlich zwei Bände seit Gründung der Herderbücherei; dennoch in 14 Jahren über 400 Nummern (4,70 Meter Bücherbrett, also für einen Junggesellen, der nur über ein Zimmer verfügt, beachtliche Raumbeanspruchung) und 10 Millionen verkaufte Exemplare. Eine Bibliothek von einer beachtenswerten Universalität; die Zahl allein macht es eben nicht.
Die Herderbücherei hat sich nicht nur im Hinblick auf die Titelzahl, auch in der Gestaltung des Programms bewußt Grenzen gezogen, und diese Grundhaltung sollte sich geradezu als Tugend erweisen, die der Herderbücherei bis heute wohl ansteht. Sie hat – festhaltend an ihrer Grundkonzeption – ihren eigenen Platz auf dem sicher nicht nur dichtbesetzten, sondern geradezu überquellenden Taschenbuchmarkt –, und diesen Platz hat sie behaupten können.
»Geistiges Profil, fortwährend schärfere Konturen«, so urteilt eine angesehene Schweizer Zeitung. Im Ablauf der Jahre haben die Käufer und Leser das Profil der Herderbücherei gelobt, Studenten, Akademiker, Hausfrauen, Ingenieure, Schwestern, Geistliche, Kaufleute, Beamte, Handelsschüler usw.: alle zusammengenommen hauptsächlich junge Menschen.
Wo steht die Herderbücherei? Links, rechts? Ist sie progressiv, restaurativ, modern, antiquiert? Alle diese Begriffe sind heute ausgelaugt. Bedeutsam scheint uns zu sein beim Durchblättern des letzten Verzeichnisses: eine Fülle von

Titeln und Themen und eine große Anzahl von Verfassern mit Rang und Namen, keineswegs nur Katholiken, sondern evangelische Christen, Orthodoxe, Juden, Liberale, Gläubige und Ungläubige. Eine Bibliothek, in Offenheit und Bereitschaft zum Dialog sich bekennend, bemüht um Klarstellungen (das ist der Titel eines jüngst erschienenen Bandes der Herderbücherei), um Information und eine geistige Geschlossenheit.

Zwischen Autor, Verlag und den Freunden der Herderbücherei besteht eine persönliche Bindung, glücklicher Ausgangspunkt, um Gedankengänge in eine breitere Öffentlichkeit eindringen zu lassen. Das gelingt. Ein bedeutender, angesehener Biologe sagte vor Jahren: »Ich bin glücklich, daß meine noch wenig in der Welt herumgekommenen Texte nun für viele greifbar sind.«

Die Herderbücherei erwirbt so weit als möglich Taschenbuchlizenzen. Das ist heute nicht leicht, weil um solche Lizenzen geradezu gefeilscht wird. Von Anfang an hat sich die Herderbücherei glücklicherweise um Originalbände bemüht, die sie mit großem Erfolg anbieten konnte. Käufer und Leser der Taschenbuchreihe haben solche Bände angeregt, über 100 Bände.

Aus Anlaß des 400. Bandes im August 1971 wurde das Programm gestrafft. Die Sachbücher traten noch mehr in den Vordergrund. Die Bände erhielten ein neues, modernes Gesicht. Die Leser stimmten zu; denn die Herderbücherei konnte eine Zuwachsrate von 63 % registrieren.

Die Wochenzeitschrift »Publik« stellte der Herderbücherei dieses Zeugnis aus:

»Es ist kein Allerweltsprogramm, das die Herderbücherei anbietet, kein literarisches Warenhaus, sondern, um im Bilde zu bleiben, ein Spezialsortiment.«

Helmut Schoeck
Soziologisches Wörterbuch

Herderbücherei Band 312 : : 400 Seiten, 5. Auflage
erweitert um ein Personen- und Sachregister

Die Soziologie gilt heute vielen als zentrale Wissenschaft unserer Zeit. Wie man zu diesem Anspruch auch stehen mag, soziologische Begriffe und Modelle dringen in viele Bereiche unseres Lebens ein: Man findet sie im Bildungswesen, in Erziehung, Politik, Recht, Wirtschaft und Werbung, bei internationalen Fragen. Ein Wörterbuch der Soziologie gehört in die Hand eines jeden, der sich laufend informieren möchte.
Anomie, Bezugsgruppe, Entfremdung, Statusinkonsistenz, Subkultur, relative Deprivation, Innovation, Interaktion: diese und andere Fachausdrücke der Soziologie tauchen heute bereits in verschiedenen Fachgebieten auf: Pädagogik, Medizin, Psychologie, Rechtswissenschaft, Kriminologie, Publizistik, Theologie, Geschichte u. a.
Darüber hinaus sind zahlreiche Kunstworte der jüngsten Zeit über ihren Gebrauch in der Soziologie in die allgemeine Sprache eingegangen: z. B. Image, Stereotyp, Eskalation, Diffusion, Establishment, Feedback, Kybernetik, Automatisierung. Wo immer man auch selbst tätig ist, wo auch die eigenen Interessen liegen: man sucht Auskunft über Entstehung und Bedeutung solcher Begriffe.
Die Soziologie entnimmt aber auch viele Worte aus der Alltagssprache, deren genaue soziologische Bedeutung man kennen muß: z. B. Gruppe, Clique, Elite, Mobilität, Organisation, Hierarchie, Herrschaft, Bürokratisierung, Prestige, Rolle, Revolution, Akt, Integration, Assoziation, Kultur, Macht, Situation, Wert, Zivilisation.
Dieser Band erläutert 535 alphabetisch angeordnete Stichworte. Von einem einzigen Autor, mit Hinweisen auf die neueste Literatur bis zum Jahr 1970, geschrieben, kann diese Darstellung der Grundbegriffe, Methoden und Arbeitsgebiete der Soziologie auch als erste Einführung in sie dienen.